COLLECTION

COMPLÈTE

DES MÉMOIRES

RELATIFS

A L'HISTOIRE DE FRANCE.

P. de L'Estoile, tome 4.

DE L'IMPRIMERIE DE RIGNOUX.

COLLECTION

COMPLÈTE

DES MÉMOIRES

RELATIFS

A L'HISTOIRE DE FRANCE,

DEPUIS LE RÈGNE DE PHILIPPE-AUGUSTE, JUSQU'AU COMMENCEMENT
DU DIX-SEPTIÈME SIÈCLE;

AVEC DES NOTICES SUR CHAQUE AUTEUR,
ET DES OBSERVATIONS SUR CHAQUE OUVRAGE,

Par M. PETITOT.

TOME XLVIII.

PARIS,
FOUCAULT, LIBRAIRE, RUE DE SORBONNE, N° 9.
1825.

REGISTRES JOURNAUX

DE

PIERRE DE L'ESTOILE,

SUR LE RÈGNE DE HENRI IV,

DEPUIS LE 4 JUILLET 1606 JUSQU'AU 14 MAI 1610, JOUR DE LA MORT DU ROI.

REGISTRES JOURNAUX

DE

PIERRE DE L'ESTOILE.

[JUILLET 1606.] LE mardi 4 juillet, M. Darpantigni m'a dit que M. le president de Thou, qu'il venoit de voir, l'avoit asseuré que ce jour le nonce du Pape avoit fait saisir à Paris sur l'imprimeur toutes les copies du livre de Gerson (1), *de l'Auctorité des conciles par dessus le Pape*; et qu'à cest effect il avoit eu commission de M. le chancelier, sellée par commandement du Roy. Ils en eurent main levée incontinent aprés.

M. de Lespine m'a donné, le 11, ung petit discours de deux feuilles, nouvellement imprimé en ceste ville, autant rare et miraculeus qui s'en puisse voir ni ouir, mais veritable pour avoir esté escrit par celui mesmes en la personne duquel le miracle est avenu, qui est un vieux gentilhomme normand nommé Civille, aagé de plus de soixante-dix ans, qui aiant esté mort, vit encores, et en a fait imprimer l'histoire à ses despens,

---

(1) *Gerson* : chancelier de l'Université de Paris. Son véritable nom étoit Jean Chalier; il prit celui de Gerson, du nom du village où il étoit né. Les démêlés du Saint-Siége avec les Vénitiens donnoient beaucoup d'importance à son traité *de l'Autorité des conciles*, et le Pape avoit intérêt à ce que cet ouvrage ne fût pas répandu.

intitulee *Discours des causes pour lesquelles le sieur de Civille, gentilhomme de Normandie, se dit avoir esté mort, enterré et resuscité.*

Le samedi 15, M. de Greban m'a presté ung escrit à la main contenant cinq feuillets, fait par le ministre de Montigni, pour la confirmation en la religion d'un quidam que le curé Saint Sauveur taschoit de reunir à la religion catholique romaine.

Le mardi 18, on m'a fait voir ung arrest notable du parlement de Thoulouze contre tous les messels et breviaires qui se debitent tant à Paris, Lyon, Bordeaux, et autres lieus et villes du roiaume de France, dans lesquels on n'a point mis la priere pour le roi Henri IV, à present regnant, à ce qu'on n'en ait à vendre ou imprimer aucun audit Thoulouze où elle ne soit, sur peine de la hart. Beaucoup de gens n'i avoient pris garde, encores que la dite priere ne se trouve en aucun messel et breviaire, dont le dit arrest a avisé ceux de deçà d'y avoir esgard; et, à l'exemple de Thoulouze, y mettre la main à Paris, où on y a commencé. Ce qui continuera en consequence par tout, comme il est bien necessaire et expedient.

Le jeudi 20, ung mien ami m'a presté ung discours italien sur les censures du Pape contre les Venitiens, imprimé in-4°, et envoié de Venize ici dans un pacquet.

Ce discours est notable et plaisant, et mesmes sur le passage de Jesuschrist, quand il dit à saint Pierre (ce que les papes interpretent pour eux) : *Dabo tibi claves regni cœlorum.* Il ne dit pas, respond nostre docteur : *Claves regni terrarum*, mais *Claves regni cœlorum.*

Le vendredi 21, j'ai acheté ung sol un nouvel edit du Roy, qu'on crioit, fait en faveur des pauvres gentilshommes, capitaines et soldats estropiés, vieux et caducqs.

La constitution du temps de ceste saison fust tellement dereiglée, maussade, pluvieuse, venteuse et froide, qu'on disoit que la Toussaints se rencontroit ceste année en juillet : car il faisoit tout un pareil temps, et tel que de memoire d'homme il ne s'en estoit veu un semblable. Ce qui causa force maladies contagieuses à Paris, où toutefois l'effroi estoit plus grand que le mal, avec predictions de malheurs à venir qui couroient entre le peuple, et l'estonnoient; et mesmes que la ville devoit abismer le 27 de ce mois, selon l'almanach d'un capussin, qui n'avoit esté bien dressé.

La duchesse de Mantoue (1) arrive à Villierscosterets, où le Roi estoit pour le baptesme de M. le Dauphin, avec lequel et la Reine sa seur vient à Paris le mardi premier d'aoust, où elle se fait plus remarquer par son beau carrosse que par son train.

Le curé d'Issy aiant esté mordu d'un chien enragé, devinst enragé, et mourust enragé sur la fin de ce mois. On lui trouva aprés sa mort force or et argent, auprés desquels il se laissoit mourir de faim, tant il estoit miserable, n'en faisant bien ni à soi ni aux autres.

Le samedi 29 de ce mois de juillet, maistre Matthieu Molé (2), fils aisné de M. le president Molé, fut

---

(1) *La duchesse de Mantoue* : Éléonore de Médicis, duchesse de Mantoue, sœur de la Reine. Elle avoit épousé Vincent de Gonzague, duc de Mantoue. — (2) *Matthieu Molé* : Il a été depuis président aux enquêtes, procureur général, premier président, et garde des sceaux. Mort en 1656.

receu conseiller en la cour avec grand honneur, nonobstant son aage, qui n'estoit que de vingt-deux ans, en aiant esté dispensé tant par le credit de son pere que par je ne sçai quoi de grand et de bon qu'il portoit empreint sur le visage.

Un mien ami m'a monstré ce jour une lettre qu'on lui escrivoit de Strasbourg, dans laquelle entre autres particularités y avoit la mort et richesse notable (pour le mestier dont il estoit) d'un lanternier raccoustreur de chaudrons, nommé Bitou, qui peu de temps auparavant estoit mort au dit Strasbourg riche de quatre cens mil escus.

Supplément tiré de l'édition de 1732.

M. de Lescale (1) ayant reçu d'un sien ami le *Discours des causes pour lesquelles le sieur de Civille, gentilhomme de Normandie, se dit avoir été mort, enterré et ressuscité,* lui en rescrivit en ces termes : *Risi quantum stupui de Civili. Quid quod magis miremur nostra tulit ætas quàm hominem vivere* XLIV *annos postquam sepultus est? Quàm avidè eam historiam legi! Quamdiu est quod nullum scriptum me tam variè affecerit commiseratione, admiratione, voluptate! Non parum de me meritus es, qui hæc me ignorare non passus es.*

[AOUST.] Le mardi 8, Le Terrail (2) tua à Paris, en

---

(1) *M. de Lescale* : Joseph-Juste Scaliger. Il avoit une si grande réputation, que ses contemporains l'appeloient un *abîme d'érudition, un océan de science, un chef-d'œuvre, un miracle, un dernier effort de la nature.* — (2) *Le Terrail* : Louis Comboursier, seigneur du Terrail. On ne put parvenir à l'arrêter ; il se retira en Flandre.

presence du Roy et devant les fenestres de sa gallerie du Louvre, d'où le Roy lui vist donner le coup, ung nommé Mazanssi, brave soldat gascon, auquel Sa Majesté venoit de parler; qui en fust tellement indignée, qu'on disoit qu'elle en avoit changé deux fois de chemise.

Le samedi 12 de ce mois, M. le cardinal de Joieuse vinst à la cour, où, toutes les chambres assemblées, fut receu pour legat du Pape en la cerimonie du baptesme de M. le Dauphin, pour le tenir au nom de Sa Sainteté; lequel sieur Dauphin, à cause de la maladie qui estoit à Saint Germain, fust prest d'estre transporté en ce temps à Fontainebleau par commandement de Sa Majesté, laquelle changea d'avis, aiant sceu que le mal n'estoit si grand.

Le samedi 19, on me dit la mort d'un vieil bon homme nommé Perrel, que je connoissois, aagé de prés de quatre-vingts ans, decedé au logis d'Adrian Perier, de faim et de necessité. Son secours arriva, comme on dit communement, aprés la mort le medecin, faute d'en avoir esté averti. Car, outre la probité dont il estoit recommandable, il estoit tresexpert en la science des fortifications et mathematiques, lesquelles il enseingnoit, estant Savoiard de nation, chassé du dit pays pour la religion, et despouillé de douze cens livres de rente qu'il y possedoit : qui estoit cause que beaucoup de gens le connoissoient, et lui eussent aidé s'ils l'eussent sceu; mesmes le prince d'Anhald lui envoia vingt escus aussi tost qu'il en eust esté averti : mais il y avoit ja deux heures qu'il estoit mort.

Le lundi 28, feste Saint Augustin, la roine Marguerite tinst un enfant dans les Augustins, que baptiza

M. l'archevesque d'Ausche, dans la chapelle Nostre Dame, où on fist transporter des fonds pour cest effect. C'estoit une fille d'une de ses dames, qu'elle nomma de son nom Marguerite.

Le mardi 29, j'ay acheté ung arrest nouveau sur la revocation des permissions de vendre vin en gros.

Le jeudi dernier de ce mois, M. Peirés, gentilhomme provençal, de mes amis, m'a apporté de Londres la harangue du roy d'Angleterre aux Estats, avec le discours de la conjuration dressée contre la personne de Sa Majesté et Estat de son royaume. Elle est en latin, in-4°, imprimée à Londres 1606, par Robert Barker; et me l'a donnée reliée en velin doré.

En ce mois d'aoust, et le dimanche 27 d'icelui, on commença à prescher à Saint Maurice, prés le pont Charenton, l'exercice de la religion qui se souloit faire à Ablon, aiant esté approché de deux lieus, et transferé là sous la permission et commandement de Sa Majesté, qui pour l'auctorizer y envoia des archers et un exempt des gardes, afin de contenir le peuple en son devoir. L'assemblée estoit de trois mil personnes ou environ.

Les malades de la contagion, transportés au logis de Voisin aux fauxbourgs Saint Marceau, sont contraints d'en sortir, pour le mauvais traitement qu'on leur fait, jusques à les laisser mourir de faim et leur avancer les jours. A raison de quoi ils se dressent des cabanes aux champs vers les Chartreus, s'espandans par tout où ils peuvent, au grand detriment du publiq et infection du pauvre peuple, lequel, par faute de police, est contraint de souffrir toutes les extremités du monde.

Ung page de M. de Nevers, fils unique d'une maison de gentilhomme, aiant esté mordu d'un chien enragé au mesme temps que le curé d'Issy, et par le mesme chien, ainsi qu'on disoit : au lieu de prendre le chemin de la mer, qu'on tient estre le souverain remede, aiant pris celui de Saint Hubert, et y aiant fait sa neufvaine, devinst enragé, et mourust enragé à Pontoise le samedi 26 de ce mois. Estant saisi de la rage, comme on estoit sur les termes de lui donner d'un coup d'arquebuze dans la teste, il mourut paisiblement, avec bonne connoissance de Dieu et repentance de ses fautes.

[SEPTEMBRE.] Le vendredi premier de ce mois, j'ay acheté la bulle de Nostre Saint Pere, qu'on crioit, contenant le pouvoir de legat octroié au cardinal de Joieuse pour la celebration du baptesme de M. le Dauphin : chose rare, et qui se rencontre peu souvent. La ditte bulle est en latin, et m'a cousté trois sols.

Adrian Perier m'a donné ce jour un traicté nouveau, latin françois, de son impression, pour congnoistre et guairir la peste; fait par un nommé Du Port, doyen de la Faculté de medecine à Paris. La connoissance en est fascheuse, et la guairison est de Dieu.

Le mecredi 6, M. D. L. m'a donné ung petit cadenas qui ne se peult ouvrir ni fermer que par quatre lettres, qui sont A M O R, qui font *amor*, lesquelles sont gravées avec plusieurs autres au dit cadenas.

La peste au logis de la roine Marguerite, dont deux ou trois de ses officiers meurent, et entre autres un miserablement dans une pauvre mazure prés les Fratti ignoranti (1), la fait retirer à Issy, au logis de La

---

(1) *Les Fratti ignoranti*: Les frères de la Charité. Ils se livroient au

Haye, se voiant, à raison de ceste maladie, abandonnée de ses officiers et gentilshommes.

Le samedi 16, ung mien ami m'a presté ung presche en latin fait à Londres, et imprimé nouvellement au dit lieu; prononcé en presence des majestés des rois de Dannemark et d'Angleterre le 6 aoust dernier, selon nostre calcul; lequel aprés avoir leu, lui ai renvoié aussi tost, et n'ay gueres rien veu venant de là de plus terse (1) ni de plus docte.

Celui auquel on l'a envoié de Londres m'a monstré sa lettre, par laquelle on lui mande la grande reception qu'on a fait par de là au roy de Dannemarck, et la joie qu'on a tesmoingné de sa venue par toutes sortes de magnificences : toutefois sans grande pompe et superfluité; et comme le roy de Dannemarck avoit fait present au roy d'Angleterre d'une coupe estimée à cent mil escus, et d'une espée à vingt mil escus.

Le Noir m'a vendu ce jour, trois sols, une Response faite par N. Vignier, ministre, imprimée nouvellement à Saumur, à l'Avis du cardinal Barronius au pape Paul v, sur l'excommunication des Venitiens; laquelle est drollesque et plaisante, mais bien faite.

Le lundi 18 de ce mois, m'estant resolu de partir vendredi pour aller à Gland avec toute ma famille, et y faire sejour si Dieu le permet, j'ay mis à part les livres qui s'ensuivent, pour y passer le temps.

Une Bible in-4° de Lyon, qui est le livre des livres, et qu'il faut tousjours faire marcher le premier. Le

---

service des malades, et se bornoient à acquérir les connoissances nécessaires pour les secourir. Comme ils ne devoient étudier ni la théologie ni les belles-lettres, on les avoit appelés en Italie *i Frati ignoranti*.

(1) *Plus terse :* plus net.

Benefice de Jesuschrist; Prieres sur Job, d'Oberi; Prieres de D. Toussaints; autres sur la vie et la mort, escrites à la main, la plus part de ma façon. Discours de la vie et de la mort de M. Duplessis, avec les Meditations de Savonarole, et un Dialogue de la vie et de la mort de Louveau, reliés ensemble in-16. La Semaine du Bartas; un petit Horace; la Maison rustique de Charles Estienne (livre propre pour les champs). *Horæ succisivæ Camerarii* (livre d'estude et de plaisir). Le livre de Lespine, de la Providence de Dieu; avec un *Aquæ vitæ de fontibus Sinippennigii*, que j'appelle mon *vade mecum*. Deux de mes livres escrits à la main : l'un meslé de bon et de mauvais, l'autre inscript *Drolleries de la Ligue,* marqué A, avec un livre de papier blanc pour transcrire tout plain de choses curieuses qui sont dans un livre que j'y porte avec quelques papiers.

En ce mois de septembre, mourust à Paris M. de Calignon, chancelier de Navarre, en la religion, en laquelle il avoit vescu; et fist une heureuse fin, estant mort en reputation d'un des plus hommes de bien de ce siecle, et des plus dignes et entiers en sa charge.

Mourust aussi M. de Bourges, qu'on appeloit M. de Sens (1), aagé de soixante-dix-neuf ans. Fust enterré à Nostre Dame, sans pompe ne cerimonie. Prelat doué de beaucoup de graces de Dieu, desquelles s'il en a bien usé ou abusé, le jugement en est à celui devant le throsne duquel il a comparu, comme nous comparoistrons tous.

---

(1) *M. de Sens :* Regnault de Beaune, grand aumônier de France. Il avoit été archevêque de Sens.

Mourut en mesmes temps l'evesque de Grenoble (1), qu'on disoit estre un evesque de bois à la crosse d'or : dont on lui trouva une grande somme, s'estant fait en sa vie renommer par ceste seule vertu.

En ce mois, et le 14 d'icelui, jour et feste Sainte Croix, furent faites à Fontainebleau les cerimonies du baptesme de M. le Dauphin et de mes dames ses sœurs, lesquelles se voient imprimées : le nom de M. le Dauphin, Loys; des deux Madames, Christine et Elizabeth.

Supplément tiré de l'édition de 1732.

Le jeudi 14, selon les avis qui en vinrent sur la fin de ce mois, la paix fut faite et arrêtée en la Hongrie, non sans grandes difficultez, principalement pour le regard du fait de la religion. Mais enfin on fut contraint d'accorder l'exercice libre par tout le païs de la religion romaine, lutherienne et calviniste, sans lequel article la paix n'eût été faite.

Le vendredi 29 du mois, jour et fête Saint Michel, vinrent nouvelles de Rome que l'onziéme de ce mois le Pape avoit fait huit cardinaux, *Coronatorum ducenta millia inde lucratus*, dit l'avis. De ces huit il n'y en avoit point de françois : dont on disoit que le Roy avoit été mal content. Mais maistre Guillaume dit que monsieur son bon ami s'en soucie si peu qu'il en a trop d'un, qui ne lui fait que rompre la tête, et à ses cours de parlement, qui s'en trouvent si empêchez qu'ils n'en sçavent que faire.

Jean Marsille, prêtre néapolitain, pour avoir écrit contre le cardinal Bellarmin pour la cause des Veni-

---

(1) *L'evesque de Grenoble :* François Flehart, abbé de Ruricourt.

tiens, fut excommunié à Rome en ce mois, avec plusieurs autres. Frere Paul (1), moine venitien, de l'ordre des Servites (qui est celui à mon jugement qui a le mieux et le plus sincerement écrit pour messieurs les Venitiens), fut cité en même temps par les inquisiteurs à Rome, où le Pape fit faire des deffenses très-expresses, et sur peine d'excommunication, d'avoir ni tenir aucuns livres de ceux qui étoient écrits contre son autorité par les Venitiens, jettant son foudre d'excommunication sur les auteurs de tels libelles. Mais on ne laissa pour cela d'écrire, voire plus librement et animeusement que devant : si que telles deffenses nuisirent plus à sa cause qu'elles ne lui servirent.

[OCTOBRE.] En ce mois, estant à Gland, ung de mes subjets de la religion, nommé Charbonnier, me donna deux lettres de Sedan, l'une du Roy, et l'autre à un particulier, faisantes mention du siege et de la reddition de la ditte place : lesquelles, imprimées au dit Sedan, avoient couru à Paris, sans que je les peusse voir ne recouvrir.

M. de Lespine aussi, qui m'y vinst voir, m'apporta de Paris les bagatelles suivantes :

Histoire tresveritable de la cruelle mort soufferte par un de l'ordre des freres ermites de Saint Augustin, en la cité de Marque en Barbarie; ensemble la punition de Dieu sur ceste grande cité. Deux discours : l'un d'un enfant de Remilli en Savoie, qui a pendu et estranglé sa mere; l'autre, d'un usurier mangé des rats à Charret en Provence. Les roiales Magnificences

---

(1) *Frere Paul* : Fra Paolo, auteur de l'Histoire du concile de Trente.

faites au baptesme des enfans de France à Fontainebleau. Mon curé de Gland m'a donné un placcard de demie feuille, imprimé pour la confrairie de M. Saint Hubert d'Ardenne, qu'il publia en son prosne le dimanche devant la feste de Toussaints, à cause des chiens enragés qui couroient audit pays, et en mordoient beaucoup.

Pendant ce mois que j'ay sejourné à Gland, sont morts, de ma connoissance, M. l'abbé de Tiron en son abbaye de Bonport, lequel on disoit n'avoir non plus creu de purgatoire que M. de Bourges; et pour le tesmoigner à sa mort (comme l'autre qui n'avoit ordonné aucuns services pour le remede de son ame), auroit enjoint expressement, dés qu'il seroit mort, de chanter seulement les deux psalmes suivans : *O quàm dilecta tabernacula tua, Deus virtutum!* L'autre : *Lætatus sum in his quæ dicta sunt mihi; in domum Domini ibimus.* Peu avant que mourir, il dit : « J'ay « trente mil livres de rente, et ce pendant je meurs! » Ce n'estoit pas, ce semble, *ire cum lætitia in domum Domini.*

Mourust au monde en ce mesme mois, selon la caballe des prestres et moines de ce siecle, le jeune Molé mon cousin, qui se rendist capussin à Rouen, contre le consentement de son pere et de sa grande mere, postposant le commandement de Dieu aux traditions des hommes : ensuivant en cela la doctrine erronnée et superstitieuse des scribes et pharisiens hipocrites, reprise justement et condamnée par la propre bouche de Nostre Seingneur Jesuschrist.

Le comte de Fiasque, meu d'une semblable et aussi sotte devotion, s'y rendist en mesme temps.

Sur la fin de ce mois, la peste estant comme esteinte à Paris, s'y rembrasa et renouvella, par la permission des inventaires qu'en donna le lieutenant civil : contre laquelle fust pourveu, et sagement, par messieurs de la cour, qui donnerent arrest portant defenses au contraire : et ce, à la poursuitte et suscitation principalement d'un medecin de Paris, mien ami, qui me l'a conté. Comme aussi fust la querelle du dit lieutenant civil avec le lieutenant criminel, survenue en ce temps à la porte Saint Antoine, à raison d'une potence qu'on y vouloit dresser pour le chastiment des seditieus qui injurioient et outrageoient ceux qui revenoient du presche de Saint Maurice, plaisamment et sur le champ appointée par le chevalier du guet : car pretendans l'un et l'autre que cela leur appartenoit, le dit chevalier pour les accorder leur dit qu'il en faloit planter deux : qu'il y en auroit une pour l'un, et l'autre pour l'autre.

La constitution entiere du temps de ce mois a esté vernale et non automnale, ressentant son printemps et son mois de may.

Rosée, procureur en parlement, ung de mes creanciers, et des plus rudes, mourust en ce temps en sa maison de Ruel prés Paris, de la maladie; et falut pour l'enterrer envoier querir des corbeaux de Paris, qu'on recouvra à graisse d'argent, ung seul des villageois ni des siens n'y aiant voulu mettre la main.

Supplément tiré de l'édition de 1732.

En ce tems il n'étoit nouvelle à Paris et par tout que de fils et de filles de bonne maison, hommes et femmes de qualité, qui s'alloient rendre à ces nouvelles religions de capucins, feuillans, recolettes, carmelites et capucines, qui se nommoient filles de la Passion, et portoient une couronne d'épines sur leurs têtes quand elles alloient en procession, leur regle étant la plus austere de toutes.

[NOVEMBRE.] Je partis de ma maison de Gland pour revenir à Paris, le mardi 7 du present mois de novembre; auquel jour s'esleva un vent si grand et impetueus, entremeslé de foudre et tempeste, qu'estans arrivés sur le soir à La Ferté sur Jouarre sous la conduitte de Dieu, sans laquelle nous estions en danger de courir grande fortune, nous fust dit que la foudre du ciel venoit de tomber sur deux maisons de la ditte ville, qui en estoient presque toutes bruslées. Et le cocher qui nous conduisoit ayant abandonné nostre coche à une lieue prés de la ville, à la merci des vents et de la tempeste, pour secourir un homme de cheval que la foudre et le vent trainoient avec son cheval à la riviere, fust cause de lui sauver la vie, mettant cependant au hazard les nostres au gré de ses chevaux.

Le mardi 14, P. Le Bret m'a donné un edit du roy d'Angleterre qui se vendoit secrettement, touchant le bannissement des prestres et jesuites.

Le mecredi 15, un mien ami m'a donné un petit livret nouveau imprimé, intitulé *le Chevalier françois*, qui est un second Soldat françois, mais non si bon ni si aguerri que l'autre : car il ne contient que reditttes injurieuses hors de propos, mal basties et digerées. Il se vend publiquement au Palais et par tout, et son pris est de dix sols, qui ne vaut pas dix deniers.

Le Preux m'a donné ce jour le catalogue des livres de Francfort de cette derniere foire, que j'ay mis avec les autres. Il n'y a rien de nouveau de receuillable que l'Eusebe de M. de Lescale, les Conciles nouvellement rimprimés, et l'*Amphitheatrum Honoris*, rimprimé de nouveau à Anvers, et augmenté d'un quatriesme livre par les jesuites : digne tesmoignage de leur impudence et malheur de nostre siecle, où on void tout permis, fors bien dire et bien faire. Il y en a un autre contre eux, intitulé *le Passepartout des Jesuites*, qu'un mien ami m'a asseuré estre drolle et bien fait, et m'a promis me le faire voir.

Le vendredi 17 de ce mois, ung mien ami me dit, parlant de la maladie, qu'un des marguilliers de l'eglise Saint Sauveur à Paris lui avoit conté le jour de devant, comme pour une chose estrange et toutefois tresveritable, que le mecredi 8 du present mois, sur le soir, il avoit fait un grand esclair et sans tonnerre, veu de tous ceux de la rue Saint Denis et de là autour; et qu'à l'instant mesme avoient esté frappées de peste neuf maisons de la paroisse Saint Sauveur, qui lui specifia par noms et surnoms, lesquelles avoient esté toutes vidées dans vingt-quatre heures de la dite maladie : chose assés malaisée à croire pour la brieufveté du temps, et toutefois asseuree d'un homme d'honneur qui le pouvoit sçavoir.

Le lundi 20 de ce mois, ung mien ami m'a presté, comme il m'avoit promis, le Passepartout des Jesuites. Il est imprimé in-8°, sans nom de lieu ni d'aucteur, portant ce tiltre : le Passepartout des peres Jesuites, apporté d'Italie par le docteur Palestine, gentilhomme rommain, et nouvellement traduit de l'italien imprimé à Romme. Livret assés plaisant et picquant, mais qui toutefois ne mord ni n'agrafe si serré que ceux des jesuites.

Le 21, M. Despinelle m'a presté ung livre de ses receuils in-folio, escrit de sa main, où il y a plusieurs folastreries et mesdisances nouvelles, desquelles je suis ja tant farci et rebuté, que si ce n'eust esté qu'il eust pensé que je l'eusse fait par mespris, je ne l'eusse accepté, pour ce qu'en la recherche curieuse de tels escrits, outre la perte du temps qu'on y fait, il y va souvent de l'offense de Dieu: qui est le pis, et la cause pourquoi je me suis resolu de ne m'y amuser davantage.

Le mecredi 22, j'ay acheté dix sols ung petit livret d'un docteur de Venize contre les censures du Pape; lequel se vendoit fort secrettement, le nunce du Pape en aiant fait faire recherche jusques dans les imprimeries, pour le bruit qu'il avoit, et non sans cause, d'estre bien fait.

Ung mien ami m'a monstré ce jour des lettres qu'on lui escrivoit de Romme en dacte du 3 de ce mois, par lesquelles on lui donnoit avis des appareils de guerre que le Pape faisoit faire contre les Venitiens, et qu'il avoit levé pour cest effect force capitaines, comme aussi avoient fait les Venitiens de leur part; et que les choses s'aigrissoient de jour en jour. Au surplus, qu'il faisoit fort cher vivre dans Romme, pour les imposts que Sa Sainteté avoit fait mettre sur tous les vivres, lesquels, s'ils continuoient, n'y avoit moien pour le pauvre peuple de subsister.

Ce jour mesme, un homme d'honneur et de qualité m'a dit que madame de Rohan l'avoit asseuré d'avoir receu lettres de Venize, par les quelles on lui mandoit que pour le present on preschoit publiquement dans Venize que le Pape n'avoit aucune puissance sur le temporel, mais sur le spirituel seulement; et que sa jurisdiction ne s'estendoit plus avant que sur ce qui concernoit la spiritualité, et nullement sur la temporalité.

Le jeudi 23, j'ay acheté six sols l'Examen contre les censures du Pape: qui servira à faire courir et prester de çà et de là à mes amis, comme aussi dés aujourd'hui j'ay presté à M. de Lassi, mon cousin.

Le mesme jour, un mien ami me fist parler à un jacobin, fort honneste homme et docte, qui avoit assisté M. de Bourges à sa fin: laquelle il m'asseura avoir es tresheureuse et treschrestienne, contre l'opinion de beaucoup, et la mienne mesmes.

Il me dit qu'aprés plusieurs graves et chrestiens discours qu'il leur tinst par plusieurs jours et à diverses fois, et tous en latin, ses derniers propos, quand il voulust mourir, furent, sentant son poux fretillant qui lui causoit des mouvemens extraordinaires, se plaingnant, commença à dire: *Heü! quænam et quanta hæc est agitatio?* Auquel le dit jacobin respondit: *Majora pro te passus est Christus.* Il lui repliqua: *Majora peccata mea meruere; sed, per effusionem sanguinis Christi, remedium animæ meæ spero.* Et incontinent aprés perdit la parole, et s'en alla fort doucement, aiant tousjours le cœur et les mains jointes et eslevées au ciel. Voilà ce que j'en ay appris de la bouche du jacobin: ce qui me rendra plus retenu à l'avenir pour ne pas juger legerement sur les bruits et rapports d'un commung, qui tenoit pour atheiste ce grand prélat, comme aussi les ecclesiastiques ses compagnons le publient encores tel aujourd'hui, disant qu'il a douté de beaucoup de ceremonies de l'Eglise, et n'a point creu le purgatoire : qui est une question qui se trouvera possible indecise entre eux mesmes, sçavoir si un homme, pour ne croire point le purgatoire, laisse pour cela de bien croire en Dieu.

Le jeudi dernier de ce mois, on m'a donné de plaisans vers latins qui courent, sous le nom de Rappin, contre Lipse, sur sa robbe fourrée qu'il legua à la mort à sa bonne vierge et sainte tant celebrée par ses escrits. Ils sont intitulés *In donarium Lipsii*.

On m'a presté ce jour ung nouveau livre de M. d'Orleans, imprimé à Paris in-4°, intitulé *les Ouvertures des parlemens*, par Loys d'Orleans; duquel les hommes doctes font estat, et qui toutefois a esté defendu et saisi à la requeste de l'avocat du Roy Servin, plus, ainsi qu'on estime, en haine de l'aucteur et de la Ligue (pendant laquelle ont esté faites ces ouvertures), que pour autre chose qui y soit à reprendre.

Ce mois de novembre, tout au contraire de l'autre, fust humide, venteus, mal sain et maussade : ce qui causa force maladies, et renouvela en quelques endroits de la ville, mais peu, la mauvaise et contagieuse; de laquelle, pour monstrer que l'effroi à Paris a esté plus grand que le mal, on a fait une remarque curieuse, mais notable : à sçavoir qu'il a esté remarqué et tenu pour certain de tout temps que tous les jours dans la dite ville de Paris, quand la peste n'i regne point, il y meurt huict personnes, l'un portant l'autre; et que ceste année, encores que la peste y ait esté, il n'en est point mort davantage jusques à ceste heure, tant de ce mal que d'autre.

L'ouverture du parlement, qui se fait tousjours huict jours aprés la Saint Martin, fust differée à la huitaine, à cause du peu de monde qui estoit revenu, et mesme de ceux du Palais, chacun aiant voulu prendre l'air des champs. Ce qui causa un grand bien à Paris pour la maladie.

[DECEMBRE.] Le samedi 2, j'ay acheté l'*Amphitheatrum Honoris* des jesuites, augmenté à ceste derniere foire d'un quatriesme livre. Il m'a cousté, relié en parchemin, cinquante sols, ne m'estant voulu encores desfaire du premier, jusques à ce que, par la conference que j'en veus faire faire, j'aye vu ce qu'il y a de changé ou retranché, ne me pouvant persuader le contraire, quelque chose qu'on en die. En toutes sortes qu'on le veuille ou puisse prendre, c'est un livre *sceleratissimè doctus, et doctissimè sceleratus*.

Le mardi 12, Berion m'a presté la copie d'un livre en vers françois qu'on lui a baillé pour imprimer, lequel il m'a prié de voir, et lui en dire mon advis. Il est intitulé *le petit Nain combattant le monde*, composé, ainsi qu'il m'a dit, par une demoiselle gasconne de la religion.

Au commencement y a un petit dialogue bien gentil de l'aucteur à son livre, compris en ces six vers :

> Où vas-tu, petit nain ? — Je vais faire la guerre.
> — Et à qui, petit nain ? — Aux enfans de la terre.
> — Que veux-tu leur oster ? — L'impure vanité.
> — Quelles armes as-tu ? — La pure verité.
> — Le monde te haira. — Contre lui je secoue
> Sa terre, son neant, sa poussiere et sa boue.

J'ai acheté ce jour dix sols les arrests donnés en faveur de la roine Marguerite par la cour de parlement en cest an 1606, avec les plaidoiers de M. Servin, imprimés nouvellement ensemble in-4°; au bout desquels on a inseré le contract de mariage, en latin, de la Roine mere, fait l'an 1533, qui n'avoit encores esté imprimé, et que j'avois mesme presté au dict Servin, extrait de mes manuscripts.

Le mecredi 13, j'ay acheté un livre nouveau imprimé à Geneve, in-8°, intitulé *Tropologie de B. Loques, dauphinois;* lequel, relié en parchemin, m'a cousté un quart d'escu.

Le jeudi 14, j'ay acheté une nouvelle bagatelle, intitulée *Discours de la cruauté des cruautés*, pure fadaise qu'on crioit devant le Palais, et que je croirois, plus tost qu'autrement, avoir esté bastie en quelque cabaret de là auprés.

J'ai presté ce jour et consigné, entre les mains de M. Despinelle, mon gros registre journal in-folio, tout escrit de ma main, contenant les choses plus memorables avenues sous le regne de Henri III, où le bon et le mauvais, le veritable et le mesdisant sont peslemeslés ensemble, et dont j'ay fait un livre à part du meilleur, qui est pour moi seul, et non pour autre. Il m'a donné des poësies courtisannes qui y courent, propres pour amuser des esprits oisifs, curieus et mesdisans, tels que porte nostre siecle. Entre les autres sont ceux-ci: *le Combat de l'Amour et du Repos*, vers de Malherbe, avec la response de Berthelot, et trois ou quatre mesdisances.

Le vendredi 15, on m'a fait voir des stances sur le trespas de M. de Sens, faites par un nommé Le Digne, dont les quatre derniers vers sont les meilleurs :

> Il faut doncques cesser toutes plaintes funebres :
> Le vivre des mortels n'est qu'une vanité ;
> La vertu seulement qui luit dans les ténebres
> Demeure perdurable en toute éternité.

Le vendredi 22, j'ai acheté ung petit vieil livret intitulé *l'Union de toutes discordes*, par Herman Bodium, qu'on descouvre picard par son langage, imprimé in-8° l'an 1527. Il y avoit long tems que je le cherchois, pour en estre la doctrine pure et evangelique ; et l'ay trouvé par hazard en l'Université, chés un libraire que je ne congnois autrement, qui me l'a vendu frippé, mais net dedans.

Le dernier de ce mois et an 1606, Tavernier m'a fait une promesse de cent francs payable dans six mois, pour des livres et papiers de pourtraicture que je lui ai vendus la ditte somme, et dont je lui ai donné terme jusques au dit temps, et non plus.

Ce mois fust de constitution humide et mal saine, toute contraire à la saison, laquelle ainsi dereglee causa force maladies, principalement des cathairres et maux de gorge, avec fiebvres pestilentes, froncles et apostumes : presages de la continuation et augmentation de la peste non esteinte, duquel fleol de Dieu nos pecchés sont bien dignes, voire de plus grands. Adulteres, puteries, empoisonnemens, voleries, meurtres, assassinats, et duels si frequens à Paris, à la cour et par tout, qu'on n'oit parler d'autre chose, mesmes au Palais, où l'injustice qui y regne rend effacée la beauté et lustre de cest ancien et auguste senat.

En la semaine derniere de cest an, quatre meurtres et assassinats commis à Paris, sans trois duels donnés au dit mois, sans aucune recherche et punition. Un gentilhomme nommé M. Descufan, regretté de tous ceux qui le connoissoient, et de moi entre autres, tué en duel, aprés avoir, devant que s'aller battre, prié Dieu deux heures, le voulant faire semblable à lui, comme font tous les autres de l'une et l'autre religion, de nom chrestiens, mais d'effect pires que turqs et paiens, faisans une profession toute contraire à l'Evangile et au christianisme.

Le dernier jour de ce mois et an, on m'a donné des Conferences nouvelles de Cospeau avec le ministre de Monluel et autres, où chacun, sans fruict ni edification, veult, par belles injures et reproches, tirer la verité de son costé.

Les avants de Noel de cest an 1606, ung theologien nommé le Recteur, qu'on dit estre d'Avignon, prescha dans l'eglise Saint Pierre aux Bœufs à Paris, aussi seditieusement et licentieusement contre la paix et repos publiq, que si on eust esté à la veille des Barricades. Un president et un eschevin nommé Gouffé lui en pensans remonstrer quelque chose, il leur fist response qu'il n'en avoit pas assés dit. Et tout le mal qu'il en eust fut que les paroissiens et marguilliers lui osterent la chaire le lendemain, et la baillerent à un autre.

Dudicour, conseiller en la cour, fils d'un petit larron de financier, verifia le proverbe qui dit *que le troisiesme heritier ne jouist d'un bien mal acquis* : car sur la fin de ceste année, aprés avoir perdu tout son bien au jeu, et la plus grand part de celui de sa femme, et vendu son estat, servit de conte et risee aux compagnies de Paris. On disoit qu'il avoit joué trente-cinq mil escus.

Supplément tiré de l'édition de 1732.

Sur la fin de cette année, on reçut avis certain du grand duc de Moscovie Demetrius, tué cruellement par ses sujets; laquelle mort avoit balancé long-tems entre si et non, de façon que M. de Lescalle en écrit de Leyden en ces termes à M. Dabin : *De moscovita Demetrio idem accepimus quod in tuo schedio relatum est. Sed nuspiam veterum Græcorum mentiendi tanta licentia fuit, quantum sibi permisit hodierna vanitas in hac scythica tragœdia.*

[JANVIER 1607.] Le vendredi 5, Fonteni m'a donné des anagrammes de sa façon, qu'il a fait imprimer pour la roine Marguerite, où entre autres y en a ung tout à la fin qui est sublin et rencontré de mesme, tiré, ainsi qu'il dit, de la sainte Escriture, fort convenable à la qualité, vie et profession de la dite dame, dans le nom de laquelle, qui est Marguerite de Valois, se trouve : *Salve, Virgo, mater Dei.* Il y en a encores un autre de mesme qu'il y a mis, qui suit cestuici, de pareille estoffe et grace; lesquels deux il semble avoir reservés pour la bonne bouche, à fin que d'une tant belle conclusion et si à propos on jugeast tout le reste, qui ne vault pas mieux.

J'ay acheté, le jeudi 11, huit sols l'Histoire des Amours tragiques de ce temps, imprimée nouvellement en ceste ville in-16 : non pour chose qu'elle vaille, mais pour m'en servir à autre subject. L'aucteur est le sieur de Laffemas, jadis tailleur, et maintenant avocat, qui ne fait autre chose qu'escrire et brouiller le papier; et auquel Sa Majesté dit un jour, comme il lui presentoit un livre qu'il avoit fait, qu'il entendoit que puis que les tailleurs comme lui faisoient les livres, que ses chanceliers doresnavant lui fissent ses chausses.

Le lundi 15, j'ay acheté un sol un nouvel edit du Roy pour la defense des passemens d'or et d'argent, à commencer du premier mars prochain, premier jour de karesme, où volontiers telles reformations se publient et renouvellent, et se gardent en une année comme en l'autre.

Le mardi 16, on m'a presté un livre nouveau, imprimé in-8°, sans nom du lieu où il est imprimé, si non qu'on tient que c'est à Venize. Il est intitulé *Nicolai Crassi junioris, Veneti civis philosophii, et I. V. C., Antiparainesis, ad Cæsarem Baronium, card., pro serenissima Veneta rep.*

C'est une response à Baronius, lequel depuis un peu a perdu beaucoup de sa reputation. Chaucun l'estime et la tient pour bien faite.

Il y a au bout sept attestations de sept docteurs de Venize.

Le mardi 23, G. Le Noir, m'a vendu trois sols une Response nouvelle latine à Baronius, imprimée in-4° à Sedan; qui est une nouvelle batterie contre le Pape, mais de laquelle les canons, tirés de l'arsenal de Geneve, ne l'offenseront tant que ceux de Romme.

Le samedi 27, j'ay acheté de Richard Tutin quatre gettons d'argent nouveaux de ceste année 1607, pour mettre avec mes autres differents, qu'il y a vingt ans que j'amasse par curiosité. J'en ai à ceste heure sept vingts deux. Les dits quatre m'ont cousté quarante-cinq sols.

La constitution de ce mois, chaude, humide et mal saine, toute contraire à la saison, sans aucune gelée, entretient les maladies à Paris, et mesmes la mauvaise, de laquelle mourust un jeune advocat nommé Le Telier, demeurant chés Bijon, rue du Battoir.

Supplément tiré de l'édition de 1732.

Le vendredi 12 de ce mois, mourut à Paris en sa maison Albert Le Febvre, mon medecin et bon ami, âgé de soixante-douze ans, auquel le public et le particulier a fait perte, pour être un des premiers de son art et des plus experts, et qui avoit le sçavoir joint à la prud'hommie : chose si rare en ceux de sa profession, qu'il ne s'en remarque comme point.

Le vendredi 26 de ce mois, fut jouée à l'hôtel de Bourgogne à Paris une plaisante farce, à laquelle assisterent le Roy, la Reine, et la plûpart des princes, seigneurs et dames de la cour. C'étoit un mari et une femme qui querelloient ensemble : la femme crioit après son mari de ce qu'il ne bougeoit tout le jour de la taverne, et cependant qu'on les exécutoit tous les jours pour la taille qu'il falloit payer au Roy, qui prenoit tout ce qu'ils avoient ; et qu'aussi-tôt qu'ils avoient gagné quelque chose c'étoit pour lui, et non pas pour eux. « C'est pourquoi, disoit le mari se défendant, il « en faut faire meilleure chere : car que diable nous « serviroit tout le bien que nous pourrions amasser, « puisqu'aussi-bien ce ne seroit pas pour nous, mais « pour ce beau Roy ? Cela fera que j'en boirai encore « davantage, et du meilleur ; j'avois accoutumé de « n'en boire qu'à trois sols, mais par Dieu j'en boirai « doresnavant à six pour le moins. Monsieur le Roy

« n'en croquera pas de celui-là : va m'en querir tout
« à cette heure, et marche. — Ah! malheureux, repli-
« qua cette femme, et à belles injures; merci Dieu, vi-
« lain, me veux-tu ruiner avec tes enfans? Ah! foi de
« moi, il n'en ira pas ainsi. » Sur ces entrefaites voici
arriver un conseiller de la cour des aydes, un commissaire et un sergent, qui viennent demander la taille à
ces pauvres gens, et à faute de payer veulent exécuter.
La femme commence à crier après : aussi fait le mari,
qui leur demande qui ils sont. « Nous sommes gens de
« justice, disent-ils. — Comment de justice, dit le
« mari! Ceux qui sont de justice doivent faire ceci,
« doivent faire cela; et vous faites ceci et cela (décri-
« vant naïvement en son patois toute la corruption de
« la justice du tems present). Je ne pense point que
« vous soyez ce que vous dites; montrez-moi votre
« commission. — Voici un arrêt, dit le conseiller. »
Sur ces disputes la femme, qui s'étoit saisie subtilement d'un coffret sur lequel elle se tenoit assise, le
commissaire l'ayant avisé, lui fait commandement de
se lever de par le Roy, et leur en faire l'ouverture.
Après plusieurs altercations la femme ayant été contrainte de se lever, on ouvre ce coffre, duquel sortent
à l'instant trois diables, qui emportent et troussent en
malle M. le conseiller, le commissaire et le sergent,
chaque diable s'étant chargé du sien. Ce fut la fin de
la farce de ces beaux jeux, mais non de ceux que voulurent jouer après les conseillers des aydes, commissaires et sergens, lesquels se prétendans injuriez, se
joignirent ensemble, et envoyerent en prison messieurs
les joueürs. Mais ils furent mis dehors le jour même,
par exprès commandement du Roy, qui les appella

sots : disant Sa Majesté que s'il falloit parler d'intérêt, qu'il en avoit reçu plus qu'eux tous ; mais qu'il leur avoit pardonné et pardonnoit de bon cœur, d'autant qu'ils l'avoient fait rire, voire jusques aux larmes. Chacun disoit que de longtems on n'avoit vû à Paris farce plus plaisante, mieux jouée, ni d'une plus gentille invention, mêmement à l'hôtel de Bourgogne, où ils sont assez bons coustumiers de ne joüer chose qui vaille.

Supplément tiré de l'édition de 1736.

Le lundi premier jour de cette année, j'ai été avec un mien ami au college de Sorbonne, pour y voir le present que le grand maître des chevaliers de Malthe a fait à ce college. C'est un reliquaire dans lequel sont enfermées des reliques de sainte Euphemie, vierge et martyre, qu'on dit avoir souffert mort et passion en Calcedoine, et que les prieur et docteurs dudit college furent chercher en procession à l'eglise du Temple, le 28 du mois dernier, jour des saints Innocens. A cette procession ont assisté le recteur, et près de deux cens graduez ecclesiastiques, portant des cierges allumez ; l'ambassadeur, et tous les chevaliers de Malthe qui sont en cette ville, l'ont accompagné depuis l'hôtel du Temple jusqu'en l'eglise de Sorbonne, ce reliquaire étant porté par le premier aumônier du grand maître de la religion de Malthe.

Le vendredi 5 de ce mois, on a eu nouvelles de l'arrêt donné par le parlement de Bordeaux contre le cardinal de Sourdis, leur archevêque, le 30 du mois dernier ; lequel en l'an 1602 avoit fait démolir quelques autels de la nef de l'eglise metropolitaine Saint

André d'icelle ville. Et de ce le parlement en ayant pris *connoissance*, auroit nommé et député commissaires les sieurs maîtres Geraud Damalvy et Jean de Bouveau, conseillers du Roy en ladite cour; lesquels ledit seigneur archevêque auroit fait dénoncer et déclarer excommuniez par un nommé Perissac, son portecroix; et depuis ledit archevêque auroit lui-même publié ladite excommunication en l'eglise de Saint Project, à l'encontre desdits commissaires. Dequoi le procureur général auroit interjetté appel comme d'abus; sur lequel, ayant été reçu et ouï, fut donné le 4 du mois de mars 1602 l'arrêt suivant:

« La cour, les chambres d'icelle assemblées, y present et opinant le sieur d'Ornano, maréchal de France, et lieutenant général du Roy en Guyenne, a déclaré et déclare avoir été nullement, abusivement, et par entreprise sur l'authorité du Roy, procedé par ledit cardinal de Sourdis, archevêque de Bourdeaux, en lâchant icelle excommunication; et enjoint audit cardinal archevêque revoquer par tout le jour, après la signification du present arrêt par écrit, lesdites excommunications et publications d'icelles, et impartir l'absolution ausdits Damalvy et de Bouveau; et mettre l'acte de sadite revocation et absolution en bonne et dûe forme devers le greffe de ladite cour, à peine de quatre mille écus: laquelle amende, à faute de ce faire, ladite cour déclare ledit cardinal de Sourdis avoir encourue envers le Roy; et enjoint au greffier de ladite cour, passé ledit jour, à faute par ledit cardinal archevêque d'avoir obéi, d'expedier l'exécutoire de ladite peine, sans qu'il soit besoin d'autre injonction ni déclaration que du present arrêt. Et néanmoins passé ledit délay, à ce sera contraint à doubles peines : et en outre ordonne que ledit cardinal de Sourdis, archevêque, fera publier icelle revocation et absolution au prône de l'eglise parochiale Saint Project de la ville de Bourdeaux dimanche prochain, sur semblables peines ; et jusqu'à ce qu'il aura fait ladite revocation et publication d'icelle, que son temporel sera et demeurera saisi sous la main du Roy, etc. »

Cet arrêt a donné lieu à plusieurs contestations entre ledit seigneur archevêque et le parlement, qui durent encore. Ensorte que ledit archevêque ayant perdu un procès le 19 du mois dernier, il a inhibé à tous curez, prêtres, religieux et confesseurs, de bailler l'absolution aux juges qui avoient opiné pour ledit arrêt, se la reservant à soy et au sieur La Cousture, son penitencier. Ce qui a donné lieu à l'arrêt qui fait aujourd'hui l'entretien de toute cette ville, par lequel ledit cardinal de Sourdis est condamné à quinze mille livres d'amende, applicable moitié au Roy, et moitié aux hôpitaux et convents d'icelle ville de Bourdeaux. Et fait inhibitions, tant audit archevêque qu'à tous autres evêques et prelats de son ressort, de faire semblables défenses aux curez, prêtres et religieux confesseurs, d'absoudre les présidens, conseillers, procureur général et autres officiers du Roy qui auront opiné en leurs causes ou autrement, exerçant leurs offices ; ni proceder par excommunication contre iceux, à peine de trente mille livres tournois, et autre plus grande somme si le cas y échet, etc. Prononcé à Bourdeaux en parlement, les chambres assemblées, le trentieme decembre 1606.

[FEBVRIER.] Le samedi 3, j'ay acheté quatre sols une

nouvelle bagatelle intitulée *Trente-deux Demandes proposées par P. Cotton*, avec les solutions du ministre Dumoulin, qui lui en propose soixante quatre autres.

Le jeudi 8, M. Darpantigni m'a donné, selon que je l'en avois prié, son opinion par ecrit sur le saint sacrement, et pour la reconciliation des opinions sur ce subject; laquelle estant particuliere, et toutefois bonne pour une ouverture d'accord, sera, comme je lui ai dit, rejettee des uns et des autres. Elle contient une petite page d'escriture.

Le samedi 10, j'ay acheté une nouvelle bagatelle nouvellement imprimée à Saumur, qui est une Reponse d'un ministre de Thouars, nommé Rivet, à l'abjuration d'un ministre autrefois cordelier, nommé Olivier Enguerrand; et m'a cousté quatre sols. Ce ne sont qu'injures et redittes, lesquelles tant d'une part que d'autre je ne daingnerois ramasser, tant s'en faut que je les voulusse acheter, n'estoit que je pretens m'en servir en meilleure chose.

Le jeudi 22, j'ay receu du sire Tavernier onze francs pour des pourtraitures que je lui avois baillées à vendre à la foire, laquelle a duré trois semaines entieres, le Roy l'aiant fait prolonger pour le plaisir que la Roine prenoit à s'y promener, et lui à jouer : aiant esté ceste foire la moins pressante et insolente, mais la plus desbauchée pour le jeu qu'on ait encores veue, et à laquelle je n'ay ni gangné ni perdu, n'y aiant porté ni bourse ni argent.

Ce jour, se battirent en duel messieurs de Soubize (1) et Boccal; et fut M. de Soubize grieufvement

---

(1) *De Soubize* : Benjamin de Rohan, duc de Soubise, frère puîné du duc de Rohan.

blessé par sa faute, ainsi qu'on disoit, aiant forcé Boccal au combat; lequel il ne vouloit accepter, et respectant son ranc et sa maison, laquelle touche de paranté au Roy.

Le vendredi 23, finist la foire, où le Roy alla encore l'aprés disnée, y perdit sept cens escus à trois dés contre M. de Villars, et donna à la comtesse de Moret un chappelet de trois cens escus.

En ce mois, qui fust humide et mal sain, regnerent force maladies à Paris, principalement de fluxions et cathairres, dont y en avoit peu qui ne s'en trouvassent atteints; quelques morts subites, entre autres une remarquable d'un jeune homme nommé Miramion, frere du lieutenant general d'Orleans; lequel, aprés avoir bien disné et fait bonne chere chez le petit More, où il avoit traicté bonne compagnie à six escus pour teste, ainsi qu'on disoit, mourust tout soudain, et rendit l'esprit à la table mesme où il avoit disné, jouant à la prime, et ayant encores les cartes à la main; et avoit gangné six ou sept cens escus. Cela avinst le samedi 10 de ce mois.

Continuation de balets, duels, blasphemes, et toutes sortes de desbauches et folies.

Deputés de La Rochelle ouis sur le refus qu'ils faisoient de recevoir les jesuites, portant la parole un eschevin nommé Yvon, qui parla si librement que le Roy s'en offensa, et l'appela seditieus. Finalement renvoiés, avec promesse qu'ils ne les auroient que pour ce quaresme.

Supplément tiré de l'édition de 1732.

Le dimanche 4 de ce mois, monseigneur le prince

de Condé envoya appeller M. de Nevers pour se battre avec lui, sur quelques paroles dites par ledit sieur de Nevers, dont monseigneur le prince s'étoit tenu pour offensé. Le duc de Nevers y alla, et peu s'en fallut qu'ils ne vinssent aux prises; lorsque le Roy en étant averti, y envoya en diligence et appointa cette querelle, avec reprimande à l'un et à l'autre, principalement à M. de Nevers, qu'il dit avoir trop peu respecté, en y allant, la qualité de M. le prince son parent.

Supplément tiré de l'édition de 1736.

Le mardi 6 du mois de février, notre Roy voyant que le Pont-Neuf étoit parachevé, sur lequel lui-même étoit déja passé plusieurs fois; et s'étant aperçu qu'une grande rue qui joindroit ledit pont seroit d'un grand ornement pour la ville et d'une grande commodité pour le public, députa messire Achilles de Harlay, conseiller en ses conseils d'Etat et privé, et premier président en sa cour du parlement de Paris; messire Nicolaï, aussi conseiller d'Etat et privé, et premier président en sa chambre des comptes à Paris; messire Jacques de La Guesle, aussi conseiller d'Etat, et procureur général en la cour du parlement; messire François Le Fevre, trésorier général de France; François de Douon, François Gallet, trésoriers de France; Jacques Sauguin, prévôt des marchands; Gabriel de Fletilles, bourgeois et echevin de cette ville, qui avoit eu la conduite du bâtiment dudit pont; afin de convenir avec les Augustins pour l'achat de quelques maisons, cours et jardins à eux appartenans, situez sur le quay, qu'il étoit nécessaire de démolir pour faire une rue de cinq toises de largeur attenante audit pont; et qui aboutît en droit fil à la porte de Bussi; laquelle rue a été appellée rue Dauphine, en mémoire de la naissance de monseigneur notre Dauphin.

Il fut convenu, entre ces députez et les Augustins, que pour la construction de cette nouvelle ruë il seroit pris sur cesdites maisons, jardins et cours, trente toises en longueur jusqu'à l'hôtel Saint Denys, sur cinq toises et demi de largeur; lesquelles ont été appretiées par des experts à trente mille livres tournois : à la charge que les materiaux des démolitions resteroient aux Augustins, que les murs de clôture des deux côtez de ladite ruë seroient élevez de trois toises de haut au-dessus du pavé, aux dépens de Sa Majesté; et qu'il seroit fait deux voûtes sous ladite ruë, pour communiquer aisément avec les maisons desdits religieux qui sont près l'hôtel de Nevers, pareillement aux frais de Sadite Majesté.

Les religieux augustins, députez vers Sa Majesté pour l'assurer de leur soumission à son plaisir, lui ayant remontré qu'ils seroient doresnavant sans jardin, le Roy leur a dit : « Ventre saint-gris, mes peres, « l'argent que vous retirerez du revenu des maisons « vaut bien des choux. »

[MARS.] Le vendredi 2, Langelier m'a vendu six sols le Panarete de Bertaut sur le baptesme de M. le Dauphin, imprimé nouvellement par lui in-8°, qui est un poëme de quinze cens vers et plus, dont on fait cas, et non sans cause; mais toutefois trop triste et melancolique pour le subject.

Le samedi 3, on m'a donné un Avis nouvellement imprimé par Chappellet sur l'instruccion d'une dame de la religion sur le sacrement de l'Eucharistie, que ces contreporteurs crioient par les rues, taschant de tirer de cette faribole de l'argent en karesme : comme ils avoient fait à quaresme prenant de l'Almanach et Balet de M. le prince.

Le lundi 5, j'ay acheté dix sept sols un nouveau livre du pere Gonteri, jesuiste, intitulé *la vraie* [1] *Procedure* pour terminer le different en matiere de religion. Imprimé à Caen in-8°, et à Paris par Chappellet, qui me l'a vendu relié en parchemin.

Le mecredi 7, est morte à Paris la marquise de Nœsle, aagée de vingt quatre ans seulement, que l'ignorance des medecins, selon le bruit commun, a mise au tombeau pour l'avoir trop saingnée estant en couche. Dame fort regrettee pour la beauté de son esprit, et les grandes graces que Dieu y avoit mises.

Le vendredi 9, se voulurent battre en duel le comte de Curson et le jeune Gamache, qui en furent empeschés. Mais il y en eust le dit jour un autre entre un gentilhomme nommé le baron Deslagues, et l'escuier de M. d'Esparnon, qui y demeura mort; et le baron, qui estoit un brave gentilhomme, fut grieufvement blessé, et si fort qu'il en mourut le lendemain.

Voila comme ce monstre alloit devorant, par le juste jugement de Dieu et connivence du prince, la noblesse françoise, qui, ne tenant conte de Dieu, mettoit le point de son honneur à le deshonorer.

Le samedi 10, j'ay acheté une nouvelle Response du cardinal Bellarmin pour le Pape contre les Venitiens, où la subtilité passe la verité. J. Perier me l'a vendue cinq sols.

---

[1] Mais mauvaise pour s'accorder, quand on met tout d'un costé, et rien de l'autre. (*Note de L'Estoile.*)

Le mardi 13, ma tante Du Thil m'a escrit, et m'a renvoié avec mes lettres une obligation de feu Lois de L'Estoille mon fils, de la somme de quatre cent cinquante escus qui lui devoit, dont elle m'a fait don : chose qui m'a fort agreé, encores que ceste partie estoit debatable, et à la contestation de laquelle je ne fusse toutefois entré qu'à l'extreme necessité et avec un extreme regret, pour les biens que je reconnois avoir receu de la dite dame ma tante.

Le mecredi 14, j'ay fait response à la lettre de ma tante Du Thil, et icelle remercier bien humblement du present qu'elle m'a fait, qui ne me regarde tant que ceux qui viennent aprés moy. Je me suis pleu à bien coucher cette lettre, et y ai emploié une heure de temps.

Le dimanche 18, se battirent en duel à Paris quatre gentilshommes, qui tous quatre furent blessés. Un mien ami me dit ce jour avoir entendu de M. de Lomenie que depuis l'avenement du Roy à la couronne on faisoit conte de quatre mil gentilshommes tués en ces miserables duels en France; et que c'estoit chose qui avoit esté asseurée à Sa Majesté pour veritable.

Le mardi 20, on m'a donné des nouvelles, *hoc est* balivernes (qui se renouvellent tous les ans deux ou trois fois, et qui sont les pratiques de ces portepaniers) de la propagation de la foy catholique par les jesuites en diverses parties du monde.

Un juif à Saint Maurice, baptisé en l'Eglise romaine, l'abjura, et fist profession de la pretendue reformée le dimanche 18 de ce mois.

Le vendredi 23 de ce mois, le substitut Guillon s'estant presenté à la cour pour y estre receu conseiller, fust par insuffisance refusé et renvoié. Chose qui avient rarement; et y avoit plus de dix ans qu'on n'en avoit fait autant, encores qu'il y en eust de bien foibles à cest examen et en bon nombre, qui s'y estans presentés avoient esté receus sans avoir gueres mieux fait. Mais la cour aiant esgard à la consequence et aux risees qu'on en faisoit par tout, ordonna sagement de commencer par cestuici à en amander la faute.

Le mardi 27, Berion m'a donné de son impression un livre nouveau, intitulé *le Duel de l'Homme et de la Mort*, dont je lui ai fait obtenir le privilege à la chancellerie : dans lequel il y a de beaux traits, et curieusement recherchés. Il est in-8°. L'aucteur se nomme J. Guillemard, de Champdemer en Poictou: nom supposé pour couvrir celui de sa profession, qui est de ministre et s'apelle des Alimes, s'estant dit ici medecin, pour faciliter l'approbation de son livre par un docteur de Sorbonne, comme finalement il a eue de nostre maistre Marius, qui le lui a signée.

Le present mois de mars fust froid et secq; le karesme cher; peu de maladies mauvaises, hors les contagieuses, qui continuent tousjours; quarante huict en la maison, par rapport fait le 24 de ce mois. Peu d'amandement pour les sermons, où on se contente d'aller, sans en faire autre proufit, encores que nous soions de prés menassés de beaucoup de malheurs.

Le Roy va à Fontainebleau, et avant que partir mande ceux de sa cour de parlement pour haster l'edit qu'ils ont par devers eux de l'erection de la chambre roiale pour la recherche des financiers; leur dit que le Pape et les Venitiens estoient d'accord. Ce qu'aiant esté rapporté à l'ambassadeur de Venize, fist response que puisque le Roy le disoit, qu'il le falloit croire. Toutefois qu'il estoit malaisé que Sa Majesté en eust eu quelque advis certain sans qu'ils y eussent participé, et qu'il n'en avoit receu aucun.

En ce mois, les pauvres Freres ignorans aiant quitté leur maison à la roine Marguerite, sont transportés prés le cimetiere de ceux de la religion, pour s'y acommoder, et estre gardes du sepulchre.

Le prince de Jainville (1) sort de la cour, et se retire à Saint Disier, place forte de son gouvernement. Disgracié de Sa Majesté, pour soubçon de quelques amourettes entre lui et la comtesse de Moret : subject ordinaire et trop commun pour le jourd'hui des disgraces de nostre cour.

La Roine, mal contente du voiage du Roy à Chantilli, pour voir la marquise à Verneuil ; laquelle aussitost qu'elle l'eust veu : « Vous avés (dit-elle au Roy en « boufonnant comme de coustume) de mauvais fourriers « avec vous, qui vous logent à la haye, au vent et à « la pluie. » Cela dit-elle, rencontrant sur le nom de La Haye, que Sa Majesté entretenoit, et qui menoit par tout où il alloit.

Une vieille femme du pays de Hainaut, prisonniere à Calais pour avoir dit et maintenu que la vierge Marie, depuis Jesuschrist, avoit eu trois ou quatre enfans ; et encores que telles paroles impies et blasphematoires ne puissent proceder que d'un esprit troublé, agité de quelque humeur extravagante et melancolique, si est-ce que pour y avoir opiniastrement persisté, ceste pauvre

---

(1) *Le prince de Jainville* : Claude de Lorraine, quatrième fils de Henri, duc de Guise, tué à Blois. Il fut depuis duc de Chevreuse.

miserable en demeure tousjours là, ainsi qu'en porte l'avis envoié de Calais à un mien ami, que j'ay veu, en dacte du 21 de ce mois.

Il vaudroit mieux cacher ces choses au peuple que les publier.

En ce mois de mars, furent roués à Tours deux des plus grands, insignes, fameux et renommés voleurs de l'Europe : lesquels, à la mort et au supplice, confesserent avoir perpetré jusques à six vingts meurtres. L'un s'appeloit le capitaine Buleu, dit Sans Crainte, qui confessa tout, et mourust bon confés et repentant, monstrant grands signes de contrition et repentance de ses horribles et enormes crimes et forfaits. L'autre s'apeloit le capitaine Dubois, qui au contraire ne confessa rien qu'à l'extremité, et fist une fin pareille à sa vie. M. de Graville, secretaire du Roy, m'a promis de m'en faire voir le procès-verbal, qui est une des bonnes pieces de ce temps, et digne d'estre recueillie.

Supplément tiré de l'édition de 1736.

Le jeudi premier jour du mois de mars, notre bon Roy reçut du pape Paul v une bulle en datte du 16 du mois dernier, par laquelle il confirme le nouvel ordre de chevalerie que Sa Majesté vient d'instituer, sous le nom et à l'honneur de la vierge Marie du Mont Carmel. Cet ordre est composé de cent gentilshommes françois, nobles de quatre races, tant du côté paternel que maternel, nez en loyal mariage; lesquels pourront être mariez deux fois en leur vie, et non plus; ne pourront faire profession qu'à dix-huit ans accomplis. Le grand maître, qui sera toujours nommé par le Roy ou par ses successeurs, pourra néanmoins donner ledit ordre à ses pages au-dessus de sept ans, pourvû qu'ils soient gentilshommes de quatre races.

Les chevaliers de cette milice sont obligez de s'abstenir de manger de chair tous les mercredis de la semaine, et de reciter tous les jours l'office de la vierge Marie, ou du moins le chapellet. Ils doivent porter sur leurs manteaux, au côté gauche, une croix de velours ou satin tané, ancrée à l'orle d'argent; au mitan d'icelle l'image de la vierge Marie, entourée de rayons d'or, le tout en broderie; et au col une croix d'or ancrée; et au mitan l'image de la vierge Marie, d'un côté et d'autre émaillé, avec un ruban de soye tanée.

L'intention de notre Roy, en instituant cet ordre militaire, a été d'avoir toujours auprès de sa personne, quand il ira à la guerre, cent gentilshommes d'élite pour sa garde. Pour l'entretien de ces chevaliers, Sa Majesté, avec l'agrément du Pape à présent regnant, leur assigne des pensions sur tous les bénéfices de France, tant reguliers que séculiers, comme archevêchez, evêchez, abbayes; et il est permis aux grands maîtres de jouïr jusqu'à six mille livres de pension; et aux chevaliers et commandeurs, deux mille livres. Cet ordre a été uni et succedé à celui de Saint Lazare en Jerusalem, et icelui est appellé aussi ordre de Saint Lazare.

Le vendredi 23 de mars, dom Diego de Botêlho, un des principaux seigneurs de Portugal, qui, à ce qu'on dit, tire son origine des rois de Bohême, fut enterré aux Cordeliers. Il avoit abandonné sa femme, ses enfans, ses amis et ses biens, pour suivre la fortune d'Antoine, chevalier de Malthe, prieur de Crato, fils naturel de Louis de Beja, troisiéme fils d'Emanuel, roy de Portugal. Cet Antoine, après la perte du roy Sebastien dans une bataille en Affrique, et après le regne du cardinal Henry, qui avoit succedé à son neveu Sebastien, et pris le titre de roy sans pourtant quitter celui de cardinal, fut nommé par les Etats défenseur du royaume, et peu après le peuple le proclama roy : car bien qu'il ne fût pas legitime, il y avoit des exemples dans le Portugal qu'au défaut des mâles legitimes, les bâtards pouvoient succeder au préjudice des femmes. Mais son élection fut traversée par les autres prétendans à icelle couronne, et principalement par Philippe, roy d'Espagne, qui le contraignit par les armes de fuir, de se cacher, et enfin de se retirer secretement en France.

Dom Diego de Botelho, qui l'avoit secouru en Portugal, ne le quitta pas dans sa retraite; il arriva avec lui à Paris, et l'accompagna dans l'expedition sur les isles Terceres, avec les forces que le roy de France lui avoit données, à la sollicitation de la Reine. Le roy d'Espagne obligea une seconde fois Antoine de quitter le Portugal, et de revenir en France, toujours accompagné de Diego de Botelho, où il est mort. Antoine de Soulé, noble Portugais, et chevalier de l'ordre de Christ, lui a fait mettre sur son tombeau cette epitaphe :

D. O. M.

Votum.

Illustrissimo viro Diego Botelho, perantiqua regum stirpe oriundo et famil. Botelh in Lusitaniâ, capiti nobilissimo : qui tanto et incredibili amore re-

gum suorum Portugaliæ semper arsit, ut in hoc mirandum posteris, ac histor. celebrandum exemplum reliquerit, præcipue Dom. Antonio regi suo, hujus nominis primo ita fuit devotus, ut ipsius salute patriæ libertat., conjugem fideliss., lib. dulciss., propinquos et amicos cariss., fortunas omnes quas sponte reliquerat, supervivere ac superesse crederet. Ita nec redire dum à suis esset revocatus, qualibet præmiorum et honorum spe invitatus, voluit. Sed comitantis Reg. suum infortunii constans particeps, quæcumque adversa cum ipso Rege adeò infracto animo passus, ut ne ab eo quidem mortuo averterit. Ac dum ambor. positis hoc in templo corpor. hunc pro tot tantisque oneribus honorem obtinuit supremâ voce expetitum: ut nullibi ossa sua, nisi juxta regia quiescerent. Cœlo redditus x cal. april. an. Dom. M. DC. VII; *vixit annos* LXXIII, *menses* III, *dies* XII,

Non sibi, sed Deo,
Regi et patriæ.

Virum tantum tam singulari pietate insignem, et Lusitaniæ fidei ac fortitudinis olim insigne decus, nec prosperâ nec adversâ fortunâ mutatum, patriæ suæ amans et memor, Antonius de Soula, nobilis Lusitanus, ordinis Christi eques signatus, non tam hoc tumulo tegere, quam hoc te legere ac lugere, desideravit.

En ce tems on a fait réimprimer l'office divin du diocese de Paris, et on a remis dans la premiere leçon du second nocturne des vigiles des morts ces deux mots:

Responde mihi, qu'on avoit supprimez dans les précédentes éditions, pour ce que les chanoines se sentoient offensez, en ce que le peuple croyoit que ce malheureux dont il est parlé dans la vie de saint Bruno eût été chanoine de leur eglise; et qu'après avoir mené une vie exemplaire devant les hommes, il avoit été miraculeusement déclaré damné. Ce qui avoit occasionné la penitence de Bruno, son ami.

[AVRIL.] Le lundi 2, M. de Lassi mon cousin me fist part des nouvelles qu'il avoit receues de Romme de mon cousin Bouguier son frere, entre lesquelles y en a une de remarque qu'il dit avoir veue: qui est que depuis peu de jours hors de Romme, à la porte di Bové prés Saint Sebastien, s'est trouvé, en remuant les fondemens de quelque maison, une grande casse de marbre blanc plaine d'une eau qui rendoit une tres-bonne odeur, et au fonds trois corps qui avoient trois robbes de pourpre faites à la façon des anciens Rommains; et que ces robbes s'estoient tousjours conservées comme miraculeusement dans ceste eau, sans estre aucunement gastees; qu'il lui eust souhaitté une robbe rouge de ceste estoffe et de ceste eau, pour la pouvoir conserver; qu'on doute de qui pourroient estre ces corps, les uns disans estre de Septimus Severus, autres de Caracalla: mais qu'il ne le croid point, et qu'on a trouvé quelques inscriptions grecques, lesquelles estant deschiffrées, on en pourra possible tirer quelque verité.

Le jeudi 5, fut rompu vif sur la roue, au bout du pont Saint Michel à Paris, un qui se faisoit nommer le capitaine La Fortune, natif de Laval, grand voleur et meurtrier execrable : ce qu'on appelle aujourd'hui un capitaine determiné, *id est*, en françois, à tous les diables. Comme ce pauvre miserable qui ne se voulut jamais reconnoistre à la mort, maudissant la justice, et n'aiant rien voulu ni confesser ni pardonner, finalement demanda une messe aprés sa mort à un gentilhomme qui se trouva là; lequel ne lui respondit rien, et disoit l'on qu'il estoit de la religion. Il tua quatre hommes avant qu'on le peust prendre; et estant pris et lié, en tua encores un avec un bidet (1) qu'il avoit dans sa pochette.

Le lundi 9, courust un faux bruit à Paris que la Roine (laquelle seulement ne s'estoit trouvée mal) estoit accouchée d'un fils à Fontainebleau, et que nous avions un duc d'Orleans. Nouvelle appostée exprés pour couvrir (ainsi qu'on disoit) le bruit d'un attentat projetté contre la personne du Roy.

Partirent ce jour de Paris M. le chancelier et le duc de Sulli, mandés de Sa Majesté pour l'aller trouver à Fontainebleau.

Le jeudi 12, j'ai acheté deux sols ung nouveau traicté de la peste, fait par un chirurgien expert, pour la guairison et precaution d'icelle. La plus seure precaution seroit une bonne police à Paris, où il y en a si peu, qu'un honneste homme hier me monstra, en une des plus frequentes rues de Paris, celle qui a la superintendance des malades de la contagion en ceste maison des fauxbourgs où on les transporte, allant librement et halenant tout le monde, sans dire *Gardez-vous*; et me dit qu'on ne voyoit autre qu'elle par les

(1) *Un bidet :* petit pistolet.

rues. Si cela avenoit à Lyon, on l'harquebouzeroit en plaine rue, et seroit loué celui qui en feroit le coup.

Le mardi 17 de ce mois, arriverent à Paris dés le matin les nouvelles de la naissance de M. d'Orleans (1) à Fontainebleau : dont furent faits force feus de joie, le *Te Deum* chanté, et l'alegresse grande par tout pour une si heureuse venue, dés long temps attendue et souhaittee de tous les gens de bien et bons serviteurs du Roy.

Le commencement du present mois d'avril fut benin et gracieus; le milieu, froid et de temperature. Janvier, la fin extremement chaude, et de constitution. Juillet, laquelle distemperature entretenoit à Paris les maladies, mesmes les contagieuses, où il y en avoit tousjours, mais peu.

Au commencement de ce mois, ung augustin nommé Astier, qu'on apeloit l'Augustin de Beziers pour ce qu'il en estoit, et des principaux complices de la conjuration dressee pour rendre la dite ville de Beziers et autres à l'Espagnol, s'estant sauvé en Hespagne, où il faisoit toutes les allées et venues pour la faction de ces compagnons, qui furent mis sur la roue au dit Beziers; estant finalement revenu en France aprés avoir obtenu sa grace du Roy, fut pris prisonnier dans le couvent des Augustins à Paris, et mené à Sa Majesté à Fontainebleau, où aiant descouvert au Roy de grandes menées et d'importance contre son Estat, ainsi qu'on disoit; son pardon lui aiant esté reconfirmé, et tous ses pecchés pardonnés, fut renvoié sain et sauf à Paris, en

---

(1) *La naissance de M. d'Orleans :* Ce prince mourut le 17 novembre 1611.

plaine liberté, en son couvent des Augustins, où je l'ay veu souvent du depuis.

Supplément tiré de l'édition de 1736.

Le dimanche 22, le Roy étant encore à Fontainebleau, fit assembler les cardinaux, prelats, commandeurs et officiers des ordres qui étoient près de sa personne, et leur déclara qu'il vouloit donner la croix et le ruban bleu à son fils le duc d'Orléans, comme il avoit fait à monseigneur le Dauphin. Le même jour, Sa Majesté mit la croix et le ruban bleu au col de ce prince.

Le dimanche 29 d'avril, sont arrivées des lettres de Venise marquant la paix du Pape avec cette republique, heureusement terminée par l'entremise et protection de notre Roy; ensorte que le 21 de ce mois le cardinal de Joyeuse, envoyé à Rome pour terminer cette affaire, avoit au nom du Pape levé l'excommunication de la seigneurie, et donné l'absolution au senat, et à tous ceux qui avoient encouru les censures. Le manifeste suivant, imprimé en italien à Venise dès le commencement de cette contestation, et dont un mien ami m'a donné la traduction en notre langue, fait voir la conduite des seigneurs venitiens.

« Leonard Donat, par la grace de Dieu duc de Venise, aux reverendissimes patriarches, archevêques, evêques de notre seigneurie de Venise, et à tous vicaires, abbez, prieurs, curez et autres prélats ecclesiastiques, salut.

« Nous avons été avertis que le 17 avril dernier passé, par l'ordonnance du très-saint pere le pape

Paul v, a été publié et affiché en la ville de Rome un certain bref fulminé contre nous, le senat et notre seigneurie, adressant à vous selon sa forme et teneur; et parceque nous sommes obligez de gouverner en paix l'Etat que Dieu nous a donné, en maintenant l'autorité des princes souverains qui ne reconnoissent autre puissance temporelle que celle de Dieu : pour ce, nous protestons devant Dieu et devant tout le monde que nous n'avons manqué en tout ce qui est possible de rendre Sa Sainteté capable de la validité de nos raisons et défenses très fortes, premierement par notre ambassadeur ordinaire vers Sa Sainteté, puis par nos lettres patentes en réponse audit bref, et finalement par un ambassadeur que nous lui avons envoyé exprès pour ce sujet. Cependant ayant trouvé les oreilles de Sa Sainteté closes, et voyant que le susdit bref a été publié contre toute raison, et contre ce que les saintes Ecritures et la doctrine des saints peres enseignent, au préjudice de l'autorité souveraine donnée de Dieu, et de la liberté de notre senat, au trouble de la paisible possession du gouvernement que Dieu nous a donné sur les biens, honneurs et vies de nos sujets, et au grand scandale de tout le monde : nous ne faisons point difficulté de déclarer le susdit bref non-seulement injuste et induement fait, mais aussi nul, de nul effet et valeur, sans fondement quelconque, illegitimement fulminé contre tout droit, et les formes ordinaires d'icelui n'ayant été gardées. Et pour ce, nous avons estimé qu'il étoit besoin d'user à l'encontre d'icelui des remedes desquels nos prédécesseurs et les autres princes souverains ont usé à l'endroit des papes, qui ont outre-passé les bornes du pouvoir que Dieu leur a donné ; principalement étant certain qu'il sera jugé tel par vous, par nos autres sujets et par tout le monde, et assurés que vous continuerez à l'avenir votre office pastoral, et le soin que vous avez eu jusques à present des ames de nos fidelles sujets et du service divin, lequel par notre diligence florit en cette notre seigneurie autant qu'en nulle autre part du monde, ayant ferme propos de continuer toujours de vivre en la sainte foi catholique et apostolique, et sous les regles et observances du Saint Siege romain, comme nos prédécesseurs ont fait depuis la fondation de cette ville jusqu'à présent.

« Telle est notre volonté, laquelle nous voulons être affichée en tous carrefours et places publiques de cette ville, et en tous autres lieux et endroits de notre seigneurie : nous assurant qu'une si manifeste publication ira aux oreilles de tous ceux qui ont ouï parler de ce bref; et encore jusques à la connoissance de Sa Sainteté, laquelle nous prions Dieu notre seigneur de vouloir inspirer à connoître la nullité de son bref, et de tous les autres actes qu'elle a faits contre nous en conséquence d'icelui, et la justice de notre cause : ensorte qu'elle nous augmente le courage de garder à l'endroit du Saint Siége la reverence que nos prédécesseurs et nous lui avons gardée, et à laquelle notre seigneurie est et sera toujours très-affectionnée. Donné en notre palais ducal le 6 mai, indiction quatriéme, 1606. »

Le lundi 30 d'avril, la nouvelle de la perte de la flotte des Espagnols devant Gibraltar, par les Hollandois, a été confirmée avec les circonstances suivantes. Le commandant de la flotte hollandoise, appellé Jacob de Heemskerk, avec vingt six vaisseaux, a attaqué les Espagnols, au nombre de trente sept vaisseaux, dans le port de Gibraltar, commandez par l'amiral dom Jean Alvares d'Avila. Le commandant Jacob avoit donné ordre de souffrir le canon tant de la ville que du château, et de ne tirer que lorsqu'ils seroient bord à bord. Jacob dans la premiere attaque ayant eu la jambe emportée, et se sentant mourir, a donné de si bons ordres à ceux qui étoient auprès de lui, qu'ils ont vaincu les Espagnols, coulé à fond l'Amiral, sur lequel étoit Alvares d'Avila, et douze autres vaisseaux; fait deux cens prisonniers, et tué plus de deux mille hommes, parmi lesquels il y a plus de cinquante chevaliers de divers ordres.

[MAY.] Le jeudi 3 de ce mois, on m'a donné ung nouvel escrit imprimé qui couroit, intitulé *Discours au Roy*, dont on faict aucteur M. Ribier, conseiller en la cour, qui par icelui exhorte Sa Majesté de mettre la main à bon escient à la reformation de l'Eglise et reunion des deux religions. Et est ce petit discours libre et bien fait, rempli de beaucoup de belles auctorités et raisons, mais qui auront lieu en papier seulement : qui est le pis.

Le samedi 12, furent faites defenses par la ville, et crié à quatre trompettes, qu'on n'eust à donner l'ausmonne aux portes des maisons, ni mesmes de la chair et potage comme il se fait coustumierement, ni aux pauvres par les rues, sur peine de dix escus d'amande. Ce qui fut si bien observé, que dés le lendemain on n'en vid jamais tant par la ville, aux portes et par tout. Mesmes la roine Marguerite revenant des Augustins, il y avoit en ma rue plus de cinquante gueus amassés, que je vis se battre pour quelque teston qu'elle leur avoit jetté. On mist aussi des hommes à toutes les portes de la ville, pour empescher les pauvres qui voudroient entrer.

Le dimanche 13, au bout du pont Saint Michel à Paris, un gentilhomme des regimens de M. Du Bourg poursuivant à coups d'espée, dont il lui avoit donné desja quelques coups du plat, un pauvre homme simple mercier, ainsi qu'on disoit, qui lui demandoit de l'argent qu'il lui devoit dés longtemps; voyant que ledit gentilhomme le vouloit tuer, tirant une dague qu'il avoit sur lui, et destournant le coup, s'estant rué impetueusement sur lui, lui en donna dans la gorge; et fust à l'instant porté sur le barbier prochain, où le lendemain il mourust. Il dit qu'il lui pardonnoit sa mort, pour ce qu'aussi bien il l'eust tué. Le meurtrier, au moyen du peuple qui lui fist voie, voyant l'injuste poursuitte du gentilhomme, s'evada et se sauva.

Le mardi 15, le Roy vinst de Fontainebleau à Paris, pour l'establissement, ainsi qu'on disoit, de la chambre de justice pour la recherche des financiers : laquelle il declara à messieurs de sa cour de parlement sa volonté estre qu'elle eust lieu, et qu'ils fissent justice, sans aucun esgard ni acception de personnes. Leur parla aussi de la verification de l'edit du pied fourché : edit trespernicieus, et que sa cour, pour cest effect, dés long temps refusoit de verifier, en aiant fait des remonstrances à Sa Majesté, laquelle il leur dit avoir trouvé bonnes, et neantmoins que sa volonté estoit qu'ils le passassent; les en prioit bien fort, et leur commandoit de le faire.

Le jeudi 17 de ce mois, mourut à Paris, en son hostel de Nemoux, madame de Nemoux, petite fille de roy, mere des grands et forts du roiaume, mais qui en leurs exploits ont esté rencontrés par un plus grand encore qu'eux, et plus fort. On la disoit aagée de quatre vingts ans; autres disoient soixante et dix-huit. Elle s'en donnoit soixante et seize.

On m'a donné une copie de la lettre qu'a fait escrire le Roy à madame la princesse d'Orange, de la desfaite des Hespagnols au destroict de Gibraltar, dactée du 21 may 1607.

On m'a aussi donné l'œnigme suivant, qui couroit, de la roine Marguerite.

> Je suis celui là qui me fuit :
> Mon compagnon s'est fait mon maistre.
> L'autre est ce que je deusses estre.
> Je marche aprés ce qui me suit :
> Au meprisé je porte envie ;
> Son bonheur me donne le tort.
> Il est veuf, et je suis en vie ;
> Veufve je suis avant sa mort.

J'ay veu, le mecredi 23, une beste qu'on monstroit en la rue de la Harpe, qui avoit la teste de leopard et le corps de tigre. Elle estoit en vie, et paroissoit fort furieuse. Le Grand Seingneur l'avoit envoiée au Roy, et avoit estranglé en la presence de Sa Majesté un de ses dogues. Il y avoit presse à la voir, et on donnoit deux sols.

Le samedi 26, furent rompus sur la roue, à la croix du Tiroüer à Paris, deux gueus de matois (comme il paroissoit à leur façon et habits), qui avoient volé il y a quelque temps le secretaire du Roy Thielement revenant de la cour, et blessé son homme à mort. L'un d'eux se voiant au supplice, confessa tout, et pour ce fust estranglé avant qu'estre rompu; l'autre ne voulut jamais rien confesser, encores qu'il fust induit par son compagnon à le dire et reconnoistre : et pour ce fust roué tout vif. On disoit qu'on voiioit en ces deux une image du bon larron et du mauvais. Le bon, avec grande apparence de contrition et repentance, dit que c'estoit le quatorziesme vol où il s'estoit trouvé; et toutefois dit qu'il s'asseuroit tant de la misericorde de Dieu, qu'il esperoit qu'il lui pardonneroit.

Ce jour mesme, fust pendu en la place de Greve à Paris un qui avoit esté autrefois sergent à cheval, lequel avoit volé un marchand des Pays Bas venant à Paris, pensant que sa valize fust plaine d'or et d'argent, dans laquelle toutefois il ne trouva que des planches de taille douce : qui fust cause de la lui faire enterrer dans un champ, dont il ne peust jamais designer l'endroit. Ainsi n'amanda rien de tout son vol ce pauvre miserable, si non d'une corde, dont il se sentist serré et estranglé. Jugement de Dieu notable, et mesme pour le regard du marchand : lequel s'estant efforcé de tuer, et avec ung pistolet qui lui tira qui ne prist feu, et avec son espee, ne le peust aucunement endommager; et eschappa de ses mains sain et sauf, par une providence de Dieu admirable.

Le mecredi au paravant, 23 de ce mois, avoit esté decapité un gentilhomme en Greve, lequel ne se voulust jamais mettre à genoux pour la prononciation de son arrest, quelque instance que messieurs en peussent faire.

Le lundi 28, on m'a donné ung nouveau livre, et

nouvellement imprimé à Paris par C. B., intitulé *Actes du concile de Trente és ans* 1562 *et* 1563, pris des originaus. Ce petit livret, qui est fort bon et digne d'estre receuilli, ayant esté compilé par un conseiller de la grande chambre, homme de bien et docte, fust fort recherché, à l'instance principalement du nonce du Pape, pour lequel à la verité il ne fait rien. Si qu'on envoya à toutes les imprimeries pour en saisir ce qu'on en trouveroit, et pour en descouvrir l'imprimeur et l'aucteur: lequel en estant averti, en donna promptement avis à l'autre, à l'imprimerie duquel on vinst vendredi dernier 25 de ce mois, mais trop tard: car estant achevé d'imprimer, les copies estoient ja entre les mains de l'aucteur. Si que par ce moyen il se void par tout, et se lict avec fruict et contentement de beaucoup, encores qu'il n'y ait mis la moictié des traictés qu'on peult recouvrir sur ceste matiere.

Le jeudi dernier de ce mois, j'ay acheté deux sols deux nouvelles bagatelles. L'une est un edit du Roy pour les notaires, à ce qu'ils n'aient plus à inserer aux contracts les renonciations au benefice du Vellejan. L'autre est une instance de M. Dallincour pour l'absolution des Venitiens, et quelques lettres touchant ce fait, imprimées en une feuille.

En ce mois, un notaire nommé de Nesmes aiant malheureusement forcé une petite fillette de l'aage de cinq à six ans, fille de Du Fresnoi l'apotiquaire, aprés avoir enduré la gehenne ordinaire et extraordinaire, n'aiant rien confessé faute de preuves, et n'y aiant qu'un tesmoing, en fust quitte pour l'amande et le bannissement, et evada le supplice de mort, qu'il avoit bien merité (reservé à un plus grand et plus grieuf, si Dieu n'a pitié de lui.)

Le Roy aiant entendu l'enormité de ce fait, en avoit escrit jusques en Flandres, où il s'estoit retiré; et de fait y avoit esté pris et amené prisonnier à Paris, où le pere et la mere, outrés d'une juste douleur d'avoir perdu leur fille vilenée de ceste façon, qui en est morte martire, n'ont rien oublié pour avoir raison d'un acte si vilain et barbare. Mais c'eust esté contre les formes de la justice, disent les juges, de faire mourir un homme, quelque meschant qu'il fust, sous la deposition d'un seul tesmoing. M. Faideau, conseiller, fust celui qui assista à la gehenne qu'on lui donna; et le voiant resolu à ne rien confesser, criant tousjours qu'il estoit innocent : « Ah! dist-il, pleust à Dieu d'estre « aussi innocent de tout peché comme je suis asseuré « que tu es coupable de cest acte, et qu'autre que toi « ne l'a fait! Mais tu as bon becq, dont bien te « prend. »

En ce mois, les financiers recherchés; Murat et son commis et Du Tremblai prisonniers; le tresorier Chauvelin en fuitte; Garrault crié à trois briefs jours, et trompetté par la ville. Les autres ne maudissent pas ceux qui ont peur, qu'on croid toutefois en devoir plus avoir que de mal, la seingnée de la bourse les purgeant doucement de tous ces amas vicieux et corrompus, pour en estre aprés plus legers et disposés à tout faire. L'ajournement personnel donné à Puget pour comparoistre à la chambre devant messieurs, sursis par commandement de Sa Majesté; et la capture de sa personne commandée à Defunctis par messieurs de la chambre, remise par le Roy, à la priere de son fils de

Vendosme : à la charge que dedans vingt jours que Sa Majesté lui a donné pour rendre ses contes, il sera tenu de se representer, sans aucun delay ou excuse.

M. de Thurin son rapporteur, vers lequel peu auparavant il s'estoit transporté pour lui recommander son bon droit et la justice de sa cause (ainsi qu'il disoit), l'avoit rudement et estrangement baffoué, par de plaisantes demandes et interrogatoires qu'il lui fist, parlant à lui comme à son valet. Il lui demanda premierement comme il s'appeloit, qui il estoit, d'où il estoit, quels parens il avoit, quels moiens de son commencement; si, quand il vinst premierement à Paris, il estoit à cheval ou à pied; puis lui demanda s'il avoit pas acheté l'hostel d'O? Il lui respondit qu'oui. « Tu es « donc un larron, lui dit Thurin? — Monsieur, lui re- « pondit l'autre, je suis homme de bien; et n'ay point « peur qu'en me faisant justice on me trouve autre « qu'innocent. — C'est tout ce que tu pourras faire, « dit Thurin. Toutefois si on te trouve tel, on te lairra « aller; mais si non, tu seras pendu. »

Duret, le general, aiant fait porter parole en ce temps à un secretaire d'Estat de cinquante mil escus, au cas qu'il se voulust desfaire de son office entre ses mains, est renvoyé à Valleran, bouffon de l'hostel de Bourgongne, avec lequel l'autre lui dit qu'il en estoit en propos.

La paix faite en ce mois entre le Pape et les Venitiens sous l'auctorité du Roy (1) et par son entremise;

---

(1) *Sous l'auctorité du Roy:* L'accommodement fut conclu le 21 avril par le cardinal de Joyeuse, et par de Fresne-Canaye. Il n'y eut point de traité signé. Le cardinal de Joyeuse alla à Venise au nom du Pape, pour y lever l'interdit.

ce que Sa Majesté n'oublie pas. « C'est moi, dit-il, qui « ay fait la paix en Italie. »

Sa Majesté allant voir la roine Marguerite, l'aiant trouvée toute triste de la maladie de Bajamont son favorit, dit en sortant à ses filles qu'elles priassent toutes Dieu pour la convalescence du dit Bajamont, et qu'il leur donneroit leurs estrennes ou leur foire. « Car s'il « venoit une fois à mourir, ventre saint gris, dist-il, il « m'en cousteroit bien davantage; pour ce qu'il me lui « faudroit acheter une maison toute neuve, au lieu de « ceste ci, où elle ne se voudroit plus tenir. » Quand le Roy en revenoit, il souloit dire qu'il revenoit du bordeau.

Supplément tiré de l'édition de 1736.

Le vendredi 18 de mai, les entrailles de très-haute et très-puissante princesse madame Anne d'Est, duchesse de Genevois, comtesse de Gisors, dame de Montargis, etc., furent mises en terre dans le chœur de l'eglise des Augustins. Elle étoit fille d'Hercule d'Est, duc de Ferrare, et de madame Renée de France, seconde fille du roy Louis XII, et d'Anne de Bretagne, sœur de la reine Claude de France, épouse de François I. A cette cérémonie, qui a été faite à dix heures du soir, ont assisté grand nombre de noblesse, tant seigneurs que dames.

Le même jour, sont partis pour aller à La Haye les sieurs Jeanin, président, et Paul Choard Busenval, pour, de la part du Roy, travailler à la paix entre le roy d'Espagne et les Provinces-Unies; et dit-on que les Hollandois ont sollicité notre Roy de vouloir être l'arbitre de tous les différends qu'ils ont avec les archiducs.

Le mardi 22 de mai, le Roy étant à Fontainebleau, a reçu des lettres de Mahomet, empereur des Turcs, qui lui ont été portées par un chaours. On ignore le contenu desdites lettres.

[JUIN.] Le vendredi 8, fust enterré, dans l'eglise Saint Pol à Paris, le receveur Castille, aagé de quatre vingts deux ans. On disoit qu'il mouroit riche de plus de trois cens mil escus, et avoit tenu boutique à Paris, estant marchant de soie en la rue Saint Denis, aux trois Visages.

Le lundi 11, jour Saint Barnabé, le sire Tavernier m'a rendu cent francs, qu'il me devoit pour des livres et autres papiers de pourtraicture que je lui avois vendus, dont il m'avoit fait sa promesse, que je lui ay rendu.

M. Chavenon, advocat en la cour, m'a fait voir ce jour un escrit nouveau à la main, contenant un feuillet d'escriture bien serrée qui couroit ici, envoyé de Romme à diverses personnes, intitulé *Raisons representées au pape Paul v par le cardinal Du Perron, sur l'affaire d'entre Sa Sainteté et les Veniticns, l'an 1607* : qui est un sommaire de ce qu'il representa au Pape sur le conseil qu'on donnoit à Sa Sainteté de ne signer la paix que les Venitiens n'eussent restabli les jesuites. Il y a plusieurs belles raisons deduittes pour monstrer le grand prejudice qu'il feroit à l'Eglise, à toute l'Italie et à soimesmes, si, pour un simple delai de restablissement que lui demandoient les Venitiens, il rendoit le fruit d'une paix inutile. J'en ay pris une copie.

Le samedi 16, j'ay acheté un livre nouveau, intitulé *Examen catholicum edicti Anglicani, quod contra catholicos est latum, auctoritate parlamenti Angliæ, anno Domini* MDCVI; *auctore Stanislao Cristanovic, jurisconsulto.*

Il est imprimé à Paris, in-8°, par François Hubi, 1607, qui me l'a vendu, relié en parchemin, huit sols.

Ce libelle est injurieux et diffamatoire contre l'Estat d'Angleterre; et si celui qui l'a fait n'est jesuite, il est des confidens et mastins de la societé. Au commencement de ce beau livre, ils y ont mis un plaisant pourtraict d'un de leurs martirs (*id est* du diable), à sçavoir du pere Garnet, jesuite executé en Angleterre le 3 may 1606.

Ce jour, j'ay achepté ung livre nouveau de la derniere foire, imprimé à Mogunce in-4°, intitulé *Gasp. Scioppii Pobolimæus, hoc est Elenchus epistolæ Josephi Burdonis Pseudoscaligeri, de vetustate et splendore gentis scaligeræ; quo præter crimen falsi, et corruptarum litterarum regiarum, quod thrasoni isti impingitur, instar quingenta ejusdem mendacia deteguntur et coarguuntur. Cum gratia et privilegio sacræ Cæsar. Majest. Moguntiæ, apud Johannem Albinum*, MDCVII.

Ce Scioppius estoit un protestant lutherien, converti l'an 1600 à la religion catholique romaine; pensionnaire aujourd'hui du Pape à quatre cens escus tous les ans, et protestant jesuitique, hors les injures dont il attaque non seulement Scaliger et sa race, qu'il a choisi pour le subject de sa plume, mais aussi les premiers de la cour de parlement, et les plus doctes et illustres de l'Europe. On disoit qu'il n'y avoit rien en son livre de recommandable, non pas digne seulement d'estre leu; mais il me semble bien autrement, et à beaucoup d'autres plus suffisans que moy, qui jugent le dit livre meriter bien une response de la main des plus doctes et habiles, qui encore s'y trouveront assés empeschés : car il est quelque fois plus malaisé de respondre à un meschant escrit qu'à un bon. Il aura sa fureur pour peine, dit M. le president de Thou, auquel il s'est attaqué.

Le lundi 18, j'ay acheté six sols un extrait sommaire nouvellement imprimé, du prevost de Bertigni, du Secret de l'avis representé au Roy au livre intitulé *l'Anti-Hermaphrodite*, qui est un discours plein de zele au service du Roy, reformation de l'Estat, et soulagement du publiq; mais qu'on tiltre du nom de fol (ce qui n'est pas): trop bien qui sent sa passion d'un vieil prisonnier auquel on a fait tort, et qui ne se peult tenir de mesler son interest particulier avec le publiq.

Il en veult surtout au procureur du Roy au chastelet, Le Geay; lequel n'ayant, dit-il, cinq cens francs de gages, ne dix mille livres de quictance de finance, a acheté neantmoins depuis quatre ou cinq ans son estat ou office cinquante quatre mil livres, et qui lui vault, *per fas et nefas*, plus de vingt cinq mil francs de revenu annuel; et qu'il en a mesmes refusé, depuis l'impression de son livre, six vingt mil livres : somme excedant les anciens mariages des filles de France.

Dit que trois tondus et un pelé (qu'encores on offre desinteresser, voire pardonner leurs fautes passées), pour leur seul interest particulier, ont voulu estouffer dés sa naissance son juste et facile reglement. Demande main levée d'onze cens exemplaires volés au Roy, au publiq, à lui et à son imprimeur, sans aucune condamnation ni connoissance de cause, et non obstant le privilege special de Sa Majesté.

Le vendredi 22, se battirent en duel aux Prés aux Clercs deux gentils hommes, dont y en avoit un à M. le prince de Conti, qui tout blessé qu'il estoit, et fort jeune, tua l'autre qui estoit de la compagnie de M. de Saint Auban, et fust porté mort à la justice de l'abbaye Saint Germain.

Je fus voir ce jour messieurs Du Pui et leur bibliotheque, où je remarquai beaucoup de belles choses antiques et curieuses qu'ils ont, et force manuscripts, outre les bons livres imprimés græcqs et latins.

Le jeune Du Pui me donna le Tumbeau de son pere, imprimé depuis peu in-4° par C. Berion : dont ils avoient retiré toutes les copies, afin qu'il n'y eust que les amis qui en eussent. Les plus beaux esprits et les plus doctes de ce siecle y ont mis la main, et l'ont enrichi, comme la memoire du deffunct le meritoit, de plusieurs pieces singulieres, græcques, latines et françoises.

Le lundi 25, le jeune Du Pui m'a monstré des lettres de son frere qui est à Romme, par lesquelles il mande que les plumes y sont plus echauffées que jamais contre les Venitiens, et que leurs escrits seuls dés ceste heure montent à trois gros volumes.

Le mecredi 27, Bourdin m'a vendu ung meschant petit livret que j'ay trouvé par hasard en sa boutique, intitulé *Taxe des parties casuelles de la boutique du Pape*, en latin et en françois, imprimé à Lyon in-8°, 1564. Il y avoit longtemps que j'en cherchois un, pour remettre en la place de celui que je bruslé à la Saint Berthelemi, craingnant qu'il me bruslast. J'en ay paié onze sols, relié en parchemin.

En ce mois de juing, la gresle, tumbante grosse comme noix, fait du ravage et dommage beaucoup aux environs de Paris, et autres lieus de la France où elle s'adresse, faisant l'aoust et vendange tout ensemble. Ceci advinst le vendredi 15 de ce mois.

Le lundi 18, à dix heures du matin, Carrel, avocat en la cour, fils de ce riche papetier Carrel, estant au Palais, deux de ses serviteurs domestiques, dont il y en avoit ung fort jeune, aagé de dix-huict ans seulement, tuerent sa servante, qui estoit grosse (et de leur fait, ainsi qu'on dit) : voulans voler aprés, comme on presuppose, la maison de leur maistre, sise en la rue des Benardins à Paris. Mais ils furent surpris ; et estant constitués prisonniers, le maistre refusa se faire partie, disant qu'il n'avoit rien perdu. Ce neantmoins furent condamnés à mort par sentence du chastelet ; dont estans appelans à la cour, Sa Majesté estant importunée de leur grace, au moins de commutation de la peine de mort aux galeres, et par lettres de la marquise de Verneuil, et par le sieur de Palaizeau qui estoit parrain d'ung des deux, le Roy s'y estant laissé aller, en sont demeurés là. A quoi toutefois la cour doit bien penser avant que le consentir, veu la consequence, qui est que personne doresenavant ne se pourra dire asseuré des siens, mesme en sa maison, voire en plain jour.

Le Roy, importuné pour la composition des tresoriers des plus grands de sa cour, et de la Roine mesme, n'y veult entendre, disant qu'ils l'ont offensé en publiant par tout qu'il n'en vouloit qu'à leur bourse : mais qu'il leur monstrera bien le contraire, et qu'il ne demande que le sien ; et quand ils lui rendront la moictié de ce qu'ils lui ont derobbé, ils ne pourront que se louer de la grace qu'il leur fera, et la composition ne sera point mauvaise pour eux.

Pendant tout ce mois, Sa Majesté, arrestée par ses gouttes à Fontainebleau, en est tellement travaillé et si peniblement, qu'il en change de visage et de naturel.

Ung cordelier recollette fait profession à Charanton le dimanche 22 de ce mois, et un chartreus le vendredi 29, feste Saint Pierre.

La querelle de M. le garde des seaux et du duc de Sulli sur la recherche des financiers en ce mois, appointée plaisamment par Sa Majesté. « Vous, M. de « Silleri, dit il, voudriés bien qu'on en fist pendre « demie douzaine des principaux de la robbe de « M. de Sulli; et vous, M. de Sulli, autant de celle de « M. le garde des seaux. Je vous dirai : Il n'y a rien que « nous ne puissions faire quand le cas y escherra. »

« M. de Sulli m'est utile, dit Sa Majesté ; mais mon « garde des seaux m'est necessaire. »

Le gouvernement de Lyon, vaccant par la mort de M. de La Guische, donné par Sa Majesté à M. Dallincour.

Le fils d'un laboureur prés Melun, aagé de six ans seulement, monstrueus par dessus son aage en beaucoup de choses, aiant esté amené et presenté au Roy à Fontainebleau, fut donné par Sa Majesté à Mathurine pour le lui garder, disant qu'il en vouloit avoir de la graine.

En ce mois de juin, la maladie fust comme esteinte

à Paris, et la maison où on mettoit les malades à Saint Marceau fermée.

Supplément tiré de l'édition de 1736.

Le samedi 16 de juin, le Roy, à la sollicitation de la reine Marguerite, a accordé au frere François Amiot, religieux hermite de Saint Augustin, et prédicateur de ladite Reine, un brevet qui lui permet de recevoir et occuper tous biens, heritages et possessions, et bâtir couvens de son ordre en tous lieux et endroits de son royaume; avec ample pouvoir de jouir et d'user de tout ce que dessus, sans trouble ni inquiétude quelconque. Un personnage digne de foi, et qui connoît ce bon religieux, m'a dit qu'il estoit natif de Montargis; qu'ayant fait par dévotion le voyage de Romme avec un sien collegue appelé pere Mathieu, dans leur retour ils se résolurent de quitter par mortification la chaussure, d'aller nuds pieds, et de laisser croître la barbe; qu'avant d'arriver à Paris, plusieurs autres religieux du même ordre les avoient suivis, et avoient quitté pareillement la chaussure.

[JUILLET.] Le lundi 2, le Roy vinst de Fontainebleau coucher à Saint Maur des Fossés, se portant mieux de ses gouttes. Tout le conseil à Paris.

Le vendredi 6, furent roués en la place Maubert à Paris les deux meurtriers de la servante de Carrel, serviteurs domestiques d'icelui, tous deux si jeunes, principalement un, qu'ils faisoient pitié à tout le peuple : la justice aiant en fin gangné le dessus du cœur du Roy, contre la faveur et grace qu'on lui demandoit mal à propos pour les exempter d'un supplice justement merité, auquel tout son peuple de Paris avoit interest.

Le samedi 7, M. Du Pui m'a presté l'extraict d'un Journal d'un bourgeois de Paris, ou (comme estimoit son pere, qui l'avoit recueilli et curieusement noté, comme en faisant grand cas) d'un prestre, qui a escrit les choses avenues en la dite ville depuis l'an 1409 jusques à 1449. Il contient deux cahiers d'escriture à la main, fort serree, assés bien escrit; et me souvient de l'avoir oui estimer à feu M. de Gland mon beau frere, qui avoit fort envie de l'avoir.

Le mecredi 10, j'ay acheté deux Avis nouveaux pour la paix de l'Eglise et du royaume, imprimés par Mettayer, dont j'en ay donné un à M. Du Pui, qui m'est venu voir. Ils m'ont cousté trois sols.

J'ay appris ce jour que deux huissiers furent hier à l'Université chés tous les libraires, par commandement de M. le premier president, demander un livre imprimé à ceste derniere foire à Francfort, in-4°, intitulé, comme je l'ay trouvé sur le catalogue, *D. Cristophori Pezelii Præcepta genethliaca, sive de prognosticandis hominum nativitatibus; commentarius eruditissimus.* Autres m'ont dit que c'est *Horarum naturalium centuria una Camerarii*, que je trouve aussi sur le catalogue, n'ayant veu le dit livre.

En ce livre est, ainsi qu'on dit, la revolution de la nativité du feu Roy, au quel il predit la mort qui lui est advenue; et à cestuici la sienne *par poison*, l'an cinquante-neuvieme de son aage. Mais un mien ami l'ayant veu, m'a dit que tous les deux, et Camerarius et Pezeliûs, y sont ensemble, et l'ont faite; par laquelle ils menassent le Roy du cinquante-neuvieme de son aage, et qu'il aura à se garder *à suis propriis, forte etiam veneno*, dit-il. Au reste, lui predit malheur en son second mariage, aussi bien qu'au premier (où il n'y a grande apparance), et que de bastards prou; mais d'enfans legitimes, s'il en a, ne seront de longue vie. *Caveat sibi à nimio potu et venere;* et autres fadezes. On n'en trouva que chés un auquel il en estoit demeuré encore six, les autres libraires ayans ja vendu ceux qu'ils avoient apportés, sans sçavoir quel livre c'estoit. Aussi ne leur en demanda t'on rien, comme on ne pouvoit, pour ce qu'ils n'estudient pas les livres, mais les vendent. Bien leur dit M. le premier president, qui les manda expressement pour cest effect, qu'il leur defendoit d'en vendre; et après ces deffences (qu'il feroit signifier à leur scindicq), s'il s'en trouvoit un seul d'entre eux qui fust si osé d'en vendre, qu'il le feroit pendre et estrangler sans aucune remission. Beaucoup en ont acheté sans sçavoir que c'estoit, et la pluspart n'ont pas encores regardé dedans, ayant esté publiquement vendu par les libraires. Le Beïs en a vendu ung à M. de Chamans, qui dit n'avoir encores leu dedans.

Le jeudi 19, j'ay presté à M. Du Pui ung livre intitulé *Maintenue des princes souverains*, relié en parchemin in-8°, duquel il m'a dit que Godefroi estoit aucteur : discours trés beau et bien fait. Le dit livre m'a esté rendu le 16 d'aoust.

J'ay donné aussi au dit Du Pui un ramas de poulets de cour, où il y en a plusieurs du Roy à madame la duchesse, que j'ay tirés d'un mien manuscript, dans lequel j'en ay d'autres copiés sur les originaus, escrits de la main du Roy, et la plus part sur le dos de ses grands laquais, qu'il depeschoit en haste par devers elle; que je garde particulierement pour moy, et ne les veus communiquer.

Sur la fin de ce mois, M. le cardinal de Joieuse, arrivé de Romme, va saluer le Roy à Mousseaus; où Sa Majesté, aprés l'avoir fort gracieusement et favorablement recueilli, lui demanda ce qu'on disoit à Romme mesme, pour le regard de la recherche qu'il faisoit faire des financiers. Auquel le dit cardinal fist response qu'on disoit que Sa Majesté avoit commencé un aussi grand œuvre et autant important pour son Estat qui s'en fust veu depuis mil ans, et de la continuation ou delaissement duquel dependoit la ruine ou la conservation d'icelui; et que par l'yssue on jugeroit l'envie qu'on auroit eu de remettre sus la probité, police et bonnes meurs en son royaume, qui dés long temps y estoient à l'abandon. Lui dit aussi comme le cardinal Bourguese avoit dit tout haut qu'on faisoit parti en France de la vie et honneur des hommes : ce qui estoit estrange. Et sur ce que le dit cardinal de Joieuse lui insistoit fort au contraire, et le maintenoit de faux, le dit Bourguese lui en auroit monstré les avis qu'il en avoit receu de France, et que le roy d'Espagne y avoit bien donné un meilleur ordre qu'en France, quand pour la recherche de ses financiers il avoit chastié quelques uns des principaux, pardonné aux autres, et puis reiglé le demeurant avec soulagement de son peuple et de son Estat. Lesquelles paroles, ainsi librement proferees par le dit cardinal, rendirent le Roy pensif sur la composition des financiers : laquelle il n'avoit jamais affectee, ni n'affectoit que par importunité.

Supplément tiré de l'édition de 1736.

Le vendredi 13 du mois de juillet, le roy Henry IV fonda l'hôpital de Saint Louis, et fut poser la premiere pierre à la chapelle dudit hôpital, pour lequel grand nombre d'ouvriers travaillent journellement, sous la conduite de Claude Vellefaux, bon architecte.

Le jeudi 19 de juillet, fut porté dans la chapelle du cloître des Augustins le corps de Madelaine-Marie de Medicis, qui fut ouvert auparavant d'être enterré. Elle étoit née en Barbarie. Un chevalier florentin voguant sur mer, et ayant fait rencontre d'un vaisseau de Barbarie, l'attaqua et le gagna : dans lequel il trouva quelques jeunes filles, entre lesquelles celle-ci étoit, qu'il conduisit à Florence, et la présenta à l'infante Marie de Medicis, qui voulut la tenir sur les fonts, et lui donna son nom et son surnom. Il la prit dans son palais, et dans la suite il la maria au signor Mastiati Vernacini, et les amena en France. Madelaine-Marie fut femme de chambre de ladite Reine, et son mari premier valet de chambre de la garde-robe.

[AOUST.] Le vendredi 3 de ce mois, on m'a presté une lettre escrite de Romme par un jesuiste nommé de Sirmond à M. Le Fevre, dactée du 10 de ce mois de juillet passé, traictant des particularités fort notables sur la mort du cardinal Barronius, decedé à Romme le 30 de juin, entre les treize et quatorze heures (dit-il) de ce pays; de laquelle avant que la rendre ay tiré copie.

Le lundi 13, ung nommé Lesterac, fils d'un medecin, se mist en effort de tuer M. le president Forget, comme il partoit le matin de sa maison pour aller au Palais: Ung de ses gens se mettant au devant, receust un coup au bras de la dague dont il pensoit assassiner le dit president. Estant pris, en confessa plus qu'on ne lui en demandoit; dit qu'estant desesperé d'un procés qu'on lui avoit injustement fait perdre, auquel il alloit de tout son bien, il ne se soucioit de mourir. seulement avoit il regret qu'il n'avoit tué devant son rapporteur, qui estoit M. de Rezé (comme de fait il s'estoit transporté deux fois le jour de devant en sa maison pour le faire); le vicomte Brigneul, sa partie, son avocat; et quelques autres qu'il disoit avoir sollicité et esté contre lui au dit procés. Il fut expedié dés l'aprés disnee, pendu et estranglé, comme il le meritoit, et l'acte le requeroit : si tant est qu'il soit veritable (1). Qui ne laisse toutefois d'estre un *advertatur* à la cour de parlement et à messieurs de la justice.

Ce jour mesme, un autre qui, pour une injustice pretendue lui avoir esté faite, avoit menassé un conseiller de la cour nommé des Croisettes, son rapporteur, et dit qu'il le tueroit, fist amende honorable, et fust banni pour cinq ans.

Le vendredi 24, j'ay troqué à Tavernier ma map-

---

(1) On a dit du depuis que non; et que ce premier advis qui a couru partout n'est veritable, aiant le patient sousteñu jusques à la fin qu'il n'avoit jamais pensé à tuer le dit president, ni aucun autre : voire que le Roy avoit trouvé fort mauvaise la precipitation dont on avoit usé, disant que sa cour ne se hastoit pas tant quand il estoit question de punir les assassins de Sa Majesté. Un president de la cour, qui ne se trouva au jugement, dit que s'il eust esté son juge, il eust laissé prononcer l'arrêt, mais non l'executer.

Le president Forget dit qu'il le menassa, et lui dit ces mots en latin : *Nunquam te videbo, quin moriaris.* (Note de L'Estoile.)

pemonde papistique à un livre de poissons fait à la main, dont j'ay refusé six escus; comme aussi ma mappemonde m'avoit autant cousté il y a plus de vingt ans, et a couru grande fortune pendant la Ligue.

Le mecredi 29, ung crocheteus qu'on appeloit le More, pour ce qu'il estoit fort noir, tua à Paris, pour un double, un autre crocheteus son compagnon.

Ce mois d'aoust fut extremement chaud et seq; les fruits si rares et chers, que le quarteron de poires, qu'on avoit à Paris à trois sols, s'y vendoit quinze et seize sols; les melons bons, mais qui donnent des cours de ventre et dyssenteries, dont plusieurs estans atteints en sont fort malades, et entre autres le Roy, qui s'en trouva si mal d'un, et tellement affoibli, qu'on doubta (sans dire mot) de sa santé : Sa Majesté aiant esté d'ailleurs fort travaillée et comme mattée de ses gouttes, qu'il eust tout du long de ce mois. Ce qui le rendit, contre son naturel, fort chagrin, colere et inaccessible, et lui changea son visage et sa façon.

Estant venu de Monsseaux à Saint Maur sur la fin de ce mois, fist à Paris la composition des financiers, plus par importunité qu'autrement, en estant journellement pressé et solicité par les principaux de sa cour, entre autres par M. le duc de Sulli et la Roine, dans le cabinet de laquelle on trouva la drollerie suivante, semée le 28 de ce mois : « Supplient humblement « messieurs les gens d'espee qu'il plaise à Sa Majesté « leur permettre qu'à l'exemple de ses financiers ils « puissent cy aprés piller, voler et derobber librement, « et en prendre où ils en trouveront, à la charge d'en « rendre comme eux la centiesme partie de ce qu'ils

« auront derobbé, au cas que Sa Majesté trouve bon
« de les en rechercher. ».

Aiant au mesme temps mandé ceux de sa cour, il les tansa fort, et gourmenda sur des edits qui n'avoient tenu conte de faire publier, entre autres celui du pied fourché : leur usant de menasses qui ressentoient plus sa maladie que son naturel.

En la cause de Miramion, qui fut plaidée à la cour le 2 de ce mois, où il s'agissoit d'une promesse de mariage que le deffunct avoit faite à une fille d'Orléans, de laquelle il avoit eu un enfant; Sa Majesté estant avertie que la cour, aiant esgard à la promesse de la marquize, qui avoit grande correspondance avec celle ci, estoit retenue de lui faire justice, leur fist dire par M. de Silleri que les affaires de M. le Dauphin ne se decideroient pas par les maximes de leur Palais; et pourtant qu'ils ne laissassent à faire ce qui estoit de leur charge. M. le president de Thou aiant en ceste cause opiné du tout pour la femme, estant regardé de M. le premier president, lui dit : « Il ne me faut point
« regarder ; je vous dis que c'est sa femme et sa veufve,
« et comme telle qu'elle doit jouir et estre mise en pos-
« session de tous les biens et droits deus à une femme
« legitime. Et de ma part je ne puis estre ni ne serai
« jamais pour l'infidelité. » Il n'en passa toutefois par là, ains à une provision adjugée à la veufve pour l'enfant.

Sur la fin de ce mois, M. le Dauphin fust transporté à Noisi le Seq, pour la maladie qui estoit à Saint Germain.

Un docteur de Sorbonne fist en ce temps *le Procés du melon*, à cause du mal qu'il avoit fait au Roy.

En ce mois, y eust entre le Poictou et Anjou un duel donné entre trente gentilshommes, quinze d'un costé et quinze de l'autre; auquel il en demeura vingt-cinq de morts sur le champ du combat, et les cinq autres blessés, qui ne valoient gueres mieux. Les chefs de la querelle estoient les sieurs de Brezé et Sainte Gemme. M. le marechal de Brissac alla trouver exprés le Roy pour lui dire, lequel se contenta de l'advis.

Supplément tiré de l'édition de 1736.

Le jeudi 2 d'août, fut fait un service dans l'eglise de Notre-Dame de Paris par ordre du Roy, pour le repos de l'ame du cardinal Baronius [1]. Car bien qu'il fût Italien et encore sujet du roy d'Espagne, Sa Majesté l'avoit toujours reconnu porté et affectionné au bien de son royaume, sans examiner les motifs de politique qui faisoient agir ce cardinal.

[SEPTEMBRE.] Le mecredi 5, la composition des financiers aiant esté à quatre cens mil escus arrestée et signée du Roy, on mist hors des prisons à Paris ceux de ceste qualité qu'on y avoit mis, lesquels en sortent les testes levées, avec bonne intention de faire mieux leurs affaires que jamais.

Le vendredi 7, furent prononcés les arrests par M. le premier president; grace publiée aux larrons

---

[1] *Pour le repos de l'ame du cardinal Baronius :* On ne connoit que deux cardinaux étrangers pour lesquels on ait fait des services solennels dans l'église Notre-Dame de Paris par ordre du Roi; ce sont les cardinaux Tolet et Baronius. Le premier étoit jesuite et Espagnol, le second étoit Napolitain. L'un et l'autre étoient très-affectionnés à Henri IV, et lui avoient rendu de grands services à Rome lors de sa réconciliation avec le Saint Siége.

par la publication de la revocation de la chambre de justice, qui fust faite ce jour.

Nombre d'edits nouveaux de charges et imposts sur le pauvre peuple, assés et trop chargé d'ailleurs, tenus en surseance; celui de la roine Marguerite sur le papier n'aiant peu passer, compensé par le Roy à une bonne somme de deniers que Sa Majesté lui donna.

Le dimanche 9, mourust à Paris, en sa maison, messire Pomponne de Believre, aagé (ainsi qu'on disoit) de quatre vingts ans et plus : chancelier sans seaux, desquels le Roy l'avoit deschargé quelque temps auparavant, à cause de son aage : ne lui ayant rien osté que l'exercice et la peine, et laissé le proufit. Dont toutefois le bon homme ne se pouvoit contenter, l'ambition estant ordinairement le dernier qui meurt en un vieil courtizan comme lui, honoré des rois de belles et grandes charges, dont il s'est tousjours dignement et vertueusement acquitté.

Le jeudi 13, fust pendu, au bout du pont Saint Michel à Paris, un homme accusé d'un meurtre qu'il n'a jamais confessé, et soutenu à la mort mesme qu'il ne l'avoit point fait, n'ayant voulu pardonner à ses accusateurs qu'à toute extremité.

Le samedi 15 de ce mois, j'ay acheté l'Apologie pour la Ceue, faite par le ministre Du Moulin, imprimée depuis peu de temps in-8°; dont beaucoup d'hommes doctes font estat, mais principalement tous ceux de la religion, qui me l'ont fait acheter sans envie que j'en eusse, me desfiant d'y pouvoir trouver ce que je cherche, et qu'on doit sur tout rechercher en ceste matiere : qui est la verité, et non la subtilité.

Mourust ce jour, chez la roine Marguerite, une de

ses filles nommée Montigni, regrettable (ainsi qu'on disoit) pour son bel esprit, et qu'on tenoit toutefois estre morte (en quoi l'esprit lui avoit manqué) de morceaux de gands qu'elle avoit mangé pour se faire venir les palles couleurs.

Le lundi 17, fust enterré, dans l'eglise Saint Germain de Lauxerrois à Paris, messire Pomponne de Believre, chancelier de France, avec peu de pompe et cerimonie. L'archevesque d'Aix fist l'office, Fenouillet l'oraison funebre. Pas un prince ni cardinal n'y assista, les cardinaux, comme princes de l'Eglise, pretendans preceder les princes seculiers : ce qu'ils ne voulurent souffrir. Brief, l'enterrement fust pietre pour un chancelier.

Le lundi 24, M. de Viliers Hottoman me vinst voir, et me communiqua une liste de livres et escrits à recouvrir, si l'on pouvoit, pour la reformation de l'Eglise et reunion des deux religions. A quoi le dit Hotoman, avec beaucoup de gens de bien, travaille fort, et m'en a communiqué quelques particularités notables, pour y entrer sous l'aveu du Roy, lequel il m'a dit l'y avoir trouvé fort disposé ; et que mesmes il avoit chargé ces jours passés le cardinal Barbarin de presenter à Sa Sainteté un livre sur ce subject, qu'un archevesque de son royaume archicatholique avoit fait, soubs le consentement de Sa Majesté. Mais pour ce que ceste affaire est de longue halaine, ceux qui congnoissent l'humeur du Roy craingnent bien qu'avant qu'elle soit commencée il n'en soit las : si ce n'est que Dieu, qui tient son cœur en sa main, y besongne extraordinairement ; joint aussi qu'il y a de part et d'autre des esprits intemperés, opiniastres et ambitieus, bandés directement contre ce saint œuvre, qui est en la main de Dieu.

Le dit Hottoman m'a donné le petit livret *de Pace Ecclesiæ*, de Melanchton et des autres, qu'il a fait imprimer; qui m'a dit avoir esté si mal receu à Charanton, qu'ils l'avoient defendu, et dit qu'il le faloit brusler : dont il se plaingnoit fort, comme il avoit raison. Mais nous sommes venus au temps de David, desnué du tout d'hommes droits, contre lesquels il demande secours à Dieu (ps. xi.)

Le vendredi 28, M. Perrot, fils du ministre Perrot de Geneve, lequel, à ce que j'en ay peu descouvrir par ses discours, affecte fort la reunion et reformation de l'Eglise, m'a dit que son pere, grand zelateur de la reconciliation des deux (mais qui est contraint de dissimuler pour le lieu où il est), a fait un livre, *de Extremis in Ecclesia vitandis*; lequel il ne veult faire imprimer, mais qu'il tirera estant là, s'il peult, de ses mains, pour le faire voir ici au jour, et servir à l'acheminement de ce saint œuvre qu'on a dessaingné.

Ce jour mesme, C. Berion, qui m'est venu voir, m'a dit qu'on lui avoit voulu donner à imprimer un petit discours de l'Impossibilité des deux religions, dont je l'ay desconseillé.

Ce jour, fust executé à Paris, au karrefour Sainte Genevieve, le fils d'un tailleur de la rue de la Huchette, vrai atheiste, pour des blasphesmes horribles et execrables qu'il avoit vomi et vomissoit ordinairement contre Dieu : lesquels, encore qu'on ait supprimé par le dicton, si faut-il bien croire qu'ils estoient estranges, veu la corruption du siecle où nous vivons, auquel on punist plus les injures faites aux hommes que celles qu'on commet contre Dieu. Son procés fust bruslé avec lui.

Sur la fin de ce mois, mourut à Paris M. Regnaut, conseiller en la cour, tenu pour homme docte et bon justicier, encores que d'ailleurs il eust des vices (comme nous avons tous) qui obscurcissoient ces vertus. Lesquels Dieu lui ayant fait la grace de recongnoistre et s'en repentir à la mort, qu'il eust paisible aprés une grande alienation d'esprit, le faut tenir pour tresheureux, comme ses peschés ayans esté couverts de la misericorde de Dieu.

La constitution du temps chaude et seiche : car il y avoit prés de six semaines qu'il n'avoit pleu. Les autres pays et villes de la France en estoient bien plus affligés que Paris, mesmes de la contagion qui estoit en beaucoup de lieus, ne s'en parlant que peu ou point à Paris. Un mien ami me monstra des lettres de Rennes en Bretagne, par lesquelles on lui mandoit qu'il y mouroit en huit jours plus de gens du flux de sang, qu'il n'en estoit mort en ung mois à la plus grande peste qui eust esté. On m'en fist voir en mesme temps d'autres de Lyon, par lesquelles on donnoit avis de vingt mil personnes mortes desdits flux de sang, tant en ladite ville qu'aux environs. La Bourgongne, la Touraine, le Languedoc, la Guienne, en estoient fort travaillés; mesmes en beaucoup de lieux la contagion y regnoit, comme à Bordeaux, où elle estoit furieuse et grande; à Tours; et prés de Paris, à Corbeil et Villeneufve Saint George. Peu de fruits et peu de vins ; les vendanges faites par tout à la Saint Remi, qui estoit long temps devant qu'on eust accoustumé de les commencer aux autres années.

Un capussin mourust en ce mois aux Capussins de

Paris, qui dit à la mort qu'il mouroit fort guaiement et volontiers, pour ce qu'il prevoiioit aussi bien qu'il y auroit à Paris et par tout une telle et si grande mortalité dans six mois ou un an au plus tard, que peu de gens en reschapperoient; et qu'il louoit Dieu de ce qu'il le retiroit avant que voir une si grande calamité. Qui est une prediction capussine, sur laquelle il n'y a pas grande apparence de s'arrester : car elles sont fort sujettes à caution, et remarquées souvent, mesmes depuis un peu, pour vaines et fausses, encores que les grands et enormes pecchés qui regnent entre nous nous en doivent bien faire peur, pour se commettre aujourd'hui des actes barbares et inouis.

En ce mesme temps et mois, fust perpetré un acte barbare et cruel dans la ville de Chaumont en Bassigni, par un meschant et desesperé garnement nommé La Mare; lequel, pour un procés de neant qu'il avoit contre un habitant du dit Chaumont, le tua dans son lit, avec sa femme et une sienne tante. Il y avoit dans ledit lit une petite fille couchée entre eux deux, qui, pour n'avoir esté aperceue de ce tigre, s'estoit coulée aux pieds, et par ainsi evadé la mort qui lui estoit certaine, aiant esté trouvée ceste pauvre petite creature toute trempee dans le sang de ses pere et mere. Le meurtrier fut roué vif, et confessa que s'il eust sceu que dans la chambre auprés il y eust eu des enfants et une servante comme il y avoit, qu'il eust fait tout passer au fil de son espee.

En mesme temps fust constitué prisonnier à Paris, et mis aux prisons de l'Abbaye, le prieur des *Fratti ignoranti*, pour avoir forcé une petite fillette aagée seulement de cinq ans et sept mois, fille d'un courroieur des fauxbourgs Saint Germain des Prés.

Quelque temps au paravant, s'estoit commis un acte prodigieux, surpassant en abomination tous les precedens : qui estoit d'un homme lequel aiant eu compagnie d'une jument, en avoit eu deux enfans. Pour laquelle abomination aiant esté condamné à estre bruslé tout vif avec sa jument, en aiant apelé à Paris, la sentence confirmée par arrest du parlement, fust renvoié sur les lieux pour y estre executé; et pour le regard des deux enfans, fust ordonné que la Sorbonne s'assembleroit pour resoudre ce qu'on en auroit à faire.

Une comete paroist sur la fin de ce mois, que plusieurs gens vont voir, et mesmes la Roine, estant pour lors à Paris avec le Roy, qui à son disner parle d'un autre prodige, à savoir de fées qui apparoissent au Dauphiné, et s'en fait discourir.

Supplément tiré de l'édition de 1736.

En la fin de ce mois a paru une prodigieuse comete pendant plusieurs jours. Aucuns qui avoient vû il y a un an, et dans le même mois, une grande lumiere et des feux qui se battoient en guise de fusées, des piques et des épics de feux, prétendent que c'étoit la même comete, qui, à cause de sa haute élevation et de son éloignement, ne put pas alors être apperçûe telle qu'elle étoit; mais que depuis ce jour-là elle s'étoit approchée de la terre, et par ce moyen s'est renduë plus visible. Quoi qu'il en soit, cette comete paroît depuis quelques jours : elle a une queüe fort longue et large, qui s'étend du côté opposé au soleil; son mouvement est fort vîte. Les philosophes et les astrologues ne perdront pas cette occasion pour débiter leurs reflexions, leurs divinations et leurs chimeres, et de présager les uns quelque grand bonheur, et les autres quelque grand malheur.

[OCTOBRE.] Le lundi premier jour d'octobre, j'ay fait inventorier tous mes pacquets et livres curieus par maistre Abraham, où j'ay travaillé autant ou plus que lui trois jours entiers, sans faire autre chose depuis le matin jusques au soir; et y ay trouvé plus de curiosités que je ne pensois, et force petits libelles qui peuvent servir à la reunion qu'on pretend faire (et croi toutesfois qu'en vain) des deux religions, que j'ay mis à part : dont M. de Viliers Hotoman, un des principaux entremetteurs de ceste affaire, m'avoit prié. J'ay changé mes pacquets, et en ay osté beaucoup de fariboles et de petits traictés et discours, et ajousté quelques-uns, remettant tout en ordre le mieux que j'ay peu, et pour le service et pour la memoire; reduisant mes pacquets à quarante trois, qui estoient en nombre cinquante six : car ils alloient jusques au κ du troisiesme alphabet, et maintenant à l'υ seulement du deuxiesme alphabet.

Le mardi 2, M. Du Pui m'a envoié ung escrit nouveau à la main d'une feuille, qu'on lui venoit d'envoier de Bourges, intitulé *Prologue de La Porte, comœdien*, prononcé à Bourges le 9 septembre 1607, contre les jesuistes, qui le vouloient empescher de jouer, sur peine d'excommunication à tous ceux qui iroient. Le discours en est gauffe et mal fait, digne d'un bouffon et comœdien, remarquable seulement pour le subject: que j'ay renvoié aussi tost après l'avoir leu audit Du Pui, n'en ayant pris que le tiltre, qui peult servir aux memoires de ce temps.

Le samedi 13, M. Du Pui m'a donné ung poëme latin de cent cinquante vers, fait nouvellement contre les jesuistes par M. le president de Thou, qui est singulier et bien fait, et est inscript : *In Loiolitas*.

Le lundi 15, Berion m'a donné une nouvelle baliverne de demie feuille contre les jesuistes, sur une comœdie jouée par eux à Lyon au mois d'aoust dernier.

Le mecredi 17, je passé l'apresdisnee à visiter la bibliotheque du Roy avec messieurs Chrestien et Du Pui, où entre autres singularités y a un grand Ptolomée enluminé et escrit à la main, avec une Bible hebraique aussi manuscripte et enluminée : qui sont deux pieces excellentes, et vraiment roiales. Aussi y a force manuscripts de la main de messere Angelot (la premiere du monde en matiere de græq); et des reliures magnifiques et exquises de toutes sortes, dont y en a beaucoup qui valent mieux que le dedans.

Le samedi 20, M. Du Pui m'a donné le modelle en papier d'une piece d'or pesant trois escus, battue en Angleterre lors de la reünion des deux roiaumes Escosse et Angleterre, et que le roy d'Angleterre s'est fait nommer roy de la Grande Bretagne. D'un costé est le dit roi couronné, tenant d'une main un baston roial, de l'autre un monde; et est escrit : JACOBUS D. G. MAG. BRIT. FRAN. ET HIBER. REX. De l'autre costé sont les armes d'Angleterre, qui sont trois lions; les armes de France; les armes d'Escosse, qui est une harpe; et celles d'Irlande, en lion entourné de fleurs de lis bastonnées; et est escrit à l'entour : *Faciam eos in gentem unam*.

Le mardi 23, on m'a donné un petit livret nouveau,

imprimé ici in-16, intitulé *de l'Impossibilité et Impertinence du concile, etc.*; laquelle impossibilité toutefois ne peult estre, à mon avis, si elle n'est fomentée de l'impertinence de gens semblables à l'aucteur (1) de ce libelle, qui par tout son discours n'en manqué point, et est aussi cornu que son bonnet.

On m'a apporté, le jeudi 25, chés moi une nouvelle drollerie et mesdisance, bastie par quelque bon drolle qui aiant fait le voiage d'enfer, et y aiant rencontré un monde de connoissances de toutes façons et qualités, grands et petits, en conte des vieux jusques aux nouveaux.

Le lundi 29 de ce mois, j'ay rendu le susdit escrit à celui qui me l'avoit baillé; lequel m'avoit prié, aprés que je l'aurois leu, de lui dire et donner avis en ami s'il y auroit moien d'en faire quelque chose, et le faire voir au publiq : c'est à dire de se faire pendre à credit pour une badinerie. Ce que je ne puis conseiller à personne.

En ce mois à Paris, où les flux de sang continuoient tousjours, sont morts, de ma connoissance, le curé de la Magdeleine, penitentier de Nostre Dame; et madamoiselle Le Voix, mere de M. Le Voix, conseiller en la grande chambre, aagée de quatre vingts et huict ans, une des plus privées et meilleures amies de feue ma mere.

En ce mois, un meschant garnement condamné aux galeres, comme il passoit par la rue Saint Jacques, attaché avec les autres à la chesne, aiant avisé un cousteau sur la boutique d'un libraire, s'en saisist; et

(1) Qui est d'Amboise, maistre des requestes. (*Note de L'Estoile.*)

s'en estant donné deux ou trois coups dans l'estomach, s'en alla mourir aux faux bourgs Saint Jacques.

[NOVEMBRE.] Le mardi 6, j'ay acheté l'Histoire de M. le president de Thou en cinq volumes in-8°, imprimée par Drouart, qui me l'a vendue neuf francs reliée en parchemin.

Le mecredi 7, on m'a donné les suivantes drolleries, escrites derriere le breviaire d'un evesque, et de sa main, comme m'a asseuré un sien parent qui me les a données.

APOPHTEGMA SIXTI V, P. M.

Ille se ex illustri domo natum jocabatur, quòd domus paterna undequaque solis splendore propter tegularum inopiam illustraretur.

OREMUS.

Omnipotens sempiterne Deus, qui separata congregas, et congregata separas, fac ut his literis separatis congregare digneris matutinas, laudes, primam, tertiam, sextam, nonam, vesperas, et completorium cum officio defunctorum. Per omnia, etc.

Quoties unum duo vel tria jejunia veniunt in hebdomada, de primo fit tantum memoria, de secundo nihil, tertium omittitur omnino.

J'ay vendu ce jour à un curieus pour soixante livres de discours et traictés divers sur l'estat et religion de ce temps, la plus part de la Ligue, que j'avois deux fois. Autrement ne les eusse baillés, encores que ce ne soient que baguenaudes et bagatelles.

Le jeudi 8, un mien ami m'a conté comme aiant esté voir M. de Fresne, nouvellement revenu de son ambassade de Venize, il lui avoit monstré la sentence donnée par contumace par messieurs de la seingneurie contre cinq qui s'estoient efforcés d'assassiner dans la dite ville de Venize frere Pol de Servi (1), leur bon religieus. Et de fait l'auroient grievement blessé de coups de poingnard, mesmes d'un à l'aureille droite; dont le pasquil avoit parlé en ces termes : *Il cultello di S. Pietro non sa ferire, se non l'orecchia destra.*

Ceci advinst le 5 octobre dernier, qui esmeust et troubla grandement la ville, tant pour l'affection qu'ils portent là dedans à ce bon religieus, qu'ils tiennent pour un saint homme, et l'obligation qu'ils reconnoissent lui avoir pour ses escrits, par lesquels il les a vaillamment defendus contre le Pape, que pour l'opinion qu'ils ont que c'est une menée de Sa Sainteté, de laquelle (au dire du dit sieur de Fresne) on parle pour le jourd'hui dans Venize avec aussi peu de respect comme on fait à Geneve. « Voire y a danger, s'il con-
« tinue (dit-il) en ses insolences, qu'on esbresche fort
« son Estat, et que chacun soit contraint de se ruer des-
« sus. » La recherche de cest assassinat et des aucteurs d'icelui se poursuit fort chaudement et animeusement par messieurs de la seingneurie, pour les raisons susdittes concernantes leur liberté, de laquelle ils ont tousjours esté et sont extremement jaloux.

Le samedi 10, j'ay presté à M. Du Pui mon registre journal, de ce qui s'est passé de plus memorable depuis la mort du feu Roy jusques à la reduction de Paris :

---

(1) *Frere Pol de Servi* : Fra Paolo Sarpi, auteur d'une Histoire du concile de Trente. Il étoit de l'ordre des servites.

c'est à dire de ce que j'y ay veu et remarqué curieusement estre avenu à Paris pendant ce temps de plus notable, comme ayant tousjours esté dans la ville mesmes pendant le siége, mon naturel avec le loisir me portant à telles recherches que je me suis pleu à rediger par escrit, la plus part vaines, mais veritables; et que j'avois designé de ne communiquer jamais à personne, comme escrites particulierement pour moy. Et toutesfois ne les ai peu refuser à l'importunité d'un ami, qui m'en a fait part d'autres fort curieuses et secrettes, que je n'eusse sceu recouvrir sans lui dans ce registre, où il y a mille fadezes et sornettes, principalement des beaux sermons de Paris contre le Roy, la plus part des quels j'ay extrait de la bouche propre des predicateurs, que j'allois ouir fort soingneusement. J'y ai mis la famine de Paris durant le siege, qui est notable et veritable; les conjurations des Seize contre l'Estat, et tous les gens de bien et serviteurs du Roy (*et quorum pars magna fui*); leurs penderies de presidens, et autres; et finalement la leur, par un juste jugement de Dieu qui se peult remarquer en tout le progrés de ces memoires; dont j'ay fait un gros livre en petit folio, en ayant assés d'autres pour en faire un second encores plus gros, si le loisir me le permettoit. Et l'ay consigné ce jour entre les mains du dit Du Pui, à la charge qu'il n'y aura que lui tesmoin de ceste vanité et curiosité. Il est relié en parchemin, tout escrit de ma main, et fort grifonné, et où il y a des renvois qu'il est malaisé d'entendre sans moy.

Le dimanche 11, jour Saint Martin, M. D. V. H. m'a presté une lettre qu'il m'a prié de voir et lui en dire mon avis, qu'il escrit à une dame de la religion, sur l'impression que lui vouloient donner quelques ministres que ceux de l'Eglise romaine n'avoient un mesme fondement de religion qu'eux, et qu'errans aux points fondamentaux de la foy, il estoit malaisé que jamais ils parvinssent à salut. Scrupule qu'ils lui avoient laissé en sa conscience, dont elle avoit prié ce bon personnage son ami la vouloir esclaircir.

Le vendredi 16, M. Du Pui m'a donné un arrest portant defenses à tous gens de justice de prendre le tiltre de messire. Il est de l'an 1602, M. de Thou president en la chambre de l'edit.

Le samedi 17, on m'a donné une nouvelle drollerie imprimée contre le Pape, intitulée *Lettre d'un boulanger de Boulongne en Italie, au Pape.* Discours digne d'un boulanger duquel le pain est souvent mal pestri.

J'ay presté ce jour à Chausson, qui estoit au bout de son argent (encores que je fusse à l'avanture aussi prés du mien), trente une livres ung sol, sur une paire de brasselets d'or qui m'a laissé pour gage, pesants quarante huict francs. Je n'ay peu refuser le dit Chausson, pour la pieté et fidelité que j'ai recongneu en lui; et si lui ai baillé deux quarts d'escu pour quelques papiers qu'il m'a transcrits.

Le dimanche 18, on m'a donné advis d'un embleme sur le traicté de paix des Pays Bas, representé en une feuille imprimée en taille douce; et s'en est vendu à Francfort à ceste foire derniere, mais n'en a esté apporté ici que j'aye sceu, M. Bongars estant seul qui en ait. Il est plaisant, et de la façon qui s'en suit : Un moine tient en sa main droite une croix, et en la gauche une palme et une olive qu'il presente aux Hollandois. De son coqueluchon sort la queue d'un scorpion; au derriere duquel, non du moine mais d'un Hollandois, est un petit magot ou bouffon qui leur monstre avec le doigt la queue de ce scorpion, comme avisant les dits Hollandois de s'en donner garde. Aux quatre coings de la feuille s'y voient représentés les assassins pratiqués par le roi d'Espagne contre le feu prince d'Orange et comte Maurice [1]; avec des vers allemans et quelques latins sur le subject des figures, en la premiere desquelles est la princesse de Parme, et en un autre le Pape, le roy d'Espagne, l'archiduc et autres, qui regardent un lion retranché et renfermé avec une espée en la main, qui les menasse. Il y en a encore quelques autres qui ont besoin d'explication; et est ce que dessus j'en ay peu comprendre par une qu'un mien ami m'apporta le lendemain ceans pour voir, qu'un Hollandois qui en avoit apporté une du dit pays lui avoit baillé.

On m'a monstré ce jour des lettres de Lion en dacte du 6 de ce mois, qu'un des confidens et disciple des jesuites escrit à un honneste homme que je congnois, sur les jeus des jesuites à Lion, et la tempeste et foudre y survenue : dont le bruit estoit que beaucoup des joueurs estoient morts; que les dissenteries en estoient provenues; voire que le diable en avoit emporté tout plain : de quoi on a mesme fait imprimer ung petit bagage que j'ay, que je tenois pour fabuleus. Mais ceste lettre, qui ne peult estre suspecte au parti jesuitique, m'a fait croire qu'il n'estoit du tout mensonger : qui a

---

[1] Il n'y a, en celui qu'on m'a monstré, que ceux du comte Maurice. (*Note de L'Estoile.*)

esté causé de m'en faire faire l'extrait suivant, mot pour mot :

« Quant aux jeus des jesuites que me mandés, je vous dirai qu'ils representoient le jugement, faisant paroistre Dieu en son throsne, et l'enfer à ses pieds. La plus part des enfans des meilleures maisons de ceste ville en estoient. Or est-il que les jours qu'ils representoient cest acte, il faisoit une extreme chaleur, estant au mois d'aoust; et comme ils avoient continué deux journées, estant sur la derniere, le chaud fut plus violent ce jour qu'aux deux precedans : tellement que l'air se changeant, il arriva qu'estant ce jeu à moictié fait, il tonna fort; et en suitte de ce tonnerre une grande pluie, comme vous sçavés qu'il a accoustumé de venir en ces jours de chaleurs: tellement que cela interrompist leurs jeus. Quelques uns de leurs envieus ont glosé sur ce subjet à leur desavantage : car de dire que cela aie causé la dissenterie, il est faux, d'autant qu'au prealable qu'on jouast ces jeus, elle estoit plus de trois semaines auparavant fort mauvaise et contagieuse. Le ministre mesme Debline a trouvé tresmauvais en chaire que quelques menus peuples ignorans aient voulu gloser au prejudice de ce jeu. Voilà au vrai ce qui en est. Mais ce que je pense qui a causé que l'on en a tant parlé est que beaucoup des enfans qui estoient les acteurs sont morts de ce mauvais mal de dissenterie, comme celui qui representoit Dieu et celui qui representoit le diable; et quelques autres personnes. »

Le dimanche 25, un Escossois nommé Arbuthnot, nepveu d'un nommé Alexandre Arbuthnot, aussi Escossois, homme de grande doctrine et preudhommie, et lequel nous avoit esté donné à M. Hennequin et à moi comme pour precepteur et conducteur en l'Université de Bourges il y a quarante deux ans, me vinst voir ceans, et me dit comme son oncle, dont je n'avois oui parler il y avoit prés de quarante ans, estoit mort en Escosse dés l'an 1583; et comme Dieu lui avoit donné une heureuse fin, conforme à sa bonne vie. Me rafraischit la memoire de ce bon personnage, laquelle j'honorerai tousjours; et me pria, si j'avois quelque chose de lui, le lui vouloir prester; et que tout ce qu'il en auroit il me le communiqueroit. J'ay trouvé deux lettres latines treselegantes qu'il m'escrivoit de Bourges l'an 1566, que j'ay baillees au dit Arbuthnot.

En ce mois, sont morts à Paris, de ma connoissance, M. de Neuchelles, un des gouvernans de feue madame de Nemoux; M. de Venan, maistre des comptes; et madame Gobelin sa sœur; le premier president de Rouan à Rouan, où on ne le tenoit plus pour premier president il y avoit bien un an, pour l'imbecillité de son esprit : qui estoit telle qu'on ne faisoit à la cour aucun compte de son avis, combien qu'il eust pris et retenu telle et si grande autorité à Rouen que jamais premier president n'en avoit eu de semblable; laquelle commençant à ravaller sur la fin de ses jours, fust cause (ainsi qu'on disoit) de sa mort. Mourut aussi le cardinal de Lorraine (1) en Lorraine. Son evesché de Mets, qu'on dit valoir plus de cent mil livres de rentes, fut donné par le Roy au petit marquis de Verneuil (2), son bastard.

(1) *Le cardinal de Lorraine :* Charles, fils du duc de Lorraine; évêque de Strasbourg. — (2) *Au petit marquis de Verneuil :* Henri de Bour-

Mourust aussi sur la fin de ce mois M. de Sainte Marie du Mont de Normandie, gentilhomme et seingneur signalé, qui n'ayant point d'enfans donna tout plain à ses parens, qui estoient toutefois de la religion, laquelle le dit Sainte Marie avoit publiquement et solemnellement detestée et abjurée, estant homme de grands moiens, et duquel on eust soubçon de la maladie à Fontainebleau, dont le Roy mesme eust peur.

Un gentilhomme nommé Bidossan, nepveu de feu M. de Gourdan, gouverneur de Calais, et de M. d'Esparnon, fut tué à Fontainebleau sur le pré par Zamet, auquel on avoit rapporté que le dit Bidossan s'estoit moqué de lui au bail, comme n'aiant point de grace à danser; et un autre gentilhomme à Paris, au bordeau, par le fils du baillif Rochefort.

Le Roy donna sa grace à Zamet; dont M. d'Esparnon ne se pouvoit contenter, disant tout haut qu'il lui sembloit qu'il n'estoit raisonnable qu'ung vilain habillé de veloux tuast impunement un gentilhomme.

Ung jeune garçon condamné en ce mois à la Tournelle à estre pendu et estranglé, pour s'estre accouplé avec une jument; la jument assommée au pied de la potence.

En ce mois, l'indisposition du temps et de l'air, extremement nebuleus, humide et mal sain, causa force cathairres à Paris, avec force petites veroles, rougeoles et pourpre, tant aux grands qu'aux petits : dont plusieurs meurent, entre autres la fille de M. de

---

bon, fils de Henri IV et de la duchesse de Verneuil. Plus tard il renonça à ses bénéfices, et épousa en 1668 Charlotte Seguier, veuve du duc de Sully.

Bouillon, de la petite verolle et du pourpre ensemble.

En ce mois, et le mecredi 28 d'icelui, on tinst la mercuriale à la cour, où M. le premier president censura doctement et gravement les desbauches de ceux du parlement, et de quelques conseillers entre autres, qu'il qualifia des noms de *berlandiers* et *bandouliers*. Dit qu'il ne les nommeroit point : mais que s'ils continuoient il les nommeroit, et feroit proceder contre eux selon la rigueur des ordonnances : faisant requerir aux gens du Roy que, comme indignes et incapables de tenir ranc en ce lieu, ils fussent privés de leurs estats de conseillers; que c'estoit une grande honte de dire que des gens qui toute la nuit avoient manié des cartes et des dés vinssent le matin effrontement à une cour juger de la vie et biens des hommes, qu'ils tenoient entre leurs mains. « Et quel esprit, dit il, pen-
« sons nous aprés cela qu'ils puissent apporter, venans
« ici? On parle de dix mil escus joués par un à la
« paulme, et à un jeu de faquin et de laquais. Je l'es-
« pargnerai pour ceste fois, à la charge de n'i plus
« retourner » (taxant couvertement le conseiller Ligni, qui avoit joué la dite somme à la paume et au franc du carreau.) Puis parla des conseillers qui, derogeans à la dignité de leur profession, trainoient l'espee par Paris, et meritoient mieux le nom de *bandouliers* et *batteurs de pavé*, que de conseillers. Et par plusieurs autres sages et libres remonstrances exhorta chacun à son devoir, y rappelant les desvoiés; mais en vain, comme chacun disoit, pour ce que le vice et la corruption avoient dés long temps gangné le dessus de la vertu et de l'integrité, mesmes en ceste compagnie,

de laquelle la plus grande part estoient, à raison de leurs vices, flestris d'honneur et de reputation.

A ceste mercuriale y eust un conseiller (Durant) qui remonstra la grande corruption de la plus part des clercs de messieurs de la court, et comme il estoit grand besoin d'y mettre la main à bon escient, et y donner ordre. Dit qu'il en savoit un entre autres (1) qui avoit pris vingt escus pour avoir rapporté un sac au greffe, et si avoit esté impudent jusques là d'en avoir baillé son recepissé à la partie. Qu'il estoit d'avis qu'on mandast M. le procureur general; et que la cour lui enjoignist de prendre ses conclusions là dessus, pour lui faire et parfaire son procés. Auquel un autre conseiller se levant, repliqua qu'il n'estoit point besoin de cela : qu'ils avoient assés de commissaires sans lui pour le faire, et que ce procureur general là avoit un regnard qui derobboit plus en un mois que tous leurs clercs ensemble ne faisoient en dix ans.

[DECEMBRE.] Le mecredi 5, fust decapité en la place de la Croix du Tirouer à Paris le capitaine de Mets, qui, aprés avoir abusé de la fille d'un ministre, l'avoit tuée, et l'aiant coupée par la moictié l'avoit mise en une malle, et jettée dans la riviere de la Moselle; avoit aussi forcé et violé une petite fillette de l'aage de neuf ans. Actes vraiement barbares et prodigieus; et pour lesquels toutefois il y avoit des intercesseurs et demandeurs de grace; et mesmes M. Desparnon, qui en importuna fort Sa Majesté, lui remonstrant la valeur du capi-

---

(1) Le conseiller Fouquet, auquel ledit Durant en vouloit : si que ceste poursuitte procedante d'animosité fut en fin rejettée, et laissée là. (*Note de L'Estoile.*)

taine, lequel il aimoit passionnement, et disoit qu'il n'y avoit point de preuves ; comme aussi il le nia tousjours obstinement, jusques à ce que voiant qu'il n'y avoit aucun lieu de grace pour lui, il demanda un confesseur ; et aiant confessé l'un et l'autre, mourut en vrai capitaine determiné, c'est à dire desesperé. Il estoit huict heures du soir quand il fust executé, attendant tousjours sa grace, et ne voulant point mourir. Le bourreau s'y trouva si fort empesché, que, n'en pouvant venir à bout, il demanda permission de le tuer ou assommer sans lui couper la teste. La roine Marguerite y passa ; et aiant fait arrester son carrosse, parla long temps à lui, et lui dit qu'elle en alloit faire parler au Roy, lequel fut aucunement esbranlé de lui donner sa grace. Mais aiant consideré l'enormité du crime, digne de cent mille roues, s'en retracta ; et ne laissa toutefois de dire, à ceux de sa cour qui lui remonstroient la justice qui s'en devoit faire, qu'ils ne la faisoient pas tousjours, et qu'il s'en faloit beaucoup, « tesmoing, dit-il, de Nesmes, notaire. »

Avec le capitaine fust pendu un sien vallet, une maquerelle, et une garse qui eust le fouet au pied de la potence : tous trois complices de ces malheureux actes.

Le lundi 17, mourust à Paris, en la maison de M. le procureur general, son maistre d'hostel ; d'une mort si subite qu'aiant fait fort bonne chere à soupper, et jouant encores de son luth à onze heures du soir, à deux heures aprés minuict n'estoit plus. Plusieurs morts subites par suffocations de cathairres regnoient en ceste saison, tellement desreiglée qu'il ne se passoit jour ni nuict qu'il ne pleust.

Le samedi 22, on m'a donné des theses imprimées de Critton, vraies theses de pedant, et comme telles defendues de disputer. Il y en a une entre autres du Pape par dessus le concile, censurée avec deux autres par M. Servin; lequel ayant fait entendre à la cour que le dit Critton desiroit d'estre ouï là dessus, et qui la contenteroit, M. le premier president le refusant et s'en moquant, dit que ce seroit tout ce qu'il pourroit faire; et que la cour sçavoit assez de latin, sans qu'un pedant lui en vinst apprendre. Il avoit dedié ses theses au cardinal Du Perron, auquel il donne le tiltre de primat des Gaules : dont l'archevesque de Lion s'estoit plaint, comme s'y sentant interessé.

Sur la fin de ce mois, le Roy fait une declaration tout haut en presence de sa noblesse, comme il veult et entend que M. le duc d'Orleans son second fils espouse la fille de M. de Montpensier son cousin, lequel il decore et honore de grandes louanges; et quand mesmes il amendroit faute de son Dauphin, que sa volonté est que le dit mariage ne laisse d'avoir lieu, comme le jugeant utile et necessaire à son Estat.

Le pris de tous les estats de France à discretion : l'enchere les donne, et rien autre chose. Les conseilleries de la cour à quarante deux, quarante trois et quarante cinq mille francs; celles des requestes à cinquante et cinquante cinq mil. La presidenterie de Jambeville, à soixante mil escus par Chevalier; presidenteries du grand conseil, à cent mil livres et plus; celles des generaux à vingt mil escus; et ainsi des autres, les esprits des hommes estans malades en ce temps, plus tost susceptibles du mal que du bien.

Beaucoup aussi malades de maladie du corps en

ceste saison, mais qui ne recherchent que le repos; où les malades de la maladie d'esprit, dont y en a grand nombre, *abhorrent à quiete et medico, bilem secum ferunt*. Dont je puis parler, comme Dieu continuant sur moy ce fléol duquel je suis bien digne, et d'un pire encore, m'en estant trouvé atteint à la fin de ceste année plus mal et dangereusement qu'auparavant.

Sur la fin de ce mois, ung nommé Aurillot, sieur de Fresnes, des bonnes maisons de Paris, tué d'un coup de pistolet en la rue de Jan Pain-Mollet; et un gentilhomme assassiné par un petit laquais aagé de quatorze à quinze ans seulement, qui en lui baillant une lettre lui donna un coup d'espée dans le corps, prattiqué par son maistre nepveu de l'autre; dont peu après le gentilhomme et le laquais sont executés à mort à Paris; et plusieurs autres assassinats, meurtres, voleries, et toutes sortes de brigandages et excés, qui se commettent avec plus d'audace et impunité que jamais.

Ceste année 1607, contre les predictions de tous ces fols d'astrologues, et la commune opinion des medecins, qui disoient qu'il faudroit s'enfuir de Paris dés le mois de mars, pour ce que nous n'avions point eu d'hiver ni de gelee, fust plus nette de peste que l'autre : Dieu monstrant sa puissance par dessus la pourvoiance des hommes, et sa bonté par dessus leur malice.

Sur la fin de l'an present, se firent les taxes des tresoriers et financiers (leur paix estant faite pour de l'argent) par les quatre deputés suivans : Chasteauneuf, Villemontée, Bethune et Maupeou; où la justice et l'egalité fust tellement observée, que les petits larrons et moins coulpables furent les plus hauts à la taxe, et les gros larrons et grands voleurs en eschapperent quasi pour rien : dont l'exemple suivant, bien veritable et averé, servira de preuve suffisante pour le reste.

Un financier des plus aisés et riches de la bande, et qui avoit la reputation par tout d'un grand larron et corrompu, aiant servi le Roy en son Estat quinze ans, est taxé par ces messieurs (d'un desquels il avoit la faveur) à cinq mil francs seulement. Son compagnon d'office, qui avoit le bruit par tout d'homme de bien et de peu de moiens, aiiant manié ceste charge cinq ans seulement, est taxé à quinze mil francs, qu'il lui falut paier.

Un des plus rudes de ces beaux taxeurs estoit Maupeau, auquel M. de Rosni (bien qu'il lui monstrast une faveur extraordinaire) ne se peut tenir de dire un jour : « Je sçai que vostre pere estoit notaire, et qu'il
« a obligé en sa vie beaucoup de personnes; mais
« vous faites tout au contraire de ce qu'il a fait : car
« vous desobligés tout le monde en vostre Estat. »

« Je sçai, disoit le Roy, que je fais des injustices
« dont possible pourrois je bien quelque jour rendre
« conte ; mais mes conseillers et officiers en font bien
« d'autres, et de plus grandes que moy, et de plus
« grande consequence. »

Dieu lui face la grace de n'en respondre point pour eux !

Supplément tiré de l'édition de 1736.

Le lundi 31 décembre, le Roy a tenu un chapitre de l'ordre du Saint-Esprit, dans lequel il a été ordonné et statué que les rois, princes, souverains et autres seigneurs étrangers non regnicoles, lesquels Henry III, fondateur dudit ordre, avoit exclus, seroient à l'avenir admis et agregés dans ledit ordre, pourvû qu'ils ayent les qualitez prescrites par les statuts. On dit que le motif qui a porté notre Roy de faire ce nouveau reglement est une demande que le Pape Paul V lui a fait faire de vouloir honorer du collier du Saint-Esprit certains princes italiens.

[JANVIER 1608.] Le premier jour de cest an 1608, le curé Saint André des Ars donna les estrennes à ses paroissiens de quelques vers françois qu'il avoit composé, et fait imprimer en une demie feuille. Je n'en eus point, pour ce (comme je croy) que le dit curé n'a gueres d'offrandes de moy.

Le jeudi 10, le calice se gela dans Saint André des Ars, et falut chercher un rechaux sur le patissier pour le fondre.

Le lundi 21, M. Du Pui m'a presté la censure qu'a apporté son frere de Romme, de l'Histoire de M. de Thou.

En ce mois, l'estat de premier president de Rouen est arresté à M. de Ris, president du grand conseil, le president Jambeville s'en estant excusé honnestement et accortement, voiant qu'on n'en vouloit point, et qu'il y avoit des deputés de Rouen venus exprés pour l'empescher, demandans d'estre ouis au conseil. Chevalier, avec trente mil pistoles (qui sont soixante dix mil escus), s'estant presenté pour l'avoir et l'emporter, en est repoussé et refusé; et accordé à de Ris par Sa Majesté pour trente mil escus, desquels la distribution est belle et plaisante, et bien rapportante au temps où nous sommes : sçavoir, dix mil escus à la Neri, ceste belle fille; dix mil à Bassompierre, six mil à un autre seigneur où gentilhomme; et quatre mil de reserve pour jouer.

Depuis le premier de cest an et mois, la froidure fust extreme, et la gelée si grande et aspre que de memoire d'homme il ne s'en estoit point veu de semblable. Toutes choses rencheries à Paris, principalement le bois, où la voye se vend jusques à cinq et six escus; le cent de fagots onze francs; la busche trois, quatre et cinq sols; le quortret six blancs et trois sols; encore y a il presse d'en avoir à ce prix, tant la disette en est grande.

Le dernier de ce mois, le Roy receust deux avis d'importance : l'un bon, et l'autre peu agreable à Sa Majesté. L'un fust la paix des Pays Bas fort avancée, et preste d'estre conclue avec l'Espagnol, que le Roy ne pouvoit gouster. L'autre estoit l'execution du sieur d'Albigni, qu'on apeloit le Lesdiguieres de la Savoie, faite et commandée par Son Altesze à raison de trahison et conjuration. On parloit aussi de Roncas son secretaire, tous deux ennemis jurés du Roy et de son Estat.

J'ay donné ce jour à Richard Tutin, marchand orfevre sur le pont, homme curieus et amateur de medalles antiques, et de toutes autres belles choses et singularités (desquelles il a un bon nombre, et s'y connoist aussi bien qu'homme de sa profession), la teste antique d'une Faustine de marbre qui estoit en mon cabinet, et que je gardois dés longtemps, dont le dit Tutin faisoit estat, et l'estimoit à quatre escus au moins; et que s'il eust eue (comme il l'a à ceste heure), il ne l'eust donnée pour dix : l'aiant voulu obliger, par ceste petite liberalité et courtoisie, à quelque autre chose que dés long temps j'ay envie de tirer de lui.

Ung mien ami me monstra ce jour une lettre qu'on lui escrivoit de Romme, par laquelle on lui donnoit avis qu'un certain astrologue y avoit esté mis prisonnier, pour avoir predit et asseuré que le Pape mourroit ceste année; voire quand il seroit frere de Jesuschrist mesme, qu'il n'en pourroit eschapper. Prediction aussi blasphematoire que sotte, qui predit à un autre la mort qu'il se met en danger d'encourir lui mesme pour une fadeze et vanité.

Supplément tiré de l'édition de 1736.

Le mercredi 2 de janvier, les Provinces-Unies, après plusieurs sollicitations et prieres, ont obtenu de notre Roy la signature pour une ligue défensive pour leur conservation; et dit-on que Sa Majesté a fait ce traité pour obliger le roy d'Espagne de faire la paix avec les Hollandois.

Le dimanche 6 de janvier, fête des Rois, un jeune homme nommé Bertrand ayant été invité par un sien ami de Surêsne d'y faire les Rois, traversant la riviere de Seine glacée depuis le 23 du mois dernier, et portant deux bouteilles de vin en ses mains, enfonça dans la glace jusques sous les aisselles, d'où il ne pût se tirer assez-tôt; ainsi, étant saisi par le froid, il est mort la moitié de son corps dans l'eau, et l'autre en l'air. Ceux qui l'ont vû trois jours après disent que les corneilles et autres oiseaux lui avoient déja mangé la tête, et qu'on appercevoit les deux bouteilles de vin auprès de lui; mais personne n'a osé s'approcher, crainte d'un pareil sort.

Le mercredi 16 de janvier, on a eu avis que le roy d'Espagne a fait reconnoître son fils pour roy de Castille, âgé seulement de trois ans. Cette cérémonie s'est faite avec pompe dans l'eglise du monastere des religieux de Saint Hierôme, le 8 de ce mois ; à laquelle ont assisté le roy d'Espagne, l'Infante sa fille, âgée de six ans ; les premiers de la noblesse de Castille, un grand nombre de prélats, et les cours souveraines.

Après la messe, qui fut célébrée par le cardinal Rizas, archevêque de Tolede, il lût le serment que les rois de Castille ont accoûtumé de faire à leur avenement à la couronne, et lui fit plusieurs interrogations, ausquelles le duc de Lerna son gouverneur répondit pour l'Infant. Puis un herault ayant donné le signal pour prêter le serment de fidélité, l'Infante fut la premiere qui le fit sur le messel, reconnut son frere pour roy de Castille, et le baisa ; ensuite tous les grands, les officiers et les magistrats du royaume de Castille, les uns après les autres, prêtérent le même serment entre les mains du comte de La Mirande, et baiserent les mains de leur nouveau Roy. Cette cérémonie fut suivie d'un grand festin, des illuminations, des divertissemens, qui durerent plusieurs jours.

Le vendredi 25 de janvier, fête de la Conversion de saint Paul, fut enterré dans l'eglise des Augustins le sieur Claude Bourvist, capitaine des Suisses de la reine Marguerite.

[FEBVRIER.] Le vendredi premier febvrier, la gelée recommença, non si aspre qu'au paravant, mais toutefois grande pour la saison, et le soleil qui estoit desja haut. Ce qui fist rencherir à Paris toutes choses, principalement le bois : dont chacun se plaingnoit. On achetoit chés moi les busches quatre sols et demi. Continua ce temps quasi d'une mesme teneur jusques au 24.

Le samedi 9, Chausson a achevé l'inventaire des cottes des alphabets de mes pacquets, qui contiennent un ramas presque d'un siecle de nouvelletés et curiosités de ce temps sur toutes sortes de matieres et subjets, avec le nombre d'iceux, qui est de mille deux cens dix, et vont jusques à la fin de l'an 1607.

Le lundi 18, j'ay acheté deux sols une nouvelle bagatelle intitulée *la Mort aux Pipeurs*, où sont contenues toutes les tromperies et pipperies du jeu, et le moien de les eviter : discours propre pour les blanques et jeus de la foire Saint Germain, où le Roy avec la Roine avoient une loge, dans laquelle estoit dressé la table et le tapis pour jouer, en forme de breland; et y passoient le temps d'ordinaire Leurs Majestés, y allans tous les jours trois semaines durant, que le Roy la fist durer. A l'exemple duquel beaucoup se conformans, y laissoient des pieces dont ils avoient aprés bien affaire; et ne voiioit on autre chose aux coings des rues que joueurs et brelandiers.

Je m'y fus proumener trois ou quatre fois, d'où je rapportai tousjours ce que j'y avois porté. Peu d'insolences, point de querelles; pietre debit pour les marchans, gangne petit pour tout le monde, rien de nouveau ni de singulier : c'est l'estat de la foire de ceste année, aussi peu pressée que j'en aye point veue.

Le samedi 23, M. Du Pui m'a presté *Euphormionis Lusinini Satyricon, pars secunda*, imprimé nouvellement in-16 à Paris par François Hubi : imparfait, pour en avoir esté saisies toutes les copies à la requeste mesme du nonce du Pape, duquel la sainteté est plaisamment pasquillée en plusieurs endroits : comme sont aussi, soubs noms desguizés, grands et petits, François et estrangers, desquels il faut par necessité avoir la clef pour l'intelligence de ce satirique escrit, assés bien rencontré pour une fadeze du siecle.

Ce jour, quatre seingneurs alemans, dont il y en avoit un prince (me dit celui qui les emmena chés moy, qui estoit un mien ami), vinrent par curiosité voir mon estude et mon cabinet. Ils firent cas surtout de ma carte de Normandie, de La Guillotierre (comme ils avoient bien raison, car elle est l'unique et singuliere); de ma petite mort de Pavie, qui est aussi une piece rare; du crayon de Poltrot, qui tua le duc de Guize devant Orleans; des pourtraits de Luther et Melanthon, qui ne sont toutesfois grande chose, mais qu'ils honorent fort, pour estre protestans lutheriens. Ils m'escrivirent en leurs tablettes, comme ils ont de coustume, avec ce qu'ils trouverent que j'avois de plus beau à leur gré. Quant à mes livres (qui estoit le meilleur), ils ne les virent que par dessus, pour le peu de loisir qu'ils en eurent.

Le dimanche 24, ung mien ami me monstra une lettre que lui escrivoit de Savoie un sien parent estant prés de Son Altesze, par laquelle il lui donnoit advis de la mort certaine de M. d'Albigui par poison, qui estoit la mort qu'il avoit choisie : car le duc de Savoie aiant esgard aux grands services qu'il lui avoit faits, lui avoit envoié dire qu'il choisist de mourir de telle mort qu'il voudroit (qui est à la façon des anciens Romains). Il choisit celle du poison, encore qu'on la tienne une des plus cruelles, et qu'il y en ait de plus douces; mais il l'avoit bien meritée, et pire encore, dit l'aucteur de la lettre, pour ce que non seulement il avoit conjuré et complotté avec le roy d'Espagne la ruine de l'Estat de son maistre, mais aussi avoit attenté à sa vie et personne de si prés, qu'au lieu de lui il avoit tué un sien page tout joingnant Son Altesze. Par ceste mort on void que Dieu, redoublant ses graces sur nostre Roy, le desfait de ses ennemis sans qu'il ait la peine d'y mettre la main. Ceux de Geneve aussi sont vengés (*in tantum quantum*, comme on dit) dudit sieur d'Albigni.

Le lundi 25, M. Du Pui m'a presté une lettre du cardinal Du Perron (de laquelle on faisoit beaucoup d'estat) à un nouveau converti à la religion catholique, apostolique et romaine; et m'a representé le *Prologue de La Porte*, comedien à Bourges, contre les jesuistes; duquel je n'avois tenu conte de tirer copie, pour ce que je le trouvois gauffe et mal basti. Ce que j'ay fait à ceste fois avant que lui rendre, estant ceste piece, toute mal polie qu'elle est, une des notables de nostre temps sur ce subject, et prononcée publiquement de la façon qu'elle est escrite (ce que je ne pensois pas). Ce qui me l'a fait ajouster à mon pacquet des Drolleries jesuitiques.

Le mecredi 27 de ce mois, mourust à Paris en sa maison M. de Monthelon, mon oncle, en l'aage de soixante onze ans. Je n'avois plus d'oncle que celui là; et fut regretté au Palais et par tout, pour sa grande preud'hommie et integrité. Feu ma mere, sa sœur, estoit morte il y a tantost douze ans à pareil aage, et quasi d'une mesme façon.

Le vendredi 29 et dernier de ce mois, mourust à

Paris, en son hostel prés la chapelle de la Roine, M. le duc de Montpensier (¹), bon prince, et comme tel regretté et pleuré du Roy, de la noblesse et de tout le peuple. Il estoit attenué dés long temps d'une maladie de poulmons qui l'avoit reduit au tetin d'une nourrisse. M. le capussin Joieuse, son beau pere, lui assista jusques à la fin, et lui ferma les yeux. On ne le disoit aagé que de trente huit ans.

M. le Dauphin arriva ce jour à Paris; au devant duquel presque toute la cour alla, si que le Roy demeura presque seul en sa chambre. On faisoit conte de quinze cens chevaux.

Un conseiller de la grande chambre de Paris, qui a P pour la premiere lettre de son nom, estant prest de faire une signalée et nouvelle injustice, et faire juger pour la seconde fois un procés jugé et perdu desja à son rapport, et dont il y avoit eu arrest notable, duquel il empeschoit la delivrance, à fin s'il pouvoit de le remettre encore un coup sur le bureau devant un autre president, fust en ce temps par celui qui l'avoit donné, qui estoit le president F., bafoué et reprimendé en ces mots : « Monsieur P., souvenés vous « de Poisle; il en cuida perdre la vie, vous en perdrés « l'honneur. » Un autre conseiller à la courte queue aiant pris trois cens escus pour faire gangner sa cause à une partie, n'en aiant peu venir à bout, fust contraint rendre les trois cens ecus.

Nota. La repartie brave du comte de Choisi à la roine Marguerite en ce temps et mesme mois, pour la de-

---

(¹) *Le duc de Montpensier :* Henri de Bourbon, duc de Montpensier. Il avoit épousé Henriette-Catherine de Joyeuse, fille unique de Henri de Joyeuse, qui s'étoit fait capucin.

fense de l'honneur de sa fille, que la dite dame, par jalousie de Bajaumont son favorit, avoit chassée ignominieusement de sa maison, disant à son pere qu'elle ne valoit rien, et qu'elle se gouvernoit mal. « Si vous « fussiés à l'avanture, madame, lui respondit le comte « de Choisi, aussi bien gouvernée que ma fille, vous « n'eussiés perdu la couronne que vous avés perdue. »

Supplément tiré de l'édition de 1736.

Le samedi 16 de février, notre Roy, à la priere de l'évêque d'Oleron et d'autres prélats et ecclesiastiques de la province de Bearn, permit par un edit que les jésuites qui avoient été chassés [1] en 1598 de ce pays y fussent doresenavant admis et reçus indifferemment, tout ainsi que les religieux des autres ordres, en observant et se soumettant aux formes et aux reglemens prescrits par les ordonnances, nonobstant l'arrêt du parlement de Pau, qui ordonne que lesdits jésuites ne pourront être reçûs dans le Bearn, pour y faire aucun exercice de la religion catholique romaine, ni y établir aucune résidence ne demeure quelconque en icelui.

Le jeudi 28 de février, Henry de Bourbon, duc de Montpensier, après avoir langui deux ans, ne vivant que de lait de femme, est mort d'une fiévre étique, âgé d'environ trente-cinq ans, laissant une fille unique qu'il a d'Henriette-Catherine de Joyeuse sa femme, qui est fiancée à monseigneur le duc d'Orléans, second fils du Roy. Le Roy, à l'occasion de cette mort,

---

[1] *Les jésuites qui avoient été chassés :* En septembre 1598, les députés de la cour souveraine du Béarn avoient demandé que les jésuites fussent chassés de leur pays.

qui finissoit la famille de Montpensier, a défendu les divertissemens ordinaires du carnaval.

Ce même jour, un mien ami m'a donné une copie d'une bulle du Saint Pere le pape Paul v, adressée à notre bon Roy, par laquelle il permet à Sa Majesté d'honorer du collier de l'ordre du benoît Saint Esprit les etrangers et non regnicoles ; comme aussi il le dispense, et tous les officiers commandeurs dudit ordre, de faire la sainte communion les jours des assemblées générales dudit ordre, comme il est porté par les statuts, leur permettant de la faire dans un des huit jours qui précédent ladite assemblée générale.

Paulus papa Quintus charissimo in Christo filio Henrico, Francorum regi christianissimo, salutem et apostolicam benedictionem.

Majestatis Tuæ nomine, nobis nuper expositum fuit quod statutis militaris Sancti Spiritus, cujus Majestas Tua perpetuus administrator esse dignoscitur, inter alia cautum est ne exteri, qui habilitati, et regni Franciæ incolæ non sunt, in milites dictæ militiæ recipiantur; die verò generalis congregationis dicti ordinis, quando etiam aliquis ad habitûs per ejusdem militiæ milites gestari soliti susceptionem admittitur, ut tam Majestas Tua quam officiales dicti ordinis et militiæ, et quisquis ad habitum admittitur, sanctissimum Eucharistiæ sacramentum sumere teneantur. Cùm autem, sicut eadem expositio subjungebat, Majestas Tua, quæ sicut et prædicti officiales ac milites statuta hujusmodi observare voto et juramento se adstrinxerunt, ad Spiritûs sancti gloriam et catholicæ fidei exaltationem, dictum ordinem extra etiam regnum Franciæ longius diffundi et in exteros fidei prædicto zelo conspicuos, et alios juxta ejusdem ordinis statuta qualificatos extendi posse plurimum desideret. Cumque etiam dicto die generalis congregationis et admissionis ad habitûs susceptionem, aliis negotiis et officiis magna cum mentis agitatione, potius quam orationi et spirituali congregationi vacari soleat, sanctissimæ Eucharistiæ sacramentum, aliquot diebus ante, longe majori cum reverentiâ, et spirituali fructu sumi posset; idcircò eadem Majestas Tua nobis humiliter supplicari fecit ut in præmissis de benignitate apostolicâ providere dignaremur. Nos igitur, qui illa quæ ad Spiritûs sancti gloriam et catholicæ fidei exaltationem cedunt, fidelium devotionem augent, ejusdem Spiritûs sancti gratiâ suffragante promovere desideramus ordinis prædicti propagationi ac militum ejusdem animarum saluti, quantum cum Domino possumus, consulere volentes hujusmodi supplicationibus inclinati, votum et juramentum prædicta illis in cæteris omnibus in his contentis firmis remanentibus autoritate apostolicâ, tenore præsentium relaxamus, utque Majestas Tua et prædicti officiales ac milites exteros etiam non habilitatos, aut regni Franciæ incolas, catholicos tamen, et gratiam et communionem sedis apostolicæ habentes, dicto statuto nonobstante in milites dictæ militiæ admittere, illique admitti : dummodo tamen pro eorum admissione, aut alias quandocumque qui non Majestati Tuæ, sed aliorum principum aut dominorum subditi et vassali existent, votum aliquod aut juramentum non emittant aut præstent, quod potestati, aut superioritati, vel juris-

dictioni, aut alii cuicumque juri principum, seu dominorum quorum subditi aut vassali erunt, quomodo libet adversetur, liberè et licitè possint ; nec non ut Majestas Tua, officiales et milites prædicti, et quisquis ad prædictæ militiæ habitûs susceptionem admittitur, non ipso die congregationis generalis, et quo habitum suscipit, sed infra octavam præcedentem sanctissimum Eucharistiæ sacramentum, suscipere valeant et teneantur, ita tamen ut ante diem congregationis et admissionis ad habitum, hujusmodi tam officiales et milites, quam ad habitum admittendi, se prædictum sacramentum infra dictum tempus suscepisse legitimè ostendant, eadem authoritate concedimus et indulgemus, et votum ac juramentum prædicta ad hunc effectum commutamus, et pariter relaxamus, ac statuimus, et ordinamus, nonobstantibus præmissis ac dictæ militiæ statutis, etiam juramento, etc., roboratis, cæterisque contrariis quibuscumque. Datum Romæ, apud Sanctum Marcum, die 16 februarii anno Dominicæ Incarnationis 1608, pontificatûs verò nostri anno tertio.

[MARS.] Le dimanche 2 de ce mois, M. le Dauphin, qui devoit danser son balet devant le Roy, en fust empesché par Sa Majesté qui ne lui voulust permettre, à cause de la mort survenue de M. de Montpensier.

Le mardi 4, on m'a donné le Traicté d'un carme pour la communion sous une espece, imprimé nouvellement à Paris par un nommé E. Colin, in-16 longuet. Discours à la verité fort subtil, et qui pourroit aucunement persuader, n'estoit qu'il y a subtilité qui puisse excuser un serviteur de la transgression du commandement de son maistre, quand il lui a esté fait en paroles claires et significatives, comme sont celles sur ceste matiere de Nostre Seingneur Jesuschrist, nostre grand maistre.

J'allai ouir ce jour un jacobin reformé de Thoulouze, nommé Michaeli, qui preschoit le karesme à Saint Nicolas des Champs, duquel on m'avoit fait beaucoup d'estat, et non sans cause : car il a du sçavoir beaucoup, et plus en main les passages du vieil et nouveau Testament que predicateur que j'ai jamais ouï, et qui mieux y sait rapporter, à mon jugement, les opinions des saints peres. Toutefois meilleur pour les doctes que pour un peuple, ses predications estant des doctes leçons en theologie.

Le lundi 10, fust mis en terre à Paris maistre René Benoist, curé de Saint Eustace, au quarantiesme an de sa cure, et de son aage quatre vingts et troisiesme. Bon curé et docte, craind et aimé de ses paroissiens; grand theologien et predicateur, et qui de tous preschoit le plus purement; retenu par la timidité seule, qui estoit naturelle en lui, de faire encore mieux. « Nous « en dirions, disoit-il, bien davantage; mais ce peuple « est si malheureux qu'il veult estre trompé. »

Nostre maistre Cayet fist son oraison funebre, où, aprés l'avoir decoré de grandes louanges, dit entre autres choses que lors de la reduction de Paris on trouvoit qu'il avoit presché cinquante quaresmes, et lui donna l'aage de quatre vingts sept ans, encores qu'un de ses amis familiers ne lui en donne que quatre vingts et trois. Remarque une particularité, qui estoit qu'aiant un jour confessé le Roy, aprés qu'il lui eust donné l'absolution se trouva si pesant, que ne se pouvant relever qu'à grande peine, Sa Majesté lui aida pour ce faire de ses propres mains; et le louant du peu d'ambition qui estoit en lui, dit qu'aiant esté nommé à l'evesché de Trois, y aiant trouvé quelque difficulté, s'en estoit demis volontairement, ou plus tost à son corps defendant, et grand regret : voulant en cela desguiser une verité que tout le monde sçavoit. Mais en telles matieres on se dispense quelquefois de mentir.

Le dimanche 16, M. Du Pui m'a donné l'extrait d'une lettre escrite trois jours avant la mort de M. Rappin de Poictiers, par un nommé Irland, dactée du 13 febvrier 1608, faisant mention de la preparation de sa fin, tout autre qu'on ne s'estoit promise de lui, s'estant mis entre les mains des jesuites, sur lesquels il eust desiré pouvoir mettre à bon escient les siennes, pour le bien de la France.

Le mardi 18, M. Du Pui m'a donné les vers suivans de M. Rappin [1], qui sont ses derniers (car il les fist huict heures avant que mourir); lesquels expriment naivement tous les signes d'un homme mourant, et monstrent quant et quant le grand jugement qu'a eu cest homme jusques à la fin. Il les fist sur ce que son fils lui demanda comme il se portoit; il lui dit : « Prenés la plume, et escrivés. » Et lui dicta ces vers :

Qui digitis floccos legit, et sua complicat in se
Lintea, miraturque manus spectator ocellis;
Cui summi digiti frigent, manibus pedibusve,
Et nasi supremus apex; cui tempora pauco
Tempore labuntur; nares simæque et apertæ,
Dirigiturque pilus velut horrens; lumina sensim
Hebescunt, et singultu vox hæret acuto;

[1] *M. Rappin* : Nicolas Rapin, prevòt de la connétablie de France, l'un des auteurs de la satire Ménippée.

Qui, matulæ oblitus, læsi dat signa cerebri,
Et linguæ titubans non se regit ordine sermo;
Ejus spes nulla est, animumque videbis ovantem
Scandere supremas multo cum gaudio ad arces.

(N. Rappinus faciebat nocte intermedia vigilans, et ad Deum suum impensè transvolare gestiens, III idus februar. anno MDCVIII. Mortuus est IV idus februar, hora septima matutina.)

Le vendredi 21, le service de M. de Montpensier se fist à Nostre Dame. Fenouillet fist l'oraison funebre. Le plus beau et le meilleur de la cerimonie, qui fust fort simple, estoient six vingts pauvres habillés, à chacun desquels on donna une robbe et une torche.

Le lendemain 22, son corps, accompagné de trois cens chevaux, aiant esté mis dans un carosse, fut porté en sa maison de Champigni.

Le mardi 25, M. de Sulli disna chés M. le premier president, et allerent ensemble ouïr M. Fenouillet à la Sainte Chapelle, où il fust remarqué qu'au sortir M. de Sulli preceda M. le premier president : ce qui fust trouvé estrange.

Le mecredi 26, M. le chancelier (1) alla au Palais fort accompagné : il n'y estoit encores venu depuis qu'il estoit chancelier. Deux conseillers de la grand chambre, qui estoient M. Courtin et Pelletier, l'allerent recevoir au nom de la court au parquet des huissiers. Sa harangue fust courte et assés manque, ainsi qu'on disoit. M. le premier president lui respondit; et fust assés long en son discours, lequel il estendit fort sur ses louanges. On conta jusques à vingt quatre ou vingt cinq carosses de sa suitte; mais on disoit qu'il y en avoit la

---

(1) *M. le chancelier :* Nicolas Brulart, marquis de Sillery.

moitié presque de vides, et qu'il n'y avoit dedans que de la fricaille de laquais, et austres menus estafiers.

Un mien ami M. B. ne donna ce jour un nouveau petit livret du pere Cotton, intitulé *Interieure Occupation d'une ame devote*, qui est une pure fadeze jesuitique; laquelle toutefois l'imprimeur, qui estoit Chappelet, vendoit vingt sols, et ne vault pas vingt deniers.

Le jeudi 27, mourust un nommé Chevalier, ja aagé, frere de la femme du nommé Noyiau, advocat en parlement, mien ami, lequel mourust d'une humeur melancolique (ce qui avient rarement), estant affligé dés longtemps de ce mal, lequel, pour en avoir tasté, je tiens le plus grand et penible de tous les maux; aiant monstré à sa fin qu'il avoit l'imagination bien blessée, comme ont tous ceux qui en sont attaints : car il ordonna de n'estre point enterré à Saint Sevrin sa paroisse, où il avoit une chapelle, pour ce qu'il y faisoit trop obscur.

Le samedi 29, veille de Pasques flories, fust roué vif, au bout du pont Saint Michel, un homme qui avoit tué une femme, avec deux enfans qu'elle avoit; lesquels on disoit, aprés les avoir tués, avoir mis sur leur mere, et pendu un chacun d'eus à ses deux mammelles. Acte prodigieus et cruel.

Ce jour, M. Peiresc m'envoia d'Aix en Provence la medaille en cuivre de madame la duchesse de Valentinois, qu'il m'avoit promise, laquelle dés long temps ne se recouvre plus. D'un costé est la figure de la dite dame, avec ceste inscription : *Diana dux Valentinorum clarissima*; de l'autre, avec un beau revers, est escrit : *Omnium victorem vici*.

La nouvelle de la mort du pere Gontier, jesuiste, à

Dieppe, où il preschoit le karesme, et qu'on disoit avoir esté empoisonné par les huguenots, fut verifiée fausse par des lettres mesmes qu'on receust de lui à Paris, où ceste fausse nouvelle estoit tenue pour veritable.

En ce mois, M. de Guise harquebusa lui mesme une lyonne qu'il faisoit nourrir par plaisir à son hostel de Guise, pour avoir estranglé ung de ses grands laquais, et aprés tiré tout le sang du corps, et deschiré cruellement et miserablement ce pauvre garson, que le dit duc aimoit.

Un Italien en ce mois, prisonnier au fort Levesque, grand pippeur et fort subtil, de profession medecin, et qui subtilement avoit purgé les bourses des messieurs de Venize de dix mil escus, sous une fausse lettre de change; le voyant, à ceste occasion, prest d'estre pendu, s'empoisonna avec de l'antimoine, dont il prist telle quantité que l'operation en moins de trois ou quatre heures l'envoya en l'autre monde.

Le sieur dom Joan [1], oncle bastard de la Roine, se retira en ce temps de la cour mal content, qui lui dit à Dieu avec regret : car il estoit reputé par tout pour gallant homme et brave cavallier, docte aux mathematiques; et pour beaucoup d'autres bonnes parties qui estoient en lui, bien venu et voulu de tous les François. Il disoit que son cœur ne pouvoit porter de voir un valet (qui estoit Conssine [2]) preferé à lui par la Roine, à laquelle il avoit cest honneur de toucher de si prés.

La Haye, aussi disgraciée en ce temps (qui n'estoit pas grande perte), aiant eu son congé de la cour, s'al-

---

[1] *Dom Joan* : Jean de Médicis. — [2] *Conssine* : Concini, depuis maréchal d'Ancre.

loit rendre religieuse (ainsi qu'on disoit) à Frontevaut, retraite finale et assés ordinaire des dames du mestier, où quelques fois elles ne laissoient pas de le continuer.

Le dernier de ce mois, un Escossois mien ami m'est venu voir, et m'a monstré le resultat du conseil tenu en Angleterre sur la fin du mois de febvrier dernier passé; auquel le roy d'Angleterre, contre l'opinion de tous ceux de son conseil et des principaux millhords de son roiaume, avoit rejetté la guerre et conclu à la paix.

Supplément tiré de l'édition de 1736.

La rigueur du froid dans le commencement de ce mois est aussi grande qu'elle l'a été les deux mois précédens; ensorte que le gibier, les oiseaux, le bétail meurent de froid dans les campagnes. Plusieurs personnes, hommes et femmes, en sont mortes, et un plus grand nombre sont demeurez perclus; et d'autres ont les pieds et les mains si gelez, qu'on ne peut pas les rechauffer, pour faciliter la circulation du sang dans ces parties.

Le vendredy 21 de mars, le pere François Amiot, premier religieux augustin déchaussé, commença d'ériger un hospice et convent avec une chapelle tout près de l'hôtel de la reine Marguerite, qui lui a accordé une partie de son jardin. On dit que cette reine étant en son château d'Usson (1) en Auvergne, avoit fait vœu d'avoir quelques religieux pour tous les jours chanter les loüanges de Dieu; et que pour cette

(1) *En son château d'Usson :* Usson, petite ville à six lieues de Clermont.

raison la chapelle à laquelle on travaille sera appellée la chapelle de Loüanges. Sur une des pierres de cette chapelle on doit graver cette inscription :

Le XXI *mars* MDCVIII, *Marguerite duchesse de Valois, petite fille du grand roy François, fille du bon roy Henry, sœur de trois rois, et seul reste de la race des Valois, ayant été visitée et secouruë de Dieu comme Job et Jacob, et lors ayant voué le vœu de Jacob, et Dieu l'ayant exaucée, elle a bâti et fondé ce monastere pour tenir lieu de l'autel de Jacob, où elle veut que perpetuellement soient rendues actions de graces en reconnoissance de celles qu'elle a reçües de sa divine bonté; et a nommé ce monastere de la Sainte Trinité, et cette chapelle des Louanges, où elle a logé les peres augustins reformez déchaux.*

Le lundi 24 de mars, un méchant garnement nommé François Fava, natif de Final près de Gênes, soi disant medecin et marchand de diamans, enfermé dans les prisons du Fort-l'Evêque pour vol, impostures, et autres crimes, s'est donné la mort par le poison ; et, pour réparation de ses crimes, a été ordonné que son corps sera traîné la face contre terre à la voirie, et là pendu par les pieds. Ce qui a été exécuté le même jour.

Par le résultat du procès de ce miserable, il paroît qu'il avoit professé la médecine dans la ville d'Orta au comté de Novare, où il se maria, avec Catherine Oliva, fille d'un marchand d'huile; et qu'il changea de nom dans le contrat de mariage, en disant que son veritable nom étoit celui de Cesar Fioti, de Saint Severin près de Naples. Quelque tems après son mariage il changea d'habitation et de nom, et s'établit à Castelarca dans le Plaisantin, sous le nom de Fava, où après avoir resté quelques mois il quitta sa femme et ses enfans, et se rendit à Naples déguisé en abbé, où il trouva le moyen de s'introduire, sous le prétexte de quelque lettre de change dont il avoit besoin, dans la maison d'Alexandre Bossa, riche banquier. La dextérité qu'il avoit à imiter et contrefaire toutes sortes d'écritures lui donna bientôt le moyen de contrefaire celle de Bossa et de son epistolaire, et de découvrir les correspondances qu'il avoit à Venise.

De Naples, il se rendit à Padouë en habit de simple prêtre, et va trouver un soir l'evêque de Concordia, auquel il dit qu'il étoit evêque de Venafry au royaume de Naples, auquel il fit entendre que quelques seigneurs napolitains l'accusoient d'avoir abusé de la niéce du duc Caëtan; que cette accusation l'avoit obligé d'aller à Rome pour se justifier devant le Pape, où ses ennemis l'avoient voulu empoisonner : ce qui l'avoit rendu fugitif; le suppliant de vouloir bien lui donner asyle, et sa protection pour lui faire remettre à Venise dix mille ducats qu'il avoit à Naples entre les mains du marquis de Saint Arme son ami, de laquelle somme il vouloit acheter des diamans, des perles et des chaînes d'or, pour faire des présens à quelques seigneurs qui pouvoient terminer son affaire et le remettre en son evêché.

Ce discours, rempli de faussetez, toucha néanmoins l'evêque de Concordia, qui lui promit assistance par le moyen d'Antoine Bertholoni, marchand banquier de Venise, son ami; sous le nom duquel il pouvoit en assurance faire faire la remise de dix mille ducats qu'il avoit entre les mains du marquis de Saint Arme. Sur cette assurance, Fava feint d'avoir écrit à Naples, et laisse écouler le tems nécessaire pour qu'un courrier pût aller de Padoüe à Naples, et retourner de Naples à Venise ; après quoi il contrefait quatre lettres : l'une d'Alexandre Bossa pour Ange Bossa, banquier de Venise ; une autre du marquis de Saint Arme pour l'evêque de Venafry ; une autre pour l'evêque de Concordia ; et la troisieme pour Antoine Bertholoni. Il met ces trois dernieres lettres dans un paquet à part, mais sous l'enveloppe d'Ange Bossa. Fava avoit avec lui un frere de sa femme appelié Octavien Oliva, qui lui servoit de valet, auquel il donna ce paquet et le porta à Venise, comme courrier venant de Naples, et le remit à Ange Bossa, qui l'ayant ouvert lût la lettre qui étoit pour lui, et renvoya le paquet inclus par le même courrier à l'evêque de Concordia, qui lût pareillement sa lettre, donna au faux evêque de Venafry celle qui lui étoit adressée, et fit venir à Venise celle d'Antoine Bertholoni, et le pria de recevoir cette somme pour un prélat de ses amis, lorsqu'on lui envoyeroit une lettre de change.

Quelques jours apres, Fava feint avoir reçu un paquet de lettres dans lequel il y avoit une lettre de change de dix mille ducats, souscrite de François Bordinali et d'Alexandre Bossa ; une autre de créance d'Alexandre Bossa à Ange Bossa ; trois autres du marquis de Saint Arme pour l'evêque de Concordia, pour l'evêque de Venafry, et pour Antoine Bertholoni.

L'evêque de Concordia ayant vû ces lettres, persuade à l'evêque de Venafry d'aller lui-même à Venise, et lui donna une lettre de créance pour Bertholoni.

Celui-ci voyant cette lettre le reçoit dans sa maison, et le traite comme un prélat; il porta la lettre de change à Ange Bossa, pour la payer à son tems. Cependant Bertholoni acheta des diamans, des perles, des chaînes d'or et autres joyaux; dont Fava lui fit quittance, et de trois mille ducats sous le nom de Carlo Pirotto, evêque de Venafry. Auparavant que Fava quittât Bertholoni, il lui vola quatre cens écus d'or qu'il avoit dans un coffre, et partit le lendemain, accompagné de Bertholoni jusques à Padoue.

Après que Fava eut remercié l'evêque de Concordia et le seignor Antoine Bertholoni, il prit congé de lui, étant pressé, disoit-il, d'aller à Turin. Cependant il prit un autre chemin, et fit entendre à sa femme qu'ayant reçu le payement de ses débiteurs, il trouvoit bon d'aller en France pour y faire fortune.

Pendant que Fava s'achemine vers la France, Ange Bossa reçoit des nouvelles du banquier de Naples qu'il n'avoit point baillé de lettres de change au marquis de Saint Arme, et n'avoit jamais entendu parler de cette affaire. Alors tous les interessez dans cette affaire font courir de tous côtez pour arrêter Fava, et envoyent des billets aux orfévres de toutes les villes principales, avec le nombre, le prix, la qualité, les poids des pierreries et diamans que Fava avoit reçus.

Cet imposteur arriva à Paris au commencement de cette année, dans le dessein de vendre une partie de ses diamans, et de se retirer ensuite avec un de ses amis dans le Poitou. Il s'adressa à un orfévre du pont au Change, auquel il donne quatre boëtes de ces diamans pour les vendre au plutôt. L'orfévre sort aussitôt pour en faire la montre, et chercher marchand; mais les ayant montrés à un marchand joailler qui avoit reçu le mémoire envoyé de Venise, et examiné les boëtes, ils ne douterent plus que ce ne fussent les pierreries qu'on cherchoit. Sur quoy ils en donnent avis au lieutenant du prevôt, lequel se rend au lieu où Fava devoit se trouver, prend une robe de chambre, et feignant d'être marchand et de vouloir acheter une grande quantité de diamans. Fava, qui le crut sur sa parole, sortit de sa poche dix autres boëtes, qui parurent être les mêmes dont il étoit parlé dans le mémoire de Venise. Le lieutenant, lui montrant les marques de sa charge, le saisit prisonnier de la part du Roy, se transporte dans la maison de Fava, où il trouva et saisit le reste des joyaux exprimez dans le mémoire, avec huit cens sequins d'or; et conduit le prisonnier au Fort l'Evêque, où il fut interrogé le même jour, et ne dit que des mensonges.

Le lendemain il confessa son vol et ses impostures, demandant misericorde. Durant le tems qu'il fut dans la prison, il tenta plusieurs moyens de s'évader par le moyen des cordes, et puis de se donner la mort, ayant lui-même coupé avec un canif les veines de ses bras; mais le grand froid empêcha qu'il ne perdît tout son sang, et la foiblesse le contraignit d'appeler le geolier, qui lui donna du secours. Il se servit plusieurs fois de l'arsenic, mais sans effet, jusques au 24 de ce mois, qu'il en prit une si grande dose, enveloppé dans une pâte que sa femme lui avoit envoyée, et dont il mourut le lendemain matin, pendant que les juges étoient assemblez pour le condamner à mort.

Le jeudi 27 de mars, un mien ami m'a donné le détail de ce qui s'est passé à Rome en ce mois de mars, à l'occasion des deux grands seigneurs italiens ausquels M. d'Alincourt, ambassadeur (1) de notre Roy, a donné de sa part le collier de l'ordre du Saint Esprit.

Notre ambassadeur ayant reçu les ordres de Sa Majesté d'incorporer dans la chevalerie du benoist Saint Esprit les ducs de Segni et de Santo-Gemini, en donna aussi-tôt avis à ces deux seigneurs, lesquels dans le même jour en avertirent leurs parens et amis, qui font bonne partie de la noblesse romaine, et en rendirent compte à Sa Sainteté : laquelle reçut la nouvelle avec beaucoup de contentement, bien informée que quiconque se voüe au service de Sa Majesté se voüe aussi au service du Saint Siege, puisque de tout tems, et lorsque la nécessité l'a requis, les rois de France ont pris les armes pour la défense des papes et de la ville de Rome.

M. de Maresmont, auditeur de rotte et François, député et représentant le grand chancelier dudit ordre, reçut, suivant les statuts d'icelui, les preuves d'âge, biens, religions, qualitez et noblesse desdits seigneurs ducs, et en fit son rapport à messieurs les cardinaux de Givry et Seraphin, audit seigneur d'Alincourt, qui les jugerent toutes bonnes et valables.

L'eglise de Saint Louis, eglise de la nation françoise, fut choisie et parée à cet effet ; le grand portail et face d'icelle furent enrichis de festons, et autres embellissemens accoutumez de faire aux jours les plus solemnels ; le tout dressé en forme de pyramide du dessus dudit portail en haut, où étoit la représentation du Saint Esprit en forme de colombe ; un peu plus

---

(1) *M. d'Alincourt, ambassadeur :* Charles de Neuville, marquis d'Alincourt, troisième du nom, seigneur de Villeroy.

bas, les armes de Sa Sainteté et de Sa Majesté; plus bas, entre celles de messieurs les cardinaux Joyeuse, Givry et Seraphin au-dessous, et sur la table dudit portail, étoient celles de M. d'Alincourt, des ducs de Segny et de Santo-Gemini. Au haut de la pyramide, environ le milieu du frontispice, et sur l'avance d'une fenêtre, sortoit fort en dehors un grand tapis de drap de soye de diverses couleurs.

Dans l'eglise, ses colomnes principales, quatre de part et d'autre, étoient couvertes en partie de damas et velours cramoisy, en partie de satins bigarez à fleurs de diverses couleurs; et les susdites pieces rangées et comparties les unes entre les autres, pour en rendre l'aspect et la rencontre plus agréables. Le dessus des colomnes jusques à la voute, et en continuant jusques au chœur, paroissoit embelli de couleurs encores plus gayes de velours en couleur de feu. Sur le portail au-dedans se voyoit le portrait de Sa Majesté de France, triomphante, à cheval; au plain du chœur, et contre icelui, étoient deux barrieres qui divisoient les lieux et places destinez tant aux evêques et prélats, qu'à la noblesse italienne et françoise.

Lesdites barrieres, comme les bancs qui étoient au-dedans, étoient pareillement tapissez de velours, l'une d'icelles ayant à côté un pal et échaffaut pour un des chœurs de musique, aussi superbement revêtu pour être bien en montre vis-à-vis de l'Evangile. Sur les balustres qui divisent le chœur du côté de l'eglise, pendoit d'enhaut un grand dais de drap d'or à fond d'incarnat, à la derniere pente duquel étoient attachées les armes de Sa Majesté, enrichies de festons, avec cette inscription : *Henry* IV, *roy de France et de Na-*

varre, *chef souverain, grand maître de l'ordre du Saint Esprit.* Sous ce grand dais étoit une chaire relevée de quelques dégrez, représentant la place du Roy, avec deux coussins de même drap, l'un dessus, et l'autre aux pieds d'icelle : le tout sur un grand tapis de velours cramoisy frangé d'or, qui couvroit une partie du pavé ; de l'autre côté et vis-à-vis étoit une chaire de velours cramoisy passementé d'or ; et joignant icelle, un banc pour deux personnes, couvert d'un tapis de velours. La chaire destinée pour M. d'Alincourt, et le banc pour lesdits sieurs ducs, sur lequel pendoient aussi d'enhaut leurs armes décorées semblablement de festons, et reconnues par leurs inscriptions. Celle de M. d'Alincourt portoit : *Charles de Neufville, seigneur d'Alincourt, chevalier des ordres du Roy, conseiller en ses conseils d'Etat et privé, capitaine de cent hommes d'armes de ses ordonnances, lieutenant pour Sa Majesté au gouvernement de Lyon, Lyonnois, Forest et Beaujolois, et son ambassadeur près Sa Sainteté et le Saint Siege.* Celle du duc de Segny : *Alexandre Conty Sforsa, duc de Segny, prince de Valmontano, comte de Santo-Fiore et marquis de Porcheria, chevalier des ordres du Roy.* Et celle du duc Ursino : *Dom Joan Antonio Ursino, comte de Nebola, duc de Santo-Gemini, et prince de Scandrisca, chevalier des ordres du Roy.* Aux côtez du chœur furent préparez les sieges pour messieurs les cardinaux, un peu plus bas toutefois que la chaire du Roy, couverts d'un drap d'or à fond incarnat ; le reste vuide du pavé, de riches tapis turquesques. L'autel, en attendant, paroissoit revêtu d'un manteau de drap frizé d'or et d'argent.

L'eglise étant ainsi embellie, les sieurs ducs furent créés chevaliers de l'ordre de Saint Michel par le sieur d'Alincourt en son palais, où assis et couvert, les ayant fait mettre à genoux, leur toucha leurs épaules d'une épée nue; et leur ayant dit les paroles accoutumées, les embrassa. C'étoit sur le soir du mardy 11 du mois de mars.

Le lendemain 12 de mars, jour destiné à cette cérémonie, comparurent de bon matin les chevaux legers et les Suisses de la garde du Pape, et bon nombre d'evêques et prélats, et plusieurs gentilshommes françois. Le duc de Segny se rendit avec sa troupe chez le duc de Santo-Gemini son oncle, où s'assembla la noblesse romaine qui les devoit accompagner.

De-là ils vinrent tous deux trouver M. d'Alincourt. Six trompettes bien vêtus marchoient devant à cheval; au sortir du palais du sieur d'Alincourt, la compagnie marcha le long du cours jusqu'à Saint Marc, et delà jusqu'en la place Navone, et après à Saint Louis. Les chevaux legers allerent les premiers en rang, revêtus de casaques à manches pendantes, de velours cramoisy; après suivoient près de cinq cens gentilshommes italiens et françois, mêlez les uns parmi les autres sans égard de préséance : les François faisant nombre de plus de cinquante fort bien montez, entre lesquels étoient le vicomte de Rabat de la maison de Foix, le comte de Pons de la maison d'Albret, le comte de La Rochefoucaud, le baron d'Estinac son frere, le vicomte d'Aurhi, le baron de Clermont, le marquis de Rotelin, le vicomte de Talars, le vicomte de Borbonne, les barons de Courville, de Fontaines, de Mortemart, et plusieurs autres de marque.

Parmi les Italiens étoient les ducs de Cheri, d'Aguasparta, de Galiso, de Sonino, le marquis de Rovere, le duc de Sirmontta, le duc de Montalavico, le marquis Pallavicino, le marquis de Riano, et plusieurs autres.

Entre cette troupe si honorable, et messieurs d'Alincourt, et ducs de Segny et Santo-Gemini, battoient douze tambours vêtus de longues casaques rouges ; et les Suisses, vêtus des livrées du Pape, faisoient aîle de tous côtez des rues. Le sieur d'Alincourt marchoit entre les deux ducs, de Segny à la droite, ayant été nommé le premier par Sa Majesté. Ledit d'Alincourt étoit vêtu de toile d'argent, les chausses à bandes, les bas et souliers blancs, le capot noir tout rehaussé de passement de broderie, doublé de toile d'argent; le bonnet de velours noir, avec son gros cordon de perles enrichi de diamans et force égrettes, sur une belle et large enseigne de pierreries estimée plus de dix mille écus, et le grand ordre du Saint Esprit sur le manteau, et la croix à côté; son cheval des plus beaux, avec sa bride à médailles et facettes d'argent; la grande housse de velours noir rehaussée et passementée d'or plus plein que vuide. Lesdits ducs étoient ainsi vêtus, à la reserve du collier, la croix d'or et le ruban bleu.

Ces messieurs en si bel équipage, accompagnez d'un grand nombre d'evêques et prélats romains, venitiens et françois, arriverent à Saint Louis. A leur entrée, une centaine de boettes jouerent; messieurs les cardinaux Colonne, Aquaviva, Givry, Delfino, Belluga, Tosco, Cajetano et Pio s'y trouverent, qui furent conduits aux sieges ja préparez, le cardinal Seraphin n'y ayant pû assister, à cause de son indisposition.

Ledit sieur d'Alincourt conduit par le grand maître des cérémonies de l'ordre, que représentoit M. de Chaumont, après avoir salué l'autel, la chaire du Roy et messieurs les cardinaux, prit sa place en la chaire préparée pour lui. Messieurs les evêques d'Orange et de Toul, assistans, aux deux sieges bas à côté de la chaire du Roy; et les ducs de Segny et de Santo-Gemini, selon son ordre, avec les mêmes saluts, se placerent au banc qui leur étoit dressé. Madame d'Alincourt, et les dames et princesses romaines, se logerent en l'une des tribunes de la musique. M. Montono, evêque de Nicastres, nagueres vice-legat d'Avignon, habillé pontificalement et servi de même, dit la messe.

Après la messe, le sieur d'Alincourt fut conduit par le maître des cérémonies à la chaire qui l'attendoit contre l'Evangile; et en passant rendit le devoir à l'autel, à la chaire du Roy, et aux cardinaux. M. de Maresmont aussi conduit, et ayant fait les mêmes saluts, retira des mains de M. l'evêque célébrant le livre des Évangiles.

Après ce, M. le duc de Segny conduit ainsi, se met à genoux devant le sieur d'Alincourt assis et couvert, et le susdit de Maresmont courbé bien bas, tenant le livre des Evangiles. Ledit duc lui prêta et signa le serment porté au cahier, que tenoit aussi à genoux un des secretaires dudit sieur d'Alincourt, représentant le greffier dudit ordre. Sur ce, le maître des cérémonies leva audit duc le manteau, et le revêtit d'un autre à la grande croix au côté; et le sieur d'Alincourt recevant d'un autre sien secretaire, représentant le trésorier de l'ordre, le collier, avec les paroles de cérémonie sur ce requises, le créa chevalier et l'embrassa:

ledit duc étant reconduit à sa place, après les saluts par lui rendus. Le même fut observé au duc de Santo-Gemini.

Le tout fait, M. d'Alincourt ayant repris sa premiere place, les chœurs de musique chanterent le *Veni Creator;* lequel fini et les cérémonies, les cardinaux se retirerent. Le sieur d'Alincourt avec ses chevaliers, accompagnez ainsi qu'auparavant, se retira en son palais, où un superbe festin l'attendoit avec les invitez, qui étoient messieurs les cardinaux de Givry et Delfino, lesdits sieurs ducs, messieurs les evêques de Nicastres, d'Orange, de Toul, et le susdit de Maresmont.

[AVRIL.] Le jeudi 3, mourust à Paris M. Brulart, jadis conseiller du Roy, et secretaire d'Estat de Sa Majesté, plain d'ans, de biens et de reputation; et fust enterré le jour mesme dans l'eglise Saint Benoist sa paroisse, sans aucune cerimonie, tant pour ce qu'on n'ouvroit point la terre le lendemain, qui estoit le vendredi oré, que pour avoir tousjours esté contraire aux pompes funebres des enterremens. Ce qu'il avoit souvent declaré de son vivant.

Le dimanche 6, jour de Pasques, mourust à Paris madame de Simiers, dame assés qualifiée à la cour et par tout. La graisse lui venant à fondre tout à coup comme le fein aux chevaux, l'estouffa et fist mourir. A quoi elle ne vouloit point penser, et ne s'y pouvoit resoudre. Mais de telle vie telle fin.

Madame de Lomenie la suivist; le petit La Roche, escuier de la Roine; et M. Picard, conseiller en la cour: n'estant nouvelles en ceste saison que de morts et d'enterremens, qu'on disoit estre les fruits des grands froids de ceste année.

Le jeudi 10 de ce mois, aiant calculé et arresté sur mon brouillas, où j'ay exactement escrit tout ce que Chosson a fait pour moy et ce qu'il m'a cousté, je trouve que depuis le 6 aoust dernier 1607, jusques au 7 avril de la presente année 1608, il m'a escrit vingt-neuf mains cinq feuilles de papier : à sçavoir deux gros registres, l'un de douze mains, et l'autre de huict; et deux autres commencés d'une main et demie chacun, ou environ, transcripts des griffonnages de mes Memoires Journaux de ce temps : le reste transcript des Memoires et Escrits de M. Du Pui et autres, en feuilles et cayers; pour lesquelles escritures je lui ay baillé à diverses fois soixante dix sept livres seize sols, que j'ay faits d'un pourtrait du Roy en or, vendu et changé, que je gardois il y avoit long temps, pesant soixante et sept livres dix sols, dont j'ay eu soixante et neuf livres, et onze quarts d'escu que j'ay baillés avec le susdit argent.

Le vendredi 11, madamoiselle Bruslé, seur de M. le secretaire Buier, damoiselle sage et vertueuse, et de laquelle pendant la Ligue j'ai receu beaucoup de bons offices, m'aiant caché accortement, et sauvé de la main des meschans, mourust à Argenteuil d'une pleuresie, et y fust enterrée ce jour.

Le vendredi 18, M. Castrain m'a donné un livre nouveau qu'il a fait imprimer en ceste ville, in-8°, intitulé *De stirpe et origine domûs de Courtenay*, avec deux autres Memoires et Discours monstrans comme les dits sieurs de Courtenai sont veritablement par masles yssus du roy Loys le Gros, sixieme du nom, roy de France; et que comme tels ils en peuvent demander justement au Roy la reconnoissance, comme ils ont ja fait par plusieurs instances et requestes. Lesquelles, combien que Sa Majesté ait acceptées et trouvées raisonnables, si n'en a il encores rien declaré ni prononcé, les pretentions de ceux de la maison de Lorraine, qui ont tant suscité de remuemens et brouillis en son roiaume, le retenans de faire justice à ces seingneurs, ausquels tous les aucteurs et historiens rendent tesmoingnage de leur droit.

Le mecredi 23, Gilles Robinot, imprimeur d'un petit traicté des Libertés de l'Eglise gallicane, composé par feu M. Hottoman, tresdocte comme on disoit, mais qui sentoit encore un peu en quelque endroit la Ligue, de laquelle il avoit esté; et à ceste occasion ayant esté le dit livre saisi et deffendu, m'en fist present d'un, afin de parler pour lui à M. l'avocat du Roy Servin. Ce que je lui ai promis.

Il y a plus de fautes que de mots à l'impression du dit livre, qui est docte et singulier. M. Du Pui en a une copie à la main fort correcte, qui m'a prestée, sur laquelle il en faudra amander les faultes.

Le vendredi 25, arriverent sur le soir les nouvelles à Paris de l'heureux accouchement de la Roine à Fontainebleau, à neuf heures du matin du dit jour, d'un troisieme fils, qu'on appelle desja le duc d'Anjou [1]. M. le prince de Condé en receut les nouvelles dés les deux heures aprés midi.

Le samedi 26, le sire Houzé m'a vendu un livre

---

[1] *Le duc d'Anjou*: Il fut nommé Gaston. Il vint au monde le jour même de la naissance de saint Louis : ce qui parut être de bon augure, et fit grand plaisir au Roi.

nouveau imprimé par Rigaud à Lion, in-8°, intitulé *l'Heureuse Conversion des huguenots*, fait par un nommé M. de Joviac, gouverneur de Rochemorte : dans lequel est la messe en françois, que messieurs les docteurs de Sorbonne improuvent ; et m'a dit un d'entre eux aujourd'hui qu'ils sont aprés pour le defendre.

Le lundi 28, A. Perier m'a vendu un livret nouveau du roy d'Angleterre contre deux brefs du Pape, et une Epistre du cardinal Bellarmin ; imprimé à Londres in-8°, par Norton, 1608. Le tiltre est *Triplici nodo triplex Cuneus, sive Apologia pro juramento fidelitatis, adversus duo brevia P. Pauli Quinti, et Epistolam cardinalis Bellarmini ad G. Blackuellum, archipresbiterum, nuper scriptam, etc.*

Je lui en ai paié demi quart d'escu ; et n'y avoit pas deux heures qu'à l'instance du nonce du Pape on leur avoit à tous fait defense d'en vendre : qui est un bon moien pour eux d'en avoir prompte expedition.

J. Perier m'a donné ce jour le catalogue des livres de la foire de Francfort, que j'ay mis avec les autres ; les ayant tous ramassés depuis l'an 1600 jusques à present. La ditte foire a esté pietre, et manque de bons livres encores plus que la precedente : ce que les marchands imputent au grand froid qu'il a fait.

Sur la fin de ce mois, moururent à Paris (où les maladies continuoient tousjours) M. Le Gois et sa femme, à quinze jours l'un prés de l'autre : le mari en chemin de sa maison de Goix, et sa femme ici. Une belle fille, damoiselle, nommée la Tillaie, avec une autre lingere aussi fille tresbelle, moururent de la rougeolle, avec beaucoup d'autres.

Mon fils aiant esté saigné deux fois, ventouzé et

deschiqueté contre mon opinion, en guairist par la grace de Dieu, lequel je prie rendre vains les mauvais songes que j'en ay eus depuis sa convalescence : car aussi songes sont songes.

Supplément tiré de l'édition de 1736.

Le samedy 7 du mois d'avril, furent faites les honneurs funebres de très-haut et très-puissant prince Henry de Bourbon, duc de Montpensier, dernier et unique rejetton d'une ligne cadette de Robert, quatriéme fils du roy saint Louis, dans la grande eglise de Paris. Tous les chevaliers des ordres du Roy qui étoient à Paris y assisterent, avec leur grand ordre au col. Le deuil fut mené par messieurs le prince de Condé et le comte de Soissons, ses cousins; l'oraison funebre fut prononcée par M. Fenouillet, evêque de Montpellier, qui remplit assez bien son ministere.

Le dimanche 13 d'avril, le Roy, pour recompenser les services du noble messire Philibert de Narestaing (1), capitaine de ses gardes du corps, l'a nommé pour premier grand maître de l'ordre de Notre-Dame du Mont-Carmel et de Saint Lazare.

[MAY.] Le vendredi 2 de ce mois, on crioit par Paris *la Conversion des huguenos par M. le cardinal de Sourdis*, qu'on trouvoit miraculeuse et estrange, venant de ceste part; et l'imputoit l'on au bissexte de l'année, où les fols devoient l'emporter par dessus les sages. Mais enfin il se trouva que ceste bagatelle estoit seulement la conversion d'un ministre nommé

(1) *Philibert de Narestaing* : Il faut lire Nérestan.

Vidouze, lequel à Bordeaux avoit fait abjuration du ministere et de sa religion entre les mains du dit cardinal de Sourdis. Je l'achetai, avec une autre intitulée *la Fleur de lis*, sur la naissance de monseigneur le duc d'Anjou; et me cousterent les deux trois sols.

Le samedi 3, fust decapité en Greve un gentilhomme de Normandie nommé Saint Germain, de la maison des Raquevilles, pour avoir par charmes et sorcelleries, et quelques piqures d'une image de cire, voulu attenter à la personne du Roy. On parloit aussi de quelques autres empoisonnemens procurés, qui sont plus à fuir et craindre que toutes ces piqures et charmes, qui ne sont la plus part que fadezes.

Un chirurgien tresexpert en son art, mais grand sorcier, fust pendu avec lui comme complice de ceste conjuration. Il portoit une grosse chevelure grise, et la barbe jusques à la ceinture; et une femme qu'on nommoit la Fidele, subline en ce mestier, aiant esté aussi condamnée à estre pendue avec les autres; comme on fust prest de l'execution, dit qu'elle estoit grosse, et fust ramenée. M. Defunctis a conté à un mien ami qu'il avoit fait pendre un homme auquel elle avoit dit qu'il ne verroit pas le premier jour de may; et de fait il fust pendu le dernier d'avril.

La femme du gentilhomme fust decapitée aussi en effigie: laquelle aiant corrompu le guichetier de la prison, s'estoit retirée en Flandres, où on disoit que pour l'avoir le Roy mesmes en avoit escrit à l'archiduc: car elle estoit tenue pour une des plus mauvaises et subtiles de la bande, en ce bel art de sorcelerie.

Le mardi 13, furent pendus en la cour du Palais à Paris, pour des faux seaux dont ils s'aidoient, le clerc du Vayer, referendaire de la chancellerie; et celui de l'advocat Desnoiers, son gendre. Les seaux, qui estoient de plastre bronzé, furent rompus au pied de la potence, où ces deux chanceliers nouveaux furent attachés, l'un desquels, qui estoit le clerc Desnoyers, mourust huguenot, et l'autre catholique.

Le mecredi 14, un laquais, aagé de dix-huit ans seulement, fust pendu à la place Maubert, pour avoir tué l'homme de M. de La Vizé, secretaire du Roy. Il avoit esté à M. le connestable, auquel quand on en parla dit qu'il ne lui avoit jamais fait que de mauvais services, et qu'on le pendist quand on voudroit : qu'il y avoit long temps qu'il l'avoit gangné.

On me bailla ce jour la premiere Apologie de M. de Villeroy, faite en avril 1589. Elle contient demi main de papier, assés bien escrite pour une minute; et est receuillable, digne de la plume et esprit de M. de Villeroy. On m'a promis la seconde, qui n'est moins bien faite. Pour ceste copie, j'ay baillé le traicté de M. le cardinal Du Perron avec Sa Sainteté sur le restablissement des jesuites; avec une lettre de M. de Villeroy au duc de Maienne, 1594. L'un et l'autre receuillis dans mes livres.

Le samedi 17, j'ay fait quarante quatre pacquets sans cotte de livres et libelles, tant d'estat, religion, ligues, contreligues, et toutes autres sortes de matieres, ordonnances, edits, histoires et discours de ce temps (la plus part diffamatoires), contenans le nombre de deux mil cent soixante et dix neuf traictés divers de toutes façons : lesquels, ajoustés à mes trois alphabets, qui sont soixante et neuf pacquets cottés, dans lesquels s'en sont trouvés mil deux cens treize de mesme subject, font trois mil trois cens quatre vingts douze, qui ont esté ce jourd'hui inventoriés et arrangés selon la disposition que j'en ay faite sur les tablettes hautes de ma gallerie, par maistre Abraham, auquel pour sa peine j'ay donné deux quarts d'escu.

Il y a encores six vingts autres livres tant grands que petis, non empacquetés, sur deux des dites tablettes. En une sont heures, legendes (et mesme le livre des Conformités de saint François), avec aultres vieux bouquins. En l'autre, divers traictés de toutes sortes sur le saint sacrement de l'eucharistie.

Le mardi 20, M. Courtin, qui est venu voir mon cabinet et mes medalles, m'a donné ung quart d'escu que M. de Longueville avoit fait forger à Saint Quentin l'an 1589, dont il lui avoit falu prendre une abolition. Au revers y a escrit : *Pro Christo et Rege;* et au dessous : *S. Q.*, qui est à dire *Saint Quentin.*

Le jeudi 22, on m'a mis entre mains deux papiers fort curieus : le premier est un estat general des finances de France, auquel sont specifiés les deniers qui reviennent à Sa Majesté, tant de ses receptes generales que de ses finances; et les despenses qui restent à paier aprés les charges ordinaires acquittées.

La somme totale de la recepte se monstre à quinze millions six cens trente deux mil cinq cens vingt sept livres six sols; outre laquelle somme y a encore une recepte à part de l'augmentation des parties casuelles, et de Montauban, à cause du contract des aydes et autres, montans à six cens quatre vingts seize mil sept cens cinquante livres, qu'il faut ajouster à la sus ditte.

La despense se monte à quinze millions six cens trente deux mil cinq cens vingt sept livres six sols : si bien que la recepte n'excede la despense que de ces six cens quatre vingts seize mil sept cens tant de livres.

L'autre papier contient l'estat sommaire des taxes faites sur les dioceses de ce roiaume, pour les deniers ordinaires paiables par chacun an au 15 mars et 15 octobre par moictié, qui se monte pour la somme totale à quatre cens soixante un mil sept cens quarante escus cinquante neuf sols neuf deniers.

Le samedi 24, Tavernier m'a baillé, en change et trocq de quelques autres pieces et pourtraictures telles que je voudrois, les pourtraicts en taille douce, faits nouvellement par Hondins, des douze plus illustres entremetteurs, negotiateurs et ambassadeurs pour la paix des Estats avec le roy d'Espagne.

Le dimanche 25, jour de la Pentecoste, mourust à Paris M. Desmarés, nagueres maistre des comptes, attenué d'une longue maladie, en reputation d'un fort homme de bien, et auquel Dieu donna une bonne fin et heureuse. Il mourust à six heures du matin, où ayant demandé quelle heure il estoit, lui ayant esté respondu qu'il estoit six heures : « C'est une bonne heure, dit-il, « en laquelle Nostre Seingneur souffrit mort et passion. « S'il lui plaisoit me retirer à lui! » Comme il fist : car incontinent après il mourust.

Le mecredi 28, on m'a fait voir l'estat des pensions que le Roy donne à plusieurs princes, seingneurs, prelats, gentilshommes, capitaines, financiers, roines, dames, damoiselles, filles, et autres de toutes qualités, tant regnicoles qu'autres. Montent les dittes pensions à la somme de deux millions soixante et quinze mil cent cinquante sept livres.

On m'a fait voir, ce jour, la discipline ecclesiastique

des eglises reformées de France, c'est à dire l'ordre par lequel elles sont conduittes et gouvernées : qui est un traicté assés curieus, distingué par chapitres et articles, contenant une demi main de papier ou environ.

Le jeudi 29, un de mes bons amis, nommé M. Cornille, jadis ministre de Nismes, que je n'avois veu il y avoit trois ans, me vinst voir, et disna avec moy. Lequel personnage j'aime et honore, pour ce que je sçai qu'il aime et honore Dieu, la gloire duquel il respire, avec la reformation de son Eglise et la reunion des deux religions : à quoi il contribue ce que Dieu lui a donné d'esprit et de sçavoir (et ne lui en a pas peu departi), travaillant incessamment à reduire toutes choses à l'antiquité, et remettre l'Eglise en l'estat qu'elle estoit du temps de saint Augustin et des bons peres et docteurs de ce siecle : qui est le zele d'un chrestien et bon serviteur de Dieu, tel que je tiens estre le dit Cornille; mais dont la condition toutefois selon le monde est deplorable, pour entreprendre une œuvre seulement possible à Dieu et impossible aux hommes, qui la calomnieront plus tost qu'ils ne la loueront, et se trouvera enfin rejettée et reprouvée de la plus grande part de ceux de l'une et de l'autre religion, *quorum alteri impudentissimi, alteri arrogantissimi*. De moi, encores que je loue et honore grandement la pieté et bon zele de ceux qui s'y emploient, si estce que, veu la corruption et depravation du siecle sous lequel nous vivons, je trouve que tous ces gens là *sibi canunt*, et, comme les sauterelles, *sibi suo succo vivunt*.

Gemere et silere, qui est la devise de M. Perrot, ministre à Geneve, est la meilleure et la plus propre, ce me semble, pour ce temps.

Ce mois de may fust venteus, froid, maussade, et si fort pluvieus, qu'on a remarqué qu'en tout ce mois il n'y a eu que deux jours exempts de pluie. Toutes sortes de vivres et denrées rencheries à Paris de moictié; continuation de diverses especes de maladies : l'inconstance et mauvaistié de la saison nous menassant (ce qui est toutefois en la main de Dieu) de beaucoup de pauvretés dont nous sommes bien dignes, l'iniquité et le vice se renforçans tous les jours, et se voiant peu ou point du tout de charité et crainte de Dieu entre les hommes.

Le Roy venant de Fontainebleau ici se proumener, pour y passer le temps pendant la couche de la Roine, joue souvent, et perd son argent à trois dés; et à son exemple les courtizans et les plus grands de sa cour jouent aussi : et n'est fils de bonne mere qui ne veuille tenter le hazard de ce mestier, jusques aux gueus et faquins de la ville, qui en dressent les brelans aux coins des rues : tant ont de poids les actions des princes envers un peuple qui en imite tousjours plus tost les vicieuses que les bonnes.

M. de Guise et le prince de Jainville son frere gangnent au comte de La Rocheguion cinquante mil escus, moderés par le Roy à trente mil.

Un conseiller de la cour, nommé Gamin, perdist en ce temps au jeu vingt mil pistoles, qui font quarante six mil escus. Mais il en fust quitte pour dix mil, qu'il falust que son pere paiast contant au prince de Jainville, contre lequel il les avoit joués et perdus, et qui sans cela l'alloit mettre en lieu où il eust respondu de lui. Ce lui fust une dure pillule à avaller; mais il lui fust force d'en passer par là.

Le mariage de M. de Vendosme avec madamoiselle de

Mercœur, que le Roy absolument veult avoir lieu selon qu'il avoit esté promis et arresté, accroché par le refus qu'en fait la fille, qui n'y veult prester son consentement, fasche Sa Majesté, qui demande à madame de Mercœur sa mere les cent mil escus stipulés en cas de desdit, et deux cens mil escus davantage. Laquelle s'excusant sur la volonté de sa fille, qu'elle ne peut forcer, offre les cent mil escus au Roy; et pour le regard des deux cens mil autres a recours à ses yeux, et offre à Sa Majesté prendre tout son bien, s'il en a affaire. Sa fille se retire aux Capuchines, et proteste de s'y rendre plus tost que de consentir à ce mariage. Le dit à une damoiselle que je congnois, encores que pour mon regard je tienne qu'il n'y a point de faire plus espineus qu'est ce non faire, principalement pour les filles et damoiselles de la cour: estant en ce de l'opinion de Montagne, qui dit en ses Essais qu'il trouve plus aisé de porter une cuirasse toute sa vie qu'un pucelage.

L'evesque de Verdun en ce mois vient à Paris, lequel le Roy prend en sa protection, et lui baille des gardes, de peur qu'on ne l'offense. Cest evesque mal avisé avoit desbauché une religieuse, seur de M. de Vatan, gentilhomme signalé de Berri; laquelle s'estant fait de la religion, il avoit espousée, et puis l'avoit laissée là, et retourné à sa premiere profession. Le dit de Vatan se sentant fort offensé de cest acte, et interessé en l'honneur de sa seur, en poursuivoit fort la vengeance, et menaçoit de le tuer et poingnarder, en quelque lieu qu'il peust se retirer. Punition à la verité bien deue à l'impudicité, infidelité et revolte de cest evesque, plus paré d'hipocrisie que de foy; indigne, disoit-on, de la maison et armes qu'il portoit; mais qui

devroit estre exemplaire, et non par les mains d'un particulier. Traict ce pendant remarquable de nostre temps, où tout est permis, fors bien dire et bien faire. Le Roy avoit mandé ledit evesque pour faciliter le mariage de madamoiselle de Mercœur, de laquelle il estoit tuteur.

Madame de Sulli en ce mois accouche d'un fils. Le Roy l'aiant entendu, dit tout haut : « Je desirerois que, « pour un, Dieu lui en eust donné une douzaine : car « ce seroit dommage que d'un si bon tige il n'i eust « point de rejeton. » Parole qui fust remarquée pour une faveur singuliere et extraordinaire de Sa Majesté à l'endroit du dit sieur de Sulli.

Rencontre plaisante de madame de Verneuil au Roy, qui demandoit au baron de Termes que ce seroit de sa promesse de mariage qu'il avoit fait à la Sagonne, dont il estoit poursuivi ? Lequel lui ayant fait response comme n'aiant point d'envie d'en rien faire : « Ha! par ma foi, va dire madame de Verneuil, on dit « bien vrai : *Tel maistre, tel valet.* »

[JUIN.] Le lundi 2 de ce mois, M. Cornille m'est venu voir, et m'a communiqué le subject du livre qu'il veut faire imprimer pour la reformation et concorde de l'Eglise ; grand œuvre certes, et grandement louable, et qui tend directement à la gloire de Dieu : ce qui me fait craindre qu'elle ait peu d'asserteurs en ce temps miserable, auquel la plus part preferent leur particulier à ce qui est du salut publiq des ames, et de la gloire de Dieu; et mesmement ceux (chose grandement deplorable) qui sont appelés à ceste sainte vocation.

Le dit Cornille me consta comme ayant disné le jour de devant avec un archevesque (qui est de ces quatre dont le Roy dit un jour qu'il en feroit tenir la cervelle de tous les quatre dans une culier d'argent); aprés lui avoir parlé et communiqué son dessein, ne lui avoit rien respondu à propos là dessus; ains entrant en discours des lettres humaines, avec force belles paroles et exquises (qu'il a tousjours eu à commandement), l'avoit renvoyé aussi sage qu'il estoit venu, lui aiant seulement dit qu'il en parleroit à M. l'evesque de Paris.

Le mardi 3 de ce mois, on crioit par ceste ville un miracle tresfameus mais tresfaux, composé à la Pomme de pin, en recommandation de l'ordre saint François, ou plus tost de l'argent qu'on pourroit tirer de ceste piperie; laquelle fadeze, avec un nouveau arrest de la cour et du conseil privé, m'a cousté deux sols.

Le vendredi 6, furent fouettées, devant la porte de l'eglise des Cordeliers à Paris, deux garces qui avoient porté force petits enfans aus dits Cordeliers, comme s'ils en eussent esté les peres. Ce qui scandalizoit fort l'ordre saint François.

Le samedi 7, M. Lescuier, allemant (autres disent de Geneve), qui fait ici les affaires du prince d'Anhalt, homme fort curieus, m'estant venu voir, m'a apporté une piece nouvelle qui court ici, d'un colloque entre le Pape, le roy d'Espagne et l'archiduc Ferdinand; dont il m'a promis me donner une copie.

M. Le Cocq m'a donné ce jour deux gettons d'argent, dont y en a un fort ancien, où il y a escrit: *Guill. de Monmoranci, premier baron de France.*

J'ay acheté ce jour un edit du Roy, de creation et

erection de deux maistrises jurées de chacun art et mestier, en toutes les villes jurées et faux bourgs de son roiaume, et pays de son obeissance, en faveur de la naissance de monseingneur le duc d'Anjou, troisiesme fils de France. M'a cousté ung sol.

Le dimanche 8, M. Du Pui pere m'a presté une lettre de M. de Lisle au Roy, escrite de Madric en dacte du 16 avril 1608, par laquelle il lui donne force avis de la cour d'Espagne; et y a des particularités remarquables, que beaucoup appelent pures fadezes. Entre les autres, que tous les chevaliers et seingneurs espagnols admirent monseingneur le Dauphin, le souhaitant pour serviteur de l'Infante, qui est une tresbelle et tresagreable princesse; et que ce mariage est l'unique moien pour ruiner le Turq et accroistre la chrestienté. Aussi que tous les Espagnols publient par tout la valeur de Sa Majesté, et nommement le connestable de Castille, qui est la trompette de ses louanges.

Le lundi 9, j'ai mis entre les mains de M. Courtin mes gettons d'argent differens qui sont dans une bourse de veloux vert, pour en traier les devises et les années, afin de sçavoir ceux qui me deffaillent. Ce qu'il m'a promis de faire, et les avons conté lui et moy. Il y en a sept vingt cinq; et croi qu'il ne s'en trouvera un seul qui ne soit differend, y ayant pris garde tousjours de fort prés depuis que je me suis amusé à ceste curiosité, laquelle j'ay commencé il y a plus de vingt ans.

Le mardi 10, M. Lescuier m'a envoié l'estat des garnisons de ceux de la religion, paiées par comptant pour l'année 1606. Se monte la somme totale des dites garnisons à cent trente six mil cinq cens soixante et dix neuf livres douze sols. Arresté au conseil d'Estat tenu à Paris le dernier janvier 1606.

Plus, un autre estat des officiers de la maison de monseingneur le Dauphin, et autres officiers de Madame, en l'an 1606.

La somme totale se monstre à dix neuf mil six cens vingt livres.

Le jeudi 12, jour de la petite feste Dieu, le Roy vinst de Fontainebleau à Paris; et passant par le faux bourg Saint Marceau sur les dix heures du matin, aiant rencontré la procession, descendit de cheval; et en plaine rue se jettant à deux genoux pour adorer le sacrement, donna occasion au peuple de louer et admirer sa devotion, qui est aisée à faire, et ne sert de peu cependant à un roy à l'endroit du peuple, qui, en matiere de religion de leur prince, se conduit plus par l'apparance que par autre chose.

On me fist voir ce jour une fadeze nouvelle qui couroit, qu'on appeloit les sept Pseaumes penitentiaux des courtizans, où il y avoit quelques rencontres assés à propos, et qui eussent eu meilleure grace en latin qu'en françois. Celle du Roy à ceux qui lui demandent n'est pas mauvaise; mais moy, comme un sourd, je n'entends goutte, et suis comme un muet qui n'ouvre point la bouche.

Le lundi 16, on crioit la Conversion d'une courtizanne venitienne; qui estoit une nouvelle fadeze regrattée : car on en fait tous les ans trois ou quatre. Et me cousta ung sol.

Le samedi 21, furent executés en la place de Greve à Paris cinq voleurs de maisons, entre autres de celle du vieil bon homme Penna, medecin. Il y en eust deux roués, trois pendus, et un fouetté. On disoit qu'ils en avoient decelé beaucoup, et que c'estoient des plus artificieus du mestier : car le prevost Defunctis, qui les avoit pris et condamnés, disoit qu'ils excelloient en leur art, et passoient en subtilité tous leurs predecesseurs.

Ce mois et le precedent, quatre de mes enfans, à sçavoir mes deux fils aisnés et mes deux filles, ont esté affligés de maladies. Ce qui ne m'est venu guere à propos avec mes autres incommodités, qui s'accroissent et augmentent tous les jours : non toutefois sans une diffinie providence de Dieu, qui, je m'asseure, se sert de telles verges pour le salut de moy et de ma famille, laquelle sera tousjours assés riche et fortunée quand il l'avouera pour sienne.

Le samedi 28, fust decapité en la place de Greve à Paris un beau jeune gentilhomme, pour avoir, avec un sien adjoint qui fust pendu et estranglé quant et lui, volé le courrier d'Espagne. Le gentilhomme mourust de la religion, en chantant un pseaume; et aussi tost que le bourreau lui eust trenché la teste, il prist un entonnoir, et en vida tout le sang dans une bouteille : si qu'il en demeura fort peu de respendu sur l'eschaffaud. Ce qu'on disoit n'avoir point accoustumé de se faire, et a esté remarqué par un homme qui y assistoit, lequel m'a asseuré l'avoir veu.

Le lundi 30 et dernier de ce mois, je rencontré par hazard, sur un fondeus où nous estions allés, M. Courtin et moy, le plomb de la piece que le pape Gregoire XIII fist faire à Romme l'an 1572, à la Saint Berthelemi, pour approbation et congratulation du massacre fait en ceste journée, à Paris et par toute la

France, des huguenos. Le pourtraict du Pape, avec son inscription, y est d'un costé; et de l'autre, au revers de la dite piece, y a un ange figuré, tenant d'une main la croix et de l'autre une espée, avec laquelle il tue et assassine force gens; et y a escrit : *Ugonotorum strages*, 1572.

J'ai trouvé ceste piece si papale et remarquable, qu'aiant acheté de ce plomb un teston, l'ay fait mouler en or au dit fondeus, et baillé six escus, que j'ay retirés de la vente de quelques petites pieces d'or et d'argent que j'avois.

La constitution de ce temps, froide et pluvieuse, toute contraire à la saison, causa à Paris diverses especes d'infirmités et maladies : dont j'eus ma part en ma maison en quatre de mes enfans, qui tous toutefois en releverent, par la grace de Dieu. Beaucoup de gens moururent, entre autres le president de Vienne, en la fleur de son aage, sur la fin de ce mois, non obstant ses grands biens, grades et honneurs. Il mouroit riche, selon le bruict commun, de plus de deux cens mil escus, lui qui de son patrimoine n'eust jamais deux sols vaillant, estant, de torchecul de mule qu'on l'a veu, parvenu en peu de temps à un estat de president des comptes, controlleur general des finances, et conseiller d'Estat de Sa Majesté : qui sont estranges mutations, mais procedantes de la main de Dieu, *suscitans de terrâ inopem, et de stercore erigens pauperem*. Parole verifiée en lui, comme en beaucoup d'autres de ce temps.

Les chancelleries baillées à ferme en ce mois, entre autres celle de Paris le vendredi 27 du dit mois : invention d'avarice, et non de reformation; ruine de ces compagnies honorables, rendant les officiers d'icelles vils, contemptibles, et subjects de ces faquins mercenaires de fermiers : sur tout pour le regard des estats d'audianciers et controlleurs, qu'il despouille par là de toute auctorité, et rend leurs charges (qui ja l'estoient assés) du tout inutiles.

Une traicte de bleds, non obstant la cherté et menasse de pis, à cause du temps, accordée à quatre marchans par le Roy, auquel ils baillent douze mil escus en or qu'ils avoient promis à un grand prés sa personne, pour moienner ceste permission de Sa Majesté; laquelle, suivant la declaration du dit seingneur que les dits marchans ne lui donnoient pour ceste affaire qu'un chapeau de castor, lui en donna deus, disant qu'il ne vouloit pas qu'il perdist rien avec lui. Et quant aux marchans, aprés leur avoir fait lui mesmes seller et signer leurs despesches, et touché les douze mil escus, les renvoia, leur disant qu'ils n'y revinssent plus. Traict notable et plaisant.

En ce temps, mourust à Rouen une nommée madame d'Aubigni, niaipce de feu M. d'Assi, qui avoit espouzé en premieres nopces ma tante Du Thil; laquelle laissa par fondation dix huit mil messes pour le salut et remede de son ame. Ce que j'ay bien voulu noter, contre la sotte et aveugle superstition des gens de ce temps.

Supplément tiré de l'édition de 1736.

Le dimanche 29 de juin, Miron, lieutenant, prit prisonnier un jeune homme de bonne mine, appellé Barthelemy Borghese, qui se dit bâtard du cardinal Borghese, et puis pape. Il étoit toujours avec les plus qualifiez de la cour, ausquels il a donné des festins. On devise beaucoup dans Paris de cet emprisonnement, mais on n'en dit pas encore la cause.

En même temps nouvelle arriva que la paix entre l'Empereur et son frere (1) l'archiduc Mathias avoit été signée à Derbrits, près de la ville de Prague; et en conséquence l'Empereur avoit envoyé audit archiduc tous les ornemens royaux appartenans au roy d'Hongrie; sçavoir, la couronne, l'épée du roy Etienne, la pomme d'or, les brodequins, un vêtement fort antique, et le sceptre royal. Tous ces ornemens furent reçûs par Mathias à la tête de son camp, où il avoit attendu les ambassadeurs de l'Empereur qui les portoient; et fut faite une décharge générale de toute son armée.

[JUILLET.] Le mecredi 2 de ce mois, M. Guittart m'a donné de son cabinet une petite medalle en argent de la feue roine de Navarre, mere de nostre Roy à present regnant, où son pourtraict est d'un costé, et de l'autre un anchre sur un rocher battu des vents de tous costés; et y a escrit: *Numine freta, licet rumpere; infracta manebo.* Et à l'entour de la ditte piece sont gravés ces mots du ps. CI, fort delicatement et lisiblement: *Pour estre à moy qui droite voie ira, me servira.* Elle fust forgée l'an 1566, lorsque le Pape, à raison de la profession de la religion, et establissement d'icelle en ses pays de Navarre et Bearn, publia une

---

(1) *La paix entre l'Empereur et son frere :* Par cette paix il fut convenu entre l'empereur Rodolphe II et Mathias, archiduc d'Autriche, l'un et l'autre fils de l'empereur Maximilien, que Rodolphe remettroit à Mathias la couronne de Hongrie; que si l'Empereur mouroit sans enfans mâles, l'archiduc lui succéderoit au royaume de Bohême; et que si l'Empereur avoit des enfans mâles, et qu'il mourût les laissant en bas âge, l'archiduc seroit leur tuteur, etc.

monition contre la ditte Roine; à laquelle le roy Charles ix s'opposa, la prenant en sa protection comme sa sujette et parente. La dite piece est belle, nette et bien faite : laquelle le dit Guittart voiant que j'en avois envie, m'offrist de si bonne façon et volonté, que je la pris de lui; et pour reconnoissance de sa courtoisie, lui envoyai le lendemain une petite Bible de mon cabinet de F. Estienne, in-8°, reliée en marroquin incarnat, qui est tresbelle, et s'en recouvre rarement.

M. Bossé me donna, ce jour, la copie d'une lettre notable d'un nommé Paien à M. le duc de Sully, sur l'empeschement que le nonce du Pape avoit donné à l'impression d'une traduction qu'il avoit faite de l'Apologie latine du roy d'Angleterre contre les deux brefs du pape Paul v, dont il avoit fait saisir toutes les copies, remonstrans au dit sieur que si cela avoit lieu, il faloit, à meilleur tiltre et raison, supprimer et defendre les œuvres de Bellarmin, dans lesquelles se trouvent une infinité de choses contre l'estat des rois et princes chrestiens, lesquels il ne fait que petits valets du Pape, et les lui rend absolument subjets. Dont il cite en la dite lettre force passages tirés de divers endroits de ses œuvres.

Le jeudi 3, M. Courtin m'a fait present d'un teston forgé à La Rochelle, comme il se void par le H (qui est la marque de La Rochelle) du roy Henry ii., où l'esclat de la lance dont il fust frappé en l'œil s'y void emprainte. Ce que pensant estre avenu fortuitement par defaut du coing, ai appris certainement, des changeurs et autres des monnoies, qu'il a esté fait exprés, et qu'il en a esté frappé et forgé quantité des dits testons à La Rochelle l'an 1559.

Le vendredi 4, sur une piece des gueus de Flandre, où il y a *Fideles au Roy jusques à la bezace*, que j'eschangeai à des gettons d'argent qu'avoit M. de Montaut; estant entré en discours des dites pieces, gobelets et autres medalles et marques de leur rebellion, qu'ils firent faire et porterent de là en avant, un mien ami M. C., qui estoit en la compagnie, m'envoia le lendemain le memoire suivant, extrait du premier livre de l'Histoire des troubles de France et pays circonvoisins depuis l'an 1562 jusques en 1572 : aians esté si curieus et lui et moy, avec le sieur de Montaut, d'en avoir escrit et envoié ledit memoire en Flandre, pour en recouvrir s'il estoit possible. Il est notable pour les fureurs du siecle, conceu en ces mots : « Ceux qui en Flandre s'apellerent les gueus, l'an 1563 s'habillerent plusieurs d'eus de vestemens de couleur grise et cendrée, et pendirent à leurs costés des gobelets de bois entreversés d'une barre d'argent qui portoit en ces mots : *vive les gueus!* aprés qu'un des premiers eust beu en un tel vase à ses compagnons, en un banquet qu'ils faisoient à Bruxelles le 5 avril, et crié aprés cela : *vive les gueus!* Outre ce, pour tesmoigner à tous, par quelques signes exterieurs, la fidelité qu'ils promettoient porter à leur prince, avoient son effigie (qui d'or, qui d'argent) pendue au col, de la forme des vieux escus, aiant d'un costé deux mains couplées, une bezace et le gobelet, avec ce mot : *Fideles au Roy jusques à la bezace.* Ils firent aussi une autre forme de cuivre, avec ce brief d'un costé : *Escu de Viane;* et de l'autre cestuici : *Par flammes et par fer;* et les armoiries de Bourgongne engravées dessus. »

Le lundi 7, M. Du Pui m'a presté la seconde Apologie de M. de Villeroy, qui est encore mieux faite que la premiere, et plus longue: car elle contient une main de grand papier d'escriture à la main, et plus.

Le vendredi 11, M. Courtin m'a donné le suivant distique gaillard contre Servin et Robert:

Dat mihi Servinus, vendit mihi verba Robertus;
Sed pluris vendit, qui mihi verba dedit.

Le samedi 12, M. Du Pui m'a donné la copie des derniers vers latins faits par feu M. Bodin, avocat en parlement, qui deceda l'an 1595; ausquels il ne se lit un seul mot de Jesuschrist, comme aussi il avoit la reputation de n'y croire pas beaucoup. Au surplus, homme docte, mais qui ignoroit tout, puisqu'il ignoroit cestui là.

La nuict de ce jour, sur les onze heures du soir fust assassiné en nostre rue, et laissé pour mort, un pauvre selier que quelques meschans garnemens d'assassins furent querir jusques en son logis et en son lit, où il estoit couché avec sa femme, sous couleur de lui donner de la besongne pressée pour un gentilhomme, et l'en faire payer doublement. Mais son paiement fust en plus de vingt coups d'espée qu'ils donnerent à ce pauvre homme, qui estant transporté au logis de madamoiselle Duret, et là pensé par le barbier, interrogé à raison de quoi et par qui il pensoit avoir esté accoustré de ceste façon, dit qu'il se doutoit que ce fust par des ruffiens d'une garse, laquelle pour son mauvais gouvernement il avoit empesché d'avoir et demeurer en une maison proche de la sienne : monstrant au reste ce pauvre homme une grande patience en son mal, avec une vraie fiance et resolution en Dieu.

A l'heure mesme, sortirent par la porte Bussi six

gentilshommes (ainsi qu'on disoit) pour se couper la gorge, sur une legere querelle qu'ils avoient prise : dont on en avoit rapporté deux morts dans un coche.

J'ay presté ce jour à M. Courtin, qui m'a promis me les rendre demain, quatre de mes pieces des plus belles et rares, tirées de mon estui de marroquin ; sçavoir, la piece du roy Charles ix de la Saint Berthelemi, en argent; celle du pape Gregoire xiii, en or, qu'il fist forger à Romme sur la mesme, l'an 1572; le pourtraict de J. Hus, en argent, avec son dicton, arrest et supplice : et est la ditte piece singuliere et originelle; et mon petit Bacchus de cuivre fort antique, où est gravé ce mot græq Κετριπόριος, que je suis encore à apprendre que c'est, mesmes des plus versés en la langue græque, qui ne m'ont peu donner l'explication de ce vocable : comme M. Casaubon, Guischard, Du Pui, et autres.

Le lundi 13, on crioit devant le Palais une bagatelle nouvelle d'un discours regratté, d'un accident estrange et pitoiable d'une femme qui, aprés avoir tué ses enfans, s'estoit pendue avec les cordons de ses cheveux.

On m'a donné, ce jour, un arrest du conseil privé contre les sergens loupvetiers, imprimé à Paris nouvellement par P. Pautonier; et le crient ces portepaniers à un sol, tant qu'on en vouloit.

Le samedi 19, M. de Montaut m'a fait recouvrir un teston morveus forgé à Saint Messans par les huguenos, comme il apparoist par la lettre de T, qui est la marque de la monnoie de la dite ville, frappé l'an 1573, aprés la Saint Berthelemi, en detestation du massacre de la dite journée, et derision du roy Charles ix, qu'ils apeloient morveus; que j'ay serré avec les autres pour memorial, et marque de nos fureurs civiles. J'ay baillé au dit Montaut, en trocq du dit teston, deux de mes petites medalles d'argent des familles; mais depuis j'ay sceu que le dit teston n'est point de ceux-là et ne le peult estre, tant pour ce que les huguenos en la dite année ne tenoient point Saint Messans, que pour ce que les dits testons morveus furent fabriqués par les huguenos à Orleans au commencement des troubles 1562; et depuis ne s'en est point fait. Et ay trouvé entre mes pieces un demi teston morveus de ce temps et an 1562, dont j'ay renvoyé au dit Montaut son teston, qui demeure toutefois opiniastre en son opinion, encores qu'elle soit notoirement fausse.

Ce jour mesme, j'ay trouvé (ce que je n'eusse jamais creu) qu'un mien ami (homme d'ailleurs d'honneur et de qualité, et auquel j'eusse bien fié le meilleur de mon bien) m'avoit pris dans mon estude (où je l'avois laissé seul fort longtemps, au milieu de mes pieces d'or et d'argent, desquelles il est aussi curieus que moy) deux escus sol, dans ung petit coffret damasquiné; et un autre faux, qu'il y avoit supposé au lieu d'un bon qu'il avoit pris: lequel, sans en faire aucune mine ni semblant, lui montrai ce jour, disant qu'on m'en avoit trompé, mais que pour cela je n'avois envie d'en tromper personne. Sur quoi il me dit que je lui laissasse, et qu'il trouveroit moyen de m'en desfaire par un qu'il connoissoit, qui avoit accoustumé de faire de grands paiemens, et en passoit assés d'autres. Ce que je fis: car je pensai que lui mesmes, à qui il estoit, pouvoit ce faire fort aisement. Voila la fidelité des amis d'aujourd'hui, ausquels plus tost que ressembler je choisirois la perte de mon bien, aimant mieux estre trompé (ce qui m'est avenu et avient souvent) que de tromper jamais personne. Si je n'eusse sceu de ce costé là assurement mon conte, je n'eusse escrit icy ce que dessus.

O mes amis! il n'y a nul ami, disoit Aristote. Ce mot doit estre aujourd'hui familier à beaucoup, aussi bien qu'à ce grand philosophe.

Ce jour, arriva sur le soir à Fontainebleau, où la cour estoit, dom Pedro [1], ambassadeur d'Espagne, avec grande suitte et belle cavallerie de mules. Long temps y avoit qu'on l'y attendoit.

Le jeudi 24, j'ay acheté ung sol une declaration du Roy qu'on crioit, pour la cassation des lettres de maistrises de tous arts et mestiers créés auparavant son advenement à la couronne.

Le mecredi 30, M. Du Pui, qui me vinst voir, m'aporta un petit avis en italien envoié de Romme en dacte du 8 de ce mois, qui est d'une demie page seulement, touchant un certain jacobin nommé fratré Thomaso Caraffa, qui a publié à Romme cinq cens theses sur la grandeur, puissance et primauté du Pape, auquel il les dedie; où, avec un fast et blaspheme in-

---

[1] *Dom Pedro*: Don Pèdre de Tolède, connétable de Castille, général des galères de Naples, et parent de Marie de Médicis, reine de France. Il étoit envoyé extraordinaire auprès des princes d'Allemagne. Le roi d'Espagne lui avoit ordonné de proposer, en passant en France, une double alliance entre les deux couronnes, et une ligue pour ramener les protestans à la foi catholique. Henri IV rejeta ces deux propositions.

L'édition de 1736 place l'arrivée de don Pèdre sous une date antérieure à celle qu'indique ici L'Estoile. *Voyez* le supplément à la fin de ce mois.

supportable, il lui erige des trophées, et lui donne des tiltres qui n'appartiennent qu'à un seul Jesuschrist; et (qui est le plus meschant) se sert des passages de la sainte Escriture pour transferer au Pape l'honneur qu'elle donne à Jesuschrist, auquel seul il appartient; entre autres ceux ci : *Inimici ejus terram lingent, regnum ejus, regnum omnium seculorum.* Les tiltres qui lui donne sont ceux ci : *Paulo Quinto, vicedeo, reipubl. Christianæ monarchæ invictissimo, pontificiæ omnipotentiæ conservatori acerrimo.* Il m'a promis, par le moien d'un sien ami, me faire voir les dites theses, gardant cependant curieusement ce petit memoire qui m'en a donné.

Sur la fin de ce mois, se voioient et vendoient à Paris des pourtraits en taillé douce de plusieurs jesuites, imprimés en une grande feuille in-folio à Romme, et envoiés de là ici; lesquels ayant esté en divers lieus pour la plus part punis et executés, pour leurs malefices, attentats et trahisons, avoient esté qualifiés à Romme du nom de martirs, et exhibés au peuple pour tels par Sa Sainteté; laquelle drollerie j'achetai le dernier jour de ce mois au Palais, et payai de ceste marchandise de Romme trente cinq sols : qui est une vraie charlatannerie pour, soubs un masque de devotion, piper et tromper le peuple; qui est la cause que je l'ay achetée, et la garde comme un memorial d'un artifice exquis rommain de ce temps. Ils commencent à l'an 1540, et vont jusques à la fin de l'an 1606; et y en a de ces beaus martirs ou meurtriers cent deux.

En ce mois arriva à Paris un nommé Sylviano Conopaschi, polaque, qui venoit ici pour demander au Roy quelque argent qui estoit deu (ainsi qu'il disoit) à ceux de sa maison par les feus rois ses predecesseurs. Il estoit grand homme d'Estat, fort docte et curieux, qu'un mien ami L. P. m'a proumis me faire voir et congnoistre.

Supplément tiré de l'édition de 1736.

Le lundi 7 du mois de juillet, dom Pedre de Tolede, ambassadeur de Philippe roy d'Espagne, après avoir rendu à Fontainebleau ses devoirs au Roy au nom de son maître, vint à Paris, et fut loger à l'hôtel de Gondy. Ceux qui ont vû ce seigneur disent qu'il a de l'esprit, que ses discours sont sententieux, mais toujours accompagnez de présomption espagnole.

Le jeudi 10 de juillet, le Roy, la Reine et toute la cour quitterent Fontainebleau, à cause que les chaleurs étoient aussi grandes que le froid avoit été pendant l'hyver dernier.

Le lendemain, dom Pedre de Tolede fut voir le Roy, qui le reçut fort gratieusement, et lui dit : « Je « crains, monsieur, qu'on ne vous reçoive pas si bien « que vous le méritez. » A ce compliment, dom Pedre a répondu : « Sire, j'ai été si bien reçu, que je suis « marry de voir plusieurs brouilleries que je vois, les-« quelles pourront être cause de me faire revenir avec « une armée : qui fera que je ne serai pas si bien voulu. « — Ventre sengris, a reparti le Roy, venez-y quand « il plaira à votre maître : vous ne lairrez y être le « bien venu pour ce qui touche votre particulier. Et « pour le fait dont vous parlez, votre maître en per-« sonne et toutes ses forces se trouveront bien empê-« chez dès la frontiere, laquelle peut-être ne lui don-« nerai-je pas le loisir de voir. »

Le jeudi 17 de juillet, notre Reine, comme parente de dom Pedro de Tolede, l'envoya visiter en cette qualité. Après avoir entendu le compliment de l'envoyé, il lui dit : « Les rois et les reines n'ont pas de « parens, ils n'ont que des sujets. »

Le mardi 22 de juillet, cet ambassadeur partit de Paris (1) pour retourner au pays de son maître, sans qu'on sçache les vrais motifs de son ambassade. Aucuns disent que c'est pour proposer le mariage de monseigneur le Dauphin avec la fille du roy d'Espagne; d'autres, pour porter le Roy à retirer sa protection des Provinces Unies.

Le jeudi 31 de juillet, le président Jeanin, qui depuis quelque tems étoit revenu de La Haye, est parti pour y retourner, avec de nouveaux enseignemens pour travailler à une bonne paix ou à une longue tréve, avec ordre de Sa Majesté d'employer pour l'une ou l'autre son authorité. Plusieurs jeunes gentilshommes françois l'ont accompagné par curiosité dans ce voyage.

[AOUST.] Le dimanche 3 de ce mois, m'estant transporté au logis de l'ambassadeur d'Angleterre pour lui baiser les mains, après lui avoir fait la reverence, je demeuray au presche qui se fist en anglois dans sa salle, où j'entendois comme font les femmes à la messe, et la plus part du vulgaire qui y assiste. Toutefois j'entendis le chant des psalmes en leur langue, que dés long temps j'avois desir d'ouir, pour ce que l'on me l'avoit fait excellent, n'y aiant rien trouvé de plus sin-

---

(1) *Cet ambassadeur partit de Paris :* Le supplément n'est point ici d'accord avec le manuscrit original de L'Estoile, dans lequel il est dit que don Pèdre ne quitta Paris qu'en février 1609.

gulier qu'aux autres : mais bien avec plaisir remarqué quelques cerimonies differentes de celles de Charanton, louables et bonnes, et meilleures que leur simple forme pour contenir un peuple en devotion, mais sans superstition; entre autres la lecture que fist le ministre de deux ou trois psalmes, ausquels les assistans respondoient par versets, le ministre en disant l'un et le peuple l'autre; puis le chant des pseaumes plus au long, comme du sixiéme qui fust chanté tout entier : au lieu que les ministres d'ici en font à deux ou trois fois. Quant à la doctrine, simple et pure, selon l'exposition d'un mien ami qui m'y accompagna, qui fust mon trucheman de ce sermon.

Le mecredi 6, ung mien ami me monstra des lettres par lesquelles on asseuroit et donnoit l'on avis que sur le chemin de Moulins estoient morts de la chaleur six hommes specifiés par nom et surnom, et trois chevaux : comme à la verité la chaleur qui continua jusques à ce jour estoit grande et intolerable.

Ce mesme jour, fust emprisonné à Paris un Hespagnol grand joueur et pippeur, qui estoit à dom Pedro de Tolede, et estoit faux monnoieur, lui aiant esté trouvé force pistoles et autres pieces fausses qu'il jouoit ordinairement, et en affrontoit tout le monde.

Le vendredi 8 de ce mois, le substitut Guillon, qui l'an passé avoit esté refusé à la cour, et renvoié pour son extreme ignorance et bestise, y fust receu ce jour conseiller, encores qu'il n'en sceust pas plus que l'année passée : ains se monstrast plus beste par des responses du tout impertinantes et hors propos, n'entendant ni ne resumant, et n'aiant respondu à un seul argument de messieurs, si non par rire, comme s'il se fust moqué d'eux; et de ceste façon, *cooptatus in numero senatorum asinus rudens*. « Je suis d'avis, dit « un conseiller voiiant qu'il passoit pour le recevoir, « que doresnavant nous recevions en ceste compagnie « nos chevaux et nos bestes. De ma part, messieurs « (jettant un livre par despit qu'il tenoit), je ne me « trouverai jamais plus à vos receptions. »

Beaucoup de conseillers, importunés de sa reception, et priés d'avoir esgard à la vie et aage du pere, qui passoit quatre vingts ans, aimerent mieux ne s'y point trouver que faire force à leurs consciences, encores que *hoc non sit senatorem agere* : lequel doit aller au devant du mal et s'y opposer, et non pas y conniver. Ceux qui s'y trouverent estans la plus part d'entre eux dés long temps gangnés pour le recevoir, l'emporterent par dessus les autres, et ainsi le grand nombre supprima le petit et le meilleur : non toutesfois sans grande contention, crierie et altercation. M. le premier president, avec messieurs le president de Thou et Seguier, meus en partie, ainsi qu'on disoit, de ceste consideration, ne s'y trouverent point.

Le jeudi 14, j'ay acheté les nouvelles bagatelles suivantes, qui couroient ici nouvellement, mises en lumieres par ceux de la religion : Response au traicté du jesuiste Gunteri pour les images; Declaration d'un nommé Dodeman, curé du Bourguet; Conference tenue entre le Pape et le roy d'Espagne sur le traicté de la paix des Pays Bas, avec le Dialogue de Sa Majesté avec un moine sur ce subject (plaisante drollerie, et qui se vendoit à la porte du presche à Charanton); Advertissement sur l'apostasie de Jacques Vidouze, dont j'en ay pris deux, et en ai donné une à M. Du

Pui, seulement pour l'excommunication plaisante qui est au dernier feuillet (qui vaut mieux que tout le reste), faite par le dit Vidouze, des ministres de Guienne, conceue en belle forme, et authentique.

Le samedi 16, jour Saint Rocq, je vis, passant devant le Palais, trois nouvelles pieces de devotion ou plus tost de superstition, qu'on y avoit estalées : l'une estoit le pourtrait au vif de la face naturelle de Nostre Seingneur, telle qu'elle se void imprimée au linge qui est à Thurin, où on le monstre et adore avec grande devotion et reverence; l'autre, une nouvelle sainte Genevieve (*aliàs* la grande Diane des Parisiens); et la tierce, le dieu tutelaire de la peste, duquel la feste se celebroit ce jour, avec plus grande reverence et solemnité que le saint jour du repos institué de Dieu.

J'ai paié de ces trois fadezes cinq sols, pour enfiler à la kyrielle des autres que j'ay, qui est bien longue.

Le lundi 18, Tavernier m'a donné quatre nouvelles peintures en taille douce, faites en Flandre contre le Pape, mais aussi lourdes et grossieres que sont les esprits du pays d'où elles viennent.

Le mardi 19, j'ay trocqué pour soixante sols de petites pourtraitures que j'avois, à des nouvelles figures de l'Aretin faites par Tempeste à Romme, vilaines, sales et impudiques tout oultre, qu'on fait passer ici sous le nom des Amours des Dieux. Il y en a quatorze, que chacun trouve bien faictes, encores que le bien ne puisse estre où est le mal; et les ay changées à D. L. N., à regret toutefois, mais que j'ai prises pour la monstre de la bonté de ce pudique siecle.

Ce jour, j'ay acheté deux sols la Harangue du clergé au Roy par M. de Bourges, qu'on crioit devant le

Palais, qui la prononça devant Sa Majesté le 8 de ce mois; et lui dit le Roy qu'ils disoient tous bien, mais qu'ils faisoient mal. Mais cest escrit semble monstrer qu'ils ne font ne l'un ne l'autre.

On m'a donné ce mesme jour une ordonnance de M. de Sully comme grand voier de France, sur les bastimens qui se font tant à la ville de Paris qu'és faux bourgs; imprimée en placcart, et affichée par les quarrefours. Et une autre baguenaude de demie feuille, imprimée, de la Conversion à la religion catholique de deux personnages venus de Lauzanne, faite en l'eglise Nostre Dame de Compassion de Tonon, le dimanche 15 de juin dernier.

Le jeudi 21, M. Du Pui m'apporta bien tard une nouvelle batterie contre les jesuistes, mais forte, pour estre par là battus de leurs canons mesmes; laquelle M. Bongars avoit envoié d'Allemagne à M. Gillot, conseiller en la cour. Elle est imprimée in 4°, de cinq feuilles seulement, et porte ce tiltre : *Aphorismi doctrinæ Jesuitarum, et aliorum aliquot pontificiorum, doctorum, quibus verus christianismus corrumpitur, pax publica turbatur, et vincula societatis humanæ dissolvuntur; sumpti ex pontificum, jesuitarum et aliorum pontificiorum scriptis, dictis et actis publicis.*

Nunc, reges, intelligite; erudimini, judices terræ; servite Domino in timore, et exultate ei cum tremore. (Ps. 2, vers. 10.)

ANNO MDCVIII.

Je l'ai rendue à M. Du Pui ce vendredi 22, aprés l'avoir leue et releue avec plaisir, pour estre ceste piece receuillable et utile, et digne d'estre publiée par tout, comme on espere qu'elle sera, et au plus tard à la prochaine foire; d'où j'espere d'en avoir une.

Le lundi 25, J. Le Clerc m'a donné une nouvelle Nostre Dame venue tout fraischement d'Espagne, qui a le bruict de guarir des fiebvres quand elles s'en sont allées. Nouvel instrument d'idolastrerie.

Le mecredi 27, j'acheté un petit livret nouveau qui couroit avec bruit et reputation, intitulé *la Justice aux pieds du Roy pour les parlemens de France*, 1608, sans nom de lieu ni d'aucteur; lequel depuis on a trouvé estre Treslon, fils du conseiller Treslon: et y a quelques traits hardis dedans, mesmes contre la chambre de l'edit : ce qui l'a faict deffendre. Tiltre beau et specieus, aboutissant à une fadeze, laquelle j'ay acheté neuf sols avec une aultre, à sçavoir un arrest de la cour entre Angoulevant et les maistres de l'hostel de Bourgongne.

Ce jour, on courust magnifiquement la bague à l'Arsenal, où le Roy et la Roine assisterent avec la roine Marguerite, qui donna la bague, qui pouvoit valoir de deux à trois cens escus, que le commun de Paris faisoit monter à sept et huit mille. Le comte de Lozun l'emporta, duquel la mere estoit autant mal voulue (ainsi qu'on disoit) de la roine Marguerite que dame qui fust en ce roiaume. L'ambassadeur des Hespagnols dom Pedre n'y assista pas, mais la pluspart de ceux de sa suitte s'y trouverent, et tout à point pour s'y voir moquer et baffouer par toute ceste belle noblesse françoise, entre laquelle paroissoit par dessus tous, en conche magnifique et pompeus, monseingneur le prince de Condé, premier prince du sang.

Le vendredi 29, L. S. T. me bailla une plaisante

drollerie contre le Pape, imprimée en Zelande dés l'an 1605, mais nouvelle à Paris, pour n'i en avoir esté veu ni apporté si non depuis peu de jours.

C'est le plan de sa boutique, representé en trois grandes feuilles en taille douce (assés plaisamment, mais scandaleusement), où on le void, magnifiquement revestu, debiter avec ses officiers et estafiers, portans tous comme lui des testes de singes, ses denrées, drogues et marchandises, à tous ceux qui en veulent avoir.

J'ay promis au dit T. de lui donner quelque autre bagatelle de mon estude et cabinet pour ceste belle piece, que j'ay ajoustée à celles que j'ay en bon nombre, en un pacquet cotté Q, derniere de mon premier alphabet.

Le samedi 30, j'ay donné à une femme devote de libraire, pour tirer d'elle une petite medalle d'or qu'elle avoit du declin de l'Empire, pesante environ vingt trois sols, un petit livret de devotion de mon cabinet, intitulé *le Cloistre de l'ame religieuse*, avec le pourtrait de la mere Tereze. Vraie relique pour une bigotte.

« Nous avons vous et moy (disoit un jour le president « Jambeville au president Seguier) fait fouetter cin- « quante m.......... à Paris qui ne l'avoient pas si bien « gangné que ceste mere Tereze dont on parle tant. »

Le commencement de ce mois fust chaud et ardent, le reste assés temperé et beau, gardant sa constitution naturelle; peu de fruits, hormis de prunes; le pain et le vin chers, et tous les autres vivres à l'equipolent. La ville nette de peste, pour le regard des corps; mais non pour les esprits, plus souillés et infectés de vices que jamais. Un patenostrier ayant femme et enfans, demeurant rue Judas, force une petite fille d'un compagnon imprimeur, aagée de trois ans et demi. Un prestre, aux faux bourgs Saint Germain, en mesme temps en force une autre de pareil aage; et un autre prestre de Saint Honoré, dans l'eglise mesme, bougeronne un jeune garson. Et plusieurs autres actes execrables tant que le papier en rougist, se commettent à Paris en ce mois, et n'oit on parler d'autre chose. Le jeu et le blaspheme y regnent impunement, et y sont auctorizés. Plusieurs maladies estranges, comme alienations d'esprits, et autres semblables verges de Dieu, y ont cours; morts subites en saisissent beaucoup. La femme d'un sellier que je connoissois, prés la Croix du Tirouer, fouettant un enfant, la colere l'aiiant esteinte, mourust tout soudain en la place mesme. Une fille, belle seur de M. Biette, conseiller en la cour, au sortir de son sommeil s'endort pour jamais.

Pendant tout ce mois, le Roy sejourna quasi tousjours à Paris, où il donna audiance à l'ambassadeur d'Espagne dom Pedre, qu'il falut poursuivre pour la demander : au lieu que les autres ont accoustumé de la requerir avec importunité. Sa Majesté, ainsi qu'on disoit, respondit fort brusquement (selon son humeur, autant promte que l'autre estoit froide), mais bien à propos, à ses demandes et plaintes; lui declara rondement qu'il ne pouvoit abandonner la protection des Etats du Pays Bas. Et sur ce que le dit ambassadeur lui pensa remonstrer qu'en ce faisant il enfraignoit le traicté de la paix de Vervins, et que le Roy son maistre seroit contraint en fin de monter à cheval, Sa Majesté lui fist response que c'estoit le roy d'Espagne au contraire qui l'avoit enfrainte, et l'enfraignoit encores tous les jours par menées, entreprises et attentats contre sa personne et son Estat : dont il en specifia quelques unes. Et pour le regard de monter à cheval, qu'il auroit plus tost le cul sur la selle que son maistre n'auroit le pied à l'estrier.

Le bruit commun estoit qu'il n'y avoit jamais eu un ambassadeur en France plus fin et accort que cestuici; mais mal venu, et duquel le sejour (mesmes à ses depens) fust plus long. Ce qui donnoit occasion de beaucoup de mauvais soubçons et discours à plusieurs personnes, mesmement au peuple, qui de soy est ignorant, et s'esmeust ordinairement aux premiers vents et impressions qu'on lui donne.

Un des gens de cest ambassadeur fust en ce mesme temps trainé prisonnier à la Conciergerie par le peuple, pour avoir dans le Palais donné un coup de poingnard à un valet de boutique à laquelle, avec sept ou huit autres Espagnols, il s'estoit arresté long temps, marchandant tout et n'achetant rien. De quoi le dit valet indigné, comme ils s'en alloient les fist rappeler, comme voulant leur monstrer quelque chose qui seroit bien leur cas; et tirant à l'instant un singe habillé à l'espagnole, avec une grande fraize, leur en fist monstre. De quoi l'autre courroucé de ce que ce manant (vrai parisien à la verité, c'est à dire badaut et estourdi) se moquoit d'eux, lui donna un grand soufflet; auquel le dit courtaut l'aiant rendu sur l'heure tout chaud et bien serré, le dit Espagnol tirant sa dague lui en donna un coup, qui ne porta toutesfois que dans le bras. Sur quoi tout le peuple s'estant esmeu, criant que ces marranes les venoient chercher jusques dans leurs boutiques et au Palais mesmes pour les assassiner, se ruerent dessus; et aprés quelques horions et gourmades, et quelques manteaux perdus, menerent prisonnier à la Conciergerie l'Espagnol qui avoit donné le coup. De quoy le Roy, aiant esté tout aussi tost averti, le fist delivrer, et mettre dehors à pur et à plain.

Sur la fin de ce mois, M. de Vendosme, duquel le mariage avoit esté resolu par le Roy, et tous les empeschemens levés par Sa Majesté de plaine puissance et auctorité royale, partist de Paris pour aller prendre possession de son gouvernement de Bretagne; auquel on disoit que le Roy à son partement avoit donné entre les autres deux avis et commandemens bien exprés, l'un de Dieu et l'autre du monde : le premier, qu'il ne se levast jamais ni ne se couchast sans s'estre recommandé à Dieu, et sans s'estre prosterné devant sa sainte majesté, lui demandant pardon de ses fautes, et la grace de le conduire en tous ses conseils et affaires; le second, de ne se familiarizer avec personne, estant là de peur que cela ne lui engendrast un contemnement mesmes avec la noblesse, si ce n'estoit d'avanture avec quelques uns de ceux qu'il auroit veu à sa cour : encores faloit-il que ce fust sobrement, et avec grande circonspection.

Quand la Roine lui escrit, le Roy veult qu'elle mette au bas de sa lettre *vostre bonne mere*.

Supplément tiré de l'édition de 1736.

En ce mois, parut un livret qu'on dit être de la plume du roy d'Angleterre, contre la fuite de trois seigneurs irlandois; sçavoir, le comte de Tiron, le baron Dongannon son fils, et le comte Tirconnel;

lesquels, dans la crainte que le roy d'Angleterre ne purgeât l'Irlande des principaux nobles catholiques, s'évaderent sur un vaisseau françois, vinrent en France où ils demeurerent très-peu de jours, et passerent en Flandres, où ils furent très-bien reçûs à la cour de l'archiduc.

Le Roy, ou l'auteur de ce livret adressé aux rois et princes par devers lesquels ils pourroient se refugier, donne d'abord une idée peu avantageuse à la noblesse et famille des fugitifs; ensuite il dit que c'est moins par un prétexte de religion que par la crainte de la justice qu'on auroit pû faire de leurs déportemens passez, s'étans rebellez contre leur Roy, et livré leur patrie aux ennemis, ayant débauché plusieurs Irlandois, et proposé à des princes étrangers de venir occuper l'Irlande et chasser les Anglois. Ainsi, que ce ne sont que des rebelles, infidelles, et mauvais garnemens, qui ne meritent pas qu'on leur donne asyle.

Dans le même mois fut parachevée la grande salle neuve de l'hôtel de ville. Sur icelle est gravée en marbre cette inscription :

Du regne du très-chrétien Henri IV, roy de France et de Navarre ; et de la prévôté de M. maître Jacques Sanguin, sieur de Livry, conseiller du Roy en sa cour de parlement ; et de l'echevinage de maître Germain Gouffé, avocat en ladite cour; Jean de Vailly, sieur du Breuil du Pont ; M. Pierre Parfait, greffier en l'élection; et Charles Charbonnieres, conseiller du Roy, et auditeur en sa chambre des comptes: cette salle a été parachevée; le pavillon du côté du Saint Esprit est commencé; les colonnes apostées;

et la tour à huit pans élevée pour l'horloge. 1608.

Ledit sieur Jacques Sanguin, le 17 de ce mois, fut élû et continué prévôt des marchands pour encore deux années.

Le mercredi 27 du mois d'août, les députez du clergé, assemblés aux Augustins pour la reddition des comptes de leur receveur général, sont allés à Fontainebleau pour prendre congé de Sa Majesté, et mettre fin à leur assemblée, commencée depuis le mois de may dernier. Dans la harangue que messire André Fremiot, archevêque de Bourges, a faite à Sa Majesté, entre autres il lui a remontré les abus des pensions laïques; et a suplié le Roy de ne point permettre que certains chevaliers, gens attachez au mariage, enveloppez dans les affaires, dont les bras plûtôt couverts de sang que de la fumée des encens et des sacrifices (il parle des nouveaux chevaliers de Notre-Dame de Mont-Carmel), n'eussent à mettre les mains sur les tables sacrées, prendre les pains de proposition, et entreprendre sur les revenus, qui n'avoient été vouez que pour les levites, et pour ceux qui offrent à l'autel.

[SEPTEMBRE.] Le vendredi 5, M. D. L. P. m'a donné ung nouveau pourtrait en taille douce d'Ignatius de Loiola, fondateur de la société des jesuistes; à l'entour duquel, qui est en une feuille de papier, y a trois recommandations pour la sainteté du personnage, qui sont autant de faussetés et blasphemes : la premiere, *Ignatius à S. Petro sanatur;* la seconde, *Ignatio oranti B. Maria apparet;* la troisieme, *Ego vobis Romœ propitius ero.*

Le mesme jour, j'achetai prés des Mathurins deux autres nouvelles fadezes de la mesme boutique et farine; sçavoir, une nouvelle Nostre Dame jesuitique, avec les letanies qui se chantent à Nostre Dame de Lorette tous les samedis et festes de Nostre Dame, où l'honneur qu'on lui fait et les tiltres qu'on lui donne surpassent ceux de Jesuschrist, à la mode des jesuistes, qui pour ce les font chanter aujourd'hui ordinairement en leurs eglises.

Le lundi 8, P. Le Bret m'a apporté de Charanton une conférence entre le ministre Cigord et le pere Cotton, jesuiste, imprimée nouvellement à Montpelier (*hoc est* à Paris); et par lui mesme, pour response à celle qui se vendoit et crioit à Paris de la part des catholiques : chacun s'efforçant tirer le droit de son costé, et estants les uns et les autres aussi eschauffés à parler et ergoter que froids à bien faire. J'ay achesté ceste bagatelle quatre sols, pour l'enfiler avec les autres, n'y ayant gueres de telles fadezes du temps qui me soient eschappées.

Le mardi 9 de ce mois, sortist de la religion des carmelines (ou badines) seur Claude de Benevent, bonne fille et douce, mais seduitte (comme beaucoup d'autres) par quelques esprits abuseurs de nostre temps, qui, sous une ombre de devotion, les precipitent en un abisme de superstitions et folies. Ils la mirent dehors (en quoi Dieu lui fist du bien malgré qu'elle en eust, en sortant avec grand regret), pour n'avoir, disoient-ils, l'esprit assés fort pour la meditation, c'est à dire pour l'imagination et conception de leurs idées et resveries.

Le mecredi 10, j'ay achevé l'Histoire de l'Eglise, de

Vigniers, que j'avois commencée le 16 aoust dernier ; laquelle ayant estudiée et leue exactement d'un bout à l'autre, ay esté reconfirmé en l'opinion que j'ay tousjours eue de la fausseté de la primauté du Pape, vanité de ses traditions, et abus de l'Eglise romaine. Ce livre est bon, et grandement utile pour l'esclaircissement de la verité, n'alleguant rien de soimesme, mais l'auctorisant de temps en temps et de siecle en siecle par tesmoins bons et irrefragables.

Le jeudi 11 de ce mois, j'ay vendu à un nommé Colas Prevost, marchant libraire de Montelimar, ainsi qu'il dit, pour trente francs de petis livrets de toutes sortes, la plus part bagatelles, et que j'avois deux fois. Lequel argent j'ay mis à part pour les nouveaux escrits et fadezes de ce temps, que j'achepte ordinairement.

Le samedi 13, j'ay acheté le cinquieme tome et dernier de l'Histoire de M. de Thou, où est la Saint Berthelemi, et va jusques à la mort de Charles IX. Drouart me l'a vendu vingt sols, relié en parchemin.

Le lundi 15, j'ay acheté un edit et declaration du Roy sur l'union et incorporation de son ancien patrimoine, mouvant de la couronne en France, au domaine d'icelle; avec la verification du parlement de Tolose, ensemble l'interpretation des causes d'icelui par Pierre de Beloy, conseiller et avocat general de Sa Majesté audit parlement. Il est imprimé à Tolose in-8°, l'an present 1608.

Ce jour, l'ambassadeur d'Angleterre est venu ceans voir mon estude et mes livres, que je lui ay monstré avec mon cabinet et mes medalles, desquelles on le disoit fort curieus; et toutefois, à mon jugement, avec fort peu de connoissance, aussi bien que des livres. Il a fait fort cas du pourtrait de Henri VIII, roy d'Angleterre, qui est un des tableaus de mon estude (et n'est toutefois grand cas), et de celui de Poltrot en mon cabinet, qui tua au siege d'Orleans François de Lorraine, duc de Guise, ayeul de ceux ci, disant qu'il ne l'avoit jamais veu ni peu voir en aucune part : comme la verité est qu'il est fort rare; car le crayon que j'en ay, qui est au vif et bien fait, est sorti du cabinet de feue madame la princesse de Condé, qui seule l'avoit. J'ay donné à monsieur son fils (fort petit, et toutefois qui à sa physionomie promet quelque chose de grand et de bon) un haranc soret qu'on prendroit pour naturel, tant il est bien fait.

Le mecredi 24, M. Turquet, aucteur de l'Histoire d'Espagne, homme de bien et docte, et fort zelé à la reunion et reformation de l'Eglise, me vinst voir; et estant dans mon estude entré sur le discours de ce subject, m'apprist tout plain de choses que je ne sçavois, propres pour l'accheminement de ce saint œuvre, que je crois que tous les gens de bien desirent. Et promist me faire voir un Advis là dessus envoié par lui il y a long temps au synode de Gergeau, où le Roy eust quelque envie (mais elle lui passa bien tost) d'y faire proposer et traicter à bon escient les moiens d'y parvenir.

Pendant ce mois furent emprisonnés à Paris plusieurs sorciers et faux monnoieurs, dont il y en eust quelques uns d'executés, entre autres un prestre et une femme. Un que je connoissois assés privement (mais non en ceste qualité), nommé Saint Maurice, medecin de profession, homme d'un vif et subtil entendement, en fust pris prisonnier, avec un jeune compagnon imprimeur nommé Fusil, auquel on trouva des characteres magiques qu'il avoit imprimés; un masson, et un prestre qu'on disoit estre accusé d'avoir consacré un crapaut au lieu de l'hostie. Ils s'assembloient, selon le bruit commun, en des fossés prés Montfaucon, où ils faisoient dire des messes à reculons, et aprés communioient au corps du diable, au lieu de celui de Jesuschrist, disant ces paroles celui qui les communioit : *Hoc est enim corpus diaboli;* qui sont choses horribles et inaudites, et qui pour mon regard me sentent les contes de ces pauvres vieilles folles radotées, encores que l'iniquité renforcée de ce temps, le refroidissement de la charité par tout, et la crainte de Dieu sous les pieds, donnent beaucoup de poix et de creance au bruit commun de telles fadezes et abominations : car l'injustice, l'avarice, le jeu et le blaspheme estans auctorizés comme ils sont aujourd'hui, et mesmes à Paris, où les grands en servent d'exemple, trainent avec soi de mauvaises queues.

« Quand je reçois un procureur (disoit ces jours
« passés M. le premier president), je pense recevoir
« un capitaine de couppebourses. » Quant à l'avarice, la vertu de ce siecle est l'argent, pour l'amour duquel on est barbare l'un à l'autre, principalement à Paris. Le jeu, compagnon ordinaire du blaspheme, y est trivial et commun, jusques aux faquins et laquais. Quant à la paillardise, qui ne s'en mesle n'est pas tenu pour galant homme aujourd'hui. La creue des tailles (punition ordinaire des pechés d'un peuple) si exorbitante en ceste pauvre saison, qu'un gentilhomme mien ami m'asseura dernierement qu'en son pays, qui n'est qu'à

vingt lieues d'ici, tirant vers la Champagne, où il a sa maison, un pauvre homme chargé de cinq enfans voiant que pour l'execution de la taille on lui avoit pris jusques à un pain qu'il avoit caché dans la paillasse de son lit, s'estant desesperé là dessus s'estoit rué de furie sur un de ses enfans, lequel il avoit tué, puis s'estoit desfait miserablement soimesmes de ses propres mains.

Plusieurs autres actes tragiques se perpetrerent en ce temps, et n'oïioit on parler d'autre chose : sur lesquels les jugemens de Dieu se manifestoient en beaucoup de sortes, mais ausquels l'incredulité et malice du siecle ne permettoient qu'on eust autrement esgard.

La Bible du Roy, Amadis de Gaule, ce (disent les mesdisans) qu'il se fait lire pour s'endormir par Du Laurens, son premier medecin.

Le magnifique et sumptueus appareil de M. de Nevers pour son voiage d'Italie à Romme vers le Pape, lequel de la part de Sa Majesté il va saluer et recongnoistre, et congratuler Sa Sainteté de son heureux avenement au pontificat, est mis sur les rancs par tout; et ne parle l'on à Paris et à la cour d'autre chose que de la grande et superbe despense que fait ce prince pour paroistre et faire honneur à son maistre, duquel on a opinion qu'elle sera fort louée et estimée, mais non si bien payée ne recompensée.

Cent cinquante gentilshommes de marque, ainsi qu'on dit, tous en bonne conche, l'y accompagnent, vestus d'une mesme parure et habillement, qui est de velours cramoisi brun tout passementé et chamarré d'or, avec le pourpoint de drap d'or dessous; outre lequel ils en ont encores deux, l'un de veloux noir complet, l'autre pour les champs tels qu'ils le veulent choisir. Tous ses pages habillés de veloux noir, et les laquais de mesme; l'attirail et le bagage non moins magnifique; ses mulets superbement bardés et arnachés, tous ferrés d'argent (ce qui sentoit un peu le temps de Neron).

Le duc de Mantoue, beau frere de la Roine, venant d'Italie, arrive à Paris le samedi 27 de ce mois, jour Saint Kosme; et est bien veu et receu de Leurs Majestés, qui le logent dans le Louvre prés leurs personnes. Prince accort, magnifique, fort et robuste, grand joueur et grand chasseur, le revenu duquel on estime à trois cens mille escus.

Plusieurs morts subites aviennent à Paris en ce mois; beaucoup de personnes, sur la fin d'icelui, se trouvent surpris et affligés de cathairres, flux de ventre et dissenteries, par la survenue d'un froid extraordinaire et hors de saison. Les avortemens des femmes s'y remarquient, beaucoup plus frequens que de coustume : force petits enfans estouffés par leurs nourrisses, entre autres celui de M. Duret le medecin.

Un portugais nommé Pimantel (1), sachant la belle banque du jeu qui se tenoit à la cour, où chacun estoit receu pour son argent, partist exprés de son pays pour en tenter le hazard; auquel il fist gain de plus de cent mil escus qu'il gangna aux uns et aux autres, à Paris et à la cour : le Roy pour sa part y aiiant laissé trente quatre mil pistolles; et avec ceste charge s'en retourna le dit Pimantel sur la fin de ce mois.

(1) *Pimantel*: Bassompierre dans ses Mémoires parle de ce Piamontel, qui suivant lui gagna plus de deux cent mille écus cette année, et qui, étant revenu l'année suivante, gagna encore des sommes considérables.

M. de Crequi (1) y fist telle perte, qu'il en sortist comme hors de soy : si qu'aiiant rencontré M. de Guise allant au chasteau, l'apela. « Mon ami, mon ami, lui « dit il, où sont assises les gardes aujourd'hui ? » Alors M. de Guise se retirant deux pas en arriere : « Vous « m'excuserés, monsieur, lui dit il ; je ne suis pas de « ce pays cy. » Et du mesme pas alla trouver Sa Majesté, auquel il le conta, et l'en fist rire bien fort.

Supplément tiré de l'édition de 1736.

Sur la fin de ce mois, furent pris et défaits entierement ces voleurs appellez Guillery (2), du nom de leur capitaine, qui dés six ans auparavant pilloient les voyageurs, et forçoient les châteaux et maisons de campagne en Poitou, en Xaintonge et en Guyenne. Ils avoient pris pour devise, qu'ils avoient affichée en plusieurs arbres des grands chemins : *Paix aux gentilshommes, la mort aux prévôts et archers, et la bourse aux marchands.* Ce qu'ils ont réellement exécuté maintes fois, ayant tué tous les prévôts et archers qui étoient tombez entre leurs mains, et devalisé les marchands : ensorte que dans ces derniers tems personne n'ose negocier ni aller aux foires à trente et quarante lieuës de la retraite de ces voleurs, qui étoit dans le fond d'une forêt de difficile entrée et issuë. Les vols et as-

---

(1) *M. de Crequi* : Charles de Créqui et de Canaples, depuis duc de Lesdiguières. Il épousa successivement les deux filles du connétable de Lesdiguières. — (2) *Appellez Guillery* : C'étoient trois frères d'une maison noble de Bretagne, qui avoient suivi le parti de la Ligue sous le duc de Mercœur, et qui, après s'être conduits en braves soldats, se mirent à la tête d'une bande de voleurs lorsque la paix fut faite.

sassins de ces mauvais garnemens étant venus à la connoissance de notre bon Roy, il manda au sieur de Parabelle, gouverneur de Niort, de prendre les plus courts moyens pour dissiper ces voleurs, qui étoient au nombre de quatre cens.

Sur cet ordre, le sieur de Parabelle assembla les prévôts des provinces voisines, au nombre de dix-huit, ausquels se joignirent plusieurs bourgeois et paysans des environs, et composèrent une armée d'environ quatre mille cinq cens hommes; lesquels, ayant pris quatre petites pieces de campagne, s'avancerent vers le bois où étoient lesdits voleurs; et ayant apperçu leur forteresse qui étoit dans un vallon, entourée d'arbres fort hauts et fort épais, ils pointerent le canon, et la battirent si fort que le capitaine Guillery, voyant qu'il seroit forcé de se rendre, persuada ses compagnons de faire une sortie générale, et de se faire une ouverture à travers des assiegeans. Ils furent accablez par la multitude qui les environna, et en tua plusieurs; et Guillery lui-même fut pris vif, avec quatre-vingts des siens. Les prévôts partagerent les prisonniers; Guillery fut le partage du prévôt de Xaintes, qui le fit rompre vif; les autres ont eu le même sort dans diverses prévôtez.

[OCTOBRE.] Le mecredi premier de ce mois, entre une et deux heures aprés minuict, mourut à Paris, en sa maison vis à vis de la mienne, M. le controlleur Guillon, aagé de quatre vingts ans et plus. Les grands biens que possedoit cest homme lui avoient donné, veu le peu qu'il avoit de son commencement, nom et reputation de tresabile homme, sage et vertueus, suivant la maxime de nos mondains d'aujourd'hui, qui tiennent le seul riche pour sage et vertueus.

Il a laissé tous ces grands moiens, estimés à plus de cent cinquante mil escus, à deux fils, ausquels on croid, veu leur capacité et esprit, que l'industrie à les conserver manquera plus tost que la volonté.

> *Tu secanda marmora*
> *Locas sub ipsum funus; et, sepulcri*
> *Immemor, struis domos,*

dit Horace en son ode XVIII. C'estoit où la mort trouva empesché ce bon homme.

Le vendredi 3, M. Turquet m'est venu voir, et m'a apporté son escrit (qu'il m'avoit promis), fait sur les moiens les plus propres pour reunir et reformer l'Eglise par un concile nationnal. Il est inscript, *Advis sur le synode national que le Roy vouldroit convoquer*; contient six feuillets d'escriture. Advis saint et chrestien, procedant d'un cœur vraiment franc; ami de la verité tel qu'est son aucteur; mais lequel toutesfois, à mon jugement (pour estre la dite verité, laquelle on y veult emploier, fort disgraciée aujourd'hui et hors de credit), sera malaisement receu; et ores qu'il fust avoué d'un costé, sera infailliblement rejetté de l'autre, qui y pretend trop d'interest pour consentir à telles propositions.

La nuit du dimanche 5 de ce mois, ne pouvant dormir (ce qui m'avient assés souvent), las et recreu de melancolie, aprés avoir prié Dieu je me fis le suivant tombeau :

D. O. M.

Hoc saxo tegitur Petrus Stella, cujus corpus ex

pulvere in pulverem reversum; sed ex pulvere tandem excitandum, in spem futuræ resurrectionis hic quiescit. Anima ad cœlum, stellarum domum, duce Christo, remeavit, beatorum pace fruens, expectat immutationem suam: quæ spes unica Christianorum, et sua fuit. Valete, posteri! Deum timete, liberi! Hoc est omnis hominis: cætera fœx et quisquiliæ. Qui merito Christi nititur, benè sibi et corpori et animæ consultum putet.

VIXI.

(*Hora post mediam secunda, anno ætat.* LXIII°.)

Le mardi 7, furent executés, au bout du pont Saint Michel à Paris, deux Hespagnols, pour la fausse monnoie. L'un fust decapité, et l'autre pendu; on les disoit avoir esté saisis de quatorze cens doublons faux. Dom Pedre passant pour l'heure au bout du pont, voiiant ceste execution, s'estant enquis que c'estoit, dit tout haut : « Il s'en faut aller d'ici : il n'y fait pas bon pour « nous. »

Ce jour, ung nommé Devaus, parfumeur demeurant prés la Magdeleine, homme des plus curieux de Paris, et qui a le bruit d'estre fort riche et aisé, vinst ceans pour voir mon cabinet avec M. de Lespine, que j'avois prié l'y vouloir amener, aiiant esté averti que le dit Devaus estoit homme pour blocquer et le bien acheter : qui est ce que je cherche, et à quoi je me suis resolu, pour donner ordre à d'autres affaires qui me pressent, et m'appellent ailleurs.

J'ai proposé de faire le semblable (si Dieu le permet, et que je la puisse bien vendre) d'une bonne partie de mon estude, dans laquelle ravaudant aujourd'hui j'ay trouvé le suivant memoire, escrit de ma main (qui m'a fort confirmé en ceste opinion), sur la vanité et inutilité des grandes bibliotheques, que j'ay extrait de quelque part, mais ne me souvient nullement d'où, ni de quel aucteur.

Qui ostentationis gratia librorum strues affectant, næ illi ridiculi sunt, qui musarum delicias supervacaneam suppellectilem faciunt. Ridendum nescio an plorandum sit congestas bibliothecarum opes miseris modis quotidiè dissipari; nec ideo minus deesse homines qui summâ curâ in id incumbunt, ut hæredes onerosam sibi sarcinam prorsus abjiciant, vel controversam conjiciant in domesticas latebras, ubi cum blattis actineis perpetuo pugnet.

Le samedi 11, la pluie continuant tout du long du jour, je m'amusai à dresser dans mon estude un petit escrit en latin de ma derniere volonté et confession de foy, dans lequel j'ay inscré le petit tombeau que je me fis, ne pouvant reposer, la nuict du dimanche 5 de ce mois. Je l'ay inscript, *Petri Stellæ extremum fidei et voluntatis ultimæ* Μνημόσυνον; et l'ay serré dans un des tirouers du grand bureau de mon cabinet, où est le papier de feu mon pere et le mien, les Revolutions de ma nativité, et autres memoires particuliers.

Il couroit un pasquin en ce temps à Paris, surnommé *les Mestiers de la cour*, qu'un courtizan mien ami m'a promis ce jour de me faire voir, et m'en a dit quelques rencontres, qui sont pures fadezes, et dignes des cerveaus mal timbrés de ce temps; desquelles je n'ay retenu que le suivant de M. de Sully : *Il garde les tresors du Roy, et se file une corde.*

Le lundi 13, j'ay appris qu'un graveur fust interrogé samedi dernier par le prevost Morel, sur quatorze anneaux, tous de divers metaus, et dans lesquels y avoient force characteres gravés; lesquels un nommé le capitaine Cæsar, prisonnier pour le crime de magie (auquel on disoit que celui de la fausse monnoie estoit aussi conjoinct), avoit baillé à faire au dit graveur; et disoit que nostre maistre Cayet l'en solicitoit ordinairement de la part du dit Cæsar pour les lui depescher. Ce que Courberan, imprimeur, hoste du dit graveur, demeurant rue Saint Jean de Beauvais à Paris, m'a conté ce matin au Palais.

Le mecredi 15 de ce mois, le Roy, aprés avoir séjourné à Paris prés de trois semaines avec le duc de Mantoue, auquel il fist voir les beautés et singularités de sa bonne ville, et la plus belle, comme je croy, de celles que le soleil regarde, en partist avec le dit duc pour aller à Fontainebleau. Et comme il lui avoit fait monstre de la superbe grandeur et magnificence qui se remarque aux bastimens somptueus et embelissemens de toutes sortes qu'il y a fait faire depuis la reduction d'icelle sous l'obeissance de Sa Majesté, aussi le voulust il contenter de ses belles maisons des champs, non moindres en superbe et magnificence que ses villes, et le proumener à Monsseaux, Saint Germain, et autres lieus de plaisance, qu'il a fait accomoder des plus exquises raretés et singularités qui se puissent voir. Pendant que le dit duc demeura à Paris, les festins, ballets, tournois, avec les dames et le jeu, y eurent la vogue: principalement le dérnier, que le duc rencontra plus favorable pour lui, ainsi qu'on disoit, que non pas le Roy, qui y laissa de ses pistolles. Leur jeu ordinaire estoit à trois dés, et ce dans des cornets faits exprés, d'où on jettoit le dé pour eviter à la pipperie.

Le vendredi 17, j'acheptai un livre nouveau de jesuistes, apporté ici d'Anvers, où il est imprimé par Plantin, in-8°, et est intitulé *Illustrium scriptorum Religionis Societatis Jesu Catalogus, auctore P. Petro Ribadeneira, Societatis ejusdem theologo. Antuerpiæ*, etc.

Ce livre est curieus et remarquable, pour sçavoir les noms des escrivains de ceste societé, les matieres sur lesquelles chacun a particulierement escrit, les noms et nombre de leurs provinces, maisons, colleges et residences; leurs martirs, dont ils ont fait une centurie à part; et autres particularités.

Ils y ont mis l'*Amphiteatrum honoris*, de leur Carolus Scribanius, qui toutefois denigre de la France, et la deshonore en toutes façons; contraire au Roy et à son Estat, et le plus pernicieux libelle diffamatoire (bien que finement desguisé) qui soit sorti dés long temps de leurs boutiques.

La fin du livre contient en six lignes ce qui est recueillable à un curieus de ce traicté jesuitique, dont j'ay fait le suivant extráit, comme n'aiant envie d'en retenir autre chose:

Sunt omnes provinciæ in universa Societate, 29, *cum duabus viceprovinciis; domus professæ*, 21; *collegia*, 293, *quamvis adhuc non sint restituta, quæ asterisco notata sunt; domus probationis separatæ*, 33; *domus residentiæ*, 96; *socii denique omnes*, 10581. — A cest 1 et unité derniere je desirerois voir la dite Societé reduitte.

Le samedi 18, fust mis en terre à Paris, dans l'eglise de la Magdeleine, M. de Maupeou, jadis intendant de la maison de Joyeuse, et scyndicq des creanciers de Navarre; lequel on disoit estre mort (et à grand regret) riche de plus de cent mil escus. Son pere estoit notaire, auprés duquel il est enterré. C'estoit un de mes creanciers pour la response de feu M. Du Gast, et un petit bien rude. Dieu lui face paix!

Le mardi 21, j'ay employé cinq sols au Palais en trois nouvelles babioles de devotion, bonnes pour amuser les enfans, et endormir les vieilles auprés du feu. L'une est une sainte Françoise nouvelle, en taille douce, canonisée à Romme par le Pape au mois de may dernier; l'autre, une seconde lettre de ce bon pere Gautier, jesuiste, à un gentilhomme, sur la dispute des images; et la tierce, la Fondation de l'Eglise militante, par le sieur de La Bastide, en vers françois.

Ce jour, furent pendus à la Croix du Tirouer deux faussaires de lettres et de seaux, aprés avoir prealablement fait amande honorable devant M. le chancelier, qui lors estoit à Paris avec le conseil, encores que le Roy fust à Fontainebleau.

Le jeudi 23, A. Le Beys m'a vendu, de sa premiere tonne de livres arrivés de Francfort, la continuation de Mercurius Gallobelgicus (qui sont les courantes nouvelles du monde, entremeslées de beaucoup de fadezes et balivernes) depuis les dernieres foires de Francfort 1607, jusques à celle de present 1608; avec un *Aphorismi doctrinæ Calvinistarum*, basti par un des leurs, nommé Martinus Becanus, pour contrepeter celui que depuis peu M. Bongars envoya à M. Gilot, et que M. Du Pui me presta, intitulé *Aphorismi doctrinæ Jesuitarum*, dont il n'en a esté encores apporté ici, le leur y ayant esté plus tost veu que l'autre, lequel toutefois on y attend tous les jours.

Le vendredi 24, un honneste homme, à la recommandation d'un mien ami qui m'en avoit fait fort grand cas et estat, tant pour la probité que pour la doctrine, et zele trespur et tresardent à la reunion et reformation de l'Eglise, me vinst voir, et m'apporta un discours sur ce subject, qu'il desiroit faire imprimer, et dont il me communiqua succinctement les principaux points et particularités, intitulé *de la Tradition et Croiance des chrestiens d'Asie, d'Europe et d'Afrique, és dogmes principalement controversés en ce temps; en faveur des amateurs de la paix,* etc. En ce traicté il ne dit rien du sien, ni n'y interpose son jugement; mais en laisse libre le jugement à chacun, sur l'allegation et cotte des peres et des saintes Escritures, qu'il propose nuement et fidelement : qui me semble estre un moien fort propre pour tracer le chemin à un commencement de quelque conference et accord, si tant est qu'il plaise à Dieu d'incliner à cest effet les cœurs de ceux qui y peuvent, lesquels seuls sont en sa main.

Dom Pedro, malade en ce temps, visité de Duret son medecin, s'estend si avant sur les louanges du Roy (ainsi qu'il m'a conté lui mesme), que ses discours ordinaires ne sont que de sa grandeur, prudence, pieté et magnanimité; de la beauté et magnificence de sa ville de Paris; du grand nombre et devotions du peuple, dont il fait des panegyriques entiers, disant qu'il faut qu'il confesse que l'ombre seul des clochers de Paris le fait homme de bien (et possible qu'il ne l'a jamais gueres esté); et que quand il va à la messe aux

Cordeliers, il est comme ravi en admiration de voir un si grand peuple, et si devot.

Pour le particulier de lui et de son gouvernement pour son vivre, dit que més qu'il ait du biscuit, quelques raisins de Damas, et de l'eau, il se passe aisément de tout le reste. Qu'il donne à ses gens, pour vivre, à chacun vingt sols tous les jours; mais qu'ils se plaingnent fort de la cherté de Paris, et que par toute l'Italie et ailleurs ils y seroient mieux pour la moitié.

Voila les discours publiqs et particuliers d'un vrai Espagnol, madré et corrompu jusqu'au bout.

En ce mois d'octobre, on eust nouvelles de la mort de M. de Joyeuse, capussin, qu'on nommoit pere Ange, decedé à Rivoli en Piedmont, comme il revenoit de Romme, où il avoit esté bien receu, et grandement honoré du Pape, qui l'avoit asseuré contre sa volonté (ce qu'on ne void gueres avenir,) d'un chapeau de cardinal. Comme aussi la vie et profession de ce personnage est un miracle avenu de nostre temps, et possible des plus rares en un seingneur de telle qualité et maison que la sienne.

En ce mois, la riviere de Loire desborda; et comme elle est impetueuse, ravagea en forme de torrent tout ce qu'elle rencontra; naya un grand pays en la Solongne, et y fist un dommage et degast indicible, emmenant jusques à quelques maisons et ceux qui estoient dedans, perdant un grand nombre de bestiail et autres biens.

M. de Sulli estant lors à Sulli, eust de la peine beaucoup à s'en sauver, et courust fortune avec toute sa duché. Ce ravage dura vingt quatre heures, et survinst tout à ung instant, sans qu'on y pensast aucunement. Sans les levées qui se rompirent, la ville de Tours s'en alloit submergée et perdue, et celle de Blois couroit grande fortune; et quand au dommage, celui des levées et torsis seul, à qui les voudroit reparer, cousteroit un million d'or, qui est la ransson d'un roy.

En ce temps, le traicté de la treufve en Flandres se continue, à laquelle les Estats sont comme forcés et portés à regret par le Roy. Le comte Maurice, mal content, lui en escrit une lettre de capitaine, c'est à dire un peu haute et bien hardie; laquelle Sa Majesté aprés avoir leue, dit tout haut : « Cest homme veult « tousjours commander et jamais n'obeir. Il ressemble « au mareschal de Biron : il veult tousjours estre le pre- « mier à la teste de l'esquadron. »

Bruit estoit que Sa Majesté les avoit fait menasser par le president Janin de les abandonner, au cas qu'ils n'y voulussent entendre et s'accomoder avec le roy d'Espagne leur souverain, disant qu'il trouvoit bon qu'ils cherchassent leurs avantages et seuretés tant qu'ils pourroient; et que de sa part il leur aideroit tousjours comme il avoit fait à rendre leur condition bonne et seure. Mais que de rejetter aussi toutes voies de paix et d'accord raisonnables, il ne pouvoit aprouver cestui là, et ne vouloit, en favorisant une mauvaise cause, despendre son argent mal à propos. On disoit que tout cela estoit de la negotiation de dom Pedre, et de la trame des jesuistes. Mais les actions des princes, et principalement celles de ce Roy cy, se doivent juger par les effets, et non par les paroles : car dom Pedre lui mesme, tout accord et avisé qu'il est, ne sçavoit où il en estoit; tellement qu'en estant entré en discours avec le nonce du Pape, qui lui demanda ce qu'il lui sembloit de ce Roy cy, il lui fist response que c'estoit un roy qui sçavoit tout, et qu'il lui avoit dit des choses tenues au conseil d'Espagne qui l'avoient fait rougir pour les lui vouloir nier, et toutefois qui estoient bien vraies, ne pensant pas que lui ni autre les peust sçavoir. « Voire mais, lui repliqua le nonce, « quel jugement encore en faites vous? — Je ne vous « le sçaurois dire, dit il; si non qu'il est plus que « diable. »

En mesme temps le dit dom Pedre aiant rencontré un vallet de chambre du Roy qui portoit l'espée de Sa Majesté, lui aiant demandé ceste courtoisie de la pouvoir voir et manier, aprés qu'il l'eust bien contemplée et tournée de tous les costés, l'aiant baisée la lui rendit; et avec une grande exclamation : « O que je suis « heureux, dit-il, d'avoir veu et tenu aujourd'hui ceste « brave espée du plus grand roy de la terre, le meil-« leur, le plus vaillant et le plus magnanime! » Trait de mattoiserie espagnole.

« Si vostre maistre et le mien (disoit un sien valet « de chambre en ce temps à un quidam qui me l'a « conté) se vouloient bien entendre, comme il leur « seroit bien aisé, ils seroient comme deux freres unis « qui feroient de grandes choses; mais le mal est que « vostre Roy supporte les huguenos. » Pretexte ordinaire de l'Espagnol qui couvre son ambition et ses conjurations, duquel ils se sont tousjours servis, et se servent encores utilement aujourd'hui plus que jamais.

Supplément tiré de l'édition de 1736.

Le jeudi 30 d'octobre, le sieur Philibert de Nerestaing étant à Fontainebleau, en présence du prince de

Conty, du duc d'Aiguillon, et plusieurs autres grands seigneurs de la cour, a fait entre les mains de Sa Majesté le serment de fidelité pour la charge de grand maître de l'ordre de Notre-Dame de Mont-Carmel et de Saint Lazare. En après le Roy lui a mis au col la croix d'or au ruban tané, et l'a vêtu du manteau à la croix dudit ordre, et lui a donné permission de faire jusques à cent chevaliers, sauf audit sieur grand maître d'en augmenter le nombre dans la suite.

[NOVEMBRE.]. Le mecredi 5, j'achepté une *Disputatio theologica de Verbo Dei*, contre les impugnateurs de Bellarmin, faite par les jesuistes (comme aussi on la peult dire *verè jesuitica*), imprimée à ceste derniere foire, in-4°. Plus, le dit jour, le sire Bourdin m'a vendu un traicté de l'Eucharistie, de Vignier, contre la Correction du pere Sylvestre, capussin, imprimé in-8° à Saumur, 1608; avec un nouveau traicté du Pain de l'Eucharistie, auquel est donné resolution sur la question du changement du pain sans levain au pain levé et ordinaire en l'administration de la sainte cene; imprimé nouvellement à Berne in-8°, sans nom d'aucteur (mais sacramentaire, et de l'opinion de Calvin), et qui traicte à la calvinienne une question assés curieuse, mais peu utile.

Le lundi 10, qui estoit la veille Saint Martin, il fist un si espais et puant brouillas tout du long du jour, que je n'ay point souvenance de mon vivant d'en avoir jamais veu un plus grand : car il traversoit jusques dans les chambres et salles des maisons; et par les rues on ne se voiioit ni ne se congnoissoit on l'un l'autre, principalement l'aprés disnée, où il fust encores plus grand qu'au matin. M. Duranti mon gendre, et mon fils, qui revinrent ce jour de Gland, nous conterent qu'à peine voiioient ils pour se conduire, et ne pouvoient remarquer les pas de leurs chevaux; et qu'estans entrés dans la ville par la porte Saint Antoine, ne voians ni murailles ni maisons, estoient contraints de demander à toute heure le chemin, de peur de s'esgarer : mesmes que sur le pont Nostre-Dame ils faillirent par deux ou trois fois d'estre blessés des coches et charrettes, dont, pour la grande obscurité, ils ne se pouvoient destourner. Il y en eust un qui fust trois heures à aller de la rue Neuve de Saint Pol jusques à la porte Baudets, s'estant si bien esgaré (encores qu'il fust de ceste ville) qu'il ne sçavoit où il estoit. On voulust en plain jour mesmes (mais qui estoit une vraie nuict) voler à la porte de Bussy un carrosse, et ceux qui estoient dedans : lesquels, à force de crier, s'en sauverent.

Le lendemain de la Saint Martin, qui estoit le mecredi, se firent les sermens au Palais à l'accoustumée, où on remarqua plus de conseillers qu'on n'en avoit veu il y avoit fort long temps.

M. le premier president, que le Palais pendant les vacations avoit fait malade à l'extremité (encores qu'il se portast bien), disposant desja de son estat, et le donnant tantost à l'un, tantost à l'autre, s'y trouva, avec un visage d'homme qui n'a point encore envie de se rendre.

Le samedi 15, feuilletant mon Tacite, j'ay trouvé dedans, au quatriéme livre de ses Annales, le nom de M. de Suily, et sa fortune conceue en ces mots : *Suilium vidit sequens ætas præpotentem, venalem, et*

Claudii principis amicitia diù prosperè, numquam benè usum.

Le lundi 17, M. Du Pui m'a monstré dans son estude les theses, imprimées à Romme en une grande feuille de papier, de fratré Thomasso Caraffa, dediées au Pape d'à present; avec les magnifiques ou plus tost blasphematoires tiltres et eloges qu'il lui donne : dont le Pape mesme en les supprimant, ou a eu honte ou a eu peur qu'ils n'apprestassent à rire aux heretiques de nostre temps. M. Gilot seul en a la copie, qu'on lui a envoiée de Romme (qui est celle que le dit Du Pui m'a monstrée) suivant le petit memoire italien que le dit Du Pui m'apporta le 30 du mois de juillet dernier, comme on le trouvera marqué de ce jour en ce present registre. Le pourtrait de Sa Sainteté, en son throsne et siege pontifical, s'y void au commencement en taille douce, au dessus duquel y a escrit : *Vultus ejus portendet imperium;* et autour force diadesmes et couronnes, et quantité de devises si hautes, superbes et arrogantes, qu'un president de la cour les ayans veues, dit tout haut : « Que voudriés vous dire de tout cela, « si non que c'est l'antechrist? »

Le mecredi 19, ces pauvres portepaniers morfondus crioient devant ce Palais, pour s'eschauffer, *la Conversion de trois grands Rois infideles par les peres jesuistes;* laquelle bagatelle m'a cousté ung sol.

Le vendredi 21, un valet de chambre du Roy, nommé Papillon, que je connoissois, mourut à Paris à huict heures du matin, au logis d'un libraire nommé C. Le Noir. La fin de cest homme nous apprend que ce que nous affectionnons le plus en ce monde (qui sont les biens, pour l'usage et commodité de la vie) est ce qui ordinairement nous la fait perdre, et nous conduit à la mort. Ce qui est avenu à ce personnage, lequel, extremement avare et mesquin (bien que bon d'ailleurs, et homme de discours et d'entendement), estant allé à Venize et aiiant rencontré deux pieces singulieres de cristail (qui estoient coffres tout d'une piece, tresrares et excellens), les avoit achetés huict ou dix mil escus, les pensant revendre gros au Roy, et en tirer une fois autant. Dont Sa Majesté n'en aiiant tenu autrement compte, et M. de Sulli n'en ayant offert à beaucoup prés de ce qu'elles lui avoient cousté, indigné de se voir frustré de son esperance et du guain qui s'en estoit promis, s'estoit tellement saisi (encores qu'il fust sans cela assés riche et aisé), que s'estant mis au lit il a voulu mourir, comme il a fait, disant à Moussel son apotiquaire (qui me l'a conté) qu'il ne desiroit vivre davantage; et que s'il avoit quelque chose qui lui peust avancer son jour, qu'il le lui baillast hardiment, et qu'il le prendroit de bon cœur. Et aiiant demandé à ses filles à sept heures, dont il mourust à huict, quelle heure il estoit ; lui aiiant respondu qu'il estoit sept heures : « C'est donc à ceste heure qu'il faut « jouer à bander et à racler, dit il! » Et s'estant tout recaché dans le lit, et avec grande vehemence, expira une heure aprés : qui semble estre une fin peu chrestienne, reservée toutesfois au jugement de Dieu, duquel les yeux sont autres que ceux des hommes. Il fust enterré ce soir mesme au cimetiere de ceux de la religion, de laquelle il estoit, aiiant laissé six enfans, et un exemple aux avaricieus pour prendre garde à eux et penser à leur fin.

Le samedi 22, un Italien nommé Bartholomæo

Bourgueso, accusé et convaincu (ainsi qu'on disoit : car il le l'a nié jusques à la fin) d'avoir dit qu'il estoit fils du Pape, fust, aprés avoir fait amende honorable devant le logis du nonce, qui estoit à l'hostel de Clugny prés les Mathurins, pendu et estranglé en la place de Greve à Paris, et son corps reduit et consommé en cendre. Un sien maistre d'hostel, ainsi qu'on disoit, assistant à l'execution au pied de la potence, fust condamné aux galeres perpetuels.

Le peuple, qui ne juge ordinairement en tel cas que de la longueur de son nés, murmura fort de ceste execution. « Voila, disoit-il, le fils du Pape qu'on va « pendre : c'est grande pitié de faire mourir un homme « pour cela. Si on pendoit tous les fils de prestres, moi- « nes et cardinaux (disoient toutes ces bonnes femmes « et crocheteus), on en pendroit beaucoup; toutes les « places de Paris ensemble ne les tiendroient pas. »

Beaucoup de gens, ne sachans comme donner pied à ce sot jugement, y faisoient servir le texte de l'Evangile : *Reus est mortis, quia filium Dei se fecit.* Mais les plus avisés tenoient (et croi que c'est la verité) qu'on avoit voulu immoler ceste pauvre hostie innocente à la virginité du Pape : lequel en aiiant tousjours fait grand cas, et mesmes protesté, venant à la papauté, qu'il estoit vierge, se voiiant troublé et traversé par cestuici en la declaration qu'il en avoit faite, et bonne opinion que le peuple en avoit conceue; après l'avoir desavoué, auroit mandé ici à son nonce d'en poursuivre la justice. Ce qu'il avoit fait avec extreme animosité par le commandement de son maistre, jusques à recuser quelques juges, sur des soubçons de neant; et entre autres le maistre des requestes Foudriac, tenu pour bon juge et roide, pour ce qu'il demeuroit avec M. Gilot. Et croi, quant à moy, qu'il n'i a eu autre cause de sa mort que celle-là : car pour le regard des affronteries qu'à la mode de son pays il a fait partout où il a peu, aiiant pippé et affronté force gens à Paris de toutes qualités (mesmes mon nepveu Tronson d'une bonne somme), on sçait assés qu'on ne lui a pas fait son procés là dessus, et que la sentence donnée par les maistres des requestes qui l'ont jugé n'en portoit rien, mais seulement pour s'estre dit fils du Pape; laquelle M. le chancelier aiiant changée et corrigée, y auroit fait mettre : *Pour avoir pris le nom et les armes de la maison de Bourguese* (en quoi on disoit qu'il ne l'avoit pas beaucoup amandée).

Les dernieres paroles qu'il dit en italien, estant au supplice, où il se monstra jusques à la fin fort resolu et constant, furent qu'il prioit l'assistance de prier Dieu pour un pauvre homme qui mouroit innocent. Le nonce lui avoit baillé un grand cordelier italien (qu'on appelle un *padre bianqui*) pour confesseur, exprés, ainsi qu'on disoit : se fiant de lui qu'il ne parleroit jamais à son desavantage. Comme aussi il le conjura de declarer tout haut que faussement et malicieusement il s'estoit dit fils du Pape : ce que le dit Bourgueze ne voulust jamais faire, disant qu'il ne l'avoit jamais dit; mais bien lui promist par importunité, comme il estoit fort simple, de ne point parler. M. Du Pui, qui est un de mes repertoires pour les injustices et folies de ce temps, m'a proumis d'en recouvrir l'arrest (qui est notable) pour lui et pour moy.

M. de Sully se trouvant mal en ce temps, comme on lui eust donné le baing un peu trop chaud : « Gardés

« vous bien de me brusler, dit-il; car je ne suis pas
« fils du Pape. »

Le lundi 24, j'ay baillé à un nommé Culerier, enfant de Geneve, l'inventaire de mes livres, fait et escrit de ma main, pour me le transcrire, aprés avoir trayé et marqué ceux que j'ay envie de garder; et, Dieu aydant, vendre et me desfaire des autres à qui me les voudra bien payer, et en aura affaire. A quoi je me suis finalement resolu, pour un meilleur dessein.

Ce jour, fust faite l'ouverture du parlement, où M. l'advocat du Roy Servin en entassa tant (à l'accoustumée) les unes sur les autres, qu'il n'y avoit si bonne memoire au Palais, hors mis la sienne, qui n'en fust brouillée. *Nœ ille magno conatu*, dit quelcun, *magnas nugas dixerit*.

J. P. m'a donné ce jour un nouveau petit traicté de la Dignité des rois, qui est une pure fadeze : comme aussi ce ne sont que reditttes inutiles de tout ce qui se peult escrire et discourir sur ce subject.

Le samedi 29, M. Du Pui m'a donné le double de la lettre escrite par le Pape à son nonce, sur le fait de Bartholomæo Bourgueso, qu'il appelle Barthelemi de Sienne; de laquelle la teneur s'ensuit :

« Paul, pape, cinquieme de ce nom, à nostre venerable frere, salut et benediction.

« Nous demeurons grandement esmerveillés de la grande fausseté tramée par Barthelmi de Sienne, duquel Dieu nostre seigneur sçait (lequel nous appelons en tesmoingnage) que nous n'avons jamais eu en nos jours aucune connoissance, et ne sçavons quel il est. Nous louons pourtant vostre exacte diligence en cest affaire, et desirons qu'à l'avenir vous en usiés encores d'une plus grande, affin que l'imposture de cestuici apparoisse, et soit congneue d'un chacun : lequel a envoié ici un François nommé M. Jean de Gransegne, avec certaines lettres qu'il nous escrit, l'original desquelles nous vous envoiions avec la presente par courrier exprés, par laquelle vous pourrés bien comprendre combien il nous presse et importe d'en faire connoistre la verité, et que cestuici reçoive la peine qu'il merite à raison de tant de mensonges et faussetés qu'il publie et met en avant. Nous nous sommes resolus de depescher ce present courrier, par ce que nous craingnons que ce meschant s'enfuie, et que le temps qu'il a demandé à Sa Majesté ne soit pour autre fin que pour ce subject. Nous escrivons encore une lettre de creance à Sa Majesté, lui mandant seulement que vous traicterés avec elle de certaines choses tresfausses et treseslongnées de la verité; et qu'à ceste fin nous la prions de vous ouir volontiers, et vous croire comme nostre propre personne; et de monstrer en chose si juste la filiale affection et amour qu'il nous porte. Et de nouveau nous benissons Sa dite Majesté.

« De Romme, en nostre palais apostolique, ce 30 juillet 1608.

« *Au Nonce.* »

Par la susdite on peut congnoistre comme le Pape a esté au procés la partie de ce pauvre homme.

Ce jour, la Pimante m'a donné l'histoire imprimée à Lion d'un miracle avenu en Auvergne depuis peu, d'un jeune homme qui a voulu tuer son pere; avec le jugement divin qui s'en est ensuivi, estant tourmenté de trois horribles serpens. Laquelle on lui avoit envoyée (à ce qu'il m'a dit) pour bien veritable, et deuement verifiée sur les lieus.

Avis de ce jour au Roy, d'armées composées de Suisses, Alemans, lansquenets, François et autres de toutes façons, qu'on void tenir la campagne au pays de Xaintonge, et marcher en bataille; mais lesquelles quand on approche disparoissent, et incontinent aprés se revoient : qui sont les *ostenta* qu'on lit dans les anciens historiens, et entre autres dans Tite Live : tous presages de guerres et malheurs prochains, si Dieu n'y met la main, et prend pitié de nous.

M. de Suilly, importuné en ce temps par le Roy de se faire catholique, et induire le marquis de Rosni son fils de l'estre, à fin d'en faire le mariage avec mademoiselle de Vendosme, sa fille bastarde, s'excuse de l'un et de l'autre : dont en apparance il encourt la disgrace de Sa Majesté. Je dis en apparence, pour ce qu'attendu le peu de religion qui se remarque en nos grands d'aujourd'hui, les plus accors ne tiennent tout cela que pour un jargon qui est et a esté de tout temps entre le dit duc et Sa Majesté, lequel eux deux seuls entendent, et non les autres.

Sur la fin de ce mois, M. de Bouillon arrive à la cour qui estoit à Paris, bien veu et receu de Sa Majesté, qui le baise et le rembrasse par trois fois.

Morgan, anglois, fust constitué en ce temps prisonnier, et mis à la Bastille, pour estre descouvert de communiquer les nuits avec dom Pedre, et se trouver au conseil qui s'y tenoit en sa maison avec les ambassadeurs d'Espagne et de l'archiduc. Bruit estoit qu'il avoit impetré en fin de Sa Majesté de lui pouvoir parler, et qu'il lui avoit revelé de grands secrets d'Espagne; et entre les autres que les traictés des mariages proposés de l'Infante avec M. le Dauphin, et du prince d'Espagne avec Madame, n'estoient que pretextes et amusemens pour lui faire faire la paix ou la treufve en Flandres, et artifices de l'Espagnol pour par là mieux parvenir à ses desseins. Tout cela sont veritablement des bruits, c'est à dire lettres closes au commun. Quant à Morgan, chacun le tient pour un fol comme il est, un babillard et un causeur, chercheur des bonnes tables et repeues franches; qui, par son indiscretion et legereté, on mest à tous coups en cage, pour lui apprendre à parler. Qui est la cause qu'on dit que le Roy (lequel le connoist bien) aura peu d'esgard à son rapport et deposition.

Nouvelles en ce temps à la cour de la flotte des Indes, qui est de huict millions, arrivée à bon port en Espagne.

Deux commis de Montauban, l'un appelé Fioubert et l'autre Billard, se battirent en ce temps pour l'honneur de la marquise, et s'assignerent le duel sur le pré vers les Bons Hommes; auquel Billard, qui la soustenoit contre Fioubert qui l'avoit appelée p....., eust deux doigts de la main coupés par le dit Fioubert, qui se trouva plus vaillant qu'il ne pensoit (aussi s'y entendoient ils l'un comme l'autre). Et finalement Fioubert fust envoié à la marquise, entre les mains de laquelle il fust mis pour en faire ce qu'elle voudroit. Mais il eust de si bons intercesseurs, que la dite marquise lui pardonna à la fin, sans toutesfois le vouloir voir ni ouir parler; et en fust quitte pour la peur, dont il cuida mourir.

Quelques gentilshommes, scandalizés de tels duels, qui ne devoient estre permis, disoient ils, qu'à ceux de la noblesse, les appelerent vilains. Dequoi ceux ci offensés disoient qu'encores qu'ils ne fussent pas gentilshommes, toutesfois ils n'estoient pas vilains; et disoit l'on qu'ils en vouloient tirer leur raison. Aussi sages en cela les uns que les autres.

Supplément tiré de l'édition de 1736.

Le dimanche 16 de novembre, le sieur Philibert de Nerestaing, premier grand-maître de l'ordre de Notre-Dame de Mont-Carmel, donna ledit ordre à trente cinq gentilshommes ou pages dans l'église et monastere de Saint-Lazare, au fauxbourg de Paris. Cette cérémonie a été faite avec beaucoup de solemnité et magnificence, en présence d'une grande foule d'honnêtes gens et de dames.

Le dimanche 23 de novembre, le jubilé commencé à Rome le 6 du mois de septembre dernier a commencé ici par une procession, et durera quinze jours; et ce, pour prier Dieu pour l'union des princes chrétiens, et l'extirpation des heresies.

[DECEMBRE.] Le mardi 2 de ce mois, j'ay acheté un petit livret nouveau, intitulé *l'Injustice terrassée aux pieds du Roy*, qui est la response à *la Justice aux pieds du Roy*; discours vain et bravasche, terrassant la justice plus tost que l'injustice, pour flatter et agreer au Roy, lequel, encore que pour sa generosité et valeur inestimable, et avoir esté le vrai pere et restaurateur de cest Estat, on ne lui puisse donner (ni cestuici ni autre) assés d'honneur et de louanges, bien qu'il lui en donne d'inaudites, et qui possible ne sonneront si bien aux oreilles de Sa Majesté comme il s'est promis : si n'est il à croire qu'un roy bon et juste comme il est (ou du moins qui comme les autres rois en affecte la reputation) gouste jamais le conseil de ceux qui, sous couleur des injustices qui se commettent en la justice, veulent qu'il en terrasse tout le corps, violentant et aneantissant l'auctorité de ses parlemens, principal appui et soustennement de sa couronne. A quoi toutesfois il semble que vise l'aucteur de ce discours, quel qu'il soit, preoccupé de passion pour possible avoir perdu ses procés, et duquel quelques pointes vivaces d'esprit surpassent de beaucoup en ce sien escrit le dispositif et jugement qu'on y doit surtout apporter. Mais quoy ! ce sont libelles du temps, la plus part aussi affamés que leurs maistres, pietres, manques et pauvres. La Justice terrassée aux pieds de l'or et de l'argent seroit un riche discours plus convenable à la saison que toutes ces fadezes et bagatelles.

Le vendredi 5, j'ay acheté un nouvel edit du Roy contre les draps et toilles d'or et d'argent, clinquants et passements. Edit qui se crie et renouvelle tous les ans, mais qui se garde d'une mesme façon autant en une année qu'en l'autre.

Le dimanche 14, le pere Cotton preschant aux Cordeliers devant la Roine s'eschauffa tellement, qu'au sortir de sa chaire il s'en courust sur M. Cazaubon le prier de lui prester une chemise blanche; laquelle il prist sans autrement apprehender le mauvais air de la chemise d'un heretique. Les cordeliers, quand la Roine y arriva, estans allés au devant d'elle, se prirent à chanter *Salve, regina;* dont on s'estonna comme d'une chose non accoustumée : car on ne sçavoit si ceste salutation s'adressoit à la roine des cieux, ou à elle.

Le mecredi 17, j'ouis le sermon à Saint Sevrin d'un jesuiste nommé le pere Seguiran, qui y preschoit l'advent, aprés lequel tout le monde couroit, et en faisoit l'on un merveilleux cas. Ce que je ne trouvai point pour ce coup, bien pensay-je qu'il soit docte, mais plus grand philosophe que theologien, fort patethique (comme ils sont pour la plus part), et propre pour les oreilles d'un peuple, encores qu'il s'explique assés mal. Le Roy s'estant trouvé à son sermon un des jours de la semaine precedente, auquel il laissa là son theme, qui estoit des louanges de Dieu, pour s'estendre sur celles du Roy (comme ces gens là ne sont jamais sans flatterie), Sa Majesté en fist si peu d'estat, qu'au sortir il dit que de fond il croioit bien qu'il en avoit; mais que d'eloquence et de jugement, il n'en avoit point. C'estoit lui qui, sous la permission de Sa Majesté, avoit presché l'année passée le quaresme à La Rochelle.

Le jeudi 18, j'ay presté à M. de Verton, secretaire du Roy, ma Cronique martinienne, qu'on recouvre malaisement, et de laquelle le bruit, à mon jugement, est plus grand que le fruit. Elle est reliée en veau noir, in-folio.

Le vendredi 19, un nommé Villotré, fils du feu secretaire du Roy Villotré (qui estoit de mes amis), s'estant presenté à l'examen de la cour pour y estre receu conseiller, fust refusé et renvoié par insuffisance, combien qu'il en ait passé de plus legers et insuffisans beaucoup que lui, et ne fust ce que le dernier. La reception duquel (dont la cour a eu tant de blasme et de reproche) avoit causé, ainsi qu'on disoit, le refus de cestuici, qui y vinst, comme on dit, à mauvaise heure.

Ce jour, le tresorier Montauban se sentant un peu pressé chés lui d'un grand nombre de gens de toutes qualités qui s'y estoient assemblés pour avoir de l'argent, les renvoiiant rudement les appela gueuzailles (se souvenant possible de son premier mestier): dont on commença à crier *aux cizeaux!* Au lieu qu'on devoit, dirent quelques uns, crier *à la voirie!* pour l'y traisner comme un gueus qu'il estoit premierement, riche aujourd'hui de trois à quatre cent mil escus, de la substance et sang du peuple.

Le mecredi 24, veille de Noel, j'ay reçeu quatre vingts six livres d'un cent de mes jettons d'argent differens que j'ay traié entre deux cents vingt huit, et que j'avois mis à part comme les plus communs et moins rares, que j'ay baillé à M. Duranti mon gendre, pour acommoder un curieus de ses amis que je n'ay jamais veu ni congneu : de la bourse duquel j'avois envie de tirer les cent francs entiers, qui eussent paié ma curiosité et contenté la sienne. Mais n'ayant voulu passer outre, ayant affaire d'argent, et voyant quelques huict escus de gain de ma garde et de ma peine, m'y suis laissé aller; et voudrois de la plus part de mes autres curiosités m'en pouvoir desfaire à ce pris. Il m'en demeure encores cent vingt huit, plus beaus et plus rares beaucoup que ceux ci que j'ai vendus.

Le lundi 29, j'ay presté à M. Du Pui, de mes recueils de la Ligue, les Facultés du cardinal de Plaisance, legat envoié de Romme en France par le Pape pour y entretenir par tout l'union de discorde et rebellion. Il estoit fils d'un vendeur de saucissons de Plaisance : homme du tout ignorant pour le regard des lettres, mais au surplus grand brouillon et faciendaire, bon serviteur de son maistre, et propre au mestier où on le vouloit employer.

Le mardi 30, on me donna un plaisant cartel de desfy du comte de Sommerive au marquis de Cœuvre, comme ami de Balagni, qui avoit fait apeler le duc d'Eguillon, frere du dit comte ; de laquelle querelle il estoit bruit fort grand à la cour et par tout. Voici les copies qui en couroient, qu'on m'a baillé ce jourd'hui :

« Monsieur, ne pouvant souffrir que je n'aie part à toutes les fortunes de mon frere, et ayant sceu asseurement que vous aviés tesmoigné qu'estiés des plus affectionnés amis de Balagni, j'ay creu que ne refuseriez le moien que je vous en veux donner de vous en rendre encore une plus veritable preuve par vostre courage, que j'estime tel que je vous ay voulu choisir entre ceux qui lui portent de la bonne volonté, pour vous faire la gloire de partir le sort des armes egalement avec moy, qui vous attends avec une espée et un poingnard où vous conduira ce cavalier. »

Responce du marquis de Cœuvre.

« Monseingneur, j'ay receu vostre lettre, à quoi pour satisfaire, et à la bonne opinion que vous avés de moi, j'estois tout prest d'aller avec ce gentilhomme, non point pour recevoir l'honneur que me faisiés aprés la defense generale que le Roy en fist hier au soir, mais pour, en vostre presence ou ailleurs, avoir affaire à ce gentilhomme que j'estime, à fin de vous continuer la creance que vous avés de mon courage. Mais il a refusé de me mener où vous estes, comme vous verrés par un escrit qu'il emporte, et qu'il m'a laissé. »

« Sur ce que M. le marquis de Cœuvre vouloit partir, et que je le menasse où estoit M. le comte de Sommerive, suivant la lettre de M. le comte que je lui ai donnée, je l'ay asseuré que M. le comte n'estoit en lieu ni en estat où je lui peusse faire voir; et pour cest effect j'ay refusé de l'y mener, sachant l'intention de M. le comte n'estre que de participer à la fortune de monsieur son frere en mesme temps que lui.

« MOIENCOURT. »

Sur la fin de ce mois et an, vinrent divers advis de la superbe et magnifique arrivée de M. de Nevers à Romme, prés laquelle la superbe Espagnole ne paroist rien, et est comme contrainte de se cacher. Sa Sainteté lui fait grand accueil et reception; les cardinaux, selon leur coustume, beaucoup d'honneur à sa pompe et à sa robbe; peu de respect et d'attention à la harangue que fait au Pape son orateur Bressius, si mal digerée, longue et tædieuse, qu'on n'a la patience de l'escouter.

Les mesdisans disoient (ce que j'ay veu par advis particulier) que ceste entrée ressembloit à celle de Jan de Paris; que le Pape mesme se mist à une fenestre pour la voir passer, plus ennuié, disoit l'on, de l'esprit de son fils qui revenoit, et de ce petit folet qui lui troubloit son repos (lequel il interpretoit à mauvais presage, pour en estre revenu un pareil trois mois avant le deceds de son predecesseur Clement VIII), que resjoui de toute ceste belle pompe et fanfare. Cependant que, pour une demonstration particuliere de faveur au dit sieur de Nevers, lors que Sa Sainteté vinst à boire, il ne voulust que le dit duc se levast, et se tinst descouvert comme font tous les autres (ces meschans hæretiques appellent cela *le Roy boit*); ains lui commanda de se tenir assis et couvert. Ce qu'il tinst pour un honneur bien grand, encores que beaucoup le tinssent un peu vain, et non si nourrissant que le bon vin de la table de Sa Sainteté.

Il se trouva en la compagnie du dit sieur de Nevers un seingneur heretique, qui estoit le vidasme de Chartres; dont le Pape adverti, pour ne deroger à la majesté papale et religion catholique, le priva de sa veue, mais non de celle des cardinaux et de sa ville de Romme, où il lui permist de demeurer huict jours.

En ce temps, la nouvelle de la treufve faite aux Pays Bas, auctorizée de la bouche du Roy, qui veult qu'on le croie ainsi, la rend certaine à Paris et par tout. On trouve toutefois qu'elle loche (1), par advis venu du depuis de la part du president Janin, que M. de Sulli appelle *le president bien empesché.*

A la cour on ne parle que de duels, puteries et maquerelages; le jeu et le blaspheme y sont en credit; la sodomie (qui est l'abomination des abominations) y regne tellement, qu'il y a presse à mettre la main aux braiettes : les instrumens desquelles ils appellent entre eux, par un vilain jargon, les espées du chevet. *Maluerim veris offendere, quàm placere adulando,* disoit le bon Seneque, præcepteur de Neron. Dieu nous a donné un prince tout dissemblable à Neron, c'est à

---

(1) *Qu'elle loche :* qu'elle est ébraulée.

dire bon, juste, vertueus, et craingnant Dieu; et lequel naturellement abhorre ceste abomination. Mais il ne se trouve aucun en toute sa cour, ni cardinal, ni evesque, ni ausmonnier, ni confesseur, ni prestre, ni jesuiste, qui seulement ouvre la bouche (encores que ce soit proprement leur charge que celle là) pour en dire et remonstrer quelque chose à Sa Majesté, de peur qu'ils ont d'encourir la mauvaise grace et malveillance de quelques grands, qu'on appelle les dieux de la cour : aimans mieux agreer à ces beaux dieux là (qui en cela toutesfois ne sont que diables) que non pas au Dieu vivant, duquel l'ire et la fureur s'espand ordinairement sur les rois et roiaumes où telles impietés se perpetrent, et demeurent sans punition. Il n'est pas jusques au pere Cotton qui, pour gratter les oreilles au Roy, n'ait aimé mieux pendant ces advans prescher une heresie, au moins tenue telle par ceux de sa société (à sçavoir qu'il faut reconnoistre le souverain de l'Eglise aux choses spirituelles, mais non temporelles), que toucher ceste corde, craingnant qu'elle sonnast mal aux oreilles de nos courtizans.

Le mariage de la fille de M. le connestable avec monseingneur le prince de Condé (auquel le dit connestable donne la terre de Lisle Adam, avec cent mil escus; madame d'Angoulesme, en faveur du dit mariage, cinquante mil escus; et le Roy, augmentation de ses pensions, avec promesse d'eriger Lisle Adam en duché) resjouist la cour. La querelle du duc d'Eguillon et de Balagni la trouble. Sa Majesté, affligée tout le long de ce mois de sa goutte, qui le travailla beaucoup plus que de coustume, en estant guairi, sortist le dernier jour de ce mois et an, et alla à la chasse aux pies au Pré aux Clercs, où on disoit qu'il en avoit pris trois, avec une corneille.

Le dernier jour de cest an, mourut à Paris en sa maison le medecin Martin, nouveau medecin de la Roine, regretté des uns, et des autres non : car en matieres de morts, principalement de medecins, nul n'i perd que l'autre n'i gangne. Ainsi va le monde.

M. de Thurin, ancien conseiller de la grande chambre du parlement de Paris, homme docte, mais peu sage, et d'une humeur bisarre; bon juge, mais par trop rude et inaccessible; grandement riche, mais qui vivoit en pauvre et en gueus; estant ja sur l'aage, aprés avoir remis son estat entre les mains de son fils, se retira en son pays de Lyonnois; et estant arrivé à Lyon, où on disoit qu'il avoit quarante ou cinquante mil escus à la banque, se declara, et fist profession de la religion pretendue reformée, de laquelle il avoit tousjours esté soubçonné, encores qu'il ne la fist paroistre par aucun acte exterieur. Et s'estant fait faire de sa robbe d'escarlate de conseiller un habit court et de gentilhomme, prist l'espée, ne se monstrant pas moins bisarre en ceste action qu'en toutes les autres de sa vie. Ce fust sur la fin de ceste année, où un mien ami l'aiiant veu à Lyon en ceste posture et equipage, estant de retour à Paris me le conta.

Sur la fin de cest an, Paris et le Palais, qui faisoient M. le premier president plus malade qu'il n'estoit, lui donnoient pour successeur à son estat M. de Verdun, premier president de Tholoze, pour ce que madame sa femme estoit ici prés du Roy, qui mesnageoit ceste affaire, ainsi qu'on disoit, par le moien de sa belle niaipce de Maupeou, qu'elle avoit mis bien avant aux bonnes graces de Sa Majesté. Duquel bruit le Roy estant adverti, et s'en mocquant plaisamment : « Ventre saint gris, respondit il, je ne suis plus en « aage pour besogner un estat de premier president. »

« Le Roy, dit une dame, ne monte plus sur ses grands « chevaux : il trouve à ceste heure les petites montures « et basses meilleures et plus propres pour lui que les « grandes. »

Le seingneur de La Popeliniere (1), gentil personnage, et lequel à mon gré a mieux descrit les troubles et guerres civiles de nostre France pour la religion, mourust en ce temps à Paris, d'une maladie assés ordinaire aux hommes de lettres et vertueus comme il estoit : à sçavoir de misere et de necessité.

Si les derniers livres de son Histoire eussent respondu aux premiers, on l'eust peu justement appeler le premier et dernier historiographe de nostre temps; et qui avec plus de hardiesse, liberté et verité (dont il cuida courir fortune de sa vie à La Rochelle, en aiant receu pour paiement ung coup d'espée au travers du corps), sans flatterie et dissimulation, a traicté ce notable subject; mais enuieus et espineus, pour la saison du siecle.

De moy, j'aimerois mieux estre manifestement meschant qu'hypocrite; mais beaucoup plus n'estre point du tout, qu'estre l'un ou l'autre.

Ceste année 1608 fust moins maladive et mortelle que la precedente; mais plus chere beaucoup et malaisée pour le pauvre peuple; sterilité de fruits; le pain, le vin et la viande chers, et toutes les autres denrées

---

(1) *Le seingneur de la Popeliniere* : Lancelot Voësien de La Popelinière. Il a fait une Histoire de France, depuis 1550 jusqu'en 1577.

et marchandises à l'equipolent. La peste toutefois estainte à Paris (qui estoit un grand bien), de laquelle il ne se parloit plus depuis les grandes gelées et froidures de l'hiver dernier; mais la peste des ames, qui sont les vices, avec les bonbances, excés et superfluités, en regne et vigueur plus que jamais, encores que la plus part, degressés par partizans, fermiers, gabeleurs, maletostiers, et autre telle racaille, n'eussent pas grande occasion de piaffer et regimber. Une douzaine de petis larronneaus de ceste qualité se trouvent avec quelques financiers plus riches que tout le reste de Paris (qui est bien grand); entre lesquels on en contoit deux, G. et L. : l'un riche de trois millions, et l'autre de six cens mil escus.

Le pont Marchant fust achevé sur la fin de ceste année : ouvrage singulier et exquis, enrichi de force beaux et superbes bastimens, servant de decoration, commodité et embellissement à ceste grande ville, aujourd'hui la premiere et plus belle de l'Europe. Ce pont a pris le nom de son constructeur, appelé Marchant : lequel, pour souvenance d'avoir changé un pont d'asnes et musniers, mal basti, incommode et mal plaisant, submergé par les eaux, à un autre riche d'edifices, de toutes sortes de marchands et marchandises, relevé et plaisant autant que l'autre estoit desagreable, a fait graver pour memoire le distique suivant :

Pons olim submersus aquis, nunc mole resurgo;
Mercator fecit, nomen et ipse dedit.

Supplément tiré de l'édition de 1736.

Le lundi 15 du mois de décembre, un mien ami

m'a donné une copie de ce qui s'est passé à Rome à l'occasion du duc de Nevers, ambassadeur extraordinaire de notre Roy au près de Sa Sainteté.

Le mardi 18 du mois passé, monseigneur le duc de Nevers, ambassadeur du Roy très-chrétien, arriva à Civitavechia au bruit de toute l'artillerie de la ville, et des vaisseaux qui sont dans le port. Les deputez de cette ville s'étant mis dans une chaloupe bien ornée, s'approcherent de la galere de la Reine, où étoit ledit sieur de Nevers; et entrez qu'ils furent dedans, ils lui offrirent de la part de Sa Sainteté tout ce que leur ville avoit de commodité. Après le compliment il est descendu à terre, où il a été reçu par le seigneur Fabio Gonzague, bâtard de la maison de Mantoue, et de l'ambassadeur de Mantoue, qui étoient venus de Rome, suivis de six carosses à six chevaux. Ils le traiterent pompeusement avec sa troupe, qui étoit au nombre de six cens bouches, et lui témoignerent la grande joie que le Pape recevoit de son ambassade.

Le mercredi 19, après le dîner, il monta en carosse avec quelques seigneurs, ses gens le suivant à cheval; et alla coucher à Bracciano, où le sieur de Breves, ambassadeur ordinaire de Sa Majesté Très-Chrétienne, et le marquis de Malateste, l'attendoient, et qui lui vinrent au-devant, accompagnez de l'evêque d'Orange, de plusieurs autres prélats, et des gentilshommes françois qui étoient lors à Rome.

Le jeudi 20, étant à six mille de Rome, les ducs Sforce, Conty et Santo Gemini, le prince Perrety, le seigneur Victor, neveu de Sa Sainteté, et une infinité de barons et seigneurs romains, en trente-six carosses à six chevaux, vinrent au-devant de lui; et quand il fut auprès du pont Emolli, les cardinaux Gallo, Bevillaqua, Delfino et Serafin le reçurent trés-courtoisement, et entrerent en son carosse, et lui donnerent place au-dessus de l'un d'eux, et le conduisirent jusques au palais du sieur de Breves, où il fut reçu de madame de Breves, de la duchesse de Sforce, et de plusieurs dames romaines; et il fut traité pendant six jours magnifiquement par ledit sieur de Breves.

Le vendredi 21, il alla baiser les pieds du Pape. Les 22, 23 et 24, il rendit *incognito* les visites aux cardinaux qui lui étoient venus au-devant; il visita encore quelques autres cardinaux, et les freres de Sa Sainteté.

Le mardi 25, le duc de Nevers sortit de Rome avec le sieur de Breves dans un carosse fermé, pour se rendre au palais de Leon Strosse, qu'on avoit magnifiquement orné. Dans une des salles dudit palais on avoit élevé un superbe daix sur deux dégrez, sous lequel il a reçu toutes les harangues que les cardinaux lui firent faire par leurs maîtres de chambre, accompagnez de leurs familles. Près de lui étoient assis les ducs de Sforce, Conty, et après ceux-là les marquis de La Rovere, Pallavicin, Malateste, et plusieurs archevêques, evêques et prélats, qui attendoient avec lui le sieur Jean-Baptiste Borghese, frere du Pape, lequel arriva bien-tôt, accompagné des principaux seigneurs, barons et gentilshommes romains, tous bien vêtus et montez; ensorte qu'avec les François qui s'y étoient déja rendus, ils faisoient un nombre d'environ cinq cens hommes à cheval.

Ils défilerent vers Rome en cet ordre : premierement six couriers de l'ambassadeur de France, six trompetes du Pape, cent chevaux legers de Sa Sainteté, les mulets des seigneurs françois avec les couvertures, sur lesquelles étoient leurs armoiries brodées de soye de differentes couleurs; les trente-quatre mulets du duc de Nevers, vingt-quatre desquels les couvertures étoient jaunes, en broderie rehaussée de velours noir et satin blanc, avec les armoiries du duc, et dix dont les couvertures étoient de velours cramoisy en broderie d'or; tous les trente-quatre mulets ferrez d'argent, garnis partout de plaques d'argent; trente-six mules des cardinaux caparassonnées d'écarlate, boucles et bossetes dorées. Les cent Suisses du Pape vêtus de rouge, jaune et bleu; douze tambours à cheval, quatre trompetes, avec des casaques jaunes, en broderie de velours noir et satin blanc; le capitaine des gardes du duc et son lieutenant vêtus superbement, suivis de douze gardes avec des casaques de velours jaune, couvertes de grandes croix de toile d'argent; un des ecuyers du duc conduisant douze pages vêtus de même livrée, et les panaches de même couleur.

Les gentilshommes et seigneurs françois et romains; les François qui avoient accompagné le duc depuis Marseille, au nombre de plus de six vingt, étoient tous vêtus de velours tané cramoisy, chamarré de clinquant d'or; plusieurs avoient leurs boutons d'or, la plume et l'aigrette blanche, avec enseignes de pierreries à leurs chapeaux, surpassant par leur lustre ceux des Italiens : ce qui a fait dire dans Rome que ce n'étoit pas une entrée d'ambassadeur, mais un triomphe d'un conquerant.

Parmi les nobles François, les principaux étoient les marquis de Resnel et d'Asserac, les comtes de Tonnerre et de Vignotis, le vidame de Chartres, le vicomte de Bordes Revillon, les barons de Vespel, La Moussierre et d'Anisi, et le sieur d'Oquaire, tous magnifiquement vêtus, avec force chaînes d'or en écharpe, et montez sur des chevaux fins.

Après cette belle troupe, suivoit monsieur le frere du Pape seul, ayant devant lui deux Suisses portans chacun une épée à deux mains. Près du duc marchoit un autre de ses ecuyers, qui faisoit mener en bride deux beaux chevaux blancs par deux Mores, vêtus bizarement de damas cramoisy et de toile d'or, avec bonnets à la moresque.

Le duc de Nevers marchoit ensuite, monté sur un très-beau coursier; il étoit vêtu de velours ras tané, tout brodé d'or et couvert de pierreries; son chapeau étoit assorti à la couleur de l'habit, comme aussi le harnois du cheval, dont le mors, les bossetes, les étrieux et tous les fers étoient d'argent. Il étoit au milieu des patriarches de Jerusalem et d'Alexandrie, dont les mules étoient bardées de violet, frein, boucles et bossetes dorées. Après, suivoit le sieur de Breves entre deux archevêques; puis vingt-six prélats avec leurs chapeaux, roquets, surplis, montez sur mules trés-proprement caparassonnées.

Il entra dans Rome par la porte Angélique, passant au-dessous du palais du Pape, qui consideroit cette pompe d'une fenêtre : en traversant la place Saint Pierre, il fut salué par l'artillerie, comme aussi devant le château Saint Ange. On a remarqué que depuis ladite porte jusques au palais de Russelay, préparé pour le logis du duc, il y avoit dans les ruës dix-huit cens carosses ou coches pleins de dames et de seigneurs. Aux fenêtres étoient les cardinaux et les dames; et devant le palais Borghese on avoit élevé un échafaut sur lequel étoient les belles-sœurs du Pape, avec plusieurs grandes dames : et un peu plus loin étoit sur un perron l'ambassadeur d'Espagne, avec le cardinal Zapara. Notre ambassadeur arriva sans bruit, sans trouble et sans confusion en son logis, où il donna le soir même un grand festin, accompagné d'une très belle musique, aux principaux seigneurs qui l'avoient accompagné.

Le surlendemain, qui étoit un jeudi 27 du mois de novembre, le sieur Jean-Baptiste Borghese, avec toute la noblesse romaine, vint prendre le duc de Nevers, et l'assister en la pompeuse cavalcade qu'il fit, allant prêter l'obédience filiale pour le Roy son maître. 1° Marchoient les cent Suisses du Pape; 2° douze tambours à cheval; 3° les chevaux legers; 4° les familles des cardinaux; 5° les gardes du duc; 6° la noblesse françoise et romaine : les François étoient tous vêtus de noir, avec souliers et plumes blanches, montés sur des chevaux de prix; 7° le duc Sforce Carpineti, et les autres ducs romains; 8° les maîtres des cérémonies; 9° douze Suisses du duc de Nevers, habillez de velours noir, à bouillons de taffetas cramoisy, avec bandes de velours cramoisy relevées d'or; 10° vingt-quatre tant pages qu'estafiers, vêtus de même couleur; 11° deux Mores menant deux chevaux blancs bardez et couverts de velours noir en broderie d'or, ferrez d'argent.

Le duc de Nevers suivoit après; il étoit vêtu de satin noir en broderie de jayet, sa cappe couverte de broderie, et d'une infinité de gros et fins diamans, comme aussi le cordon de son chapeau, portant au col une chaîne de diamans d'un très-grand prix. Son cheval étoit blanc, paré d'une housse brodée de jayet; les bossetes, les mors, les fers et les étriers étoient d'or massif, comme aussi les éperons; et la garde de son épée enrichie de pierreries. M. de Breves marchoit après avec tous les prélats, dans le même ordre que deux jours auparavant : les dames et les seigneurs étant aux fenêtres ou dans des carosses, pour les voir passer.

Etant arrivé au Vatican, il fut d'abord conduit dans une salle richement meublée, de laquelle il fut conduit par des patriarches, au bruit des fifres et des tambours, dans la salle qu'on appelle la salle des Rois, où étoit le Saint Pere en son thrône, avec ses ornemens pontificaux, entouré des cardinaux, qui chacun selon son rang allerent à l'adoration. Après que le duc de Nevers eut baisé les pieds de Sa Sainteté, il lui présenta les lettres du Roy, et ensuite fut conduit par le maître des cérémonies à un banc qui lui étoit préparé, avec M. de Breves. Cela fait, M. Maurice Bressius fit la harangue; à laquelle après que Strossi eut répondu au nom du Pape, le duc retourna baiser les pieds du Pape de la part du Roy, et après lui tous les François de sa suite. Cette cérémonie finie, le Pape se retira en sa chambre; le duc de Nevers lui porta le bas de sa chappe. Un moment après, les cardinaux furent licentiez; mais Sa Sainteté retint le duc et M. de Breves pour dîner avec elle ; aprés lequel ils parlerent familierement de diverses affaires, jusqu'à ce qu'ils furent licentiés.

[JANVIER 1609.] Le jeudi premier jour de ce mois

et an 1609, j'ai donné de mon cabinet, à ma femme, une bourse et une paire de gands; et à chacune de mes deux filles Loise et Marie ung anneau, que j'ay tirés de mon escrain, où il y en a une vingtaine d'assés exquis, que je garde par curiosité.

Le vendredi 2, P. de L'Estoile, mon fils aisné, aagé de vingt quatre ans, plaida sa premiere cause à la Tournelle devant M. le président Molé, et la gangna. Et encores que ce fust peu de chose, n'estant question que d'une incompetence; neantmoins pour avoir bien fait pour un commencement, et pour le premier abord du barreau, me donna du contentement, et quelque relasche, ce me sembloit, de mes ennuis : Dieu moderant et temperant de ceste façon les affaires et sollicitudes de ce monde. J'ay voulu avoir la copie du dit plaidoier de la main de mon fils.

Le mardi 6, jour des Rois, passant devant le Palais, je rencontré de hazard, entre ces peintures et drolleries qu'on y estalle, la figure de deux monstres merveilleus et espouvantables. Le premier, né au royaume de Boheme, en un village nommé Vuinselbourg, le 10 de novembre 1577, du vacher commung du dit village, nommé Erhart Crah, qui avoit eu la compagnie d'une chevre, qui en accoucha en plaine rue, en la presence d'une infinité de personnes, le dimanche 10 du dit mois; et fust le lendemain 11, jour Saint Martin, le dit Erhart Crah bruslé tout vif avec sa chevre et son faon ou monstre, la teste duquel estoit boucqualle, estoit hermaphrodite, ayant deux corps, l'un humain, reservé qu'il n'avoit point de nombril, qu'il avoit les pieds fendus comme ceux d'une chevre, et qu'il estoit couvert de poil herissé et crespé, de couleur entre mi brune et chastaingnée, tant par devant que par derriere ; au bout du bas de laquelle figure estoit l'autre corps chevral, lui prenant depuis l'espine du dos jusques à l'entrejambe du dit corps humain : estant le dit corps chevral porté par deux autres jambes mi boucqualles, entre lesquelles lui pendoit une petite tetasse ou mammelle qui lui commençoit depuis le nombril qui estoit sous la fugure brutale, et lui continuoit jusques au haut des dites cuisses de derriere, au dessus desquelles y avoit une petite queue à la façon des bestes de telle sexe, et la partie genitalle femelle de mesme : qui estoit chose horrible à voir; et ne pense pas que jamais ait esté né au monde un monstre plus hideus et effroyable, joint qu'on asseure qu'il parla à l'instant de sa nativité, et dit qu'il n'estoit seulement venu par l'iniquité de ses engendreurs, mais pour signifier la ruine de plusieurs.

Le second monstre fust né l'an suivant 1578, en la ville de Cher en Piedmont, de la femme d'un docteur en medecine, qui en accoucha le 10 janvier de la dite année, à huict heures du soir. La relation italienne du dit monstre est telle :

Horribil mostro nato in Cher, terra del Piamonte, della moglie di un doctor, a 10 di genarro 1578, à hore octo di nocte; et di la gamba destraroia, et il resto del corpo ai color bertino, con cinque corni, quello che li pende de la testa e di carne, quello che à a torno la gola e di carne.

L'un et l'autre a esté pourtrait et imprimé à Troie par Denis Villerval, és dites années 1577 et 1578; mais que je n'avois peu recouvrir jusques à ce jour, encores que j'en aie fait mention en mes Memoires

Journaus du roy Henri III, comme estant l'un et l'autre tenu pour deux insignes prodiges de nostre temps, mais veritables. J'en ay payé trois sols, pour le pacquet de mes monstres.

Le Roy toucha ce jour les malades, et fist son jubilé : dispensé par le Pape, à cause de ses gouttes, de le faire à sa commodité. Aprés souper, il alla voir le balet.

Le mecredi 7, on m'a donné le suivant quatrain, qui couroit sur la mort du fils du Pape :

> Dieu le père a voulu que son cher fils unique
> Par les Juifs en la croix pour nous fust estendu;
> Et le Pape a voulu, pour la foy catholique,
> Que son fils dans Paris de mesme fust pendu.

Il y avoit quelques autres vers latins aussi qu'on me donna ce jour sur ce subject; et y en couroit quantité d'autres, mais secrettement, crainte de la recherche, pour ce que le Roy (à la persuasion principalement du pere Cotton, ainsi qu'on disoit) s'en estoit offensé, et mandé Castrain aux Thuilleries, qui avoit le bruit d'en faire; lequel il avoit fort tansé, et defendu tresestroictement à lui et aux autres de s'en plus mesler, disant qu'outre ce que le Pape estoit un grand prince, et reconnu en son roiaume pour chef de l'Eglise, il lui avoit obligation pour la France; qu'il l'aimoit, et vouloit que ses subjets qui l'aimoient l'aimassent aussi pour l'amour de lui.

Le dit Castrain lui mesme, qui m'est venu voir ce jour, me l'a conté; et croi qu'il ne dit pas tout, et que comme les autres en disent trop, il en dit trop peu, à cause que cela le touche : car on tient que le Roy le mena mal.

Le jeudi 8, j'ai acheté devant le Palais deux bagatelles nouvelles qu'on y crioit : l'une, l'Entrée de M. de Nevers à Romme ; l'autre, un discours sur le traicté de paix de la Hongrie avec le roy d'Espagne ; au bout desquels j'ai ajousté deux almanachs nouveaux de ceste année, et merveilleus, c'est à dire en folie.

J'ai presté ce jour à M. Du Pui mes deux premiers tomes des *Recueils de la Ligue*, reliés en parchemin en deux volumes in-8°. Commencent à l'an 1584, et finissent à l'an 1588 ; et y a dedans quatre vingts traictés divers, ethiquetés de ma main, sur le dos des dits livres.

J'ay acheté ce jour un livre nouveau, proprement du temps, et digne de ce siecle, imprimé in-8° par Saugrin, et fait par la Boursier (1), sage femme de la

---

(1) *Et fait par la Boursier*: Louise Bourgeois, dite Boursier. Elle avoit épousé un chirurgien militaire, qui étoit élève d'Ambroise Paré. Des maisons qu'elle possédoit dans le faubourg Saint-Germain ayant été pillées et détruites pendant les troubles de la Ligue, et son mari qui se trouvoit à l'armée ne pouvant lui procurer les moyens de soutenir sa famille, elle fut obligée de se créer elle-même des ressources. Elle essaya de travailler à des broderies et autres ouvrages de femmes; mais elle gagnoit si peu, qu'il lui fallut y renoncer. Ne sachant quel parti prendre, elle se décida à se faire sage-femme : elle étudia les livres d'Ambroise Paré, et accoucha assez heureusement quelques femmes du peuple. Elle étoit étonnée de ses succès. « Le premier enfant « que je portai baptiser à Saint-Cosme, dit-elle, il me sembloit que « les murailles des Cordeliers me regardoient. » Lorsqu'après avoir acquis de l'expérience elle voulut se faire recevoir, les autres sages-femmes, qui pour la plupart ne savoient ni lire ni écrire, craignirent de s'adjoindre une personne plus instruite qu'elles, et surtout la femme d'un chirurgien. Elles s'opposèrent tant qu'elles purent, mais inutilement, à sa réception. L'événement justifia leurs craintes : la Boursier ne tarda pas à se faire connoître ; elle fut bientôt employée par les femmes les plus considérables de la cour, puis par les princesses. Marie de Médicis la choisit pour sage-femme pendant sa première grossesse, et ce fut elle qui accoucha la Reine de tous ses enfans. L'ou-

Roine, traictant des maladies et accouchemens des femmes : lequel j'ay estimé d'autant plus authentique et recueillable, que ceste femme peult sçavoir beaucoup de petits secrets de nature, qu'elle a appris dans un bassin de barbier. J'en ay donné ung quart d'escu, qu'il faudra que je retire de quelque autre fadeze pareille à celle ci.

Le vendredi 9, un mien ami m'a fait voir un petit libelle de deux ou trois feuilles seulement, fait contre les jesuistes, qui couroit ici secrettement, imprimé in-16, sans nom de lieu ni aucteur, si non qu'on le tient avoir esté de leur Societé, intitulé *De studiis Jesuitarum abstrusioribus Relatio*. Le commencement est : *Quod Marcus Cato olim dixit : Mirum si aruspex aruspicem videat, et non rideat; idem quis non incommodè de jesuitis pronuntiet, mirum si jesuita jesuitam intuens risum cohibeat, etc.* Toute la suitte est sanglante, qui les taxe des plus horribles vices et abominables impietés qui se puissent dire ; et entre autres de diablerie, magie, attentats par glaive et poison, conjuration contre les Estats des princes et des grands ; et le tout artificieusement couvert du manteau de leur religion, qui est hipocrisie. En la page 12, il parle ainsi du pere Cotton : *Inter omnes autem jesuitas magicarum artium peritiâ eminet pere Couton, gallus, quem Rex ipse tanti facit, ut regiæ mensæ adhibeat, et familiares cum eo misceat sermones.* De

vrage dont parle L'Estoile contient des observations sur les maladies des femmes, des enfans, et sur les remèdes qu'il convient d'employer. On y trouve une relation détaillée des couches de la Reine lorsqu'elle mit Louis XIII au monde. Nous donnerons, à la suite du Journal de Henri IV, ce morceau, qui est fort curieux et peu connu.

quo ipsi jactant jesuitæ quòd speculum habeat constellatum, quo quicquid scire Rex aveat, perspicuè ipsi representet: nec quicquam esse tam abstrusum, aut geri et consultari in reliquorum monarcharum intimis conclavibus, quod illius constellati vel potius condiabolati speculi beneficio, non in lucem proferre possit; et quidem hujus jesuitæ magi operâ confisi sunt jesuitæ, etc.

C'est ce que j'ay peu noter à la haste de ce petit libelle injurieus, et selon les autres veritable, mais gauffe et mal fait, qu'il m'a falu rendre aprés l'avoir leu, chacun craingnant la garde de tels discours, un peu dangereus et scabreus pour ce temps.

M. Du Pui m'a donné ce jour trois epigrammes latins singuliers et bien faits, par M. le president de Thou. Le premier est sur les amours d'une jeune fille et d'un vieillard; le second, sur celles de dom Perés avec la princesse Deboli (d'où proceda sa disgrace); et le tiers, sur l'execution de Barthelemi Bourguese, dextrement accommodé à la Saint Berthelemi, que le pape Pio Quarto fist faire; pour l'expiation de laquelle le pape Paul v donne son fils Barthelemi. Je n'ay rien veu pour le subject de mieux fait que ces trois epigrammes, principalement les deux premiers.

Ce jour, on crioit à Paris la copie d'une lettre de demie feuille, escrite de Romme par un des huissiers de chambre de M. de Nevers, sur l'entrée du dit sieur dans la ville de Romme le 25 novembre dernier.

Une des faveurs que fist Sa Sainteté au dit duc, mentionnée à la fin de ceste lettre, est que le disner fini, il se fist bailler à laver les mains par le dit sieur, et le fist seoir prés de lui avec M. de Breves.

Un gentilhomme mien ami m'a conté ce mesme jour pour chose veritable, comme y estant present, que mardi, jour des Rois, comme le Roy s'accheminoit pour aller à la communion, M. de Roquelaure aiant espié ceste commodité comme la plus propre pour la requeste qui lui vouloit faire pour un gentilhomme sien parent, nommé Saint Chaman, lequel depuis un an ou environ avoit indignement traicté et fait donner les estrivieres au lieutenant general de Tulles, sans aucun fondement ni apparence (dont Sa Majesté avoit esté fort offensée, et commandé qu'on en eust à faire bonne justice exemplaire) : le dit Roquelaure, pour persuader le Roy de lui donner sa grace, entre autres propos lui auroit dit que Sa Majesté allant là où il alloit, recevoir le precieus corps de Nostre Seingneur, il ne doutoit point qu'il ne lui eust demandé pardon de ses fautes, et que Dieu ne le lui donnast, à la charge de pardonner aussi les offenses à ses subjets, comme il vouloit qu'il lui pardonnast les siennes ; et que pour cela il avoit pris la hardiesse de supplier humblement Sa Majesté, au nom et pour l'amour de celui qu'il alloit recevoir, de vouloir pardonner au pauvre Saint Chaman, qu'il sçavoit l'avoir grandement offensé. Auquel le Roy le regardant, fist la suivante response, digne d'un grand et genereus prince, et vraiement chrestien : « Roquelaure, je m'estonne comme allant là où je vais, « protester à Dieu de faire justice, et lui prier de me « pardonner de ne l'avoir pas faite ainsi que je devois, « vous ozés me faire ceste resqueste : laquelle si je vous « avois accordée, je ne pense pas que Dieu eust jamais « remission de moy. Allés, et me laissés en paix. »

Le samedi 10, madame Camille Morel, une de mes

bonnes amies, et la perle des filles de nostre aage, m'a donné le dixain suivant, fait par elle comme je crois, encores qu'elle ne le die pas, l'an 1591, lorsque M. de La Curée battist les gens du Pape venus au secours de la Ligue, et leur arracha les clefs qu'ils portoient pour enseingnes.

> Rome est à bas plus que jamais :
> Peu ne fera s'elle en eschappe.
> Qui la defendra desormais,
> Puisque le curé bat le Pape ?
> Et vous, pauvres gens, interdits
> De la porte de paradis,
> Ne redoutés plus sa censure :
> Nous avons les clefs, et vous dis
> Que pour des desseins si maudits
> Rien n'en mesle point la serrure.

Le dimanche 11, M. Iv. m'a donné de petits vers françois plaisans, mais scandaleus, sur les diverses demeures et bastimens de la roine Marguerite. Ils sont tels :

> La roine Venus, demi morte
> De voir mourir devant sa porte
> Son Adonis, son cher amour,
> Pour vengeance a devant sa face
> Fait desfaire en la mesme place
> L'assassin presque au mesme jour.
>
> Là, de ce sang jugeant coulpable
> Son œil, et ce lieu miserable,
> Elle quitte l'hostel de Sens,
> Comme un hostel de sang infame,
> Où a laissé la bonne femme
> Les reliques de son bon sens.
>
> La rage, en cest estat, l'incite
> D'aller loger à l'opposite,
> S'exposant aux yeux de la cour,

Affin qu'en sa laide vieillesse
Le Louvre, comme en sa jeunesse,
Lui voie encor faire l'amour.

N'estant plus Venus qu'en luxure,
Ny roine non plus qu'en peinture,
Et ne pouvant, à son advis,
Loger au Louvre comme roine,
Comme p..... au bord de Seine
Elle se loge vis-à-vis.

Ceste vieille sainte plastrée,
Pour estre encor idolatrée
Bastist son temple au bord de l'eau,
Affin qu'à toute heure du Louvre,
Qui de l'autre bord la descouvre,
Le Roy puisse voir le bordeau.

On m'a donné ce jour mesme les suivans sur le siege de Sedan, contre M. de Rosny :

Comme ceux qui vont à la chasse
Prennent un duc pour appeler
Le gibier que l'on pourchasse,
Afin de le faire voler :
Ainsi, avant que d'entreprendre
De chasser autour de Sedan,
Le Roi s'est avisé de prendre
Son grand duc Maximilian.
On dit qu'il est de Barbarie,
Tant il est rude cet oiseau ;
Aussi pour telle volerie
Le plus difforme est le plus beau.

Le lundi 12, j'ay presté à M. Du Pui deux de mes tomes de la Ligue bouffonante, sur la mort du feu Roy, 1589 ; dans lesquels y a soixante sept discours ethiquetés de ma main. (Discours de vauneants et faquins.)

Le vendredi 16, M. Du Pui m'a donné trois epigrammes latins singuliers, faits par M. le president de Thou; entre lesquels y en a un qu'il fist passant par Chinon le 4 febvrier 1598, comme il revenoit de Chastelleraud avec M. de Calignon son bon ami, sur la maison de maistre François Rabelais qui y est, en laquelle on y void son estude qui y sert maintenant de taverne, et son logis d'hostelerie.

Le jeudi 22, M. Du Pui m'a donné la suivante lettre de Rabelais, plaisante, mais veritable, extraite de l'original :

« *He, pater reverendissime, quomodo bruslis quæ nova Parisius non sunt ova ?* Ces paroles, proposées devant vos Reverences, translatées de patelinois en nostre vulgaire orleanois, valent autant à dire comme si je disois : Monsieur, vous, soiés le tresbien revenu des nopces, de la feste, de Paris. Si la vertu de Dieu vous inspiroit de transporter vostre paternité jusques en cestui hermitage, vous nous en raconteriez de belles; aussi vous donneroit le seingneur du lieu certaines especes de poissons carpionnés, lesquels se tirent par les cheveux. Or vous le ferés, non quand il vous plaira, mais quand le vouloir vous y apportera de cellui grand bon piteux Dieu, lequel ne crea onques le karesme, oui bien les salades, harancs, merlus, carpes, brochets, dars, umbrines, ablettes, rippes, etc. *Item*, les bons vins, singulierement cellui *de veteri jure enucleando*, lequel on garde ici à vostre venue, comme un sang greal, et une seconde voire quinte essence. *Ergo veni, domine, et noli tardare;* j'entens, *salvis salvandis : id est, hoc est*, sans vous incommoder ne distraire de vos affaires plus urgens.

« Monsieur, aprés m'estre de tout mon cœur recommandé à vostre bonne grace, je prierai Nostre Seingneur vous conserver en parfaite santé. De Saint Ay, ce premier jour de mars.

   « Vostre humble architriclin et ami,
    « Franç. RABELAIS, medecin.

« M. l'esleu Pailleron trouvera ici mes humbles recommandations à sa bonne grace; aussi à madame l'esleue, et à M. le bailliuf Daniel, et à tous vos autres bons amis, et à vous. Je prierai M. Le Seeleur m'envoier le Platon lequel il m'avoit presté. Je lui renvoierai bien tost.

  «*A M. le bailliuf du bailliuf des bailliufs,*
  M. maistre Antoine Hullet, seingneur de La
  Court Pompin, en chrestianté, à Orleans. »

Le vendredi 23, J. P. m'a apporté la copie d'un petit livret qu'on lui avoit mis entre mains pour imprimer, intitulé *Abbregé des artifices;* commence : « Celui qui a dit que l'art de medecine estoit long, et « la vie briefve, eust mieux fait s'il eust enseingné les « moiens d'abbreger l'art et d'allonger la vie : car bien « que, etc. »

L'ayant leu avant que lui rendre, je trouve que c'est un vrai livre de nostre temps, duquel le tiltre et commencement sont beaux, le milieu cloche, et la fin n'en vault gueres.

Le samedi 24, arriva M. le Dauphin à Paris, pour voir le balet (ainsi qu'on disoit) de la Roine sa mere, qui se devoit faire le lendemain : ce que sa maladie et la colique de M. de Sulli fist differer. Le dit sieur Dauphin y vinst fort accompagné, plus de la suitte de la cour du Roy son pere, qui presque alla toute au devant, que de la sienne; et l'aprés disnée mesme alla avec Sa Majesté dans son carrosse (à la portiere duquel on le voiioit, habillé de gris blanc, avec une escharpe bleue) chés la roine Marguerite, où il fust receu avec grande alegresse et magnificence.

Le lundi 26, j'acheté les Satires du sieur Renier, dont chacun fait cas, comme d'un des bons livres de ce temps; avec une autre bagatelle intitulée *le Meurtre de la Fidelité*, espagnol et françois. Et m'ont cousté les deux, reliés en parchemin, un quart d'escu.

Le mardi 27, on me donna au Palais le suivant ænigme sur les procureurs et advocas :

>Dedans une isle sur Sene en Parisis,
>En lieu couvert de marbre blanc et bis,
>Sont animaus qui vivent de leurs cris,
>Et de leur plume nourrissent leurs petits.
>Qui les assault, tout soudain il est pris
>De leurs semblables, et en grand danger mis;
>Et qui les bat, aviènt encore pis.

Le mecredi 28, j'ay vendu à un curieus pour soixante et onze livres seize sols de mes pieces et medalles d'argent et de bronze, qui ne m'avoient cousté que cinquante neuf livres dix sols; mais aussi j'ay baillé un cabinet pour trente cinq livres dix sols, qui m'en avoit cousté quarante cinq. Ainsi l'un a recompensé l'autre.

Tout ce mois de janvier fust humide, vain, maussade, mal sain; et si fort pluvieus qu'on a remarqué qu'il ne s'est passé en tout le mois que trois jours où il n'ait pleu ou la nuit ou le jour, et le plus souvent tout du long de l'un et de l'autre. Les arbres s'y voiloient floris comme en avril, et les violettes comme en mars. Ceste saison ainsi intemperée, et contraire à la constitution naturelle de l'hiver, causa force maladies à Paris de toutes sortes, principalement de petites veroles, de fluxions et cathaires, dont beaucoup meurent : entre autres le comte de Flex, frere du comte de Curson, un des gallans de la cour, et en la fleur de son aage; et M. de Chanterene, maistre des comptes, lequel, bien que catholique, de l'ordonnance de sa derniere volonté fust enterré à Paris le jeudi 29 de ce mois, sans aucune pompe ni solennité funebre.

Les desbauches et querelles ne laissent pour cela de continuer par tout, voire et se renforcer à la cour, en despit du ciel et du mauvais temps. Un gentilhomme nommé Bressieu, pour s'estre meslé un peu trop avant, ainsi qu'on disoit, de la querelle du duc d'Eguillon et de Balagny, est contraint, par commandement exprés de Sa Majesté, de sortir le roiaume, et se retirer en Angleterre, le Roy ne lui aiiant voulu accorder sa retraitte en Provence, son pays naturel. La Chastaingneraie, esconduit de la capitainerie des gardes de M. le Dauphin, demande son congé au Roy, qui le lui donne, mais un peu plus rude et plus prompt qu'il ne pensoit : car il ne lui donna que deux heures pour sortir. Dont M. de Sully qu'il alla voir estant averti, modera un peu la promptitude du Roy, et fist aucunement sa paix, estant le dit de Sully d'autre costé assés empesché de se maintenir en ce temps, et defendre des envieus sa fortune et sa hautesse : avec laquelle voulant renger au petit pied avec son baston ceux de la noblesse, mesmes aux balets, où il fait d'huissier de salle, en rencontre qui lui font teste, et Carbonnieres entre autres, gen-

tilhomme determiné, et qui ne recongnoist que le Roy;
et par billets jettés à l'Arsenal est menassé en ce temps
de plusieurs autres. Quant aux gentilshommes de Paris nouvellement imprimés, et qui y font ordinairement
la presse et le desordre, ils s'y trouvent la plus part
d'eux escornés d'honneur, et paiés de leurs folies selon
qu'ils meritent; entre les autres S. B. par M. de Rohan,
à un des grands laquais duquel, qui gardoit la porte,
il s'estoit adressé. Et tout cela du balet du mardi
sixieme jour des Rois.

Le samedi 31 et dernier de ce mois, la Roine fist à
Paris son ballet magnifique, dés long temps pourpensé
par elle et destiné, mais differé jusques à ce jour.
Et ne fust qu'en deux lieus, à l'Arsenal et chés la
roine Marguerite, où Leurs Majestés trouverent la
collation magnifique et somptueuse que la dite dame
leur avoit fait apprester, qu'on disoit lui revenir à
quatre mil escus. Entre les singularités de laquelle y
avoit trois plats d'argent accommodés exprés à cest
effect, en l'un desquels y avoit un grenadier, en l'autre
un oranger, et en l'autre un citronnier, si dextrement
et artificieusement representés et desguisés, qu'il n'y
avoit personne qu'il ne les prist pour naturels. Et estoit six heures du matin quand le Roy et la Roine en
sortirent. La petite Paulette emporta l'honneur du ballet, tant par ses bonnes graces que par sa voix harmonieuse et delicate, qu'on disoit, au jugement mesme du
Roy, surpasser en bonté et douceur celle du sieur de
Vaumesnil : joint que ceste petite chair blanche, polie
et delicate, couverte d'un simple crespe fort delié, mettoit en goust et appetit plusieurs personnes.

L'ambassadeur d'Angleterre vid ce beau ballet à

l'Arsenal; et celui d'Espagne dom Pedre, au logis de la roine Marguerite, pour en prendre, disoit on, un plan, et l'envoier à l'archiduc, pour le faire imprimer en Espagne en tablature de taille douce.

Le refrain du ballet et de la ballade, comme on dit, fust une querelle de gentilshommes prise au logis de la roine Marguerite : chose assés commune et ordinaire en ce siecle, fertile en toutes sortes de desbauches et meschancetés.

Ce jour, sur les quatre heures du soir, fust constitué prisonnier au logis de la roine Marguerite un de ses officiers nommé Carrel, fils de cest insigne usurier et riche papetier Carrel, accusé d'avoir voulu empoisonner la dite roine, mais en effect (ainsi qu'on disoit) pour avoir respondu de quelques sommes notables pour la dite dame, pour la seureté desquelles on l'avoit nanti de quelques bagues et pieces dont la Roine avoit affaire, et qu'elle ne pouvoit bonnement sans cela retirer de ses mains. Accident peu regretté en lui, à cause de sa vie mauvaise et desbordée.

En ce mois, un jeune orfevre nouveau marié, demeurant à Paris sous la tournée du pont, decelé par un sien serviteur de faire des rongneures de pieces, lui aiiant esté les dites rongneures saisies, fust pendu et estranglé : ce crime ne se pardonnant non plus à un orfevre qu'un coup de cousteau à un boucher. Sa femme en aiiant confessé plus qu'on ne lui en demandoit, fust renvoiée, et absoulte : les juges aiians eu esgard à sa grande jeunesse et simplicité, qui ne pensoit point mal faire en ce faisant; et de fait ne s'en cachoit point.

En ce temps, y eust une entreprise descouverte sur

La Rochelle par la sottise et lourde conduitte de deux Flammands qu'on y avoit envoiés, lesquels, avec la plume et la carte en la main, observoient un peu trop attentivement les fortifications de la ville : qui fust cause de les faire prendre prisonniers, avec quelque autre qu'ils accuserent. Dont Sa Majesté estant avertie, manda en diligence qu'on eust à passer outre en l'instruccion et confection de leur procés; et qu'il evoquoit tout à lui et à son conseil, s'en estant reservé la connoissance. Ce pendant le silence touchant ceste affaire commandé et prattiqué à la cour comme le jeusne en caresme, M. de Sully en encourt grande disgrace envers Sa Majesté, à laquelle le commun de soi, ignorant et aisé à persuader, donne tout un autre pied et fondement, et les plus entendus s'y perdent en leurs discours, ce cas estant reservé aux dieux.

Supplément tiré de l'édition de 1736.

Le 10 du mois de janvier, la chambre des comptes a enregistré l'edit pour la réunion des duchez, comtez et baronnies de l'ancien domaine de Navarre (1) à la couronne de France; et le bail fait dudit domaine à Jean Billard, pour en jouir pendant neuf années en payant deux millions cinquante mille livres, verifié en

---

(1) *L'ancien domaine de Navarre* : Henri IV, en montant sur le trône, avoit voulu que son domaine patrimonial demeurât séparé, afin que la princesse Catherine sa sœur pût en jouir, et payer ses créanciers. Le parlement séant à Tours refusa de vérifier les lettres patentes qu'il avoit expédiées à cet effet, attendu qu'elles étoient préjudiciables à l'Etat. La princesse Catherine étant morte en 1607, et ayant payé la plus grande partie de ses dettes, le Roi fit un nouvel édit par lequel il révoquoit le premier, et qui portoit que son domaine comme roi de Navarre étoit réuni à la couronne de France.

ladite chambre. Par ce moyen, tous les offices de judicature, de finance, et autres dudit domaine, sont faits royaux et réunis à la couronne, conformement à l'acte dudit bail.

[FEBVRIER.] Le dimanche premier de ce mois, mourut à Paris le comte de Saux, meurtrier du feu baron de Nantouillet, tenu pour un des gallans seingneurs de la cour, et qui mourut aussi d'une gallanterie, ainsi qu'on disoit : à sçavoir d'un excés fait avec une femme; qui est le trait d'un vray et parfait courtisan. Ils estoient quatre, savoir : le comte de Flex, mort peu au paravant de la mesme façon : cestuici ayant passé le pas ce jour; le prince d'Espinoy et le baron de Vigean, tous deux au grabat, attendans la grace de Dieu : aians tous les quatre pris de l'huille d'ambre pour estre meilleurs compagnons.

Le lundi 9, fust mise en terre la mere de la damoiselle que le president Chevalier, qui avoit espousé la Videville, entretenoit tout publiquement au veu et sceu de tout le monde, et de laquelle il avoit plusieurs enfans. Elle se tenoit à Paris en la rue Pavée; et estoit ce scandaleus et vilain entretien de l'intelligence et consentement, ainsi qu'on disoit, de la mere, qu'on vouloit excuser, et couvrir de la necessité. Mais il n'y a point de necessité qui puisse dispenser une mere chrestienne d'estre m......... de sa fille.

Le jeudi 12, une pauvre femme accoucha dans la foire : lieu qu'on pense qu'elle avoit choisi exprés pour estre mieux secourue en sa pauvreté et necessité.

La roine Marguerite estant ce jour à la foire avec M. le Dauphin, lui donna pour sa foire un cordon de pierreries de trois mil escus, qu'il porte à son chapeau.

Le samedi 21, ung nommé Marsan, dauphinois, m'a donné sa Tradition catholique, qui est un livre dont il m'avoit communiqué la copie, tendant, mais en vain, à la reunion des deux religions, qu'il a fait imprimer nouvellement par Berion, in-8°: œuvre à la verité treslouable et utile, si la passion et le peu de charité de nos hommes d'aujourd'hui n'en empeschoit le fruit et l'effect.

Le lundi 23, M. Du Pui me vinst voir, et me dit la mort de ce grand personnage M. de L'Escale, decedé à Leyden le 21 du mois passé. Ce qu'il en avoit peu apprendre, attendant plus certaines nouvelles et particulieres de sa mort, est qu'il a esté trois mois malade; et de ces trois mois, trois semaines au lit; que pour epitaphe sur sa tombe il avoit ordonné qu'on y mist seulement les mots suivans: *Jos. Justus Scaliger, Jul. Cæs. filius, hic expectat resurrectionem.*

Ce jour, les nouvelles vinrent à la cour et à la Roine de la mort du grand duc de Toscane son oncle: qui fust cause de rompre tous les beaux projets des ballets, tournois, combats, et autres folies qui estoient ja preparées et se devoient faire à Paris à ces jours gras, mais bien megres pour beaucoup de pauvres ouvriers, qui firent perte à ce changement.

Depuis le vendredi 6 de ce mois, jusques à ce jour de mecredi 25 du dit mois, que j'escris ceci pour tromper mon mal et ma melancolie, je fus arresté à la chambre et à la maison d'un flux de ventre, accompagné d'un grand desgoustement et alteration qui me dura douze jours, pour l'arrest et allegement duquel j'ay pris deux medecines de l'ordonnance de Herbaut, medecin, mon voisin, que j'ay pris au lieu de M. Lefèbvre, depuis la mort duquel je ne m'estois aidé de medecin ni d'apotiquaire. Mon fils aisné, malade en mesme temps d'une fievre lente, a esté pensé de lui, et pris deux medecines.

Beaucoup d'autres afflictions sur ceste maison, que je prie Dieu seulement vouloir avouer pour sienne, se contenter et retirer sa main courroucée de dessus, sans avoir esgard à mes vanités, ausquelles je desire mettre fin avec le present registre : me souvenant qu'il y a quarante ans aujourd'hui que je fus premierement marié avec Anne de Baillon ma premiere femme, et que Dieu m'apelle ailleurs.

Le samedi dernier febvrier, le tresorier Chauvelin, aagé de quarante-sept ans, fust enterré à Paris. On disoit qu'il mouroit riche de six cens mille francs, n'en aiant eu de patrimoine que quatre mil trois cens livres; et qu'il avoit bien fait proufiter le talent.

Un conseiller d'Eglise, de la cour de parlement de Paris, nommé Saintmars, fils du feu tresorier de l'espargne Morfontaine, possedant en benefices la valeur de vingt mille livres de rente, comme il eust esté forcé par les parens d'une fille qu'il entretenoit, nommée Picart, à se marier avec elle : le Roy en estant averti, et que le mariage avoit esté fait et consommé en face d'Eglise (combien qu'on pretendoit le mariage nul, tant pour la force que pour la qualité du personnage), donna à la comtesse de Moret une partie de ses benefices, faisant response à ceux qui lui en parlerent, qu'il gardast bien sa femme, et qu'il garderoit bien ses benefices.

En ce mois, le Roy donna à M. le Dauphin pour precepteur ung nommé Desyveteaus, qui n'estoit pas l'homme de Platon, c'est à dire le plus homme de bien de la republique et de la cité : au contraire un des plus vicieus et corrompus, et qui estoit doué de toutes les bonnes parties requises en un vray et parfait courtizan de ce temps. Sa Majesté néantmoins voulut qu'il le fust, non obstant toutes les prieres et humbles remonstrances qu'on lui en peust faire, et mesmes la Roine, qui s'en monstra si mal contente qu'on disoit qu'elle en avoit pleuré. Le Roy disoit qu'il avoit bien instruit (les autres disoient assés mal) son fils de Vendosme, et qu'il y avoit apparence qu'il ne se comporteroit pas pis, mais mieux, à l'endroit de son Dauphin : aussi que chacun estant bandé contre lui, il vouloit resoluement qu'il le fust, afin qu'il tinst ce benefice de luy seul, et non d'autre. Et de fait quand ledit Desyveteaus se presenta devant la Roine pour l'en remercier, Sa Majesté lui dit qu'il ne l'en remerciast point, mais le Roy, qui seul l'avoit voulu ; et que si elle en eust esté creue, il ne l'eust jamais esté. Le Roy en mesme temps donna à M. le Dauphin M. de Souvrai (1) pour gouverneur, qui estoit un seigneur de merite et de vertu, aussi digne de ceste belle et honorable charge (pour estre tenu un des plus sages et accomplis gentilshommes de la cour) que l'autre estoit indigne de la sienne, au jugement de tous.

En ce mesme mois, le sieur dom Pedro, ambassadeur d'Espagne, sortist de Paris où il avoit fait un long sejour, pour reprendre le chemin de son pays, où la

---

(1) *M. de Souvrai :* Gilles de Souvré, marquis de Courtenvaux. Il fut fait maréchal de France en 1615.

plus part des bons François le souhaittoient il y avoit long temps.

Supplément tiré de l'édition de 1736.

On dit que le Roy, pour apprendre à la Reine, d'une maniere qui ne l'effrayât point, la nouvelle de la mort de Ferdinand de Médicis son oncle, supposa un songe dans lequel il avoit vû le grand duc mort, et qu'il lui raconta à son lever. La Reine en a été d'abord surprise; mais ensuite elle a dit au Roy que ce n'étoit qu'un songe. « Mais, madame, a réparti le Roy, je crains « que mon songe ne soit vrai; nous sommes tous mor-« tels. — Il est donc mort, dit la Reine? — Oui, ajoûta « le Roi; voilà la nouvelle que j'en ai reçûe. »

[MARS.] Le lundi 2 de ce mois, j'ay acheté un livre nouveau fait par M. Heroard, premier medecin de M. le Dauphin, intitulé *l'Institution du Prince*: qui est une matiere si triviale et un subject tant de fois chanté et rechanté, qu'on n'y peult trouver que des redites. Il m'a cousté relié en parchemin, avec une autre fadeze de contresatire pour les dames, un teston.

Le samedi 7, se battirent en duel, hors la porte Saint Antoine, six gentilshommes, trois contre trois, desquels un des plus braves demeura mort sur la place, les autres blessés; et y en eust ce mesme jour encore un autre au Pré aux Clercs.

Le dimanche 8, on fist un balet des fols (fort convenable à la saison), qui fust joué à l'Arsenal; et disoit l'on que c'estoit pour closture des folies de quaresme prenant, sauf toutefois à recommencer : car c'est proprement l'œuvre sainte Croix, qui jamais ne s'acheve.

M. Du Pui m'a donné ce jour six distiques nouveaux faits contre Rome et le Pape, par M. le president de Thou. Commencent:

Tarpeia quondam dejecit rupe Camillus, etc.

Le lundi 9, on m'a donné le placcard fait par Matthieu, de la vie du Roy; lequel il a reduit en un petit livret qu'il a fait imprimer par Rigaud, et lui a donné ce titre: *l'Inscription faite sur les principales actions du treschrestien et tresvictorieux Henri IV, roy de France et de Navarre.* « Il n'y a pas tout mis, dit un « quidam au Palais, en le voiant. — Pourquoi, lui dit « un autre? — Pour ce, respondit il, qu'il n'est pas en- « cores mort, et qu'il en fera bien d'autres. » Et à l'aureille: « Il n'y a mis que les vertus. »

On disoit que M. de Sully, Du Luat, un Alemand et quelques autres en avoient fait qu'on ne voiioit point encores, mais qui se verroient prou et assés tost, puis qu'il y alloit de ce subject.

Le mecredi 11 de ce mois, j'allay voir pour la derniere fois un pauvre aveugle qu'on appelloit l'aveugle de Charanton, pour ce qu'il n'en failloit pas ung. Il estoit logé aux fauxbourgs Saint Marceau en la rue des Postes, et partoit le lendemain avec sa femme pour se retirer en Xainctonge, en la ville de Saint Jean d'Angely, estant forcé à cela par la necessité, provenante du peu de charité des ministres et anciens de son eglise, qui lui avoient retranché depuis sept mois l'ausmone des vingt sols qui lui donnoient par semaine, n'ayant aucun moien de vivre d'ailleurs, et le voulant contraindre de demourer dans Charanton ou mourir de faim à Paris, où toutefois il avoit beaucoup souffert pour la religion, estant ordinairement le jouet de ceste populasse et lie parisienne : de laquelle allant et venant du presche, il recevoit plus de coups, d'injures et de boue, qu'il n'eust fait en dix ans de morceaus de pain et de deniers. De moy, j'aimois cest homme, tout pauvre, malotru et miserable qu'il estoit, pour ce que je voiiois qu'il aimoit Dieu et le craingnoit; et depuis trois ans qu'un homme de bien m'en donna la connoissance, ne failloit point toutes les semaines de l'aller voir, Dieu s'estant voulu servir en cest endroit de moi et de mes mains (bien qu'indigne d'une si grande grace) pour soulager la misere et necessité de ce pauvre homme affligé. Il s'apeloit Jean Curé, estoit tisseran de son mestier, avoit perdu la veue, et par cest accident tout moien de pouvoir travailler et gangner sa vie depuis huict ans en ça. Ce qu'il portoit avec une grande patience et reconnoissance de Dieu.

Le jeudi 12, un Italien nommé Cona, renommé pour la science de l'astrologie judiciaire, estant arrivé en ceste ville, un de mes amis me le voulust faire voir, pour entendre de lui, disoit-il, choses rares et curieuses tant du passé que de l'avenir : car on disoit qu'il faisoit rage de bien predire l'un et l'autre, avec la bonne et mauvaise fortune de qui que ce fust. Mais sachant que la mienne, comme celle de tous les hommes de la terre, est en la seule main de Dieu, ne voulus le voir, encores que j'en fusse prou tenté par ma curiosité, et que les fascheries que j'ay depuis quelque temps m'y portassent assés violemment : joint que tenant ceste science pour une pure piperie et imposture, et les maistres et professeurs d'icelle pour vrais trompeurs, j'eus peur de me tromper moimesme par ceste offense de Dieu, qui pourroit plus tost empirer mes affaires que les amander.

Le vendredi 13, fust mis en terre à Paris un mien ami procureur en la cour, nommé Vilevault, homme de bien, plus practiq aux bonnes lettres qu'en la chiquannerie du Palais : qualités rares en un procureur.

Le lundi 16, je suis sorti d'une affaire espineuse que j'avois avec un des plus grands chicanneurs et trompeurs de Paris, nommé Lordonné, demeurant sur le quai de la Mégisserie, qui se disoit marchant; mais je croy que c'estoit de mon argent et de celui des autres, quand il le pouvoit attraper. Il me devoit dés long temps par bonne obligation la somme de six cents livres, lesquels j'ay touchés et receus ce jourd'hui, aprés plusieurs fuittes, delais, traverses et chicanneries de toutes façons : mesmes un respit de six mois à lui accordé et sellé par M. le chancelier, qui en donne aujourd'hui jusques aux savetiers. De laquelle injustice rarement prattiquée par ses predecesseurs, et non sans grande connoissance de cause, y a grande plainte et murmure entre le peuple, qui en apeleroit volontiers s'il ozoit ou pouvoit, comme de beaucoup d'autres injustices, du chancelier au Roy.

Un procureur en chastelet, nommé Cuvilliers, sublin en l'art de chiquanerie, et un des plus experts du mestier, m'y a servi fort vigilamment et fidelement : ce qui ne leur avient gueres. Si que pour sa peine, outre les quarante francs de despens qu'il a tiré de la bourse de l'autre, lui ai donné deux fort belles livres de bougie du Mans; et à M. de Lespine, qui me l'avoit adressé, autant : m'aiant cousté lesdites quatre livres de bougie quatre livres seize sols.

Le mardi 17, j'ay acheté au Palais un petit livret qui se livroit sous le manteau (qui est le leurre ordinaire pour le debit de telles bagatelles), intitulé *le Paysan françois;* lequel aprés avoir leu d'un bout à l'autre, ay trouvé que ce n'estoient que fadezes et baguenaudes pour la plus part, avec redittes inutiles sur la reformation de tous estats, dont nous sommes encores plus loing qu'il ne pense. Il y a quelques traicts plaisans, dont je fais plus d'estat que de tous ses advis. Il m'a cousté relié en parchemin, in-8°, ung teston.

Le jeudi 19, un nommé Valladier, autres fois jesuite, preschant à Saint Jacques de la Boucherie, fist tout son sermon (où j'estois) de l'insuffisance de l'Escriture sainte et necessité de l'observation des traditions de l'Eglise : contre l'opinion des huguenos, lesquels il accoustra de toutes façons, jusques à dire (ce que je tiens et tiendrai tousjours pour ung blaspheme) que quand il n'y auroit point d'Escriture sainte, on s'en pourroit passer aisement, mais non pas des traditions.

Ce jour, fust mis en terre le sire Lustin, marchant drappier tenant sa boutique sur le pont Saint Michel à Paris. Il m'avoit servi long temps, et estoit en reputation d'homme de bien, et des moins trompeurs de cest estat.

Le dimanche 22, M. le Dauphin ouist la messe aux Chartreux, aprés la celebration de laquelle tous les chartreux, les uns aprés les autres, le vindrent saluer. Il avoit un accoustrement de satin bleu tout chamarré d'or, et se donna force plaisir d'un asne qui tourne ordinairement le puis de leur clos, où je le vis, accompagné de M. de Souvray son gouverneur, et d'une belle junesse de son aage; sçavoir, du comte de Saint Pol, marquis de Verneuil, chevalier de Vendosme, et autres.

Le lundi 23, la procession de la reduction de Paris se fist comme de coustume, encores qu'elle escheust le jour de devant, où se trouva grande compagnie, et plus qu'on n'avoit accoustumé d'en voir : principalement du corps de la cour, où je conté quarante deux robbes rouges.

Le mardi 24, fust pendu dans la cour du Palais, vis à vis des grands degrés, aprés la levée de messieurs de la cour, entre onze et douze heures du matin, un jeune garson enfant de Paris, pour avoir peu auparavant volé dans le Palais la boutique d'un marchant jouaillier, nommé Le Præbstre. La cour, à cause de sa grande junesse, qui ne passoit vingt ans, avoit envie de le sauver; mais aiiant esté trouvé recidif, et qu'il avoit fait un autre vol, l'envoia au gibet, où se voiiant il dit tout haut que le jeu et la paillardise estoient cause de sa mort.

Ce jour, on m'a fait voir un sanglant pasquin qui couroit contre M. de Sulli, intitulé *Privileges et Franchises de la ville capitale de la souveraineté de Bosbelle*, qu'on avoit fait voir au Roy, en guise d'un pacquet de la poste adressé à Sa Majesté, et envoié aussi tost à M. de Villeroy, qui le lui auroit porté ne sachant que c'estoit. Et aiant eu commandement de l'ouvrir, Sa Majesté aiant pris plaisir à se le faire lire, l'auroit aprés envoié à M. le conte de Soissons; dont on disoit le dit de Sulli avoir esté plus indigné que du pasquil mesme, duquel toutefois il s'est mis bien en peine de descouvrir l'aucteur, qu'aucuns ont opinion estre Chastillon;

et les autres le donnent à un Escossois, mais sans indice d'aucune preuve valable.

M. D. V. H. m'a monstré ce jour des lettres de Venize dactées du 4 de ce mois, par lesquelles on donne advis d'un moine emprisonné au dit Venize pour avoir fait contrefaire les clefs de la chambre et estude de Fra Paolo, en intention, comme on presume, ou de l'y assassiner, ou de lui voler ses livres et papiers : car pour le regard des escus de ce bon homme, n'y a pas grande apparance; et d'un autre evesque qui escrit de Venize en ceste ville, à un sien ami, que le differend d'entre le Pape et les Venitiens s'eschauffe fort; et qu'il craint beaucoup pour Sa Sainteté, si les choses passent plus avant, et qu'on revienne à la guerre, qu'il ne soit en fin chassé du tout de ce coing d'Italie.

Le mecredi 25, estant fort importuné d'un nommé Lescuier de lui vouloir prester un mien manuscript relié en parchemin in-folio, dans lequel y a quelques discours assés rares et curieux, m'estant venu voir ce jour pour cest effect, et ne sachant comment m'en depestrer, lui dis en fin que je ne prestois point mes manuscripts (encore que j'en aye presté assés et mesmes cestuici, mais à d'autres gens que lui); que si bien il le vouloit achepter, je lui vendrois : mais qu'en un mot j'en voulois avoir cent escus. Dont il sortist tellement irrité de cest offre, qui lui sembla desraisonnable, qu'aiiant rencontré M. Turquet et la Pimante qui venoient pour me voir, il leur dit tout en colere que j'estois l'homme le plus perfide de la terre : vice duquel je me sens moins entaché que d'aucun autre, et lequel homme vivant ne m'a jamais reproché que lui. Aussi s'en moquerent ils; et me l'aiant redit le lendemain, me donnerent plus de subject d'en rire que de m'en fascher, estant marri seulement de n'avoir peu tirer de sa bourse ce dont j'aurois plus affaire que de mon livre, dans lequel il n'y a rien ou fort peu de chose que je ne recouvre tousjours aisement quand je voudrai. De lui je sçai bien qu'il en tirera de la quintessence de la bourse des Alemans, avec lesquels il proufite de tels memoires : qui est la cause que je desirois aussi d'en tirer de la sienne, si j'eusse peu.

Le vendredi 27, un mien ami m'asseura d'avoir veu le jour de devant un vilain pasquin contre M. D. S. (1), et bien plus scandaleus et diffamatoire que celui des Privileges de sa ville de Bosbelle ; auquel, comme à la chanson de Robin, chacun ajouste aujourd'hui son couplet.

Peu de gens ont veu ledit pasquil, encores qu'on en bruie assés ici. A quoi il n'y a grand interest, pour ce que c'est une vilanie et mesdisance à laquelle un chrestien doit bouscher les yeux et fermer les aureilles, et que j'escris à regret sur ce papier, qui en rougist avec son escrivain de la meschanceté et desbordement de ce miserable siecle.

Le samedi 28, j'allay voir par curiosité, et aussi qu'il m'en avoit fort prié, un nommé Menestrier, de Dijon, logé à l'Austruche en la rue Saint Martin, qui estoit en reputation par tout d'un des grands antiquaires et medallistes de nostre temps, et qui s'y connoissoit le mieux. Il me monstra une grande quantité de medalles de bronze qu'il disoit fort antiques, lesquelles il estimoit ce qu'il vouloit, exaltant jusques au tiers ciel

---

(1) *M. D. S.* : M. de Sully.

la vanité de ceste curieuse recherche, dont il sembloit faire plus d'estat (comme font ordinairement ceux qui s'y arrestent comme lui) que de celle de ce beau tresor mentionné en l'Evangile. Il avoit aussi quelques pieces d'or et d'argent (que j'estimois pour mon regard plus que son cuivre, quelque chose qu'il m'alleguast au contraire), entre lesquelles y en avoit une d'argent moderne, mais bien faite, de Maximilian et de sa femme, qu'il me donna, et pouvoit valoir en argent trente cinq ou quarante sols. Pour laquelle je lui donné une medalle de bronze de mon cabinet, dont il faisoit estat et moy point, et disoit que c'estoit une medalle græque; mais ne sçavoit que c'estoit, non plus que moy.

Ce jour, Sa Majesté partist de Paris pour aller trouver la Roine à Anet.

Le mardi dernier de ce mois, j'ay acheté trois sols une nouvelle histoire tragique qu'on crioit devant le Palais, arrivée à Thoulouse, d'un augustin docteur en theologie, d'un conseiller au presidial, et d'une damoiselle espagnole : tous trois executés en la dite ville par arrest du parlement, pour homicide et adultere, en febvrier dernier de l'an present 1609. Laquelle histoire, avouée pour veritable, est digne de remarque, pour y reluire plainement une singuliere providence et jugement de Dieu.

Le dit jour, le frere de M. de Peyrés, gentilhomme provençal, m'a monstré lettres du dit pays, d'une histoire aussi tragique et prodigieuse que la susdite, avenue en ce mesme mois à Nice en Piedmont, d'une jeune femme qui avoit pendu son pere, pour l'avoir mariée à un vieillard contre sa volonté.

Le bon homme La Faye, le plus vieil ministre de Charanton, le plus riche et avare, mais le moins suffisant, mourust en ce mois à Paris. Il estoit de maison, oncle de madame la procureuse generale La Guesle; et fust avec un grandissime convoy porté et enterré au cimetiere de ceux de la religion. Ne laissa aucuns enfans.

La blanque, solemnellement establie à Paris (qui sans cela estoit assés desbauché), est visitée souvent, et plus hantée que les sermons de quaresme; et plus de presse à y gangner les benefices que les pardons en la semaine sainte. On disoit qu'il n'y avoit point de pipperie : ce que ne pouvoient croire ceux qu'on y mettoit tous les jours à blanc. Les autres, qui en rapportoient quelque piece ou benefice, se laissoient aisément transporter à ceste croiance.

M. le Dauphin y aiant mis quelques pistoles sans rien avoir, les appela tout en colere larrons, et dit qu'il les faloit pendre.

La Roine y mist aussi force pistoles; et en fin lui vinst seulement ung petit pistolet avec un demisein d'argent, qu'elle donna à Conssine (1). Une de ses damoiselles eust ung pendant d'espée.

La femme d'un sergent nommé Gruau, que je congnois il y a long temps, y perdist soixante escus : dont ceste pauvre femme (assés affairée d'ailleurs) en est demeurée comme toute troublée et desesperée.

Ung savetier demeurant à la Savaterie à Paris, ayant vendu tous les meubles de sa chambre, jusques à son lit et à sa couverture; ayant tout perdu et se voyant à

(1) *Conssine* : Eléonore Galigaï, femme de Concini, et favorite de la Reine.

blanq par la blanque, en deschargea sa colere sur sa femme, qui lui reprochoit son mauvais mesnage; et la battit si bien qu'elle en mourust; et lui tost aprés la suivit, outré de despit et de fascherie.

Le traict suivant, joué par un matois, est bien vray: dont il falust qu'il s'enfuist, mais non comme nostre bon homme de village.

C'estoit un charlatan qui, tenant sur le Pont Neuf une quantité de billets qu'il faingnoit d'avoir pris à la blanque (encores qu'il les eust fait luy mesmes), joua son jeu si dextrement, qu'il tira la quintessence des bourses de plusieurs, ausquels il fist venir l'envie d'estre de moictié. A quoi il jouoit asseurement: car il sçavoit bien ce qu'ils y devoient trouver.

Il fust aperçu en faire autant en divers endroits de ces quartiers là prés la blanque, où il en desniaisa tout plain, jusques à ce qu'estant descouvert, gangna le haut, et est encores aujourd'hui à retrouver.

Pour le regard de la pipperie qui y peult estre, M. de Graville, secretaire du Roy, m'a conté comme depuis peu un qui congnoist ayant mis à ladite blanque quelques quarts d'escu; lui estant venu benefice d'un saphir prisé cent dix livres, ceux de la blanque lui en ayant livré un qui n'estoit pas bon et n'en valoit pas quinze, comme ils le voulussent forcer de le prendre, les auroit fait ajourner, pour se voir condamner par corps à lui en bailler un autre bon, et de la valeur stipulée; et que le procés en estoit aux requestes du Palais.

Voila un eschantillon des traits joués à la blanque à Paris, en ce present mois de mars.

Les nouvelles d'Estat en ce mois ne sont que de la treufve faite au Pays Bas, et du tout à l'avantage (autres disent trop) de messieurs les Estats : dont on disoit que Sa Majesté, qui en avoit esté le premier aucteur et principal motif, s'en repentoit, et eust voulu qu'elle eust esté à faire : qui sont des dires qui courent à Paris, qui ne sont pas possible des plus certains.

Les desbauches et les jeus continuent à la cour comme de coustume. Le Roy jouant au reversis, ayant donné son jeu à tenir à Bassompierre, et voyant qu'il perdoit son argent ; Sa Majesté, qui ne prend pas plaisir à perdre, commença à se fascher ; et lors Bassompierre lui dit : « Sire, vous m'excuserés, s'il vous plaist ; « vostre sang me trouble » (entendant du mariage de M. le prince avec madamoiselle de Montmorency, à laquelle ledit Bassompierre avoit fait l'amour). Le Roy, qui ne la hayioit pas, luy respondit : « Ventre saint « gris, n'y ayes point hardiment de regret : car si cela « se fust fait, tu eusses esté le plus grand cocu de la « France. — Je m'en fusse au moins defendu pour « quelque temps, repliqua l'autre : car d'ici à deux « ans je verrai tous vos m......... empeschés à se curer « les dents sous les voustes de vostre Louvre. »

Traict plaisant de Sa Majesté sur les amours du conte de Grammont avec une grosse fille de la Roine, nommée la Bricasse. « C'est une alliance maritime, dit « le Roy : la barbue avec le rouget. »

Des predications de Paris pendant ce quaresme, beaucoup de bruit et peu de fruit. Les jesuistes y tiennent les premieres chaises ; font la guerre aux heresies, pour ce que cela les regarde ; en parlent d'ardeur et d'affection ; mais froidement des grands vices, corruptions et abominations qui regnent. Entre tous les autres, pere Gontier s'en fait ouir et croire ; et par ses seditieuses predications s'efforçant combattre l'heresie, l'establit plus, dit on, qu'il ne la ruine.

Ceux de Charanton ne font gueres mieux : car laissant là les vices et desordres qui regnent parmi eux aussi grands et enormes qu'en ceux de deça, declamans contre les abus et superstitions de l'Eglise romaine, font (comme les catholiques à Calvin) la guerre au Pape seulement, lequel ils nomment à plaine bouche l'antechrist; et traictent ceste matiere si bouffonnement, principalement un des plus jeunes d'entre eux, qu'ils destruisent plustost qu'ils n'edifient : estant ceste façon de prescher indigne de la modestie et gravité que doit tenir un predicateur en sa chaire.

Ainsi se descouvre en tous les deux plus d'animosité particuliere que de zele à la gloire et paix de la maison de Dieu.

Supplément tiré de l'édition de 1736.

Le lundi 31 de mars, on apprit la mort de Guillaume, duc de Juliers, de Cleves, de Berghes, comte de La Marck et de Ravensbourg; fils du duc Guillaume et de Marie d'Autriche, sœur de l'empereur Charles-Quint; et petit fils du duc Jean; arrivée, après une assez longue maladie, le 25 de ce mois.

[AVRIL.] Le samedi 4, j'ay donné à M. Labbé la Tradition catholique de Marsan, qu'il a fait imprimer par C. Berion, in-8°, lequel me l'a vendue, reliée en parchemin, dix sols. Elle a esté defendue et censurée à Charanton par les ministres du dit lieu, hors mis de M. Durant, estant encore en pire predicament envers les catholiques zelés qu'on appelle, c'est à dire ceux (comme il n'y en a que trop aujourd'hui) qui sont *afflati vapore Loiolitico*. Ce que j'avois predit dés le commencement à ce bon homme; et que son livre, bien que sincerement et veritablement escrit, ne seroit gueres bien receu de la plus part, tant d'une religion que d'autre, pour le petit nombre de ceux qui procurent et affectent la paix et reunion de l'Eglise de Dieu. Je l'ay voulu donner à Labbé, pour tirer de ses mains une bonne piece de feu M. de Lescalle qu'on m'a dit qu'il a, et qui n'a jamais esté imprimée.

Le lundi 6, j'ay acheté deux sols deux balivernes qu'on crioit devant le Palais. L'un est un discours intitulé *miraculeux et veritable* (c'est à dire sot et fabuleus) *d'un Turq*, lequel par derision ayant frappé l'image d'un crucifix d'un coup de cimmeterre, dont en ruissela le sang, estoit demeuré sur la place sans s'en pouvoir bouger, jusques à ce qu'il eust fait vœu de se faire chrestien. L'autre s'apeloit *le grand Chemin de l'Hospital*, qui est l'ordre de belistrerie, le premier de tous les ordres d'aujourd'hui le plus battu et le plus commun.

Le mardi 14, j'ay acheté les Privileges de l'Eglise gallicane, recueillis par M. Gillot, conseiller en la grande chambre, imprimés nouvellement à Paris, in-4°, par Varannes, avec un *codex canonum vetus Ecclesiæ romanæ*, compilé par M. Leschassier, avocat en la cour, imprimé in-8° par G. Le Beys. Ces petits livrets faschoient plus le Pape, pour ce qu'ils le battoient de ses canons propres, que ne faisoient ceux de Charanton.

Varannes me les a vendus, reliés en parchemin, cinquante-cinq sols.

Reste à voir le ramas bien que confus qu'a fait l'avocat Bocchel des anciens conciles françois, tant bons que mauvais, imprimés par Massé, et achevés il y a ja quelque temps, mais qui ne se vendent point encores, pour la revocation faite (à la priere du nonce du Pape) par M. le chancelier, du privilege qu'il en avoit accordé; et aussi par la fetardize et timidité de l'imprimeur, qui penseroit, s'il en avoit vendu un, estre quelque jour mis à l'inquisition, et envoié à la place Maubert avec une chartée de fagots et de quortrets.

Le samedi 18, maistre Guillaume vendoit sur le pont Marchant la permission octroiée par lettres de Sa Majesté au capitaine Marchant, pour la construction et parachevement du dit pont (qui est une belle œuvre, et d'embellissement singulier à la ville de Paris), qu'on void gravé en lettres d'or dans un marbre noir posé en cestê semaine sainte au commencement du dit pont, achevé le premier de cest an 1609 : qui est chose digne de remarque. Ce placcard de maistre Guillaume est d'une feuille imprimée, où la moictié, pour remplir la feuille, est de guilleminerie, c'est à dire de glose et invention de ce grand personnage, qui me l'a vendue ung sol comme aux autres.

Ce jour, estant allé à la Conciergerie et y aiant veu entre autres le prevost de Bretigni, un des anciens prisonniers de là dedans : comme nous fussions entrés en discours du peu de justice qui regne aujourd'hui, m'a conté, entre autres traits remarquables de la corruption d'icelle, d'une pauvre femme (à laquelle il m'a fait parler) qui, aiiant une petite fille aagée de cinq ans, auroit esté malheureusement violée chés celui en qui elle s'en estoit fiée, et qui mesme la lui avoit demandée aprés la mort de son pere : ayant esté trouvée tellement gastée de la grosse v..... et des p....... qu'on lui avoit donné, que ceste pauvre petite creature innocente en est morte martire entre les mains des barbiers et chirurgiens. Ce neantmoins la pauvre et desolée mere, depuis douze ans en ça, n'en a peu avoir autre raison de la justice, si non que ses parties aiiant obtenu arrest de la cour de parlement contre elle à leur proufit, aprés lui avoir fait donner le fouet l'auroient tellement ruinée par menées, brigues, faveurs, voleries et chicanneries, qu'elle auroit esté conseillée et contrainte de faire cession; et pour la reconforter de ses pertes et ennuis, lui auroient objecté ses juges (Baron le conseiller aiiant esté son rapporteur) que c'estoit elle mesme qui avec son doigt ou avec quelque cheville avoit gasté et corrompu sa fille : encores qu'avec tels instrumens on ne puisse donner la v..... et les p....... Desquels il appert par le rapport des chirurgiens et matrones, dacté du samedi 24 juillet 1599; lequel m'aiiant esté donné ce jour à la Conciergerie par le P. D. B., je garde pour memoire de la bonne justice de notre siecle.

Le mardi 21 de ce mois, j'ay receu par les mains d'un nommé Lorée, demeurant au Pied de biche prés Saint Eustache, douze pistoles valant quatre vingts quatre livres, pour mon registre manuscript que j'ay enfin baillé à M. Lescuier, à condition qu'il me fournira à ses despens la copie de trois discours inserés au dit registre, qui est le meilleur du dit livre, et aussi que j'ay tout le reste. Tellement que s'il est bien content du marché, et moy encores plus.

Pour seureté de la dite convention, et jusques à ce

qu'il m'ait livré les dites copies stipulées bien correctes et bien escrites, il m'a nanti pour gage d'un sien manuscript contenant toute la negotiation de M. d'Esparnon en Provence, depuis la mort du grand prieur jusques au soulevement des peuples et villes liguées contre le feu Roi ; où il y a plusieurs instruccions, lettres, harangues (mesmes de M. le president Seguier), dignes d'estre veues, et belles à recueillir.

Je lui avois vendu le dit registre quatre vingts dix livres ; mais j'en ay donné six à Lorée, pour quelques faciendes qu'il a faites et fait encore pour moy.

Il y a ung pistolet d'Italie forgé à Romme, du pape Jules II, où ses armoiries sont d'un costé ; et y a escrit autour : *Julius* II, *p. max.*; et de l'autre ung pourtrait de saint Pierre avec ses clefs, autour duquel y a escrit : *Bonus pater Julius à tyranno liberat.* Ce que ledit pape fist faire contre le *Perdam Babylonis nomen*, du roi Loys XII ; laquelle piece d'or, qui est rare et se trouve à grande difficulté, j'ay dés long temps, et la garde songneusement : mais desirerois bien que le pistolet de Jules lui tinst compagnie (que je ne pense pas estre si malaisé à recouvrir que le ducat du *Perdam*) ; et pourtant ay mis gens en besongne pour le trouver. M. de Montaut en a recouvert depuis peu de temps un par hazard, d'un orfevre qui ne sçavoit que c'estoit, non plus que lui, des mains duquel (qui le vouloit mettre au rebut) il seroit bien malaisé aujourd'hui de le tirer.

Le samedi 25, j'ay acheté une nouvelle fadeze qu'on crioit, intitulée *les Causes justes et equitables qui ont meu Martin Broccart, libraire et contreporteur* (ceste qualité est à noter, pour la grande connoissance de theologie qu'ont ces gens là), *de quitter les pretendus reformés, et de se ranger en l'Eglise catholique, apostolique et romaine.*

Le jeudi dernier du mois, madamoiselle de Fontenay, tante de ma femme, estant allée au festin de la nopce de son fils de Richebourg, fust volée en sa maison par son fils de Fontenay.

En ce mois, le partizan Paulet ayant fait parti de tous les estats des sergens de France, lesquels il devoit rembourser de la finance qui se trouveroit avoir esté financée par eux aux parties casuelles, et dont ils monstreroient bon acquit (qui estoit à dire en françois de leur faire racheter leurs estats encore un coup : car de cent tant de mil qui sont en France, ainsi qu'ils disent, n'y en a pas cent qui en peussent faire apparoir) : estans reduits au desespoir, et resolus de faire perdre la vie à celui qui leur vouloit oster la leur, et pour cest effet aians assiegé ledit Paulet jusques en sa maison, l'espiant et aguettant journellement pour le tuer, icelui pour s'en sauver fust contraint d'en quitter le parti et la poursuitte. A quoi aida bien la sage et rigoureuse reprimande que fist M. le premier president au dit Paulet, lorsqu'il l'alla trouver pour lui demander justice des dits sergens : car il lui dit que pour la lui faire il eust fallu l'envoier au gibet lui et tous les autres partizans, vrais larrons et sangsues du peuple, de la substance duquel ils vivoient, et de son sang cimentoient et bastissoient leurs maisons.

« Quand le prince (disoit ces jours passés un vieil
« courtizan d'Estat) se porte lui mesme chef et appui
« des partis, et qu'il dit aux partizans : *Ne vous adres-*
« *sez qu'à moy, je ferai vostre affaire : mais il me*

« *faut tant;* il ne reste plus à faire que des partis de
« la vie. ». Ce que nous voyons au temps present.

Le mariage de M. le prince de Condé avec madamoiselle de Monmoranci est tenu sur les rancs à la cour, où on fait le Roy amoureux de la dite damoiselle, excellente en beauté et bonne grace. « Sa Ma-
« jesté, dit la marquise, a voulu ce mariage pour abaisser le cœur à ce prince, et lui hausser la teste. »

Renfort d'abominations à la cour, où toute pieté et crainte de Dieu esteinte. On ne void que le vice regner, le blaspheme auctorizé, et le jeu son compagnon en vogue et en credit plus que jamais.

Laviorrois, conseiller en la cour de parlement de Thoulouze, escrit en ce temps un livre de la Reformation de la justice, dont on fait cas, pour estre escrit librement, et toucher des abus non vulgaires qui s'y commettent et se prattiquent aujourd'hui sans aucune recherche. Ung mien ami, homme docte, auquel l'aucteur a communiqué sa copie, m'en a asseuré; mesmes que M. le chancelier promet de lui en donner un privilege. Ce qu'il ne croid pas, ni moi aussi; et l'aucteur lui mesmes revoque fort en doute la promesse du dit chancelier.

Le cordelier portugais qui preschoit le quaresme à Nostre Dame prescha, le 20 du present mois d'avril, qui estoit le lendemain de Pasques, que la communion sous les deux especes estoit chose indifferente; que la primitive Eglise en avoit usé, et que c'estoit mesme l'institution de Jesuschrist. Toutesfois que depuis l'Eglise, meue de grandes et notables considerations, en avoit autrement ordonné; mais que s'il n'y eust eu autre differend entre nos adversaires et nous, qu'on

eust esté bien tost d'accord. « C'estoit prescher, disoit-
« on, plus heretiquement que jesuitiquement. »

Sur la fin de ce mois, arriverent les nouvelles de la prise du Terrail qu'on avoit envoié à Geneve, contre laquelle on disoit qu'il avoit dressé encores une nouvelle conjuration. Il estoit homme de main et de service, gentilhomme et brave soldat, mais mauvais François, traistre, meschant et audacieus jusques au bout, comme les beaux actes qu'il a perpetrés en font foy et preuve suffisante. Le Roy, duquel il estoit subject naturel (car il est de Dauphiné, proche parent de M. de Lesdiguieres), lui avoit pardonné plusieurs fois, et donné quatre graces; « mais il n'en avoit pas plustost « une, disoit Sa Majesté, dans une de ses pochettes, « que dans l'autre il tenoit une conjuration toute « preste pour la revocation de sa grace. » Qui fust cause que le Roy estant importuné de beaucoup de princes et seingneurs, et entre autres de M. de Lesdiguieres (ce qu'on disoit que Sa Majesté n'avoit pas trouvé fort bon), de lui pardonner encores pour ce coup, et le tirer de là où il estoit; regangnant ce brave serviteur à lui, et le faisant sien pour jamais, n'en voulut ouir parler : ains fist response qu'il en lairroit faire la justice; que messieurs de Geneve en avoient une fort bonne; et que s'il avoit failli il seroit puni, mais si non il n'auroit point de mal; et que de cela il s'en asseuroit. Pour son regard, que le Terrail l'avoit si mal servi, qu'il ne lui avoit point donné d'occasion de lui bien faire. Et à M. de Bouillon il dit ces mots : « Mon cousin, vous voiés comme Dieu me venge de « mes ennemis par mes ennemis mesmes! M. de Les- « diguieres m'a fort prié pour cest homme, comme

« vous sçavés : et toutesfois il n'y a pas deux ans qu'il
« me donna conseil de le faire mourir; et Du Terrail
« en mesme temps me fist proposer deux crimes capi-
« taus contre ledit sieur de Lesdiguieres. »

Supplément tiré de l'édition de 1736.

Le samedi 11 du mois d'avril, a été faite une conférence entre le pere Gonthery, jesuite, et Dumoulin, ministre de Charenton, dans la maison des demoiselles de Mezencourt, où la dame de Mezencourt leur sœur, huguenotte, avoit invité le ministre Dumoulin et ledit pere, pour s'instruire si la croyance des catholiques, qui croyent que le sacrement de l'eucharistie contient une vraye oblation du sang que Jesus-Christ a versé pour la rémission des péchez, étoit fondée dans les saintes Ecritures. Ce que le pere jesuite lui prouva par la Bible même des heretiques, de la version de Calvin; par ce texte de saint Mathieu, chap. 26, vers. 28 : *Prenez, buvez; ceci est mon sang du nouveau Testament, qui est épandu pour plusieurs en remission des péchez.*

Sur ce passage si exprès, le ministre Dumoulin eut recours à des distinctions, et dit que ces mots *qui est épandu* ne devoient pas s'entendre du présent, mais du futur. Néanmoins la dame de Mezencourt, qui avoit promis de quitter l'huguenotisme si ce point étoit exprès dans la Bible des huguenots, ne crut pas à la distinction et à l'interprétation dudit Dumoulin : ains résolut de se virer, et de se faire catholique.

Le jeudi 16 d'avril, sont venues lettres portant que la tréve entre les archiducs et les Provinces-Unies, à laquelle on travailloit depuis long-tems, avoit été concluë et arrêtée le 9 de ce mois. Cette tréve est pour douze ans, durant lequel tems il y aura cessation de tous actes d'hostilité entre le roy d'Espagne, les archiducs, et les Etats généraux.

Le samedy 18 d'avril, la dame de Mezencourt a tenu sa parole : car ayant pris avec elle plusieurs dames de sa connoissance, entre lesquelles étoit madame de Salignac, elle est allée à l'eglise de Saint Germain l'Auxerrois, où elle a abjuré le calvinisme et embrassé la religion catholique, malgré plusieurs lettres et écrits que le ministre Dumoulin et ses collegues lui ont envoyez pour retarder sa conversion.

Le jeudi 30 d'avril, ayant passé sur le pont Marchand, je me suis arrêté chez un lunetier qui montroit à plusieurs personnes des lunettes d'une nouvelle invention et usage. Ces lunettes sont composées d'un tuyau long d'environ un pied : à chaque bout il y a un verre, mais differens l'un de l'autre; elles servent pour voir distinctement les objets éloignez qu'on ne voit que très-confusément : on approche cette lunette d'un œil, et on ferme l'autre; et regardant l'objet qu'on veut connoître, il paroît s'approcher, et on le voit distinctement : ensorte qu'on reconnoît une personne de demie-lieuë. On m'a dit qu'on en devoit l'invention à un lunetier de Midelbourg en Zelande, et que l'année derniere il en avoit fait présent de deux au prince Maurice, avec lesquelles on voyoit clairement les objets éloignez, de trois ou quatre lieuës. Ce prince les envoya au conseil des Provinces-Unies, qui en recompense donna à l'inventeur trois cents écus, à condition qu'il n'apprendroit à personne la maniere d'en faire de semblables.

[MAY.] Le samedi 2 de ce mois, on m'a fait voir un livre nouveau d'un jesuiste nommé pere Gaultier, imprimé à Lion, in-folio, par Jaques Roussin; dans lequel y a une infinité de fadezes et menteries, entre lesquelles la suivante, que je tiens pour telle, et que j'ay leue, se void au chap. 10 des Nicolaites.

« Les nicolaites, dit-il, hays de Dieu en l'Apoca-
« lypse, en permettant la communauté des femmes ont
« fourni de l'ancre à Calvin, qui soustient que celui qui
« n'a tous les jours compagnie charnelle de la femme
« ne peult participer à la vie eternelle. » Et à la marge, la cotte du passage y est de ceste façon : *Epis. Her.* 25; qui est un peu ambigue, malaisée à trouver, et encor plus à verifier. Mais *mentiri ad bonam intentionem non est malum*, ce dira l'on : combien moins à un jesuiste! Le titre de ce livre est : Table chronographique de l'estat du christianisme, depuis la naissance de Jesuschrist jusques à l'an 1608.

Le dimanche 3, bruit partout de l'execution du Terrail à Geneve, auquel on avoit tranché la teste, et pendu ung nommé La Bastide, qu'on apeloit son petardier, brave soldat et determiné. Sur lequel bruit l'agent de Geneve nommé Dauphin, qui n'en avoit receu aucune lettre ni advis, et pourtant ne le pouvoit croire, alla trouver Sa Majesté, qui l'asseura qu'il estoit vray, et que M. d'Alincour lui en avoit envoyé l'avis de Lion. Le dit Dauphin me l'a conté lui mesme.

Le lundi 4, un banqueroutier nommé Guillaume Pingré, marchant de la rue Saint Denis à Paris, pour avoir faict banqueroute de cent mille escus ou environ, fust, à l'instance d'un nommé Lanci principalement, tresorier extraordinaire des guerres, auquel on disoit qu'il faisoit tort de quatre vingts mil escus, condamné aux galeres perpetuelles : aprés avoir faict ce jour à onze heures du matin, aprés la levée de messieurs de la cour, amande honorable, la corde au col, au pied des grands degrés du Palais, puis mené au pillori aux Halles, où on l'avoit tourné trois fois, et monstré au peuple respandu là en grande abondance, et merveilleusement resjoüi de ceste execution et bonne justice, mais rare.

Le lendemain, qui estoit le 5 du mois, vinrent les nouvelles d'une encores plus signalée banqueroute et plus grande (car elle estoit, ainsi qu'on disoit, de quatre cents mil escus), faite par Josse et Saint Germain maistre des comptes, gendre de feu Parant, partizan (lequel *le sel qu'il avoit tant à commandement n'avoit peu toutes fois garder de pourrir*, dit l'aucteur de la Descente aux Enfers); estimée de tant plus estrange que le dit Saint Germain principalement estoit tenu pour honneste homme et homme de grands moiens. Tellement que M. le lieutenant civil mesmes, qui respondit ce jour contre eux pour six vingt mil escus de requeste, ne le pouvant croire, ne voulust passer outre qu'il n'en eust esté premierement accertené par Rezé son gendre. Comme de fait ceste banqueroute estonna Paris, et l'anima si fort contre les banqueroutiers et partizans, qu'on tient que si elle fust arrivée deux jours devant, que Pingré eust esté pendu, et n'eust esté gueres plaint, pour estre en reputation d'un grand charlatan, et qui avoit l'ame meschante et cauterizée, et duquel les livres estoient faux.

Il y eust au mesme temps ung nommé La Tour, italien genois (qui sont gens, principalement ceux de ceste ville là, sublins par dessus les autres en l'art de tromperie et infidelité); lequel estant prest d'en faire autant, fut arresté; et s'estant sauvé au logis de l'ambassadeur d'Angleterre, fust laissé en sa garde, à la charge de le rendre et representer quand on en auroit affaire.

Largentier (bien que le plus grand larron et partizan de tous), avec un bruit aussi grand que s'il eust esté question de sauver la ville de Paris d'un saq, s'estoit transporté au logis dudit La Tour (qui disoit lui devoir douze ou treize mil escus), avec dix ou douze sergens, pour le prendre prisonnier.

Cest homme estoit fol et furieus, grand regnieur de Dieu; qui faisoit le prince, à cause des grands biens, terres et seigneuries qu'en apparence il possedoit, et en acqueroit tous les jours de nouvelles; apeloit Dieu son commis, qui lui faisoit, disoit il, fort bien ses affaires. Lequel blaspheme estoit ordinaire en sa bouche; mesmes devant M. de Sully : dont on ne faisoit que rire, au lieu de l'en reprimander et chastier.

J'ay presté ce jour, à la recommandation d'un mien ami, à un nommé Robert Du Bois, marchant espicier demeurant aux faux bourgs Saint Honoré, à l'enseingne de l'Escharpe roiale, trente livres tournois en quarts d'escu, sous gage d'une gondolle de naque de perle fort bien faite, et accoustrée d'argent; laquelle il doit, suivant la promesse qu'il m'en a faite, dactée de ce jour, retirer dans le 15 du mois de juillet prochain. La dite gondole est estimée à quinze escus au plus, et ne pense pas qu'elle en vaille plus de douze. Aussi, aiiant tant affaire d'argent comme j'ay, ne lui eusse presté la dite somme sans l'importunité de l'autre qui m'en a respondu, et duquel j'ay affaire.

Le jeudi 7, on m'a donné une nouvelle replique faite par Du Moulin au pere Gontier; laquelle est fort piquante et boufonne. Ainsi le jesuiste respond par injures, et le ministre replique des sornettes : se monstrans en ceste procedure aussi sages l'un que l'autre.

Le vendredi 8, M. le chancelier envoia querir M. de Vilarnon, deputé de ceux de la religion; auquel il enchargea, de la part de Sa Majesté, d'aviser et donner ordre que la replique du Moulin au pere Gontier ne se vendist point; et mesmes dimanche à Charanton, où on la devoit crier et vendre. De fait il s'y transporta ce jour, et en fit faire les defenses à Bourdin l'imprimeur, qui les y vendoit; mais il en avoit desja debité et vendu un bon nombre quand le dit Vilarnon y arriva, pour ce qu'il y vinst tard. Ce qu'on croyoit avoir esté fait à la main, et tout exprés.

Le dimanche 10, M. Du Pui, que j'ay esté voir, m'a appris que depuis peu un pedant de Rouen, nommé Beto, pourveu en la dite ville d'un archidiaconat qu'il avoit gangné, avoit escrit contre la Vie Saint Romain, de Rigaut, un meschant petit libelle qu'il avoit fait imprimer par un nommé Jacquin : dans lequel, entre autres sottises dont il est plain, il denigre fort de l'Histoire de M. le president de Thou, lequel il escrit tirer les huguenos des enfers pour les mettre au troisiemé ciel; au contraire deprimer fort les catholiques, et parler mal de l'Eglise, où l'occasion se presentoit d'en parler. Il y a aussi quelques traits injurieux contre le feu president de La Guesle, pere du procureur general d'aujourd'hui; et beaucoup d'autres semblables fadezes. Dont M. le president de Thou adverti avoit fait saisir toutes les copies qu'on avoit trouvées à l'imprimerie de Jacquin, et porter en son logis, où dés le jour d'hier elles devoient estre bruslées, ne les ayant voulu rendre à l'aucteur : lequel, aprés avoir estrangement baffoué, et remonstré qu'il ne lui appartenoit pas de parler de son Histoire, où il n'entendoit du tout rien, encores moins à un ignorant comme lui de la controller, l'auroit renvoyé avec menasses de lui apprendre le devoir et respect qui lui devoit, et à ceux de sa qualité et de sa robbe. Et pour le regard de son livre, que pour chose qu'il valust il le donneroit au feu, affin que jamais plus il n'en fust plus parlé.

Le mecredi 13, se battirent en duel, au Pré aux Clercs, messieurs de Guitri et Fleuri (Guitri, huguenot; Fleuri, catholique); tous deux aussi bons chrestiens l'un que l'autre. Guitri demeura fort blessé, en danger, ainsi qu'on disoit, de mort; Fleuri blessé aussi, mais legerement.

Le vendredi 15, mon cousin Molé le capussin (qu'on nomme frere Athanaze) nous a conté ce jour la mort du pere Venance, gardien des capussins; et comme dimanche dernier il estoit mort tout soudain dans leur convent de Paris, en priant Dieu, et disant ses complies dans sa chambre. Ils faisoient un saint de cest homme; et me dit le frere Athanaze qu'il demeuroit ordinairement sept heures en oraison, tousjours à genoux, priant Dieu sans se mouvoir ne bouger. Qui est un acte tresbeau et singulier, mais par dessus les forces naturelles de l'homme, sans une speciale grace de Dieu : laquelle on verroit s'estendre aussi bien sur beaucoup de gens de bien craingnans Dieu, que sur les capussins : veu que Dieu n'est point accepteur de personnes, et qu'il regarde les cœurs, et non les grands capuchons et robbes rapetassées. Et toutefois on n'oit point parler de ces miracles que sur telles gens, qui pour cela me sont fort suspects, aussi bien que la deification capussine.

Le dimanche 17, fust fait et consommé le mariage de monseingneur le prince de Condé avec madamoiselle de Monmoranci, à Chantilli, sans aucune pompe ni solennité, n'aucune autre assemblée de princes et seingneurs de la cour.

Pendant ce mois mourust M. Miron, lieutenant civil, personnage qui honoroit cest estat, lequel il a exercé au contentement du publiq avec autant de sincerité, vigilance, preudhommie et suffisance, qu'aucun autre de ses predecesseurs : car il avoit un esprit beau, vif, prompt, porté à la vertu, et à toutes choses belles et hautes : point sordide, point avare, point corrompu, aimant le peuple et aimé d'icelui, duquel il affectoit et procuroit en ce qu'il pouvoit le soulagement et conservation. Brief, un homme qui hors le malheur de sa maison, qui lui a fort avancé et abregé ses jours, et qui l'a fait oublier en beaucoup de choses (comme nous sommes tous hommes, et n'y a nul bon ni parfait que Dieu), meritoit tenir ranc entre les premiers de ce siecle. Il estoit aagé de quarante sept ans, bon et tres-fidele serviteur en tout temps de Sa Majesté : ce qu'on plaingnoit lui avoir valu si peu.

Madamoiselle de Courlanges, aagée, ainsi qu'on disoit, de quatre vingt cinq ans, mourut dans sa chaise; aiant eu de ce costé là, ainsi qu'on asseuroit, une opinion conforme à celle de Brandon, maistre des requestes : sçavoir, que la mort ne la saisiroit pas si tost dans sa chaire que dans son lit.

M. le president Bragelonne se desfit en ce mois de son estat de president des enquestes, et le vendit quarante deux mil escus contans au maistre des requestes Lescalopier : pris grand et excessif. Il fut fait conseiller d'Estat, laquelle place il obtinst aisement, pour y en avoir tousjours de reserve pour les gens de son humeur.

En ce mois de may, fust establi, pour l'instruccion de la junesse de la religion pretendue reformée, un college à Clermont en Beauvoisis, en Picardie; dont les affiches ayans esté mises à Charanton, un mien ami m'en apporta une du dit lieu, conceue en ces mots :

Il y a un college establi à Clermont en Beauvoisis, et trois regens, pour enseingner la langue latine, græque, l'escriture, l'arithmetique, la musique, la rethorique, la dialectique et logique. Si quelcun a desir d'y envoier enfans, l'Eglise aura soing de les mettre en pension, et le principal et autres personnes auront charge tant de leurs personnes que de leur instruccion. Les pensions seront de quarante escus, ou de telle autre somme que de raison.

Sur la fin de ce mois, furent faites à Paris deux justices notables : l'une de deux jeunes hommes freres de maison et de qualité, et tous les deux de la religion, en laquelle ils moururent : qui furent pendus et estranglés, pour la fausse monnoie; et y en avoit un secretaire du Roy, beau frere de M. Bigot.

L'autre fust d'un prestre sorcier, natif de Valongnes en la basse Normandie; lequel, attaint et convaincu d'une milliasse d'abominations, entre les autres d'avoir dit la messe à reculons et consacré un regnard en lieu de l'hostie, fust pendu en la place de Grève, et son corps redigé en cendre.

Entre les diableries et meschans tours de ce vilain prestre, il s'en raconte ung asseuré pour veritable à un mien ami par M. Le Bret, avocat du Roy : qui est que pendant sa prison, estant enfermé avec quatre ou cinq autres criminels en un cachot noir de la Conciergerie, et voiant que ces pauvres diables estoient comme desesperés d'estre là, pour les mesaises et tourmens qu'ils y souffroient, et ne se soucioient à quel pris ni par quel moyen ils en sortissent, il leur proposa, s'ils se vouloient donner à un homme qui leur feroit venir, qu'il les tireroit infailliblement hors de leurs peines, et les feroit sortir fort aisement. Ce qu'iceux ayans accordé, l'homme (qui estoit le diable) s'estant apparu à eux, et promis d'effectuer ce que son prestre leur avoit promis en son nom, moiennant qu'ils se donnassent à lui, et lui en baillassent leur promesse signée de leur sang; eux, quelques meschans qu'ils fussent, ayans horreur d'un tel faict, ne l'aians voulu faire, combien que le diable les en pressast fort, leur remonstrant qu'à trois ou quatre jours de là ils seroient aussi bien tous roués ou pendus; voiant qu'il n'y pouvoit rien gangner, se mist à les battre si cruellement, qu'estans entendus de tous les costés crians à l'aide et au meurtre : comme on y fust venu, on les trouva demi morts estendus sur la place, sans se pouvoir bouger ni mouvoir, pour la grande douleur des coups qu'ils avoient receus. Ce que messieurs de la justice ayans entendu, et deuement informés de ce fait, trouverent bon de leur remettre la vie, et commuer la peine de la mort (qu'ils avoient meritée) à quelque autre.

Ce tesmoingnage est de M. Le Bret, qui le peut sçavoir mieux qu'homme du monde.

Supplément tiré de l'édition de 1736.

Le samedi 9 de mai, le duc de Nevers a envoyé Charles de Lorme vers la veuve du duc de Julliers [1], pour lui faire les complimens de condoléance, et pour donner lettres aux seigneurs assemblez à Dusseldorp, et montrer le droit qu'il avoit à la duché de Cleves, étant le seul prince en vie resté de cette famille, dont il portoit et le nom et les armes; qu'il esperoit poursuivre son droit par-devant l'Empereur, déclarant que s'il advient qu'aucun s'efforce d'en prendre possession, il esperoit qu'avec l'aide du Roy très-chrétien son oncle il l'empêcheroit, et délivreroit le pays de Cleves de toutes invasions.

[JUIN.] Le jeudi 4 juin, fust publié et verifié au parlement un edit du Roy contre les banqueroutiers et cessionnaires, avec une autre declaration de Sa Majesté portant pouvoir de succeder aux hypotheques des anciens creanciers, sans cession d'iceux. Lesquels deux qu'on crioit le lendemain (estant detenu au lit et à la chambre d'une fievre tierce), j'envoiai querir.

Le jeudi 11, ma tante Du Thil sortist de ceste ville pour s'en retourner avec ma fille de Grainville et sa compagnie, en sa maison à Rouen.

Pendant le sejour qu'elle fist ici, je fus tousjours malade, affligé et detenu au lit et à la chambre d'une

---

[1] *La veuve du duc de Julliers :* Jean Guillaume, duc de Julliers, Clèves et Bergh, comte de La Marck, étoit mort sans enfans le 25 mars 1709, au retour de la chasse.

fievre tierce assés rude et fascheuse, accompagnée de mon mal melancolique ordinaire, pire que toutes les fievres du monde, et qui est un fleol de Dieu pour mes pecchés dont je suis bien digne, et d'un plus grand, que je porte depuis sept ans en ça, et lequel me fait vivre une vie mourante et langoureuse.

Ceux qui ont gouverné ici pour moi ma tante sur les grands mesaises et incommodités d'où procede une bonne partie de mes maux, en ont rapporté ce à quoy je me suis tousjours attendu : à sçavoir force plaintes et regrets de mon affliction et desastre, et beaucoup de belles paroles, et rien autre chose.

Le plus grand soulagement et commodité que j'ay tiré de sa venue (si tant est que Dieu permette qu'elle ait lieu), c'est que par le moien de mon cousin de La Guierche, son grand nepveu et bien aimé, et lequel elle en a prié tresaffectueusement et comme pour elle mesme, j'espere tirer mon fils aisné de la vocation du Palais, trop longue pour lui, et trop de despense pour moy, à celle des finances, où il pourra (sous l'adresse et conduitte de Dieu) mieux faire ses affaires : l'aiant tousjours jugé plus propre à celle là qu'à l'autre, et qui ne sera une petite descharge pour moi et commodité pour ma maison. A quoi mon dit cousin, qui a promis de s'y emploier tout à fait, et lequel gouverne toute ceste maison de Montpensier et Joieuse par son credit, le pourra placer en bon lieu, l'avancer, et quelques uns possible de ses freres avec lui : si tant est qu'il y veille comme il dit. Dont il se faut rapporter à la conscience d'un courtisan, et remettre le reste à Dieu. A quoi je me suis resolu, aprés que j'y aurai apporté, comme Dieu me le commande, tout ce qui dependra de moi pour le bien de mon fils et soulagement de ma famille.

Quand ma dite tante partist, elle lui donna six pistolets; et encores que si peu d'aide qu'on lui puisse faire lui vienne tousjours bien à point, si eussay je desiré, pour beaucoup de raisons, qu'elle se fust passée de lui faire ceste liberalité, ou qu'elle eust esté un peu plus ample.

Ce jour, fust apporté à Paris le corps de feu M. de Joyeuse, capussin; lequel, sans autre pompe ni solennité funebre que de six vingts capussins, qui marchans deux à deux, et tenans chacun une bougie blanche à la main, alloient disans et chantans le service fort devotement et piteusement, suivis d'environ cent chevaux bien en conche, entre lesquels estoient messieurs d'Esparnon, le grand, Chasteauvieus, et plusieurs seingneurs et gentilshommes, fust conduit aux Capussins, là où il fust enterré tout simplement, sans aucune cerimonie.

Le mardi 23, veille de la Saint Jean, j'envoiay querir par mon homme deux bagatelles nouvelles qu'on croit: l'une d'un miracle avenu en l'abbaye de Nostre Dame de Soissons le 22 du mois de mars dernier 1609; l'autre, un avertissement à tout chrestien sur le grand et espouvantable advenement de l'antechrist, et fin du monde, en l'an 1666. Lesquelles deux fadezes mon homme m'a acheté trois sols.

Le mecredi 24, jour et feste de Saint Jean, justement au bout du mois, je sortis pour aller jusques aux Augustins, aiiant tousjours esté detenu au lit, à la chambre et à la maison sans en pouvoir sortir, depuis le 24 du passé jusques à ce jour, aiiant eu onze accés de fievre tierce, avec de grandes inquietudes de corps et d'esprit. Pour le soulagement desquels maux je me suis servi du conseil de M. de Helin, medecin tresdocte, tressage et tresexpert, et qui m'a bien et doucement traicté selon mon humeur et complexion, combien que pour n'en rien desguiser, et en donner la gloire à Dieu comme il merite, je n'aye jamais rien trouvé ni ne trouve encores qui m'y serve tant et ayde, et en quoi je trouve plus d'allegement et de consolation qu'en la lecture de la parole de Dieu, meditation en icelle, et priere; et mesme en une petite suivante, de laquelle je me suis servi et sers encores ordinairement et utilement les nuits, pour repousser les mauvaises fantazies, tentations et imaginations dont je suis extrememement affligé par les veilles, et qui me travaillent plus en une heure que ne me font tous mes autres maux ensemble en un jour. Elle est telle, extraicte du livre que me donna feu M. Convers mon bon ami, l'an 1588, lequel j'apelle mon *vade mecum*.

Domine Jesu, cùm nemo me sit miserior, qui magis tua egeat misericordia; nemo perturbata conscientia me afflictior, nemo peccatorum plagis vulneratior, nemo tyrannide Satanæ captivatior, te per ineffabilem bonitatem tuam, per tuam crucem et passionem, precor ut ejus gratiæ quæ tam affatim omnibus miseris per te propinatur, me quoque facias participem, neque me solum ex tot millibus qui per tuam misericordiam salvantur, frustreris eâ fiduciâ quam semper in te collocavi. Amen.

Le jeudi 25, la Pimante me vinst voir, et m'apporta un nouveau discours de huict ou neuf feuillets escrits à la main, fait contre l'injustice et corruption du conseil et conseillers d'Estat de ce siecle. Subject tant battu aujourd'hui, qu'il n'y a si chetif qui n'en sache le chemin pour en babiller et en escrire; mais tant vainement et avec si peu de fruict, qu'il vaudroit mieux se taire : car au bout ce ne sont que *verba et voces,* et nous aurions affaire d'autre chose pour guairir le mal. Il commence : « C'est sur ce theatre, mes « patriotes, que je vous veux representer les actions « de quelques uns de nos compagnons, qui, en l'o- « rient de leur fortune et en l'occident de leur hon- « neur, vendent la justice au plus offrant et dernier « encherisseur; et aians l'oreille du Roy par des cordes « tressées d'or, y eslevent des gens d'aussi peu de « science que de conscience. C'est ici que je veux esta- « ler leur mercerie, et faire voir au jour, à toute la « chrestienté, les trafficqs horribles et detestables, etc.» Brave preambule certes, et qui entonne bien un

Fortunam Priami cantabo et nobile bellum.

Le samedi 27, fust publié au parlement l'edit du Roy sur la prohibition et punition des querelles et duels : edit vraiement chrestien, et de tant plus remarquable et rare que nous n'en avons plus gueres entre nous que le nom; au reste tresnecessaire, plain d'equité et de justice, et qui bannist un monstre lequel depuis vingt ans a devoré et fait mourir en France de sept à huict mil braves gentilshommes : car il se verifiera, par les registres des chanceleries seulement, que depuis l'avenement de nostre Roy à la couronne, jusques à la fin de l'an passé 1608, en ont esté sellées et expediées sept mille graces. Il est bon, mais tresmal dressé.

Le mardi 30 et dernier de ce mois, j'ay acheté un edit nouveau qu'on crioit sur la creation et establissement de certain nombre de conseillers en chacun des sieges particuliers des balliages et seneschaussées de ce roiaume : qui est un de ces vieux edits du feu Roy dont on crioit tant, que le conseil d'Estat de cestuici a fait revivre, comme il fait tous les autres, avec une botte de nouveaux qui fait tous les jours, plus pernicieux et dommageables beaucoup que n'estoient ceux du feu Roy.

En ce mois de juin, M. le president Miron, frere du feu lieutenant civil Miron qui lui avoit resigné son dit estat de lieutenant, estant allé trouver le Roy à Fontainebleau pour cest effect, en fust debouté et refusé tout à plat de Sa Majesté, combien que sa requeste fust tresjuste et raisonnable, ayant son frere, aprés la resignation, vescu les quarante jours, et seize davantage. Ce qu'ayant esté remonstré au Roy par plusieurs personnes, Sa Majesté enfin, pour s'en depestrer, leur dit que ce n'estoit à lui, mais à la Roine, à laquelle il se faloit adresser pour ceste affaire ; et qu'il lui avoit donné et accordé ledit estat pour en disposer et en gratifier qui bon lui sembleroit : laquelle avoit envie que son procureur Le Geay le fust. Puis ayant esté presenté à Sa Majesté, par le president Miron, le fils du feu lieutenant civil son frere, n'en tinst autrement comte, et ne daingna seulement le regarder. Ce qui fust trouvé estrange et mal interpreté, veu les bons services faits à Sa Majesté par le deffunct.

M. de Sully, prié de lui en parler et y interposer son credit, n'en eust plustost ouvert la bouche, que le Roy l'interrompant lui dit qu'il s'estonnoit comme il le prioit pour des gens qu'il avoit autres fois tant hays. « Et moi, sire, repliqua M. de Sully, suis encores

« plus estonné de vous voir hayr des gens que vous
« avés autres fois tant aimés, et qui vous aiment en-
« cores, et vous en ont rendu et rendent de tresbons
« services. »

Beaucoup d'autres lui en parlerent, et firent ce qu'ils peurent pour empescher que le dit Geay ne le fust; lequel avoit, comme on dit, tout le monde bandé contre lui. Le Roy mesmes ne lui estoit autrement favorable, si non à son comte prés qu'il vouloit avoir, quoi que ce fust de lui ou d'un autre. Mais la Roine, en faveur de la recommandation de Conssine, qui en faisoit son propre fait pour Le Geay, et avoit embrassé ceste affaire, et qui n'est jamais refusé de Sa Majesté de chose quelconque, quelle qu'elle soit, qu'elle puisse; et aussi que M. de Sully (qu'elle n'aime point) en avoit parlé au Roy pour les autres, ne se voulut jamais lascher. Tellement qu'en fin le dit estat demeura arresté au Geay, non obstant tous empeschemens et oppositions formées sur les crimes dont il avoit esté deferé, et ne s'estoit encores purgé : ce qui estoit juste qu'il fist au paravant que d'entrer au dit estat. Dont M. le chancelier aussi, quand ce vint à l'expedition de ses lettres, qui lui avoient esté recommandées par la Roine, en fist (mais *pro forma* seulement) quelque petite instance et difficulté.

Il a payé du dit estat cinquante mil escus, lui en ayant cousté encores, ainsi qu'on disoit, vingt cinq mil pour les epingles de la Roine, de Conssine et autres, desquels il avoit falu gangner la faveur par argent. Ainsi lui revenoit le dit estat à soixante et quinze mil escus : somme qui se fust trouvée malaisement à Paris pour cest effect en une autre bourse que la sienne, principalement d'un homme de bien, eust il esté cent fois plus riche que lui.

Le Roy en ce temps, esperdument amoureux de madame la princesse de Condé, estimée la plus belle dame non de la cour seulement, mais de la France, donne subject, par ses desportemens, de nouveaux discours aux curieus et mesdisans, qui sans cela ne parloient que trop licentieusement de Sa Majesté, et des vilanies et corruptions de sa cour. Car sa passion de ce costé là, qu'il ne pouvoit dissimuler, estoit si grande et avec tant d'ardeur, qu'on l'en vid changer en moins de rien d'habits, de barbe et de contenance : se monstrant si eschauffé à la chasse de ceste belle proie, pour laquelle avoir il mettoit tout le monde en besongne, jusques à la mere du mari, qu'il donna juste subject à M. le prince de se plaindre. Si que craingnant la commune fortune de la cour, qui lui sembloit desja (et non sans raison) preste de lui fondre sur la teste, demanda congé à Sa Majesté, pour lui et pour elle, de se retirer en l'une de ses maisons : estimant que l'eslongnement de la presence de sa femme estoit le plus doux et seur moyen qu'il eust sceu tenir pour obvier à tous inconveniens, et temperer l'ardeur des folles amours de son prince. Mais tant s'en falust que ceste requeste fust bien receue de Sa Majesté, qu'au contraire voyant que ce prince lui en faisoit un petit beaucoup d'instance, et plus qu'il n'eust voulu ; et ne pouvant supporter tant soit peu l'ennui de l'absence de ceste dame : après un rude refus se lascha aux menasses et injures ; ausquelles on a voulu dire que M. le prince aiant repliqué un peu hautement, et ayant meslé en ses propos ce mot de tirannie (comme s'il en eust voulu tacitement taxer Sa Majesté); le Roy relevant ce mot avec aigreur, lui auroit respondu que jamais il n'avoit fait acte de tiran en sa vie que quand il l'avoit fait reconnoistre pour ce qu'il n'estoit point; et que quand il voudroit il lui monstreroit son pere à Paris. Lesquelles paroles (si tant est qu'elles aient esté dites, comme on asseure) on peut penser de quelle façon elles navrerent le cœur de ce pauvre prince; lequel, d'autre costé, estant bien averti que le Roy se servoit de sa mere comme d'un instrument propre pour corrompre la pudicité de sa femme, en entra en grosses paroles avec elle, lui dit pouilles, l'apela m........., ou d'autre nom qui ne valoit pas mieux, lui reprochant de lui avoir peint la honte sur le front.

Voila un petit eschantillon des entretiens et devis de nostre cour pendant ce mois.

[JUILLET.] Le vendredi 3, j'allay voir mon cousin de La Güierche pour le remercier de mon fils, le lui recommander, et prier vouloir continuer la bonne affection qu'il monstre avoir de l'avancer et placer en quelque bon lieu. Nous n'avions accoustumé de nous voir, encores que nous soyons cousins germains; et est ici la premiere veue que je lui ay faite, la vanité de ce monde (comme je croy) en estant la premiere et principale cause, chacun voulant pour ce regard se tenir sur sa desmarche : estimant, quant à moy, que la premiere (tout inutile que je suis) m'estoit deue comme au plus ancien; et lui, indigne de sa profession de courtizan, emploié au service des princes et congneu d'eux, d'aller rechercher le premier un parent qui ne guairist de rien, et n'est congneu que des libraires de l'Université.

Le lundi 6, j'ay vendu à un peintre italien, nommé Gabriel de Serniole, pour quarante francs, de vieilles pourtraictures; lesquelles, encores que je sache m'en avoir cousté bien davantage, si voudrois je m'estre desfait de tout le reste que j'en ay à pareil pris, tant pour l'affaire que j'ay d'argent, que pour l'inutilité de telle marchandise, qui va tous les jours au rabais.

Le sieur Tavernier m'a donné ce jour le pourtrait du ministre Du Moulin, fait de nouveau en taille douce, auquel s'il n'est des mieux, pour le moins y est il reconnoissable.

Le mardi 7 de ce mois, maistre Nicolas Le Jay fist le serment à la cour de l'estat de lieutenant civil, et fust receu par M. le premier president, qui, se monstrant son bon Achilles, vinst exprés au Palais pour l'y faire recevoir, bien qu'incommodé de sa santé et de ses gouttes; et ce en faveur et consideration de Marchant son beau pere, duquel il estoit ami : laquelle amitié et connoissance ne servist de peu au Jay en ceste affaire, pour estourdir les fascheuses charges et informations qui estoient contre lui. Incontinent aprés sa reception, le premier president sortist du Palais, où il n'estoit venu que pour cela, et se retira en sa maison. Quelques jours aprés fust receu un nommé La Poterie, au paravant conseiller de la cour, procureur du Roy au chastelet, au lieu et en la place de maistre Nicolas Le Jay, qui lui vendist ledit estat quarante mil escus. Je laisse à penser comme il se pourroit faire qu'un peuple tirast bonne justice de gens qui en gros et à son prejudice achetent si cherement les estats ! En une republique ou monarchie bien policée, ceste vendition, traffique et achapt de tel estat à si haut pris seroient suffisans pour faire et parfaire le procés aux uns et aux autres.

Le mecredi 8, fust pendu et estranglé, en la place de Greve à Paris, un vray vauneant nommé La Noue, m........ de profession, et qui avoit espousé une garse, attaint et convaincu d'inceste avec la seur de sa femme, avec laquelle il couchoit ordinairement, et qui estoit une autre garse : laquelle encores qu'elle meritast de tenir l'autre bout de la potence prés son beau frere, si en fust elle quitte pour assister au supplice, condamnée au bannissement et au fouet, qu'elle eust au pied de la potence. On disoit que M. le president de Jambeville, esmeu de sa beauté et grande junesse, qui n'estoit que de quinze à seize ans, avoit esté cause de lui sauver la vie, ses juges concluans presque tous à la mort. Et est à noter qu'aussitôt qu'elle eust esté expediée, on la fist mettre dans un carosse qui l'attendoit et qu'on lui avoit envoyé exprés, ne manquans jamais les femmes de sa qualité (mesmement au temps present) de faveur et bonnes connoissances.

Le vendredi 10, M. Justel, arrivé tout nouvellement de Rouen, m'est venu voir, et m'a apporté de ses receuils et curiosités qu'il me vouloit bailler, à la charge que j'en ferois faire les copies : à quoi je ne m'entends plus, me despetrant journellement tant que je puis de toutes ces curiosités, qui vident sans grand proufit insensiblement les bourses des personnes qui les aiment, et s'y adonnent comme moy, que le naturel y a tousjours porté et porte encores souvent, contre ma propre volonté, et à regret.

Le dit Justel m'a fait voir aussi l'Apologie nouvelle du roy d'Angleterre, imprimée à Londres in-16 longuet, par Jean Norton, intitulée *Apologia pro juramento fidelitatis*, etc., en laquelle il accoustre mal le Pape, et l'apelle *antichristum romanum, et monarcham babylonicum*: comme aussi tous ses supposts et confidens cardinaux, jesuistes, et autres de ceste farine, principalement le cardinal Bellarmin, desguisé sous le nom de Tortus. Adressant ce petit livret à tous les rois, princes et monarques de la chrestienté, ausquels il en a envoié et fait present: de tous lesquels on disoit qu'il n'y avoit que le roy d'Espagne qui l'eust refusé, l'ayant nostre Roy pris et accepté, mais aussi tost baillé au pere Cotton. Je l'ay leu avant que le rendre, et n'y ay trouvé que paroles et redittes ordinaires sur ce subject. Ils y ont ajousté au bout son *Triplici nodo triplex Cuneus*, que je trouve mieux fait, composé par le dit roy en latin assés bon pour un roy, et de tant plus rare et à estimer que nous sommes en un siecle où il est aussi monstrueus de voir un roy docte, qu'il estoit du temps de Rabelais ung moine sçavant.

La dite Apologie est notée de la main du ministre Du Moulin, auquel le roy d'Angleterre l'avoit envoiée; et l'avoit le dit Du Moulin prestée à M. Justel.

Le samedi 11, j'ai presté au dit Justel (ce que malaisement eussay je accordé à un autre) mon grand manuscript græq relié in-folio en veau rouge, venu de feu mon pere, dans lequel y a quelques epistres et fragmens notables du concile d'Ephese non imprimés. Quant est du reste, qui se trouve imprimé, les jesuistes y ont passé, et ont tout corrompu.

Le mecredi 15, on crioit ici un arrest au proufit

des messagers ordinaires, contre les cochers et commis des coches.

P. D. m'a donné ce mesme jour une chanson qu'on disoit le Roy avoir faite ou fait faire sur le triste depart de ses amours (M. L. P. D. C. (¹)) à Valeri en ce mois de juillet 1609; laquelle couroit fort à la cour.

« Je sçay, disoit la Roine, que pour ce beau marché
« il y a trente m.......... en besongne; et si je m'en
« mesle une fois, je ferai la trente uniesme. »

Sa Majesté revinst ce jour de Fontainebleau à Paris.

Le vendredi 17, Lamet m'a donné de son impression quatre ordonnances nouvelles de nostre nouveau lieutenant civil, imprimées en placcard, et affichées aux coings et quarrefours des rues de Paris. L'une est contre les blasphemateurs du nom de Dieu, joueurs, berlandiers et yvrongnes : qui est une bonne et sainte ordonnance. L'autre, contre les caimanderies des gens vagabonds et sans adveu, qui se disent soldats, vrais faineants et de mauvaise vie, dont on void les rues de Paris toutes plaines : qui est une autre bonne ordonnance, sauf l'une et l'autre à executer. La tierce, sur la police du petit pain et mesme du mollet, abus des boullangers sur le poix : qui n'est pas mauvaise, et de laquelle M. le lieutenant tirera bien autant ou plus de proufit que le publiq. La quarte, de ne nourrir aux maisons aucuns porcs, pigeons ne lapins, est *de communi martyrum* de la police, et se garde en un temps comme en l'autre.

Il avoit esté aux Halles le samedi de devant, où faisant peser le pain, et controller toutes les marchan-

---

(¹) *M. L. P. D. C.* : madame la princesse de Condé.

dises et denrées, se fist voir et reconnoistre (qui est le bon mot) à tout ce peuple, de la bourse duquel, et de chacun et chacune en particulier, selon la qualité et pris de leur marchandise, il tira la quotte, et quelque quintessence.

Il n'y avoit pas jusques aux herbieres, fruictieres et harangeres, qui pour se sauver de l'amande ne crachassent au bassin, et tirassent de leurs tabliers gras quelques grans blancs et autre menue monnoie. Mais les tirans comme à l'envi, disoient que cela ne lui aideroit pas beaucoup à se rembourser de plus de quatre vingts mil escus que lui avoit cousté son dit estat de lieutenant civil.

Les cabaretiers et taverniers, gens infideles et corrompus s'il y en a au monde, voyans incontinent après sa reception les commissaires les venir visiter de sa part, comme ayans charge de reformer les abus et contraventions aux ordonnances que manifestement et impunement ils commettent tous les jours : « Ce n'est « pas, disoient ils, où le mal vous tient. Allons de par « Dieu le reconnoistre comme nous avons fait les au- « tres, et nostre cas se portera bien. Tel l'achetera qui « ne le beura pas trop bon. »

Ce jour mesme, ce grand partizan Largentier, qui contrefaisoit le prince à Paris, fust emprisonné, ayant esté premierement par Moissel, dit Montauban, arresté ce jour en la place du Change, pour la somme de cinquante tant de mil livres, de laquelle il lui estoit demeuré redevable ; mais finalement conduit en la maison de Poignant, son commis. Estant entré en composition de la dite somme, comme il achevoit de conter argent, survinst une contrainte du conseil pour la somme de six cens mil livres, dont il estoit demeuré reliquataire au Roy, apportée par six sergens qui, lui ayans mis la main sur le collet, le traicterent fort rudement, à cause du refus et resistance qu'il leur faisoit; et le trainerent comme un maraud aux prisons du grand chastelet, dont les bons compagnons disoient qu'il ne tenoit qu'à lui (*l'huis*) qu'il n'en sortist. Il avoit menassé souvent et menassoit tous les jours Montauban de le faire pendre, l'apelant petit maraud et larron. En quoi il pouvoit bien dire vray, encores que d'ailleurs il fust grand menteur; mais ceste verité, pour estre commune en la bouche de beaucoup, ne lui portoit autrement grand prejudice, s'il n'en eust proferé une autre (si ainsi on la doit apeler) contre les dieux et messieurs du conseil, lesquels il taxa d'injustice, d'avarice, larcins et concussions, lui qui estoit le plus grand et meschant concussionnaire qui fust au monde; ayant pour une fois, de son auctorité privée, levé sur le peuple cent muids de sel, outre l'impost ordinaire qu'il y levoit pour le Roy : qui estoit un crime capital, et de leze majesté au troisieme chef. Et cependant estoit impudent et presumptueux jusques là de mesdire publiquement de ceux qui à l'avanture, n'estant gueres plus gens de bien que lui, tenoient neantmoins sa vie et sa mort entre leurs mains, et avoient sur leurs tables son procés tout fait et parfait.

On disoit que M. de La Varanne en avoit donné advis exprés à Montauban par lettres qui lui en avoit escrites; lequel les avoit porté et fait voir à messieurs du conseil, qui en estans grandement irrités, M. de Sully le mecredi de devant l'envoïa querir; et lui ayant demandé ceste partie de six cens mil livres, et qu'il eust à les payer, estans entrés en contestation sur le deu de la somme, au moins d'une partie d'icelle, laquelle Largentier nioit : comme il est homme fier, hault à la main et avantageus en paroles, M. de Sully, qui pense avoir occasion de l'estre encores plus que lui, et qui n'a accoustumé d'estre bravé, mais braver mesme les plus grands, aiant receu de cest homme quelque responce haute (auquel mesme pour le mettre en son tort il avoit voulu donner terme pour paier), lui dit enfin qu'il le faschoit; et puis qu'il ne vouloit dire autre chose, que devant qu'il fust quatre jours il lui envoieroit de ses nouvelles. Ce qu'il fist au bout de deux.

J'estois encores au Palais en la place du Change, quand les nouvelles y arriverent, où estoient la pluspart de ces couppebourses de partizans qui coupent la bourse du Roy, faisans semblant d'y mettre de l'argent dedans; et fust dit tout haut que le credit du pauvre Argentier estoit fouetté, et qu'on ne lui eust pas voulu prester cinq sols sur tous ses grands biens et belles terres. Et combien que ce coup fust un coup de malheur qu'on apelle selon le monde, procedé de sa pure temerité et outre cuidance (comme aussi tous ceux qui l'ont congneu et prattiqué ne le tiennent pour autre que pour ung fol enragé, de peu d'esprit et conduitte en ses affaires, irresolu et mauvais courtizan comme il a bien monstré), et qu'il y eust mesme en ce fait autant ou plus d'animosité contre lui que d'autre chose : si est ce que ceux qui regardent à Dieu et à sa providence, et considerent la vie et deportemens de cest homme d'autre œil que ne font pas les mondains, diront que cest un *rectum judicium Dei, qui justus, justè suis tam atrocibus vitiis et flagitiis offensus,*

18.

huic viro mentem eripuit, ut eum malum malè perderet. Car outre ce que c'est un grand contempteur de Dieu, jureur et blasphemateur ordinaire de son saint nom, hautain et orgueilleux (ausquels Dieu resiste tousjours, et ne faut jamais gueres à les abaisser), il se verifiera assés qu'il a exercé sa charge et commission du sel en tiran, sans avoir aucun esgard aux plaintes et prieres du pauvre peuple tant opressé : faisant trainer ces pauvres gens d'ordinaire à la queue de ses chevaux, fermant l'oreille aux cris de la veufve et de l'orphelin (desquels Dieu se dit le pere et protecteur); et commettant tant d'autres actes tyranniques et meschans, que je craindrois d'en rougir ce papier, si j'en escrivois dessus la moictié seulement de ce que j'en ay oui dire et appris de plusieurs gens d'honneur, dignes de foy et nullement preoccupés de passion, mais qui connoissoient fort bien le personnage, et l'avoient veu, comme l'on dit, en besongne. Ce que pour mon regard je ne puis pas dire de moi, qui le connois à peine de veue, et qui comme chrestien lui souhaitte toute paix et amandement de vie : ne laissant pour cela de considerer, au prodigieus avancement de cest homme eslevé de la poudre, et qu'une nuit a creu comme le potiron, un merveilleux et soudain revers (non de fortune, mais de la main de Dieu) qui lui ayant donné de si grands biens, un fils à la cour prés du Roy, appointé en prince de la somme de douze mil escus tous les ans, et qui en despend dix huit mil ; une fille mariée à M. de Saint Phalle depuis peu, à laquelle il a donné cent mil escus contens en mariage ; logé comme un petit roy en la ville et aux champs, reduit aujourd'hui à un chastelet de Paris, duquel quand il sortira (ce qu'il pourra faire plustost qu'un plus homme de bien que lui) demeurera neantmoins flestri, pour le reste de ses jours, de biens, de credit, d'honneur et de reputation.

J'ajousterai ici, pour la fin, un plaisant comte qu'on asseure pour veritable, qui a couru tout Paris, le Palais et le Change, monstrant la presomption, sottize et vanité de cest homme, auquel se verifie autant et mieux qu'en pas un autre le dire du psalmiste : *Homo cùm in honore esset, non intellexit ; comparatus est jumentis insipientibus, et similis factus est eis.*

Ce fust au dernier voyage du Roy à Fontainebleau que Largentier estant venu pour prendre congé de Sa Majesté, il dit au Roy que bien tost il s'y achemineroit, pour avoir l'honneur de lui baiser les mains et recevoir ses commandemens ; mais que son voiage lui cousteroit dix mille escus. « Ventre saint gris, respondit « le Roy, c'est trop pour un voiage de Paris à Fontai- « nebleau. — Oui, sire, respondit-il ; mais j'y ai aussi « autre chose à faire, sous le bon plaisir et permission « de Vostre Majesté, s'il vous plaist me l'octroier ; qui « est que je puisse prendre le modelle des frontispices « de vostre maison, pour en acommoder une des « miennes que j'ay en Champagne. » A quoy le Roy se prenant à rire ne respondit rien pour lors ; mais quand on lui porta les nouvelles de sa prison au chastelet, se souvenant alors des frontispices de Fontainebleau, desquels Largentier lui avoit demandé un modelle : « Comment, dit le Roy, veult il prendre le modelle « des frontispices du chastelet comme il a fait ceux de « Fontainebleau ? »

Voila une partie de ce que j'ai peu apprendre de plus certain pour le fait de Largentier.

Le lundi 20, un espicier nommé Robert Du Bois, demeurant aux faux bourgs Saint Honoré à l'enseingne de l'Escharpe royale, auquel le 5 du mois de may dernier j'avois presté trente francs (qu'on trouvera escrits du dit jour sur ce registre), sur gage d'une gondole de nacque de perle accoustrée d'argent, retira son gage, et me rendist mes trente francs, qui me vinrent bien à point, pour estre leger d'argent comme tousjours, et *in divitiis inops (quod genus egestatis miserrimum est.)*

Le mardi 21, on crioit à Paris le miracle arrivé dans la ville de Geneve au mois de may dernier, d'une femme qui estoit accouchée d'un veau : lequel estoit fort suspect à beaucoup de gens, pour ce qu'il n'en avient gueres à Geneve que de ceux qu'on fait à Paris, du nombre desquels pourroit bien estre cestuici, forgé par quelque veau mesmes, en recommandation de sainte Marguerite, de laquelle on celebroit hier la feste avec beaucoup de devotion, ou plus tost superstition. Et ce qui me le fait croire est le discours de ce pauvre joubet qui, sans aucune apparence de verité ou de raison, dit qu'aiiant esté par une femme catholique ramantue à ceste miserable, comme elle estoit au fort de son travail, l'oraison de madame sainte Marguerite, elle respondit qu'elle eust aimé mieux mourir, ou enfanter un veau, que l'oraison de ceste Marguerite fust dite en son intention. Mais qu'elle en receust tost son guerdon : car d'un corps informé, d'une ame raisonnable qu'elle avoit dans son ventre, elle sentist un corps brutal ; et à l'instant delivrée d'icelui, sçavoir d'un veau, ainsi qu'elle avoit souhaité. Il y a prou d'autres fadezes qui ne valent pas seulement qu'on les lise ; et aussi que de cest eschantillon on peut juger du reste de ceste belle piece, qui m'a cousté ung sol.

Ce jour mesme, j'acheté ung sol un nouvel arrest du conseil d'Estat qu'on crioit, fait à Fontainebleau le deuxieme jour de ce mois, portant permission aux advocats d'exercer l'une et l'autre charge d'advocat et procureur.

Au mesme temps, ung maistre des requestes nommé Le Guay, que je congnois, et qui a de la reputation entre les gens d'honneur, eust un bref et rude congé de M. le comte de Soissons, du conseil duquel il estoit, manioit ses affaires dés long temps, et toute sa maison, où rien ne se faisoit et passoit sans son advis et consentement. Neantmoins ce prince l'aiiant envoié querir, lui declara qu'il ne vouloit ni n'entendoit qu'il s'entremeslast doresnavant d'aucunes siennes affaires, *non aliâ expressâ causâ*, si non qu'il lui commanda de se retirer incontinent, et que jamais plus il ne le vid.

Il en fist et dit autant à une nommée madame Phelippes, qui de tout temps l'avoit gouverné lui et toute sa maison.

Ainsi eurent leur congé les deux premiers et plus favoris de ce prince, pour nous apprendre que service des grands n'est pas heritage. Ce que chacun à la cour sçait assés, mais le prattique mal.

Le jeudi 23, on disoit au Palais que Largentier avoit fait offre au Roy de dix mil escus, pour avoir permission de Sa Majesté (à cause de son edit des duels qui l'empeschoit) de combattre Montauban sur le pré, et se couper la gorge avec lui aussi tost qu'il seroit hors de prison. Mais il eust semblé plus à propos à beaucoup de les faire battre l'un et l'autre contre Jean Roseau, et y eust eu plus de plaisir à ce combat.

J'avois, deux jours au paravant, parlé à un honneste homme qui le venoit de voir en la prison ; auquel en aiant demandé des nouvelles, et de ce qu'il y disoit et faisoit : « Que c'est qu'il y fait, me respondit il ? Il y
« blaspheme et regnie Dieu si outrageusement, que les
« fondemens du chastelet en tremblent. Il ne parle
« que de tuer et d'estrangler mesme ce coquin de
« Moissel, duquel il doit faire, dit il, à sa sortie une
« gorge chaude. Il en coupe les aureilles aux uns, aux
« autres les bras et les jambes ; et se comporte là dedans
« comme un homme furieux, insensé, et du tout
« hors de soy. »

Et comme cest homme qui me contoit cela eust achevé, en survinst un autre qui, sur le propos de ses juremens et blasphemes ordinaires, nous dit qu'il ne s'en faloit aucunement estonner, veu que mesme au milieu de ses devotions, lors qu'il parloit à Dieu et disoit son *Confiteor*, il ne s'en pouvoit tenir, et juroit bien serré. « De quoi, dit il, je suis bon tesmoing
« pour l'avoir oui : car m'estant trouvé un jour à la
« messe prés de lui en ceste chapelle basse qui est au
« dessous de la Sainte Chapelle du Palais, comme il
« suivoit le prestre au *Confiteor*, quand ce vint à *mea*
« *culpa*, je l'ouis qu'il disoit en battant sa poictrine :
« *Mea culpa*, corps Dieu, de bon cœur ; et le repeta
« trois fois comme on a de coustume, entremeslant et
« assaisonnant ses trois *mea culpa* des trois juremens
« et corps Dieu susdits. »

Le lundi 27, bien tard, fust rompu le voiage que mon fils devoit faire le lendemain en Touraine avec son cousin de Benevent, au moien d'une condition que lui proposa mon cousin de Monthelon, avec lequel il souppa, d'estre ici agent de M. le cardinal de La Rochefoucaud pendant son absence en Italie, où il s'achemine un de ces jours : ce que (n'estant pas grande chose d'ailleurs) lui peult toutefois servir d'entrée et accés vers les grands, pour estre congneu d'eux et de Sa Majesté mesme, à cause des pacquets qui lui seront adressés; et si ne l'engardera point ceste petite charge d'autre meilleure condition, quand elle se presentera pour lui : au contraire lui en fraiera et facilitera le chemin. Ce que je n'estime peu, et n'ay esté d'avis de la negliger, et pour un voiage de plaisir seulement perdre une bonne occasion (ou pour le moins l'esperance d'icelle, n'y aiiant encores rien d'asseuré de ce costé là), laquelle quand elle arrivera (soit elle, soit une autre) il doit empongner tout aussi tost aux cheveux et ne la lascher point, veu la peine où il void son pere, et les mesaises et incommodités de ceste pauvre maison, qui ne permettent qu'il ait jamais gueres de bien, si non celui qu'il se procurera lui mesmes.

M. de Monthelon neantmoins voulust, avant que d'en parler plus avant, qu'il en sceust au vrai ma volonté, et si je l'aurois pour agreable : « Car je crains, « dit il, que l'humeur de vostre pere ne s'accorde pas « bien avec celle des cardinaux. » A quoi mon fils ne respondit pas mal, qu'il croiioit que son pere aimoit et honoroit grandement tous les cardinaux qui estoient gens de bien : comme la verité est telle. Mais aussi estans autres, je ne crains point qu'on sache que j'honore plus un preudhomme de marchant avec sa tocque de Mantoue, qu'un mauvais cardinal avec son bonnet rouge. Et pour le regard de la religion, dont il m'a voulu donner attaque par ce traict, je ne crains non plus que lui et tous les autres sachent qu'en cela je suis, j'ay esté et serai tousjours (moiennant la grace de Dieu) de l'opinion d'un bon et docte prelat de ce temps : Qu'il faut aider à arracher de l'Eglise, sans fer ne outil manuel, ces deux plantes bastardes, papistes et huguenos; et rendre la catholique bien reformée, et la reformée catholique.

Le mardi 28, on me dit la mort du jesuiste Serarius, decedé depuis peu de temps en Allemagne, à Colongne ou és environs. On le tenoit pour un des plus doctes et suffisans de ceste societé, et des plus gens de bien; mais duquel je me doute, et crains que l'ame n'ait (comme celle de ses compagnons) joué son rolle pour la monstre seulement : dont le jugement appartient à Dieu, et non aux hommes.

Le mecredi 29, sur un bruit sourd qui couroit qu'à Paris se debitoit sous le manteau une nouvelle genealogie de messieurs de Lorraine, qu'on faisoit descendus de Charlemagne, et par ce moien, pour l'usurpation qu'en avoit fait Capet sur eux, legitimes heritiers et successeurs de la couronne de France; aiant esté adverti qu'un marchant lorrain qui estale vers les Mathurins en avoit quelques unes, je m'y transporté exprés : et de fait il m'en monstra, mais des vieilles, imprimées et taillées à Nanci, ainsi que j'estime ; et ne pense pas qu'il y en ait d'autres. Lesquelles l'archediacre de Thoul, aucteur du livre intitulé *Stemmata Lotharingiæ*, avoit faites, et que les ligueus et autres de leur faction, mal affectionnés à cest estat, faisoient revivre en ce temps à Paris, au grand prejudice du Roy et de sa couronne, fussent elles vieilles ou nouvelles.

Le jeudi 30, j'ay acheté au Palais un petit livret

nouveau du pere Cotton, lequel sent plus son damoiseau que son theologien, encores que je le trouve composé de deux especes de devotion : l'une affetée, pour les dames ; l'autre grossiere, pour un vulgaire, qu'on peult nommer superstition, à laquelle le petit peuple se laisse aisement enlacer, et attirer par ceux qui font traffic et tirent gain de ceste marchandise ; comme tous jesuistes, qui sont confits en ceremonies, et lesquels je tiens avec Tacite, en son cinquieme livre des Histoires, vrais ennemis de la religion.

Le vendredi 31, bruit de guerre contre l'Espagnol à Paris et par tout, à cause du duché de Cleves et de Juilliers saisi par le seingneur de Spinola ; lequel nous allons desnicher, et aprés marcher à la conquesté de toute l'Espagne, avec cinquante mil hommes et cent canons.

Ainsi ne se parle ce jour à Paris que de levées de gens de guerre, enrollemens de soldats, mandemens de capitaines et compagnies, attiraus d'artillerie et affustemens de canons ; et du Roy mesmes, prest de monter à cheval. Mais ce sera à l'avanture pour aller à Fontainebleau ou à Monsseaus minuter une plus douce guerre : comme aussi dés le lendemain il n'estoit bruit que de celle là, et du mescontentement qu'avoit Sa Majesté de la retraicte de M. le prince de Condé à Valeri avec sa femme : disant que la pension qui lui donnoit n'estoit pas pour demeurer à Valeri, mais à sa cour, prés de lui et de sa personne, pour lui faire service. Voila les sots et vains discours des cervelles foibles, inconstantes, volages et mal asseurées des hommes de nostre temps, qui ne s'enflent que de vent, et se manient à bonds comme les balons. Mais quoi ! nostre monde d'aujourd'hui (comme dit Montagne en ses Essais) n'est formé qu'à l'ostentation; et n'y a personne qui ne se veuille mesler de discourir de l'Estat, où il n'entend rien; et juger des intentions des rois et des princes, et pour la paix et pour la guerre, à la mode du Soldat françois et de maistre Guillaume, qui s'y connoissent l'un comme l'autre: estant le fond de leurs desseins caché à tous, fors qu'à eux.

Ce jour, le duc de Nemours mort à Paris, y resuscite le lendemain, pour venir à la cour baiser les mains de Sa Majesté, et y recevoir ses commandemens.

En ce mois de juillet, et le mardi 7 d'icelui, fust fait et consommé solennellement à Fontainebleau le mariage du duc de Vendosme, fils naturel de nostre Roy, avec madamoiselle de Mercœur, fille de la plus devote dame de la France, et la plus riche: qui sont deux belles qualités qui revenoient et agreoient fort au Roy, mais principalement la derniere, pour avoir tousjours eu Sa Majesté ce desir de bien et richement pourvoir ses enfans, qu'il apelle; et ne faisant tant d'estat de l'autre, pour ce qu'il sçavoit fort bien que la pluspart des devotions de madame de Mercœur, et les principales, n'estoient que compensations, par force messes et services qu'elle faisòit dire, pour expier les brigandages et voleries qu'elle avoit exercées sur ses pauvres subjets, dans son pays et duché de Bretagne.

Ces nopces furent triomphantes et magnifiques, où il ne se parla que de rire et danser. Sa Majesté paroissant par dessus les autres comme un soleil entre les estoilles, et tout brillant de perles et pierreries de valeur inestimable, avec un habillement fort riche, et accoustré, disoit l'on, en amoureux, couroit la bague et l'emportoit presque tousjours, n'aiant que lui et M. le prince de Condé, disoit la cour, qui y donnassent bien dedans.

Finalement Sa Majesté, pour n'y rien oublier, aiant pourveu jusques au lit et bonne chere de la mariée, qu'il aimoit; craingnant que son fils de Vendosme, pour la grande junesse qui estoit en lui, ne se trouvast court au mestier, et fist le sot, disoit il, quand il viendroit aux prises, l'avoit fait huit jours avant son mariage taster et essaier par une damoiselle qu'on lui envoia à Essone, qui estoit des plus expertes en l'art, et qui mieux entendoit tous les tours du mestier : sur laquelle il esguisa ses cousteaux. Et disoit l'on que le Roy y estoit depuis passé exprés, pour sçavoir comme il s'y estoit porté.

La nuit des nopces estant venue, Sa Majesté, pour les honorer davantage, voulust que la Roine donnast la chemise à la mariée; et s'estant trouvé au coucher, dit à madame de Mercœur que se desfiant aucunement de la junesse de son fils, et qu'il se trouvast trop nouveau à ceste besongne, l'en avoit fait instruire de bonne main, et monstrer comme il faloit faire; si qu'il esperoit qu'il s'en acquitteroit en honneste homme. « Et « vous, madame, lui dit il, qui sçavez dés long temps « comme on se comporte en telles affaires, je vous « lairrai à gouverner vostre fille. »

Cela dit, Sa Majesté se retira.

Voila ce que j'ai peu apprendre de ce mariage, tiré des airs communs, contes et mesdisances de la cour, où personne n'est exempt de dire des fadaizes, non plus que moy de me monstrer icy fat en les escrivant.

Quant aux affaires d'Estat, deputés de la religion en cour, demandans justice au Roy de l'infraction de leur edit en termes assés hauts, selon leur coustume, et trop pour subjets qui se disent reformés. Se plaignent fort entre autres du cardinal de Sourdis, lequel avoit excedé et fait battre outrageusement le ministre de Coutras, pour n'avoir osté son chapeau devant la croix qu'il fait porter ordinairement allant par les champs; avoit traicté de mesmes et pour semblable occasion un gentilhomme et un marchant (si qu'on disoit qu'il avoit battu les trois estats en la Guienne); fait deterrer une femme de la religion, et commis infinis autres excés semblables, pour lesquels le pays estoit en danger de souslevement si on n'y donnoit promptement ordre; que desja se parloit à La Rochelle d'user de represailles, et traicter de mesme les premiers evesques qui y passeroient. A ceste cause, supplioient humblement Sa Majesté (attendu que les menaces et insolences du dit cardinal continuoient et augmentoient tous les jours) d'y vouloir pourvoir plus tost que plus tard, et leur en faire la raison, de peur qu'il n'en avinst pis: les maintenant en la juste possession et jouissance de l'edit qu'il avoit pleu leur accorder, sans permettre qu'aucun (fust il cardinal ou autre) y contrevinst en façon quelconque au prejudice du repos de ses subjets, ordonnance, vouloir et promesse de Sa Majesté.

Il y eust ung des dits deputés (brave gentilhomme, et que le Roy dés long temps connoissoit pour tel) qui dit hardiment à Sa Majesté (comme m'a conté un mien ami qui estoit tout contre lorsqu'il lui parloit) que si le cardinal de Sourdis fust venu à Clairac, comme il se vantoit d'y aller, pour brouiller mesnage, il y eust eu grand danger que la commune se fust ruée sur lui, et l'eust assommé. « Car nous autres huguenos, dit il

« au Roy, qui ne sçavons pas bien les cerimonies qu'on
« a accoustumé d'observer aux enterremens des cardi-
« naux, l'eussions envoié par eau à Bordeaux, pour y
« estre pourveu là selon sa dignité.

« Ventre saint gris, lui respondit le Roy, je vous
« defends bien cestui là! vous vous fussiés monstrés
« encores plus fols que lui. Je le connois assés, et vous
« et tout; je desire de vous faire tous bien sages, mais
« je n'en puis venir à bout. Au reste, je pourvoirrai
« à vos justes plaintes, et vous rendrai la justice que
« me demandés, et que je dois egalement à tous mes
« subjets. Je le ferai, et le plus tost qui me sera pos-
« sible; je vous en donne ma parole, afin que n'en
« doutiés point. »

En mesme temps furent proposés par eux de grandes plaintes contre M. le comte de Saint Pol sur ce qu'il avoit fait à Caumont, ville qui lui appartenoit, mais qui leur avoit esté accordée par l'edit pour l'exercice de leur religion : duquel ils avoient tousjours joui pleinement et paisiblement, sans aucun trouble ni interruption. Et toutefois ledit seingneur comte, au prejudice de l'auctorité du Roy et de son edit, se seroit depuis quelque temps advisé de leur en interdire l'exercice, les en auroit chassés; et s'estant emparé de leur temple, aprés avoir rompu la chaire du ministre, et commis autres insolences, auroit fait du dit temple une escurie pour ses chevaux. Desquels outrages et contraventions manifestes à l'edit aians demandé justice au Roy, avec un arrest de restablissement, furent renvoiés à M. le chancelier, qui leur dit finalement, aprés plusieurs remises et belles paroles dont il les pensoit amuser, que le Roy en avoit escrit des lettres à M. le comte de Saint

Pol, où il parloit bien à lui, vouloit que son edit eust lieu, et lui commandoit de les maintenir et restablir incontinent, sans aucun delai ni excuse. Auquel le gouverneur de Castillon, qui par dessus les autres pressoit ceste affaire et ne bougeoit d'aprés M. le chancelier, fist response qu'ils ne vouloient point de ces lettres là : qu'ils sçavoient trop bien que c'estoit que des lettres de cachet, et quel compte on avoit accoustumé d'en faire. Qu'ils demandoient et vouloient avoir ung arrest de restablissement, auquel si on ne pourvoiioit promptement, et qu'on ne leur voulust accorder, il en prevoiioit le refus de telle consequence, que les gouverneurs et gentilshommes du pays monteroient aussy tost à cheval, et y emploieroient la force pour se faire restablir. Et pour ce qu'il parloit haut, M. le chancelier lui dit deux ou trois fois qu'il parlast bas : auquel sans en rien faire il respondit que c'estoit chose qu'il desiroit que tout le monde entendist; qu'ils ne demandoient que la justice, et qu'à la demander tout haut il n'y avoit point de faute, mesmes quand il y alloit du service du Roy comme en ce fait, et du repos et tranquillité du peuple. Dequoi ils desiroient que Sa Majesté fust de rechef avertie par lui; et de l'inconvenient qui en arriveroit si on n'i donnoit ordre. Ce qu'il faisoit pour sa descharge, à fin que quand il seroit arrivé on ne dist pas qu'il n'en avoit point parlé. Alors M. le chancelier lui dit qu'il le feroit entendre au Roy, duquel il sçavoit que la Majesté n'avoit rien tant à cœur que l'observation de ses edits et la paix entre ses subjects : mais aussi qu'il abhorroit toute violence et voie de fait, laquelle il puniroit tousjours en quiconque ce fust, et de quelque costé qu'elle vinst. Au demeurant, qu'il faloit qu'ils considerassent qu'on avoit affaire à un prince parent du Roy, et qui pouvoit; avec lequel on ne traitoit pas comme on eust fait avec un particulier: et que sa qualité estoit autrement considerable que celle d'une commune. A quoi le dit sieur respondit que c'estoit une des raisons pour laquelle ils en faisoient plus d'instance, à cause qu'ils le craingnoient, estant grand comme il estoit, n'ignorans ni sa qualité ni son pouvoir; et pourtant s'estoient retirés vers celui qui seul leur en pouvoit faire la justice, laquelle il rendoit esgalement aux grans et aux petits.

Voila le sommaire de ce qui fust dit et traicté chez M. le chancelier le vendredi 24 de ce mois, touchant ceste affaire : ainsi que je l'ai appris d'un mien ami qui y estoit present. et assistoit les dits deputés, lesquels par leur hautesse et importunité firent tant en fin que M. le chancelier, quittant là le seau et toutes autres affaires, alla trouver Sa Majesté, laquelle leur accorda et promist un arrest de restablissement, avec une bonne partie de ce qu'ils demandoient. Dont M. le chancelier leur donna parole et asseurance de les en depescher au premier jour.

Ils obtinrent aussi en mesme temps sentence favorable contre M. le cardinal de Sourdis, avec defenses fort expresses pour servir de bride à ses folies ordinaires, qui estoient telles et en si grand nombre, qu'on n'a point craint en plaine court de dire tout haut qu'au lieu du bonnet rouge qu'il portoit, on lui devoit donner un'g chapeau verd.

De moi, je trouve que vraiment faisant leur devoir, on ne les doit mespriser, ains honorer; mais quand ils excedent les termes de leur profession, comme cestuici, qu'ils sont doublement punissables, quelques cardinaux et grands qu'ils soient.

En ce mesme mois, et sur la fin d'icelui, à quatre lieues d'Orleans, le deterrement qu'on voulust faire d'une damoiselle de la religion cuida causer un grand et pernicieus remuement, si l'avis qu'on en receust icy bien à point n'en eust empesché l'execution : car le prevost des mareschaux aiant esté mandé et assigné au lundi 27 de ce mois, pour tenir main forte à l'execution de la sentence donnée par messieurs d'Orleans, auctorizés du consentement de M. l'evesque, qui, sous ombre que le cimetiere de ceux de la religion estoit tout joignant celui des catholiques, ne trouvoit bon, encores que le dit lieu leur eust esté accordé et assigné pour enterrer leurs morts, de mettre les heretiques avec les catholiques; la noblesse du pays d'alentour, qui estoit de la religion, aiant eu advis de ce dessein et entreprise, et du jour pris pour deterrer et enlever de force le corps de ceste pauvre damoyselle, s'esmeut tellement que deux cens gentilshommes et plus estoient ja montés à cheval pour s'y trouver le jour mesme, et mourir tous sur la fosse, ou l'empescher. Lors que Sa Majesté en aiant esté avertie le jour de devant, y envoia courriers en diligence pour en rompre le coup : faisant defense sur peine de dix mil escus, au prevost des mareschaux, de s'y trouver ; à M. l'evesque de passer outre; et aux juges qui avoient donné la sentence, un *veniatis* en personne pour rendre raison de leur fait. Et ainsi fut eludé l'artifice de ceux qui, pour troubler le repos publiq, avoient suscité et mis en besongne les perturbateurs.

En ce temps, fust mis sur le tapis du conseil et proposé un nouvel edit des monnoies, lesquelles on vouloit toutes descrier et changer, et y donner un nouveau pied, c'est à dire les affoiblir; et par mesme moien ruiner et apauvrir le peuple (ja assés ruiné et pauvre d'ailleurs), et enrichir le Roy : ce qui faisoit douter qu'il ne passast, puis qu'il y alloit de son proufit. Chacun en murmuroit, principalement les pauvres marchans, qu'on tondoit si souvent qu'ils en estoient tous morfondus. Les plus aisés, et ceux qui avoient quelque argent en leurs coffres, disoient que si le Roy au moins ne leur donnoit rien, qu'il ne leur ostast rien; et tous en general que c'estoient inventions de ces petits tiranneaus et mange sujets de partizans : lequel mot sonne aujourd'hui fort rudement aux oreilles du peuple, et n'y a matiere plus frequente de son despit que celle là.

Le Roy seul, pour avoir son conte, rioit de tout, et se moquoit de tout le monde, mesme de ses officiers et de leurs remonstrances : comme il fist de son premier president des monnoies, lequel s'estant un peu troublé en sa harangue (laquelle il avoit mal estudiée, et ne s'en pouvoit honnestement depestrer), ayant esté par deux fois interrompu de Sa Majesté (ce qui l'estonna), pour ce qu'il ne touchoit point le point principal de la difficulté de cest edit, et du mal qui en pouvoit arriver; et aussi qu'il avoit esté si mal avisé d'interrompre Sa Majesté, qui parloit à M. le comte de Soissons, pour se faire ouir : le Roy s'estant pris bien fort à rire, le fist demeurer au beau milieu de sa remonstrance court et muet. Ce que Sa Majesté voiant, lui dit : « Continués, M. le president, et ne vous es-
« tonnés point : car ce que je ris n'est pas que je me

« moque de vous ; mais c'est mon cousin le comte de
« Soissons, que voici prés de moy, qui me disoit qu'il
« sentoit l'espaule de mouton (1). » Laquelle recharge
lui osta du tout l'esprit et la parole. Et le Roy se prenant à rire plus fort que devant, s'en ala, et le laissa là.

Il donna un autre traict de rencontre fort à propos
à un Perigourdin qui pressoit fort cest edit, et estoit
un des principaux qui en avoit donné l'invention au
Roy : lequel connoissant bien l'iniquité d'icelui, et se
voyant continuellement importuné de ce rustre de
partizan, lui demanda enfin de quel pays il estoit ; et
comme il lui eust respondu, De Perigort : « Ventre
« saint gris, va dire le Roy, je m'en suis tousjours dou-
« té : car ce sont tous faux monnoieurs en ce pais là. »

Il fust mis sur le bureau un autre edit bon en soy
et juste en apparance, mais en effect bursal (comme
il ne s'en fait gueres d'autres en ce temps ici), et pour
mouscher, ainsi qu'on presupposoit, les bourses des
pauvres marchans de soie, et des orfevres et joualiers :
qui estoit la reformation des habits et reiglement des
soies ; avec defenses de toutes perles et pierreries, si
non aux princes et princesses, ou autres bien grandes
dames : invention pour tirer la quintessence des bourses
desdits pauvres orfevres et joualiers. Toutesfois pour
le regard des perles, on disoit que Sa Majesté voulant
contenter les femmes de messieurs ses officiers, principalement celles de ses cours de parlement, leur avoit
permis d'en porter, pourveu qu'elles fussent cornues,
et non autrement.

(1) Autres disent qu'il dit : « C'est que je disois ici à mon cousin le
« conte de Soissons qu'il sentoit l'espaule de mouton, pour ce qu'il
« est rousseau. » (*Note de L'Estoile.*)

Un comte de la cour aiiant voulu aider à faire un prince cornu, fust en ce temps menassé par lui de l'espée et du poignard.

Le jesuiste prés le Roy baffoué, et sa theologie descriée, pour l'avoir voulu faire servir, par la revelation d'une confession, à l'avancement et perfection d'un si beau et venerable mestier.

Nihil donc (dy je lors) *in speciem fallacius quam prava relligio, ubi deorum numen prætenditur sceleribus.*

Le dernier du present mois de juillet, je recouvrai par hazard un discours sur le changement des monnoies qu'on se preparoit de faire, dressé par Coquerel, general des monnoies, un des inventeurs et principaux soliciteurs de ce meschant et pernicieus edit, intitulé *Evaluation de l'or et argent, et nouveau pied de monnoie pour empescher*, etc., adressé par lui à messieurs les commissaires deputés par Sa Majesté à cest effect, et imprimé à Paris in-8° par François Jacquin ; sur lequel, aussi tost qu'il fust achevé, furent saisies toutes les copies, et portées au greffe, avec deffense d'en vendre. Un de ces contreporteus, qui en avoit sauvé et caché un seulement, disoit-il, encores qu'il y en eust possible plus d'une douzaine, me le bailla, et vendist trois sols : qui estoit une fois plus qu'il ne valoit.

Cest edit, qui souvent estoit mis et remis sur le bureau, et qu'on craingnoit avoir lieu, pour le proufit qui en revenoit au Roy, estoit une subtile invention pour tirer le quint du bien de tout le monde, et achever de ruiner le peuple dés long temps matté et consommé d'ailleurs, mais non encores assés au gré de nos gouverneurs d'Estat. Il faut, disoient ils tout haut, parlant du commun, mesme des Parisiens, rendre si bas et si petits tous ces vilains là, que les cirons les chevauchent à genoux.

M. le president Janin estant de retour à la cour en ce mois de sa negociation pour les treufves du Pays Bas, est bien receu et caressé de Sa Majesté, au contentement de laquelle et de tous les Estats du pays il s'estoit aquitté dignement de ceste charge avec honneur et proufit : car il revinst de Hollande chargé de l'un et de l'autre, avec de beaux et riches presens que lui firent les Hollandois, envers lesquels il s'estoit monstré fort liberal, principalement à l'endroit des hommes doctes à Leyden, ayant voulu faire present à M. Scaliger (comme son hoste en ceste ville m'a conté) d'une bourse où il y avoit mille escus dedans en especes, lesquels jamais le dit Scaliger ne voulut prendre; donné à Baudius deux cents escus; à un autre, dont je n'ai retenu le nom, trois cents escus; et ainsi de beaucoup d'honnestes hommes et gens de lettres, envers lesquels, se doutant qu'ils en eussent besoing, il exerçoit par de là de grandes liberalités.

Nul, dit Salluste, ne sçauroit jamais se faire grand, et mortel atteindre aux choses immortelles, s'il ne mesprise les richesses et les plaisirs du corps. L'un et l'autre se retrouve en ce personnage, auquel le Roy devroit desirer avoir beaucoup qui lui ressemblassent en son conseil d'Estat.

Supplément tiré de l'édition de 1736.

Sanguin, prevôt des marchands, accompagné des principaux conseillers de la ville, fut porter plainte au Roy contre Chalanges, inventeur des offices de nouvelle création, et qui avoit trouvé le moyen, sous prétexte d'augmenter les finances, d'augmenter les offices de la maison de ville. Sa Majesté le reçut gracieusement, et leur promit que ceste nouvelle création, qui s'étoit faite à son insçû, n'auroit point lieu par rapport à la maison de ville.

[AOUST.] Le samedi 8, fut enterré à Paris, dans l'eglise Saint Estienne du Mont sa paroisse, le president Viole, avec grande pompe et solennité funebre; et telle presse du menu peuple à entrer dans l'eglise, qu'en passant une planche sous le portail de la dite eglise, sous laquelle sont les fondemens qu'on racoustre, venant à rompre, pour la trop grande multitude des personnes qui y passoient, en tua et blessa tout plain, aux despens de bras et jambes de quelques uns, qui les y eurent rompues. Le dit president mourut si soudainement, qu'on n'eust pas le loisir de venir à lui pour le secourir.

Ses heritiers refusoient de son estat cent mil francs : somme qui semblera excessive à ceux qui ne connoissent pas bien encores la miserable corruption de ce siecle, et la vaine et ridicule ambition des hommes de ce temps, qui font monter toutes sortes d'estats si haut, qu'on en void croistre le pris à veue d'œil, non d'an en an ni de mois en mois, mais de semaine en semaine et de jour en jour : avec une si vile et infame prostitution, qu'on n'en ouist jamais parler d'une semblable. Brief, le monde d'aujourd'hui n'est composé que de mangeurs et de mangés : en sorte qu'il vault mieux, dit l'on, estre marteau qu'enclume. Les plus conscientieux (mais ils sont bien clair semés) y ajoutent ce mot : *Pourveu que Dieu n'y soit point offensé.*

Le dernier estat de conseiller en la cour a esté vendu quarante six mille francs, encores que pour ung qui y devient riche il y en ait une douzaine qui se morfondent; et que pour connoistre ceux qui font leurs affaires il en faille parler à leurs clercs, qui portent une partie de la depense de la maison. D'où vient qu'entre les choses qui se vendent publiquement, il n'y a rien aujourd'hui tant à vendre (disoit Tacite de son temps, et à meilleur titre le pouvons dire du nostre) que la chiquanerie : laquelle Lipse, en son second des Politiques, apelle la vraie peste de l'Europe. Le plus grand remede à cela (mais nous en sommes bien loing) seroit qu'il n'y eust rien à vendre chez le maistre; que rien n'y fust ouvert pour acquerir faveur d'aucun; et que Sa Majesté prist la peine quelques fois d'entendre les causes et les parties : moiens proposés par ce grand politique Tacitus en ses Annales et Histoires, qui ne s'effectueront en France que bien tard, voire possible, comme je croy, jamais.

Le vendredi 14, il estoit bruit par tout Paris d'un enfant né en Babylone, qu'on disoit estre l'antechrist : duquel le Roy avoit eu advis par le grand maistre de Malte. Il estoit plus grand beaucoup que le commun des autres enfans, avoit des dents de chat. Au bout des huict jours qu'il avoit esté né, avoit parlé, et dit choses merveilleuses; faisoit ja pleuvoir la manne du ciel, avec beaucoup d'autres signes et prodiges; et estoit suivi de beaucoup de peuple. Toutes ces fadezes et faux bruits estoient creus de leger par la commune, qui est prompte à recueillir et ramasser toutes nouvelles, surtout les fascheuses, dit Tacite; tenant tous rapports pour veritables et asseurées choses. Ciceron, en son plaidoié pour Roscius, dit que le peuple juge de plusieurs choses legerement par opinion, de peu selon verité.

On tient que le bransle fust donné à ceste fausse nouvelle, sur le bruit qui couroit que le dimanche d'aprés se devoit vendre à Charanton l'Apologie du roy d'Angleterre en françois, qui apelle le Pape l'antechrist.

Le vendredi 21, le pere Du Breuil m'a envoié le testament qu'il m'avoit promis, fait en l'an 1533 par le reverend pere Guillaume Briconnet, evesque de Meaus, et abbé de Saint Germain des Prés; par lequel entre autres particularités y contenues, y en a une du legs qu'il fait à Dieu (c'est à dire aux pauvres) de tous et chacuns ses biens : suppliant Dieu d'en estre content, l'avoir pour agreable, et lui donner abolition de compte. Et une autre notable (à fin d'oster le soubçon, ce semble, qu'on a eu autrefois de lui qu'il fust heretique lutherien, comme Besze en son Histoire ecclesiastique, imprimée à Geneve in-8°, en trois volumes, l'a laissé par escrit, et plusieurs autres l'ont ainsi pensé) de douze cens basses messes, qui veult et ordonne, le plus tost aprés son trespas que faire se pourra, estre dites et celebrées és religions reformées, tant à Meaux qu'à Paris, en deux, trois ou quatre jours, selon l'opportunité; avec la fondation de plusieurs obits.

Le samedi 29, M. de Lesdiguiere et M. de Sully, fort accompagnés, arriverent à Paris, où on attendoit aussi le Roy, qui estoit à Monsseaus, qu'on disoit y venir pour le mariage du marquis de Rosni avec la fille du comte de Crequi, et pour y faire passer ses edits, dont il y en avoit deux manifestement injustes et tiranniques : celui des monnoies et celui des nantissemens; ausquels on disoit que Sa Majesté les jugeant bien tels, n'estoit porté que par le mauvais conseil d'autrui, estant retenu d'un costé de sa conscience, et de l'autre poussé par le proufit qu'on lui donnoit à entendre qui lui en reviendroit, qui ne lui faisoit moins de force en son ame (voire possible davantage) que non pas l'autre.

Le lieutenant civil, en ce temps, receust deux vilains affronts, apannages ordinaires de la gloire, et dont on ne le plaingnoit pas beaucoup. L'un, que pour avoir receu des cautions insolvables pendant qu'il estoit procureur du Roy, un huissier du conseil lui fust envoyé, lequel au sortir de sa maison, comme il s'acheminoit pour aller au Palais faire son estat, lui commanda de le suivre au For l'Evesque, où il le voulut mener prisonnier, et eust de la peine à s'en sauver; mais finalement conduit par luy sur M. le chancelier, obtint un petit respit (mais bien court : car il n'aloit que jusques à midi) pour fournir la somme de quinze mille escus qu'il faloit paier content, lequel, par l'intercession de la Roine, fust prolongé; et en fin accordé delay pour s'en acquitter. Sa Majesté estant à Fontainebleau lorsqu'il fust receu, dit qu'il n'avoit eu jamais envie de le gratifier de cest estat; mais qu'il avoit pensé qu'il n'y dureroit gueres, et que bientost il creveroit ou de gresse ou de gloire. Et à lui mesmes, lorsqu'il vinst trouver Sa Majesté pour l'en remercier, le Roy lui dit : « Ne m'en remerciés point, remerciés « en la Roine. Ceste charge ne vous estoit pas propre,

« et ay peur que vous n'y duriés gueres : car vous estes
« gras, et si vous estes paillard. »

L'autre est de M. de Sully, qui comme grand voyer aiant donné permission à quelques particuliers de faire un pressoir à verjus en la place Maubert, le lieutenant civil preténdant cela estre de son gibier et de la police, l'avoit fait demolir avec le commissaire Langlois et autres, sans en parler au dit sieur de Sully (en quoy il avoit fait faute). Dont ledit seingneur, sur la plainte qu'on luy en fist, manda au conseil le lieutenant civil; où estant venu, M. de Sully y seant, et estant en cela, comme on dit, juge et partie, le bafoua estrangement, jusques à le menasser de lui couper les aureilles, et à ses commissaires (dont on disoit que de ce jour M. de Sully avoit fait parti des aureilles du lieutenant civil, et qu'elles estoient à l'enchere). Fust condamné à tous ses despens, dommages et interests, et à faire reedifier le pressoir à ses despens (et croid on que ce fust lui mesmes qui en prononça la sentence). Il y avoit en ce fait de la faute d'une part et d'autre : mais elle tomba toute sur le plus foible ; et le plus fort, comme on dit, l'emporta.

Force maladies à Paris en ce mois ; mortalité de petits enfans, par les petites veroles qui regnent. Le curé de Saint Nicolas des Champs dit à un mien ami qu'il en avoit enterré trois cens en sa paroisse, depuis le commencement de l'année jusques à ce jour. Hors Paris, encore pis. On fait conte à Chartres de sept à huit cens enfans au moins : car autres en mettent jusques à douze cens, emportés de la dite maladie. A Lion, de plus de trois mille ; et ainsi aux autres villes et endroits de la France. Ce mal aiant couru partout, et courant encores aujourd'hui, ravage comme un torrent une infinité de ces petites ames innocentes ; quelques grands en sont mesmes attaints, et en passent le pas : mais peu, et plus de femmes que d'hommes. Beaucoup de fiebvres continues, mesmes de pourprées, signe de grande corruption (comme aussi la disposition de l'air de ceste saison estoit maligne, remplie de tonnerres, orages, pluies impetueuses, et tempestes, symbolizante aux humeurs du siecle), en font desloger grand nombre de tous aages, sexes et qualités. Les courantes, les apoplexies, et diverses sortes de morts subites et estranges, en tuent d'autre costé tout plain, et estonnent le peuple, qui pour cela n'en amande gueres.

Quant aux affaires publiques, il ne se parle que d'imposts, encheres d'Estats, nouveaux edits et ordonnances onereuses au peuple, à qui oster le bien c'est lui oster la vie : estant chose veritable (tesmoin Tacite au quatrieme livre de ses Annales) que les lois abondent et multiplient en un Estat lorsqu'il est plus corrompu, et que l'avarice (que Ciceron, au deuxieme livre de ses Offices, apele tresinfame, sur tout és princes et magistrats) a le credit et la vogue, comme nous le voions en ce miserable siecle.

Homere, au premier livre de l'Iliade, les apelle mangesujets.

On devroit, ce me semble, ajouster à nos kyrielles (disoit ces jours passés une dame de Paris en bonne compagnie, sur le propos de l'edit des monnoies) un *libera* pour un roy avare : car aujourd'hui on ne se contente pas de nous avoir succé tout nostre sang : ils veulent encore manger nos entrailles.

Le Roy demande à sa cour la continuation du parlement jusques à ce que ses edits soient publiés : contre lesquels (et principalement contre celui des monnoies) le president Janin parle fort vertueusement et en bon conseiller d'Estat, remonstrant au Roy fort librement, c'est à dire en homme de bien, l'injustice et iniquité d'icelui. Et de fait on disoit que Sa Majesté aiant fort gousté son discours, avoit esté comme esbranlée de n'en rien faire, si elle n'en eust esté persuadée au contraire par quelques uns; en la bonne volonté desquels toutefois (les ayant vestus et les y voulant entretenir) elle ne sera jamais si avant qu'en la malveillance des autres qu'elle aura despouillés : qui est un trait de Ciceron en son deuxieme des Offices, qui est bien considerable en un Estat tel que le nostre. Quant à la preudhommie du president Janin, si nous n'estions au temps du poëte auquel *Probitas laudatur et alget*, elle seroit non seulement louée comme elle est, mais aussi grandement recompensée.

Pour le regard de la continuation du parlement, messieurs de la cour disent tous d'une voix (mais entre leurs dents) qu'ils ne peuvent, soit qu'ils demeurent en leurs maisons aux champs, soit qu'ils se tiennent à la ville, qu'ils n'y soient plus honnestement et utilement occupés qu'en une cour à verifier des edits qui ne sont qu'à la ruine d'eux, de leur famille et de tout le peuple.

M. Petit, medecin de Gien, arriva à la cour en ce temps, mandé par le Roy, et commandé d'y venir pour estre son premier medecin. Il y eust plusieurs contendans à la cour pour cest estat : mais toutes les brigues et faveurs n'y servirent de rien, pour ce que Sa Majesté s'estoit dés pieça resolue à cestui là. Bien avoit il envie d'en gratifier Turquet, dit de Maierne, medecin ordinaire de Sa Majesté, lequel il aimoit et estimoit; mais pour ce qu'il estoit de la religion, n'en voulust point, et dit ces mots : « Je voudrois avoir donné vingt mille « escus, et que Turquet fust catholique : il seroit mon « premier medecin. » On en parla à M. de Sully, lequel fist response qu'il avoit fait serment de ne parler jamais au Roy de medecin ni de cuisinier.

Un advocat de Loudun, treshonneste homme, estant ici pour un procés qu'il avoit, fust tué à Paris en plain jour sur le midi, et le mesme jour qu'il le gangna, qui fust le 26 ou 27 de ce mois, auquel il fust assassiné au bout du pont Neuf vers les Augustins, d'un coup de pongnard dans le petit ventre, que lui donna (comme il est à presupposer) une de ses parties, qui se sauva, et ne peust estre ni reconneu ni attrappé. Un de mes amis qui le connoissoit et y avoit grand regret, et qui mesme me nomma son nom (lequel je n'ay peu retenir), me le conta; et que ce mesme jour avoient esté peschés vers les Bons Hommes deux corps freschement poingnardés et jettés en la riviere. *Magna impunitas gladiorum*, disoit Ciceron de son temps. Disons en autant du nostre.

Un petit garsonnet aagé de trois ans seulement, fils d'un pedagogue nommé Goutiere, que je connoissois, mourust à Paris par un grand accident : à sçavoir d'un coup de coude que lui donna par l'estomach une femme, en se retournant sans y penser, qui venoit prendre de l'eau beniste à l'entrée de l'eglise, prés laquelle se trouva ce petit enfant, conduit par une autre femme qui en vouloit prendre aussi.

L'enfant mourust le lendemain au matin; et aiiant esté ouvert, on lui trouva l'amer crevé du dit coup : dont on ne faisoit aucun compte; et que seul il avoit esté cause de sa mort, ses autres parties estans toutes fort saines. Ce fust sur la fin de ce mois, et estoit fils unique.

Une dame du mestier à laquelle la roine Marguerite reprochoit un jour sa vie et mauvais gouvernement, avec paroles fort rudes et injurieuses, lui dit enfin : « Il est vrai, madame, tout ce que vous dites; mais « nous sommes toutes fautives. Vous mesmes, si vous « fussiés gouvernée comme il faut, vostre maison ne « seroit pas ici : elle seroit de là l'eau, madame, vous « le sçavez bien. »

En mesme temps le Roy passant pour aller au Louvre, accompagné de force noblesse, ayant rencontré en son chemin une pauvre femme qui conduisoit une vache, s'y arresta, et lui demanda combien sa vache, et que c'est qu'elle la vouloit vendre? Ceste bonne femme lui ayant dis le pris : « Ventre saint gris, dit le « Roy, c'est trop : elle ne vault pas cela; mais je vous « en donnerai tant. » Alors ceste pauvre femme lui va dire : « Vous n'estes pas marchant de vaches, sire; je « le vois bien. — Pourquoi ne le serois je pas, ma « commere, lui respondit le Roy? Voiés vous pas tous « ces veaus qui me suivent? »

Supplément tiré de l'édition de 1736.

Le samedi 8 du mois d'août, fust mis en terre dans l'eglise des Augustins le corps de M. Eustache Du Caurroy, maître de musique des rois Charles ix, Henry iij et Henry iv. Les musiciens ses confreres, qui ont assisté à sa sepulture, ont chanté un très-beau *De profundis* pour le repos de son ame, attendant de lui faire un service solemnel.

M. Formé, très-docte musicien qui lui succede, m'a montré l'epitaphe qu'il veut faire poser auprès de son tombeau.

D. O. M. S.

Suspice, viator, et stupe, quisquis es! fatebere me effari vera. In hoc unum audies : Eustac. Du Caurroy Bellova hîc situs jacet. Satis est pro titulo, satis pro tumulo, satis superque cineri pio modestoque; quem virum non Iberiæ, non Galliæ, non Italiæ modò, sed omnis Europæ musicorum principem invidia admirans confessa est; quem Carolus ix, Errici duo coluere, regioque musices sacello præfecere; quem harmoniam ipsam è cœlo devocasse et in templa divûm induxisse testantur ingenii monimenta, stupore et silentio venerandum negas. Tot bona brevis urna non claudit, hospes : æternitas hunc sibi vindicat; non moriuntur mortales, immortales famâ oriuntur ut soles, etsi quotidie occidunt. Vale, et benè comprecare. Vixit sexaginta annos, devixit anno salutis reparatæ 1609.

Nicolaus Forme, parisinus, eidem regio muneri succedens, hoc marmor fieri curavit.

Le samedi 29 du mois d'août, le prince de Condé ne pouvant point douter de l'amour du Roy avec sa femme, l'a enlevée lui-même, la portant en croupe, sans sçavoir encore où il la conduira. Le Roy est fort en colere de cette évasion.

En ce mois, le capitaine nommé La Fleur, qui avoit inventé le nettoiement des boues de Paris, s'avisa d'augmenter la taxe qui avoit été faite dés le commencement, qui étoit très petite pour chaque maison, et de la faire lever de force. Ce qui ayant causé une émeute dans Paris, et le Roy en étant averti, chargea le lieutenant civil d'examiner cette affaire, et de prendre l'argent de la recepte. Ce qu'il a fait, et a rendu à chaque bourgeois ce que ledit La Fleur avoit exigé au delà des vieux rôles.

[SEPTEMBRE.] Le mardi premier de ce mois, j'ay acheté la Chronographie du pere Gaultier, jesuiste, imprimée nouvellement à Lion in-folio, qui est un livre rempli d'infinies fadezes, contes et menteries : qui est possible la cause principale, veu le temps où nous vivons, pourquoi il s'est si bien vendu, n'y en aiiant tantost plus, joint que beaucoup l'ont plus acheté pour rire que pour y proufiter. Du nombre desquels je pourrois bien estre, qui en ay donné relié en parchemin cent sols, pour croistre le nombre de mes drôleries jesuitiques; et d'un autre costé cinquante sols de leur *Amphiteatrum honoris*, relié en parchemin, pour remettre en la place de celui que j'ay donné à Tourval, et tiré du pacquet de leurs libelles d'Estat injurieus et diffamatoires. Et le mesme jour, afin qu'une vanité paiiast l'autre (s'en presentant tous les jours quelque nouvelle dont je ne puis me descombatre, veu mon naturel, encores que j'en aye bonne envie), ay vendu à un curieus (M. C. D.) pour quarante deux livres de pieces d'argent estrangeres, que dés long temps il avoit envie d'avoir, et qu'il a fort honnestement et assés cherement achetées.

Le mecredi 2, le Roy revinst de Monsseaus à Paris; où estant arrivé, l'allerent trouver aux Thuilleries, où Sa Majesté estoit, un bon nombre des marchans de soye de ceste ville, lesquels s'estans prosternés aux pieds de Sa Majesté, la supplierent treshumblement d'avoir pitié d'eux et de leurs familles, pource que si son edit sur la reformation des habits avoit lieu, ils seroient contraints de sortir Paris, eux et leurs enfans, avec un baston blanc en la main. Celui qui portoit la parole estoit un bon et ancien marchant nommé le sire Henriot, duquel la façon et l'habit sentoit encore et representoit la simplicité et preudhommie de ces bons marchans du temps passé. De fait, le Roy l'ayant oui assés paisiblement (ce qu'il ne fait pas à tout le monde), lui dit enfin: « Mon bon homme, vous res-
« semblez trestous aux anguilles de Melun · vous criés
« devant qu'on vous escorche. Avez vous veu l'edit,
« et sçavés vous bien ce qu'il y a dedans? — Oui, sire,
« respondit ce bon homme; il y a telle chose et telle.
« — Je vois bien, dit le Roy, que vous l'avez veu et
« leu : ce que je ne pensois pas. » Tellement qu'aprés que ce bon homme eust touché succinctement et assés bien le mal qui en pouvoit avenir, et la grande ruine et dommage qu'ils en encouroient, Sa Majesté leur commanda de mettre leur requeste és mains de M. le chancelier, sur laquelle il regarderoit en son conseil de leur pourvoir le plus favorablement qu'il pourroit.

Le lendemain ils allerent trouver M. de Sully, lequel ne leur fist response que de desdain et de moquerie : car ce bon homme de Henriot ayant mis un genouil en terre, ledit seingneur l'ayant aussi tost relevé, et l'ayant tourné de tous costés pour mieux contempler son habit à l'antique, vestu de sa petite robbe de marchant des bonnes festes, doublée possible de taffetas; son saye (1) et le reste bigarré, comme on les a veu autrefois porter aux marchans de diverses estoffes de soie; après l'avoir bien regardé, lui dit : « Et comment, « mon bon homme, venez vous ici avec vostre com- « pagnie pour vous plaindre, veu que vous estes plus « brave que moi? Voici du damas, voila du taffetas. » Et tournant le tout en risée, ne peurent avoir aucune raison de lui : tellement qu'en s'en retournans ils disoient qu'ils avoient trouvé le valet plus rude beaucoup et plus glorieux que son maistre.

Le jeudi 3, un des principaux officiers de la justice de messieurs les voleurs et couppebourses de Paris, qu'ils avoient establie et exerçoient vers le Porteaufoin, condamnants les uns à l'amande, les autres au fouet, et les autres à la mort (qui estoit de les poingnarder, puis jetter à la riviere), ayant esté descouvert et attrappé par le prevost Defunctis (les uns disent que c'estoit leur president, autres leur procureur general), fust pendu et estranglé en la dite place du Porteaufoin, avec approbation et solennelle exclamation de tout le peuple, auquel ceste justice estoit nouvelle; mais qui eust bien desiré d'en voir une autre (bien que legitimement establie) tenir compagnie à celle ci, au moins pour tant de mauvais juges et corrompus qui la leur rendoient si meschante tous les jours, qu'ils meritoient bien, à faute de cordes, d'estre estranglés de leurs propres cornettes. Ce que les femmes et crocheteus crioient tout haut.

(1) *Son saye :* son justaucorps.

Le samedi 5, la cour assemblée sur l'edit des monnoies, le refusa et rejetta tout à plain, comme injuste, trespernicieux et onereus au peuple, et ruineus pour tout le monde : s'estant trouvées toutes les opinions conformes à le rejetter, sans qu'il s'en trouvast une seule au contraire. *Nec debemus, nec possumus,* conclurent ils tous d'une voix.

Messieurs des monnoies y furent mandés : entre lesquels y en eust un de la religion, nommé Bizeul, qui triompha de parler, et opina fort pertinemment et librement. Dont il fut grandement estimé et loué, mesmes de M. le premier president, qui dit tout haut ces mots : *Non per parabolas iste locutus est nobis.*

M. de Sully ayant entendu la resolution de messieurs de la cour sur cest edit, duquel il pressoit et affectoit fort la publication, dit que c'estoient des maistres és ars, et qu'ils n'y entendoient trestous rien.

Un conseiller de la cour de mes amis, qui me vinst voir le lendemain, comme nous fussions tombés sur ce propos me dit qu'il y avoit un passage dans Dante, qui me monstreroit quand je voudrois, où il apelle Philippe le Bel, roi de France, qui affoiblist les monnoies comme cestui ci veult faire par son edit, *falsificatore di moneta;* qui est un passage notable que je veux voir dans mon Dante.

La cour refusa aussi l'edit des nantissemens, qu'on disoit n'estre moins meschant que l'autre.

Et faut noter qu'en ceste assemblée messieurs des monnoies, qui autrement n'ont point de ranc ni de seance en la cour, et qui pour ceste consideration s'estoient ja excusés une fois d'y aler, de l'avis de M. le premier president en eurent, et parlerent assis. Tellement qu'aussi tost qu'ils furent entrés, M. le premier president leur dit : « Seés vous, et vous couvrés; puis « vous parlerés. »

Le lieutenant civil estant allé ce jour trouver le Roy pour se plaindre de l'arrest donné contre lui par ceux du conseil et par M. de Sully sa partie, Sa Majesté lui dit qu'il avoit le bruit de ne se gouverner pas trop bien en son estat, et qu'on disoit qu'il prenoit des pots de vin. « Sire, respondit il fort hardiment, ceux qui vous « ont rapporté cela de moy ne prennent pas des pots « de vin, mais des pots d'or. — Ventre saint gris, dit « le Roy, encore que ce que vous dites puisse estre, « cela ne vous excuseroit pas pourtant de mal verser « en vostre estat. »

M. le mareschal d'Ornano parla au Roy en ce temps (plein de murmure populaire contre les edits et nouvelles charges) fort genereusement et librement, enhardi par le commandement que Sa Majesté lui en fist, et par les plaintes universelles de tout le peuple de la France, principalement celui de son pays et de son gouvernement. Il lui dit donc que puisqu'il plaisoit à Sa Majesté lui donner ceste liberté de lui dire franchement ce qu'il en sçavoit, qu'il le feroit comme son tresfidele serviteur; et s'il estoit autre, ne voudroit ni n'oseroit l'entreprendre. Premierement, qu'il estoit en tresmauvais predicament envers son peuple, et qu'en toute la Guienne on n'avoit jamais tant mesdit ni detracté du feu Roy comme on faisoit par tout de Sa Majesté, et aux grandes compagnies et aux petites (car il se trouvoit aux unes et autres). Brief, qu'il n'estoit point aimé de son peuple, qui murmuroit et se plaignoit estrangement des grandes daces et impo-

sitions qu'on lui mettoit sus journellement, plus intolerables sans comparaison que celles qu'ils avoient souffert sous le feu Roy pendant ses plus grandes guerres et affaires. « De vray, pour n'en rien desguiser, sire,
« le peuple endure beaucoup, et n'en peult plus. Que
« si, pour une levée de soixante mille escus que fist
« faire le feu Roy pour donner à messieurs de Joyeuse
« et d'Esparnon, le peuple l'eust en si mauvaise odeur
« qu'il ne le pouvoit plus fleurer; que pensés vous qu'il
« die de vous qui ne levez pas les mille, mais les mil-
« lions? J'en craindrois fort (pour vous le dire) un
« desespoir et une revolte. — Ventre saint gris, lui
« respondit le Roy, je sçai bien qu'il y a des brouillons
« en mon roiaume qui ne demandent qu'à remuer;
« j'en suis bien averti. Mais qu'ils commencent seule-
« ment, j'acheverai, moy, et les sçaurai bien chastier.
« Je ne ferai pas comme le feu Roy; ils trouveront un
« plus rude joueur que lui. — Sire, lui dit M. d'Or-
« nano, je ne vous conseille point celui là, et vous
« prie comme vostre serviteur de ne le point essaier,
« et croire que vostre principale force gist en la bien-
« veuillance de vos subjets. Je me trouvé aux barri-
« cades de Paris, et ne me trouvai en ma vie si em-
« pesché; je vous diray librement, sire, que le feu Roy
« avoit plus de noblesse que vous n'en avez, et plus
« de peuple à sa devotion que vous n'en auriés si l'in-
« convenient en arrivoit : et toutefois le bon prince
« fust contraint de quitter Paris et sa maison à ces
« rebelles et mutins; et nous tous aises d'en remporter
« nos testes et le moule du pourpoint. »

Je tiens ce discours d'un brave gentilhomme et veritable, qui n'en estoit pas loing; lequel me conta aussi comme Sa Majesté, encores qu'elle eust esté du commencement esmeue et en colere des propos que lui avoit tenus le dit sieur d'Ornano, toutefois qu'aprés y avoir pensé il l'en avoit remercié et fort caressé, mené à Saint Germain, où furent continués les dits discours; et finalement fait l'honneur au dit mareschal d'avoir dit tout haut que depuis son avenement à la couronne il n'y avoit eu homme en son roiaume, ni prince ni autre, qui lui eust parlé franchement comme avoit fait M. d'Ornano, ni dit la verité que lui; et qu'il le tenoit pour un des meilleurs et plus fideles serviteurs qu'il eust. De fait, sa libre remonstrance toucha tellement le cœur du Roy, qu'on lui attribue en partie la revocation des edits, au moins des deux plus meschans. En quoi il a obligé le peuple et tous les gens de bien à soy.

Le lundi 7, messieurs les presidens de la cour allerent au logis de M. le chancelier, où estoit M. de Sully seul avec lui, pour deliberer sur la publication des edits, principalement de celui des monnoies. Mais tout se passa en paroles et beaux discours : car ils se rencontrerent si mal, qu'ils en sortirent aussi sages trestous comme ils y estoient venus : la superbe et hautesse de M. de Sully ne pouvant souffrir d'en rien ceder ni quitter à personne, et la gravité et auctorité d'une cour ne pouvant endurer d'estre maistrisée et mesprisée (comme elle a esté souvent) d'un tel mignon que Sully; joint l'opinion qu'ils avoient tous que lui seul les entretenoit aux mauvaises graces du Roy, et calomnioit envers Sa Majesté les plus gens de bien d'icelle : chose tresdangereuse et de consequence en un Estat, comme l'a noté Polybe en son cinquiesme livre, en ces mots :

Nihil in aula principum periculosius est magnatibus et proceribus regni, quum sunt calumniatores bonorum.

Que si Sa Majesté (peult dire la cour aujourd'hui) eust prattiqué l'autre traict qui est dans le dit Polybe au mesme livre, et consecutif d'icelui, où il dit : *Princeps prudens sibi à quovis aulico magnate ambitioso caveat, neve illi multum tribuat, aut eum crescere sinat quantumvis appareat regis amans*; les affaires du Roy et de son Estat se porteroient mieux qu'elles ne font.

Tous les presidens, hors mis M. le president de Thou qui estoit malade, se trouverent à ceste deliberation sur M. le chancelier, où M. le premier president se fist mesmes porter dans sa chaire. Le Roy estoit à Saint Germain en Laye, qui avoit, avant que partir, commandé expressement à M. le chancelier de les mander et assembler chez lui.

Le jour de devant, on avoit trouvé attaché avec de la cire d'Espagne, à la porte de l'antichambre de la Roine, un pasquin fort sanglant et diffamatoire contre le sieur de Sully. On disoit qu'il estoit en vers, l'apeloit l'Escossois, et le condamnoit, nonobstant tout son credit, d'aller bientost à Montfaucon ou à la Greve.

Le mardi 8, entre les cinq et six heures du soir, M. de Sully alla voir M. le premier president en son logis, pour le prier, ainsi qu'on disoit, d'induire la cour à passer les edits. Sur quoi il le trouva inflexible, se defendant de la justice, laquelle comme chef d'icelle il vouloit et devoit maintenir. M. de Sully au contraire, le battant de la volonté du Roy et puissance absolue d'icelui, qui devoit estre preferée à toutes loix et ordonnances, s'aidoit, pour le regard de l'injustice que le dit premier president lui remonstroit, du dire d'Euphemus en Thucidide au sixieme livre : Qu'une republique ou un prince ne doit estimer injuste ce qui acommode ses affaires. Maxime trespernicieuse qu'on a fait souvent prattiquer à nos rois, et mesmement à cestuici, aux despens de sa reputation et prejudice de son Estat; bien eslongnée de celle de ce bon roy Theodahat, qui en une de ses lettres, qu'on peut voir au dixieme livre du recueil de Cassiodore, dit roialement : « Encores « que nous puissions tout, si estimons nous ne nous « estre loisible de faire chose qui ne soit louable. »

Le mecredi 9, la cour ne s'assembla point pour les edits, comme on pensoit qu'elle deust faire : attendant nouveau commandement sur ceste affaire, qui sembloit estre comme refroidie.

Le jeudi 10, furent pendus et estranglés, en la place du Porteaufoin à Paris, le procureur et avocat du Roy en la cour des couppebourses et voleurs. Ils avoient un grand et petit basteau pour l'exercice de leur brigande justice. Là se tenoient les plaids et audiances en l'ung; et en l'autre estoient prononcés et executés leurs arrests, sentences et condamnations. Chose estrange et inaudite, et toutefois bien veritable, et tesmoin irrefragable de la meschanceté de ce siecle.

Ces gens determinés mouroient resolus, sans aucune apprehension du jugement de Dieu, comme estans hommes sans foy et religion. Ce beau procureur mesme, se voyant au lieu du supplice prest d'estre executé, en riant et gossant dit tout haut à l'assistance : « Voici « une belle compagnie; mais de tous tant que vous

« estes là ; je n'en sache aucun si hardi qui voulust en-
« trer en ma place pour la tenir. »

Le dimanche 13, le Roy estant à Paris, donna audiance à l'ambassadeur de l'Empereur, deputé vers Sa Majesté pour la guerre de Cleves. Il fust bien veu et receu du Roy, et avec grand honneur, qui lui fist voir M. le Dauphin et tous ses enfans, encores que Sa Majesté ne fust pas en fort bonne humeur ce jour, ayant pris medecine le jour de devant qui l'avoit fort tourmenté, et estoit la premiere que son nouveau et premier medecin lui avoit ordonnée.

Je fus voir ce jour M. de Helin mon medecin, taillé pour la troisiesme fois en l'aage de soixante neuf ans; lequel je trouvé à table tout vestu et habillé, faisant bonne chere, et achevant de disner avec trois ou quatre de ses amis; et si ce n'estoit que le septiesme jour qu'il avoit esté taillé (chose comme miraculeuse et extraordinaire en ceux de son aage). Il me dit qu'il m'envoiieroit sa pierre (laquelle M. de Maienne lui avoit envoiié demander pour la voir), qui n'estoit pas fort grosse, et la tenoit pour un reste de la premiere et precedente.

Le mardi 15, le Roy envoya ses lettres patentes à la cour, pour prolonger encores le parlement de huit jours : pendant lequel temps il leur estoit enjoint de vaquer à la verification des edits, deux desquels estoient comme revoqués, et des autres on esperoit qu'ils s'en iroient à vau l'eau; ausquels si on vouloit attacher et envoier avec eux à la riviere Du Maine, Cocquerel, Barbin, Estienne, et tant d'autres sangsues et partizans qui en estoient inventeurs, « on ne feroit œuvre
« moins meritoire, disoit un chacun, que quand ces

« jours passés on avoit envoyé messieurs de la justice
« des voleurs tenir leurs assises au bout d'une corde. »

En ce temps M. de Champvalon, abbé de Saint Victor, jeune d'aage, mais meur de modestie et sagesse; personnage docte, de bonne vie, et de douces mœurs et conversations, aiiant envie de conferer avec le ministre Du Moulin des points principaux controversés en la religion, et l'en aiiant fait avertir : le dit Du Moulin, conduit par le precepteur de M. de Saint Denis, l'alla trouver au Pré aux Clercs (lieu convenu entre eux comme le plus commode pour la dite conference, aiiant Du Moulin refusé de se trouver à Saint Victor, comme toutes moineries estant suspectes à ceux de sa profession), où il trouva le dit Champvalon seul qui l'attendoit, avec lequel il demeura en conference (avec toutes les honnestetés et respects d'une part et d'autre qui se peuvent excogiter) depuis une heure aprés midi jusques à prés de six heures du soir, qu'ils se departirent bons amis, sauf leurs opinions, où on ne doute point qu'ils se rencontrassent mal. Tant y a que Du Moulin, aprés l'avoir laissé, dit à un mien ami (qui avec un nommé Poupart l'avoit tousjours accompagné et suivi de loing, et qui m'en a fait le comte) qu'il avoit trouvé le dit abbé fort honneste homme, gracieus, communicatif et docte; mais qui se plaisoit fort à faire monstre de sa science, laquelle il estimoit et honoroit, et encores plus la vertu du personnage, lequel il aimoit civilement. Sur quoi lui aiiant esté demandé par Greban s'il ne lui avoit point pris d'envie de permuter son benefice au sien, fist response qu'il croiioit qu'ils y avoient aussi peu pensé l'un que l'autre.

Ceste communication privée se fist le jeudi 10 de ce

mois, laquelle le dit Greban m'a contée ce mecredi 16 du dit mois.

Il seroit à souhaitter que les conferences qui se font assés souvent sur ce subject, tant publiques que particulieres, se traictassent avec pareille douceur et moderation; mais c'est la premiere que j'ay remarquée. Ce qui me l'a fait escrire : car j'ay tousjours veu, au sortir d'icelles, les contendans (comme s'ils n'eussent point esté chrestiens) s'entredechirer l'un l'autre par toutes sortes d'injures, avec aussi peu de charité du ministre que du theologien.

Le jeudi 17, le Roy envoia à la cour une jussion expresse pour ne desemparer le parlement, que tous ses edits, sans en excepter aucun, n'eussent esté verifiés et publiés, sans aucune modification ni remonstrance. Ce qui derogeoit aux lettres patentes que Sa Majesté leur avoit envoié le mardi 15 (qu'un mien ami a veues et leues), par lesquelles, aprés leur avoir enjoint de verifier les dits edits, et pour cest effet prolonger leur parlement de huict jours, y avoit une glose d'exception pour le regard de l'edit des monnoies et des habits, sur lesquels pour y avoir, disoient ces lettres, quelques difficultés subjectes à interpretation, Sa Majesté auroit tousjours pour agreables les remonstrances qu'ils lui en feroient, et les recevroit de bonne part.

Tacite, au premier livre de ses Histoires, dit que le desir que les particuliers qui sont prés les princes ont de s'agrandir et enrichir est la poison mortelle de tout droit sentiment et jugement; et qu'ils sont ennemis de tout conseil, tant bon soit il, qui n'est point creu en leur teste, et passé par le pourpris de leurs dents. Ce qui fait aussi qu'ils se bandent tousjours contre les sages et experimentés.

On tient que ceste soudaine mutation du Roy provenoit du conseil de telles gens : ce que j'accorde bien en partie; mais j'en trouve la principale cause au defaut de la pieté, et que la loy de Dieu (qui, selon saint Cyprian en ses epistres, doit estre le gouvernail des conseils humains) n'est plus celui de nostre Estat; mais l'avarice, laquelle, comme dit Saluste en son Catilina, aprend à mettre toutes choses en vente, renversant toute fidelité et preud'hommie, qui sont les instrumens d'un bon conseil. Nous voyons la plus part de nos conseillers esclaves d'icelle, nommement les grands trafiqueurs.

La cour cependant fist le mesme jour response au Roy sur sa jussion, qu'il leur estoit impossible de satisfaire au commandement de Sa Majesté pour ce regard, d'autant que la plus part de messieurs s'en estoient ja allés; qu'ils n'estoient nombre suffisant pour en deliberer, et qu'ils n'y pouvoient vaquer jusques à la Saint Martin : delay qui vinst bien à propos, car on dit qu'une affaire delayée est à demi rompue; et celle ci estoit de telle consequence que chacun desiroit qu'elle le fust : si bien que jamais il n'en fust plus parlé. C'estoit la voix du peuple et de tous les gens de bien.

Le vendredi 18, M. le premier president fist quatorze procureurs nouveaux. On lui a oui dire souvent qu'il eust esté plus aise d'en desfaire dix que d'en faire ung : car ce ne sont que nouvelles creues sur le pauvre peuple de larrons et mangeurs, qui sans cela n'est que trop mangé et derobbé par tout.

« Il y a assés de larrons dans ceste forest sans en

« mettre d'autres, » dit le dit premier president à un gentilhomme qui l'importunoit d'en recevoir un de la part de la roine Marguerite, laquelle, pour en avoir touché cinq cents bons escus, avoit par le dit gentilhomme envoié une lettre d'affectionnée recommandation bien cachetée et musquée à M. le premier president, qui enfin fust contraint, pour la contenter, de le recevoir, encores qu'il n'en eust nulle envie, et que sa resolution y fust toute contraire.

Le mardi 22, un mien ami, qui avoit veu l'edit des monnoies, m'a donné l'extrait suivant du sommaire d'icelui :

Tout or et argent estranger descrié et porté au billon.

Pistolets et pistoles permis d'exposer jusques au premier septembre 1610 : à sçavoir, jusques au mois de janvier prochain, à sept livres; depuis le dit mois jusques au mois de may, à six livres quinze sols; et de là jusques au mois de septembre, à six livres dix sols; puis portées au billon.

Exposition d'argent et or leger deffendu. Permis toutefois de l'exposer jusques au mois de janvier 1610; et de là jusques au mois d'avril les pieces de vingt sols, n'estant legeres que de dix grains : les quarts d'escu de huit grains, les pieces de dix sols de cinq grains, les pieces de huit sols de quatre grains; et aprés billonnées.

Seules pieces de vingt sols, dix sols et cinq sols seront fabriquées.

Pieces d'or de trois francs, six francs et douze francs seront apellées simple, double et quadruple henri.

Monnoie sera fabriquée au titre des quarts d'escu.

Or à vingt deux caras, pour faire revenir l'or au pris de la monnoie.

L'escu au soleil s'exposera à soixante douze sols, comme il est, jusques au mois de novembre 1609; et aprés à trois livres dix sols.

Les pieces de vingt sols peseront neuf deniers dix grains.

La monnoie fabriquée aura d'un costé la croix, de l'autre costé l'effigie du Roy.

Deffense aux marchans de changer l'argent d'une espece à l'autre.

Le jeudi 24, Voisin fust jugé. La sentence du bailliuf du Palais, infirmée faute de preuve (qui est la couverture ordinaire des injustices et corruptions), fist passer la pluralité à l'absolution de ce meschant garnement, plus pendable et criminel qu'homme du monde, et qui cependant a trouvé plus de faveur en une cour de parlement que le plus homme de bien de Paris. A quoi on l'avoit preparée dés le jour de devant par la rupture du bureau que fist faire le president Seguier, et lever la cour sous couleur de l'heure qui sonna, contre l'instance et avis de M. le premier president; l'opinion duquel (commé celle de M. Fedeau son rapporteur) estoit à la mort: qui fust la cause de lui vouloir faire continuer les opinions pour le depescher et juger ce matin, à fin de rompre les brigues qu'il sçavoit qui se faisoient de tous costés pour le sauver: comme il fust ce jour, où, pour donner quelque couleur à leur injustice (qui toutefois en paroissoit davantage), fust dit qu'il ne pourroit exercer dans l'enclos du Palais aucune charge ni office, et que la gehenne lui seroit donnée. Ce qui fust executé le lendemain, et mis à la question, où il ne confessa rien. Aussi ne lui fist on pas grand mal, estant de celles qu'on apelle gehennes de cotton : en ayant esté parlé aux gens du mestier, qui sçavent tellement adoucir ceste peine, que hors la crierie à laquelle ils les instruisent, tout le reste des membres du pauvre criminel se porte bien.

A ce pris en eschappa sauf et gaillard ce petit miserable assassin, avec un mauvais exemple de tout le peuple, que la peur seule contient : car la turpitude des choses meschantes ne l'arreste pas. Ce sont les chastimens et supplices, comme dit tresbien Aristote au dernier chapitre du premier livre de ses Morales; et telle douceastre et mollasse justice introduit (dit Ciceron au plaidoié pour Milon) le plus grand allechement à mal faire qu'on sçauroit jamais penser, qui est l'esperance de demeurer impuni.

La justice du temps passé estoit grossiere, se voyoit, et estoit palpable. La nostre d'aujourd'hui est si deliée, qu'on ne la peult ni voir ni toucher.

Le vendredi 25, j'ai acheté deux sols deux bagatelles nouvelles qu'on crioit : l'une estoit une ordonnance du Roy, portant deffenses à toutes personnes de porter des petits pistolets : laquelle sans aucun fruit se renouvelle tous les ans deux ou trois fois.

Le samedi 26, un mien ami M. D. B. m'estant venu voir en mon estude, m'a appris le suivant quolibet contre les jesuistes, qu'un Espagnol de la suitte du president Richardot estant à Paris lui avoit donné :

> *Longè à Jesu-itis,*
> *Qui cum jesuitis-itis.*
> (*Langue d'ange, ame de diable.*)

Le mecredi dernier de ce mois, Jean Berion fust constitué prisonnier, et mené au grand chastelet, pour avoir imprimé le Secret des Jesuistes, qui n'est qu'une pure fadeze et gauffe mesdisance, et laquelle ne meritoit une impression. Le pis qui y soit pour cest homme (que je congnois, et auquel je desirerois faire plaisir) est qu'outre la forte partie qu'il a, qui sont les jesuistes, le Roy se trouve meslé et interessé au miroir du pere Cotton, inseré en ce libelle. Ainsi pour une sottise on est souvent en peine, et pour des badineries on se fait pendre.

En ce mois, M. le prince de Condé ayant esté mal mené du Roy, jusques à l'avoir apelé b..... (selon le bruit commun de la cour), se retira fort piqué et mal content en sa maison, n'ayant esté possible à Sa Majesté de retarder son partement seulement d'un jour. Les courtizans faisoient le Roy plus amoureux que jamais de madame la princesse sa femme, et que de là procedoient toutes ces querelles et disgraces; voire et on disoit que ce prince en estoit tellement las, qu'il consentoit à demi la dissolution de son mariage, qu'il sçavoit le Roy tenter par tous moyens, pour n'estre plus longtemps en ceste peine. De quoi M. le connestable, malade au lit, estoit fort troublé et scandalizé; et tous les grands de la cour, offensés et mal contents, en parloient mal, mais soubs main, comme l'on dit, et à petit bruit.

Ung jeune moine de Sainte Genevieve, avec un *frati ignoranti*, estant sur le point de quitter l'habit et profession de leur ordre, et passer à Charanton, furent descouverts, et sur la fin de ce mois attrappés et renfermés en leurs cages : le pauvre frater ignorant fouetté tous les jours bravement et doctement; le jeune moine renfermé en une prison au pain et à l'eau, pour temperer, disoient ils, les ardeurs de sa chair non mortifiée, aiiant envie de se marier. Lequel le feu achediacre Du Hardas eust donné au diable d'avoir ceste sotte volonté, estant d'un ordre où, sans se mettre en peine de l'estre, il leur est permis de paillarder tout leur saoul.

Les maladies continuent à Paris, mais non si dangereuses ni mortelles que celles du mois passé; plusieurs en reschappent et relevent, contre l'opinion des medecins. Bajaumont, l'escuier et favori de la roine Marguerite, abandonné d'eux pour estre attenué et miné d'un mal où il n'y a pas grande ressource, et qui mect en tout temps les plus jeunes et gaillards au tombeau, en guairist, mais plus par la charité de sa maistresse, ainsi qu'on disoit, que par l'art de son medecin : lequel estant prié de la Roine de lui sauver la vie, lui respondit que cela despendoit plus d'elle que de lui, et qu'elle seule la lui pouvoit sauver mieux que tous les medecins.

Le medecin Le Moyne, medecin, depuis la mort du Fevre, de la plus part de ceux de ce quartier, mais non pas le mien, extremement malade, en revient. Je lui ai oui dire une chose, parlant des saingnées, qu'il aprouve et prattique fort, qu'il avoit fait tirer en quinze mois douze cens palettes de sang à une fille qu'il gouvernoit, laquelle s'en estoit bien portée, et avoit vescu plus de six ans aprés. Ce que j'eusse mal aisement creu se pouvoir faire, si lui mesme qui le l'a fait ne me l'eust dit et repeté souvent, mesmes depuis peu. En laquelle cure je trouve qu'il a esté beaucoup plus heureux que sage.

Petit, premier medecin du Roy, ne pouvant acommoder sa vie ni ses mœurs à celles de la cour, où il n'estoit venu qu'à regret et par importunité, obtinst en ce temps congé de Sa Majesté pour se retirer en sa maison à Gien, aimant mieux gouverner là son compere le savetier, et boire librement avec lui, que de courtizer et gouverner les dieux de la cour (à quoi il ne se connoissoit gueres); avec envie possible et calomnie, à laquelle ceux de cest estat sont volontiers exposés. Joint qu'ayant moyen de s'en passer, estant riche, ainsi qu'on disoit, de cinq à six mil livres de rente, il eust esté estimé plus sot qu'autrement d'espouser ceste subjection, qui lui eust avancé ses jours comme on tient qu'elle a fait ceux de M. Du Laurens, par les veilles qu'il lui faloit souffrir prés le Roy, lequel quand il ne pouvoit reposer envoyoit querir ledit Du Laurens pour lui venir lire, et le faisoit souvent relever en plein minuict. On disoit que Sa Majesté n'avoit laissé de gratifier le dit Petit de l'estat de medecin ordinaire de Sa Majesté : si que se retirant de la cour avec ses bonnes graces, il avoit eschangé la peine (qui souvent passe le proufit) à la tranquillité; et le vain honneur de la cour, qui n'est que vent, à ung repos pour le reste de ses jours.

Sur la fin de ce mois, M. de Lesdiguieres, seingneur de grand merite et valeur, et le premier capitaine de l'Europe par le tesmoingnage mesme du Roy, auquel on a oui dire qu'il n'eust voulu ceder l'honneur de ceste qualité à homme qui fust au monde, n'eust esté d'avanture à Lesdiguieres; et au reste guerrier sage, vaillant et heureux, qui sont trois qualités qu'on ne void gueres concurrer ensemble en un chef de guerre), fist le serment de mareschal de France entre les mains du Roy à Fontainebleau, le dimanche 27 de ce mois, jour saint Cosme : lequel jour Sa Majesté avoit choisi exprés, pour ce qu'en icelui (il y avoit huict ans justement) M. le Dauphin avoit esté né. Ce que le Roy ramantust aussi au dit sieur de Lesdiguieres, et voulust qu'il lui prestast le serment (comme il fist) dans la chambre mesmes.

Supplément tiré de l'édition de 1736.

Le mardi 15 de septembre, a été verifiée et publiée en parlement l'ordonnance du Roy en exécution de son edit contre les duels. Icelle ordonnance porte défenses à toutes personnes, de quelque qualité qu'elles soient, de porter quant à soi de petits pistolets.

En ce mois, le pere Coton a obtenu de la liberalité de notre Roy l'hôtel appellé de Mezieres, pour faire un noviciat de jesuites [1]. Ces bons peres continuent les grands et beaux bâtimens qu'ils font dans le college de Clermont; et ce par les bienfaits du Roy, qui leur rend le bien pour le mal.

Le lundi 21 de septembre, le Roy a donné l'ordre de Saint Michel au duc de Moldavie et au prince son fils, privez de leur etat par les armes du Turc, et retirez à Paris, où le Roy les entretenoit.

Dans le même mois, le collier dudit ordre fut envoyé au comte de Schwartzenberg, seigneur de Gimborn;

---

[1] *Noviciat de jesuites* : Suivant Dubreuil, ce noviciat fut bâti au lieu où étoit l'hôtel de Mézières, que mademoiselle de Sainte-Reine leur donna, avec la permission du Roi.

et lui fut donné par M. le duc de Nevers, entre les mains duquel il fit serment (1) d'observer de point en point les statuts dudit ordre; promettant que s'il arrivoit aucun cas pour lequel, par les statuts de l'ordre, il en fût privé, il renvoyeroit au chef souverain de l'or-

(1) *Il fit serment :* Voici la formule de ce serment : « Nous Adam, « comte de Schwartzemberg, seigneur de Gimborn, aiant agréable « l'honneur qu'il a plu au Roy, chef souverain de l'ordre M. saint « Michel, et aux confrères, compagnons, chevaliers dudit ordre, de « nous élire et nommer en cette amiable compagnie, dont la remer- « cions de très-bon cœur, et promettons par ces presentes que de « tout notre pouvoir nous aiderons à garder, soutenir et défendre les « grandeurs et droits de la couronne et majesté royale, et l'autorité « du souverain de l'ordre, de ses successeurs souverains, tant que « nous vivrons et serons d'icelle; que nous nous employerons de tout « notre pouvoir à maintenir ledit ordre en état et honneur, et met- « trons peine de l'augmenter, sans le souffrir décheoir ou amoindrir, « tant que nous pourrons y remedier et pourvoir. Que s'il arrivoit « (ce que Dieu ne veuille) qu'en nous fût trouvé aucune chose pour « laquelle, selon les coutumes et statuts de l'ordre, en fussions pri- « vés, sommés et requis de rendre le collier : nous, en ce cas, le ren- « voyerons audit souverain, ou au trésorier dudit ordre, sans après « ladite sommation porter ledit collier. Nous porterons et accompli- « rons patiemment toutes les peines et punitions qui pour ce ou au- « tre moindre cas nous pourroient être enjointes et ordonnées, sans « avoir ni porter à l'observation de ces choses aucune haine ni mal- « veillance envers ledit souverain, freres, compagnons et officiers du- « dit ordre ; que nous nous trouverons et comparoîtrons aux convo- « cations et assemblées de l'ordre, ou y envoyerons selon les statuts « et ordonnances d'icelui, et obéirons audit souverain et à ses commis « en toutes choses raisonnables touchant et regardant le devoir et of- « fice dudit ordre; et accomplirons de toute notre puissance les sta- « tuts et ordonnances portées ez articles et serment que nous avons « fait entre les mains de M. le duc de Nevers, duquel nous avons « agréablement reçu et accepté le collier dudit ordre. En temoin de- « quoi nous avons signé la presente de notre main, et cacheté de nos « armes. Fait à Maiziéres, le 10 septembre 1609. Signé Adam, comte « de Schwartzemberg. »

dre, ou au tresorier, ledit collier, sans jamais le porter dans la suite.

[OCTOBRE.] Le vendredi 2, le nonce du Pape avec l'evesque de Paris assistans en Sorbonne, aux disputes desquelles les theses estoient sousrenues et defendues par M. de Champvalon, abbé de Saint Victor; le recteur de l'Université, nommé Le Vasseur, y estant arrivé, et voulant en qualité de recteur y tenir le premier ranc et la premiere place, l'evesque de Paris ne lui voulut ceder, disant qu'il estoit roy en son evesché. « Et moy, dit le recteur, en mon Université, où vous « estes. » Et estans entrés en contestation de paroles, le recteur, de crainte de plus grand scandale, sans s'asseoir s'en ala, et dit que la cour en parleroit, ayant failli en une chose, au dire d'un chacun : de n'avoir ce pendant fait cesser l'acte.

On crioit ce jour des nouvelles patentes du Roy pour les francs fiefs et nouveaux acquets, qui me cousterent ung sol.

Le samedi 3, je fus avisé par M. Leschassier, avocat en la cour, d'envoyer querir les theses de Champvalon, imprimées. Ce que j'ai fait par Matthieu, qui m'en a apporté une, où j'ai trouvé, comme il me l'avoit dit, de l'ineptie et impieté beaucoup. L'ineptie au commencement, en la lettre françoise qu'il adresse au Roy, qui est une vraie grottesque où on n'entend du tout rien. L'impieté en sa premiere these, en laquelle il met le Pape, en ceste terre, au dessus de Jesuschrist, contre toute auctorité et raison : si ce n'est d'avanture celle du cordelier, lequel voulant defendre la preseance de son saint François, qu'on avoit peint aux Cordeliers au dessus de Dieu, fist response qu'il estoit raisonnable que chacun fust maistre en sa maison.

Le mardi 6, j'ay acheté un arrest nouveau du conseil privé du Roy, contenant reiglement d'entre les assesseurs criminels et commissaires examinateurs du siege presidial d'Agenois en Gascongne, et les president, presidial, jugemage, etc.; avec un autre edit du Roy, portant creation et erection d'une lettre de maistrise jurée de chacun art et mestier en toutes les villes, bourgs et fauxbourgs, et lieus de son royaume et pays de son obeissance, en faveur du mariage de monseigneur le prince de Condé, premier prince du sang, et premier pair de France.

La veufve Nicolas Roffet, demeurante à la Rose blanche, m'a donné ce jour un discours nouveau qu'elle venoit d'achever d'imprimer, intitulé *Raisons pour monstrer que l'edit nouvellement fait sur les monnoies est juste, et qu'il est au soulagement du peuple*. Ce qu'il monstre assés mal, ce me semble; et ne sçai comme il seroit possible qu'un homme sur ceste matiere se peust faire entendre aux autres, quand il ne s'entend pas soi mesmes. Aussi disoit-on que l'aucteur perigourdin D. M., suivant les vestiges de son pere, se fust mieux congneu en la composition d'une fausse monnoie qu'en celle de quelque bon discours.

Le mecredi 7, M. Tayler, ministre de l'ambassadeur d'Angleterre, avec lequel il devoit partir le lendemain pour s'en retourner en Angleterre, me vinst voir, et dire à Dieu (comme il fist) avec regret, et moy à lui : pour ce que de si peu que je l'avois congneu, j'avois remarqué en cest homme une singuliere modestie et humanité, accompagnée d'un vrai zele à la reunion et reformation de l'Eglise de Dieu (ce qui se trouve rarement aujourd'hui en ceux de sa profession); et croy aussi qu'en partie pour la mesme cause il m'affectionnoit beaucoup.

Il me conta comme le Roy avoit gratifié son maistre à son depart, et donné un buffet de vaisselle d'argent doré de deux cens marcs, à quatorze escus le marc. Ce qui revenoit à deux mil huict cens escus, ou environ.

La Roine à madame l'ambassadeuse avoit fait present d'une ovale enrichie de pierreries, en un costé de laquelle estoit son pourtraict, et en l'autre la place vide pour y en mettre un autre tel qu'elle voudroit; et estoit estimée la dite ovale à deux mil escus. La roine Marguerite lui avoit donné une enseingne de pierrerie prisée dix huict cens escus; la princesse de Conti, un diamant de quinze cens escus; et la marquise de Verneuil, une orloge estimée six cens escus : estant la dite dame ambassadeuse fort aimée des dames de la cour, qu'elle aimoit aussi, regrettant grandement à son depart le doux sejour de la France.

Le samedi 10, mon nepveu de Benevent m'a donné un poeme nouveau imprimé in-8°, fait par un nommé Bouteroue, intitulé *le petit Olympe d'Issy*, qui est une fadeze dediée à la roine Marguerite sur ses beaux jardins d'Issy, desquels on disoit que le dieu Priapus estoit gouverneur, et Bajaumont son lieutenant. Le Rôy ces jours passés passant devant son logis, voyant sa chapelle non achevée toute descouverte : « Ventre saint « gris, dit-il, il faut bien que ma seur face besongner « à cela, et qu'elle face couvrir sa chapelle. — Il est « vray, sire, respond M. de Montb....; mais le cou- « vreur de la Roine est malade. »

Le lundi 12, ceux de la paroisse de Charanton faisoient partout un panegyrique de l'excellent presche qu'avoit fait le jour de devant au dit Charanton un jeune ministre d'Anonnay en Vivarets, aagé de vingt-quatre à vingt-cinq ans seulement, nommé Le Faucheur, nepveu d'un mien ami fort honneste homme, nommé aussi Le Faucheur, rochelois.

Il prist son theme sur le passage du pseaume *J'aime mon Dieu*; lequel il traicta fort gentiment et patethiquement : chose propre pour un peuple qui se prend plus par les aureilles que par le jugement. Si que quand il vinst à sa peroration il tira les larmes des yeux de la plus part de ceux de l'assistance, mesmes de ceux de M. de Sully.

J'eusse fort desiré d'ouir son presche (car je ne croy en cela à tout esprit), n'eust esté qu'à Paris (tant le monde y est sot et corrompu) d'aller au bordeau, à ceux de profession catholique, est plus tolerable beaucoup que d'aller à Charanton.

J'ai acheté ce jour, douze sols, le Chemin à l'Atheisme fraié par les heretiques de ce siecle : qui est un nouveau livre imprimé à Paris in-8°, chez Michel Nivelle, composé par M. Vialar, prieur de Sainte Marie de Bu, un de mes cousins et alliés : personnage docte, et fort zelé à l'avancement de la religion catholique, apostolique et romaine; mais peu à la reformation d'icelle, et correction des abus qu'on y void visiblement pulluler et regner, comme il paroist par son escrit, qui estant d'un stile plat, nullement relevé, et cependant injurieux, tout rempli de grottesques et impertinences, fraiie le chemin plus tost à une division perpetuelle qu'à une reunion et reformation de l'Eglise, souhaittée de tous les gens de bien. En quoi il n'imite ce grand personnage d'Erasme, de l'auctorité duquel il se sert contre les erreurs et vices des pretendus reformés de ce temps.

Le vendredi 16, un mien ami me communiqua un advis qu'on lui avoit envoyé par lettres escrites de Leyde en Hollande, dactées du 2 du present mois, par lesquelles on l'avertissoit d'une grande contention et division survenue entre les ministres du dit pays sur l'article de la predestination : qui estoit telle qu'on avoit grand peur qu'ils en vinssent aux mains. Aussi qu'il sembloit que les Estats du pays vouloient, comme on avoit fait en Angleterre, s'attribuer la souveraine puissance et auctorité sur toutes les eglises, ayant depuis peu fait faire le mariage d'une femme avec un sien parent, outre le gré et consentement des ministres et des eglises.

Toutes ces divisions, disoit l'on, sont graines de jesuistes, et poudres tirées des bouëttes de l'archiduc.

Quant au point de la predestination, il est si chatouilleux et dangereus à toucher, qu'en l'an 1586, lors que M. de Believre passa en Angleterre pour la roine d'Escosse, les ministres estans en grande division sur cest article, et s'estans assemblés par plusieurs fois pour en decider et resouldre quelque chose, s'y trouverent si empeschés, qu'ils furent tous d'avis unanimement d'en laisser la matiere indecise : tellement que leur conclusion fust : *Mitte arcana Dei.*

Le samedi 17, M. le B. D. m'a donné le sonnet suivant sur l'abregé de la vie du Roy, fait par M. de Sully ; lequel, pour son invention et gentillesse, merite d'estre receuilli.

Sonnet.

Je vous prens à tesmoing, amie Verité,
Libre de passion, et de crainte, et d'envie!
Celui qui de mon Roy veult abreger la vie
N'est il pas criminel de leze majesté?

C'est aprés le decés qu'on dit la verité;
Qu'on loue sans dessein, qu'on reprend sans envie :
Ce que ne permettroit mesmes durant la vie
L'amour et le respect deu à Sa Majesté.

Que si ses faits guerriers ont des siecles pour vie,
Pourquoi l'abregera la sacrilege Envie?
Dire peu, ce n'est pas dire la verité.

D'abreger donc ses jours en abregeant sa vie,
Faire pis ne pourroit contre Sa Majesté
Un jacopin poussé du diable et de l'envie.

La Cheval parlant du dit sieur de Sully : « Il seroit « propre, disoit il, pour ung jeu de longue paulme : « car il sert de loing. »

Le dimanche 18, le marquis de Rosni, fils de M. le duc de Sully, fust marié à Charanton avec la fille de M. le comte de Crequi, aagée de neuf à dix ans seulement. On pensoit que ce fust Le Faucheur (ce jeune ministre qui est tant en bruit) qui y deust faire l'exhortation et le mariage : à raison de quoy y eust grand concours et affluence de peuple, mesme de catholiques. Mais ce fust le ministre Du Moulin qui y prescha et les espousa.

La mariée avoit une robbe de satin blanc, fort riche et magnifique, pour estre enrichie de force perles et pierreries, avec la coiffure de mesme, voilée à la romaine. Le marié, somptueusement habillé, portoit au col une excellente chesne de pierreries à deux tours; et M. de Sully son pere avoit une aigrette à son chapeau, où y avoit une enseingne de pierreries tresbelle, qui reluisoit et esclatoit par tout.

Au sortir du presche, le general Duret leur donna à tous magnifiquement à disner au logis de madame de Vienne, sa maistresse.

Le lundi 26, j'ay acheté la quatriesme partie des Croniques des Freres mineurs, divisée en deux tomes, imprimée nouvellement in-4° par la veufve de G. Chaudiere. Livre non seulement sot et superstitieux, mais aussi impie, en ce qu'il renouvelle la memoire de nos impietés et fureurs passées pour la religion, que le Roi, par ses edits de pacification, a nommement defendue et supprimée.

S'il est aussi plaisant que les premieres parties que j'en ay (comme on me l'a fait entendre et que je croy, aiiant seulement passé la veue par dessus), j'en ferai des extraits à mon loisir des principales fadezes qui y sont : qui me tiendront lieu d'un bouillon de séné pour purger ma melancolie. Les deux tomes, reliés en parchemin, m'ont cousté cent sols.

Le vendredi 30, un mien ami, homme de bien et de qualité, m'apprist ce que je ne sçavois point encores, mais que lui sçavoit fort bien : que le Roy ayant entendu l'arrest de l'absolution de Voisin, donné le jeudi 24 du mois passé, s'en estant fait faire le discours au vray et tout du long, par lequel il aparoissoit que le president Seguier entre autres lui avoit sauvé la vie, avoit dit ces mots : « Voiés vous ce papelard et hipo« crite ? Ceste cour n'est plus cour : c'est une com« pagnie de gens qui donnent et ostent la vie et l'hon« neur à qui bon leur semble. » Et ayant appelé Lomenie, le chargea d'aller sur le procureur general, lui dire qu'il eust à lui envoier l'arrest de Voisin; et qu'il le vouloit avoir et garder.

En ce mois d'octobre, moururent à Paris, de ma connoissance, Goguier, secretaire du Roy (*festuca, et Epicuri de grege porcus*), lequel pendant la Ligue tenoit ma place d'audiancier à Tours: Dolu, dit Divoy, grand audiancier.

Un nommé Le Couvreus, bel homme en la fleur de son aage, riche de plus de cinquante mil francs, et qui m'a presté autres fois de l'argent à bon interest. On l'apeloit l'Ame damnée, pour ce qu'il ne donnoit jamais rien aux pauvres, et se tenoit en une petite rue qui va du pont Nostre-Dame à la Greve, du costé de la place aux Veaux.

Sur la fin de ce mois, fust apportée à Paris (où le bruit en estoit dés long temps) la nouvelle certaine de la mort du comte de Sommerive, fils de M. le duc de Maienne, decedé à Naples: les uns disent de la maladie du dit lieu, les autres de poison que l'Espagnol, en haine de son pere, qui avoit quitté leur parti pour reprendre celui de son Roi, lui avoit fait bailler.

En ce temps, la disgrace de M. le chancelier, auquel on disoit qu'on alloit oster les seaus pour les bailler au president Janin, estoit tenue sur les rancs à Paris, où on ne parloit d'autre chose; mais non à Fontainebleau et à la cour, où il ne s'en disoit rien que bien sourdement, et à l'oreille.

Et encores que tels bruits soient souvent faux, comme beaucoup estiment de cestui ci, si les a t'on tousjours remarqués en nostre France pour avant coureurs et sinistres presages de la fortune des chanceliers, principalement quand ils ont esté hays et mal voulus du peuple, soit pour bien, soit pour mal, comme est cestui ci de tout le monde pour le dernier. Et n'y a pas fort long temps qu'un conseiller oyant parler de ses injustices et corruptions, dit ces mots : « Si son pere (qui estoit un grand preudhomme et « homme de bien) eust sceu que son fils eust deu estre « tel, je le connoissois pour homme qui l'eust fait « estouffer au berceau. »

Entre une milliasse de ses corruptions, on en cotte deux avenues depuis peu, qu'on tient pour certaines et bien veriffiées : dont le Roy en a sceu l'une, qui l'en a reprimendé et baffoué; l'autre, qui est depuis peu de jours, est demeurée jusques à aujourd'hui incongneue à Sa Majesté. La premiere est d'une grande dame nommée la Malemaison, à laquelle le Roy ayant donné une abbaye de six mil livres de rente; pour avoir ses lettres et expeditions de M. le chancelier, duquel elle ne pouvoit avoir raison, falut qu'elle lui fist present d'un buffet d'argent de quinze cens escus, ayant esté conseillée de ce faire pour en sortir; dont elle eust encores un grand merci de M. le chancelier bien leger, qui en le prenant surnomma ainsi son buffet, pour ce qu'il s'attendoit qu'il deust estre plus pesant.

Ce traict occasionna ceste dame de le dire au Roy, comme elle fist lorsqu'elle ala trouver Sa Majesté pour l'en remercier, et lui en conta l'histoire tout du long. Sur quoy le Roy ayant mandé le chancelier, qui pour ses excuses n'eust recours qu'aux negatives; après l'avoir assés rudement manié, lui dit que ce n'estoit la premiere plainte qu'il avoit receu de lui : mais qu'il y pourvoirroit.

L'autre, avenue depuis huict ou dix jours en ça, et à laquelle le dit chancelier a pourveu pour ne venir point à connoissance de Sa Majesté, est d'un Hollandois auquel un riche marchant d'Amiens ayant emporté et fait banqueroute (encores qu'il eust assés de moyens d'ailleurs) de la somme de quarante mil livres; le dit Hollandois ayant trouvé moyen d'attraper son marchant, l'ayant fait constituer prisonnier, M. le chancelier, moiennant une bonne somme qu'on disoit que le dit marchant d'Amiens lui avoit donnée, aprés lui avoir fait seller et depescher un respit (qui est une injustice qu'il a rendu pour le jourd'hui ordinaire au seau), l'auroit fait sortir de prison, et donné les champs à ce voleur. Dont le pauvre Hollandois, comme desesperé, se voyant ruiné de biens et de reputation, se seroit retiré en son pays vers messieurs les Estats : ausquels ayant fait entendre l'injustice qu'on lui avoit fait en France, aprés avoir imploré là dessus leur aide et faveur envers le Roy, les Estats, meus de commiseration et de la justice de sa cause, auroient pris son fait en main, et depesché vers Sa Majesté exprés pour s'en plaindre, et lui en demander justice. Aussi en auroient escrit à M. d'Arsans leur agent, pour tenir la main à ceste affaire et en parler au Roy : laquelle depesche le dit Arsans ayant receue, auroit esté aussy tost trouver M. le chancelier pour la lui communiquer, n'ayant envie de perdre ses bonnes graces. Et de fait lui ayant remonstré l'importance de l'affaire, qui le regardoit du tout et de fort prés; M. le chancelier, aprés l'en avoir fort remercié, et prié instamment que rien n'en vinst aux oreilles du Roy, lui avoit promis de faire remettre en prison le marchant, voire et son pere, qu'on disoit y estre obligé ; et que le Hollandois seroit satisfait, et auroit occasion de se contenter.

Celui qui me l'a conté, ami du dit Hollandois, me dit vendredi dernier, 30 de ce mois, que le Hollandois estoit ici seulement de mecredi, feste de saint Simon et saint Jude ; qu'ils estoient aprés à rattraper leur homme ; et qu'il lui en avoit fait le discours de sa bouche tel que je l'ai escrit ici, non par aucune passion, mais d'une simple curiosité que j'ai eu de tout temps, et qui m'est ordinaire.

En mesme temps le prince de Jainville continuant ses coups à la cour à l'endroit des belles dames (que Tertullien, de son temps, appeloit *publicarum libidinum victimas*), s'estant adressé à une comtesse de ceste qualité, favorite du Roy, laquelle pour s'en excuser et couvrir son fait alleguoit une promesse de mariage qu'elle avoit du dit sieur prince, sous laquelle elle pretendoit avoir legitimement fait ce qu'elle avoit fait, encourt la mauvaise grace de Sa Majesté, qui lui commande de se retirer, ou de l'espouser. A quoi du commencement faisant semblant de prester l'aureille, pour plus seurement en jouir et à son plaisir, declare finalement que jamais son intention n'avoit esté telle. Voire, et usant d'une gallante rodomontade, dit tout haut que, la personne du Roy exceptée, il n'y avoit gentilhomme ni autre, de quelque qualité qu'il fust, auquel tenant ce langage il ne sautast à deux pieds sur les espaules. Ce que le conte Du Lude aiant entendu, rencontrant plaisamment là dessus, dit que c'estoit le trait du bourreau que cestui là.

Madame de Guise toute esplorée se vint jetter aux pieds du Roy ; et comme si elle eust esté desesperée, supplia Sa Majesté de la vouloir tuer. A laquelle le Roy en riant respondit qu'il n'avoit jamais tué personne, et principalement des femmes; et qu'il ne sçavoit comme il faloit faire pour les tuer.

Ceux qu'on tenoit à la cour pour les plus accorts et avisés, et qui penetroient plus avant dans les sacrés misteres des dieux (encores que le plus souvent ils y voient aussi trouble que les autres), disoient qu'en ce beau fait il y avoit du dessein couvert du Roy, qui avoit fait faire à la comtesse ce qu'elle avoit fait; et qu'en tels actes on estoit pour le jourd'hui si peu scrupuleus à la cour, que, comme dit Lipse en ses epistres (et pense que c'est la vingt deuxieme), *Mores jam vocentur, nec in veniam modò veniant, sed in laudem.*

Les conseilleries de la cour à quarante-neuf mil francs; les maistres des requestes à soixante dix mil livres : qui sont quarante neuf mil folies et soixante dix mil rages. *Et ita publica non se benè habent, privata pejus; sed mea pessimè, et in iis mea crux.*

[NOVEMBRE.] Le lundi 2, M. Du Pui m'a donné la copie de la harangue que fist M. le president Janin de la part du Roy à messieurs les Estats, au mois de juin dernier, pour les induire à permettre aux catholiques libre exercice de leur religion, avec liberté de conscience.

Elle contient trois feuillets d'escriture à la main, et est receuillable.

Le mecredi 4, on m'a donné la suivante inscription de la ville de Henrimont de M. de Sully, qui couroit ici, trouvée bonne des uns, et des autres non; de moy, pure fadeze, flatterie, et jactance ridicule.

INSCRIPTION POUR ESTRE MISE EN MARBRE SUR LE PORTAIL DE LA VILLE DE LA SOUVERAINETÉ DE BOISBEL.

L'an 1609 de la mort d'un seul pour le salut de tous, le 20 du regne plus fleurissant de HENRI, IVe *du nom, monarque des François, roi des batailles, tousjours auguste et victorieux, pere et restaurateur de l'Estat en France et de la paix au monde, au troisiesme mois de l'an, dont le nom est sacré à sa memoire,* MAXIMILIAN DE BETHUNE, duc de Sully, marquis de Rosni, sire d'Orval, prince souverain de Boisbel, pair et grand maistre des armées et tresors de France, *aprés trente années de services rendus à son Roi et à sa patrie en toutes les plus importantes occurrences de paix et de guerre, comblé d'honneur et de gloire pour avoir secondé les plus hautes intentions de son genereus maistre, fait prosperer ses affaires, banni la necessité, restabli l'ordre, les loix et l'abondance; pour memoire à la posterité de choses si augustes, a basti les solides fondemens de ceste ville de Henrimont, dont la felicité doit estre eternelle, puis qu'en son front reluit et en ses portiques est fondée la gloire des monarques, l'honneur des regnes, l'espoir des François, et l'eslite des hommes.*

Le jeudi 5, fust celebré le jeusne à Charanton, avec grande apparence de devotion, au moins selon la forme simple qui s'y observe : car depuis huict heures du matin jusques à prés de quatre, on n'y fit que prescher, prier et chanter, sans que personne (ou pour le moins bien peu) sortissent de leur place et du temple, qui estoit tout plain. Il y fust faict trois presches, par messieurs Du Moulin, Durant et Le Faucheur, qui entre les autres exhorta fort pathetiquement le peuple à penitence et amendement de vie.

Le mardi 10, J. P. m'a communiqué la copie d'un nouveau discours vraiment bon et saint, mais duquel je me doute que l'effect de l'advis y contenu demeurera au papier. Il est intitulé *Advis pour l'institution charitable des advocats et procureurs en faveur des veufves, orphelins, pauvres gentilshommes, bourgeois, marchands, laboureurs, et autres personnes miserables, qui, faute de conseil ou secours, et assistance d'argent, laissent perdre leurs droits, et n'ont moien de faire les poursuites et frais necessaires en leurs actions civiles et criminelles és cours tant souveraines que subalternes de ce roiaume.* Il est prest d'estre mis sur la presse. L'execution remise au bon temps.

Le lundi 23, M. Bossé m'a donné ung petit livret nouveau, imprimé à Saumur, in-16 longuet, qu'on lui avoit envoié du dit lieu, fait par un nommé Clemanceau, ministre de Poictiers, sur la question si on peult faire son salut en l'Eglise romaine? Laquelle il conclud negativement et faussement, selon les maximes passionnées resolues et tenues sur ceste question par la plus part des theologiens et docteurs de l'une et l'autre Eglise, meus d'un zele indiscret : qui est occasion de rompre tant la dilection fraternelle que la concorde publique, pour ce que tels zelateurs inconsiderés ne reputent leurs prochains, quelques chrestiens qu'ils soient, autres que Turqs ou Tartares.

Le mecredi 25 de ce mois, jour et feste de Sainte Katherine, le mesme m'a donné une recepte singuliere et esprouvée, ainsi qu'il dit, pour empescher de fluer les hemorroides; laquelle j'ay mise avec les autres en lieu où elle ne me fera ni bien ni mal.

Le jeudi 26, j'ay acheté les trois nouveaus bagages suivans qui couroient : Arrests du conseil d'Estat du Roy, portans defenses à tous notaires, huissiers et sergens d'exercer leurs offices sans lettres de provision de Sa Majesté; Memoires du capitaine Foucques au Roy sur le fait de la marine; Advertissement sur l'edit proposé des monnoies.

Ce jour, accoucha la Roine au Louvre, sur les dix heures du soir, d'une fille, de laquelle on ne fist à la cour aucun signe d'alegresse ou de resjouissance, et n'en fust tiré un seul coup de canon. On disoit que le Roy avoit dit qu'il eust voulu avoir donné cent mil escus, et que c'eust esté un fils : comme aussi tout le peuple (qui craint la touche, et a opinion que les filles rendent le Roy plus avare) eust fort souhaitté et desiré, et principalement celui de Paris par dessus tous les autres. La sage femme de la Roine s'en fust aussi bien trouvée : car Sa Majesté, ainsi qu'on dit, la vouloit gratifier d'un don de huict mil escus, qui estoit la maistrise des mestiers de ceste ville.

Ceste mesme nuict, mourust à Paris M. de Fleuri, conseiller en la grande chambre, et doien de la cour de parlement, où, tout aagé qu'il estoit, passant quatre vingts ans, n'en pouvant plus, et, comme dit Platon, *deficiente naturâ*, s'est fait neantmoins porter jusques à la fin dans une chaire.

En sa place est monté le grand Courtin qu'on apelle, rapporteur du procés que la Ligue fist au Roy à Paris l'an 1589 : qui estoit un traict qui meritoit, selon la rigueur du droict, de faire monter un homme plus haut.

Le dimanche 29, un mien ami me conta une chose rare et remarquable advenue à Paris depuis trois semaines en la personne d'un vieil bon homme nommé La Tour, demeurant aux fauxbourgs Saint Germain, vis à vis de l'hostel de Luxembourg; lequel se sentant avoir la pierre, s'estoit, à l'aage de soixante et dix huict ans, fait tailler par Collo, qui lui en avoit tiré quatre fort grosses, qu'il avoit monstrées à celui qui me l'a dit : sans que jamais pour la taille il s'en soit aucunement mal trouvé, ni en fiebvre ni perdu un coup de dent, ayant gardé le lit seulement six jours et six jours la chambre, estant sorti de sa maison au douziesme, aussi sain et dispost comme s'il n'eust jamais rien eu. Que j'ay trouvé chose si estrange, que l'ayant apris d'un homme veritable, j'en ai voulu charger mon registre.

En ce mois, le Roy continuant ses amours avec madame la P. D. C. (1), pendant que M. le prince son mari est empesché à la chasse en Picardie, en dresse une autre pour pouvoir parler à elle en sa maison de Breteuil, où il l'avoit laissée; et pour cest effect part desguisé de ceste ville, avec cinq ou six autres seulement desguisés comme lui, et portant de fausses barbes : lesquels passans au bacq de Saint Leu, on prend pour voleurs, et envoie t'on un prevost des mareschaus aprés, qui estant averti que c'estoit le Roy, tourne bride, et s'en retourne sans faire semblant de rien.

Si Sa Majesté parla à la dite dame ou non, c'est

---

(1) *La P. D. C. :* la princesse de Condé.

chose qui ne se dit point asseurement; mais bien que M. le prince en fust averti. De la venue duquel le Roy aiant eu nouvelle, reprist son chemin vers Paris tout aussi tost, où on ne bruioit d'autre chose, mais secrettement et à l'oreille, pour le danger qu'il y avoit d'en parler.

On disoit que la marquize de Verneuil, à laquelle il est permis de tout dire, et qui parle ordinairement au Roy, non comme à son pareil, mais comme elle feroit à son valet, lui avoit dit, bouffonnant sur ce propos avec Sa Majesté : « N'estes-vous pas bien meschant de vouloir coucher avec la femme de vostre fils? car vous sçavés bien que vous m'avés dit qu'il l'estoit. »

Sur la fin de ce mois, et le dimanche 19 d'icelui, sur les six heures au soir vinrent les nouvelles à Paris au Roy de l'acheminement de M. le prince en Flandres; et comme, au lieu d'amener sa femme à Paris à la couche de la Roine, ainsi qu'il avoit promis à Sa Majesté, il la menoit à l'archiduc voir sa cour à Bruxelles. Ceste nouvelle troubla et fascha fort le Roy, plus encore qu'il n'en fist le semblant. Fust depesché Balagni en diligence pour l'arrester s'il estoit possible, et le ramener; et M. de Pralin vers l'archiduc, pour le sommer de la part du Roy de le rendre et renvoier : qui y firent autant l'un que l'autre, et aussi peu que le chevalier du guet, qu'on y emploia aussi, comme recongneu pour homme de grand sens, merite et valeur. Car M. le prince usant d'une extreme diligence (aprés beaucoup de fatigues et traverses qu'il lui falut supporter en chemin, duquel s'estant esgaré aprés la perte de deux ou trois de ses chevaux, ayant esté contraint de s'heberger et coucher la nuict avec madame la princesse sa femme dans un moulin, où ils ne trouverent commodité quelconque ni de vivres, ni de lit, ni de feu : madame la princesse estant tellement harassée du chemin et mauvais temps, que sans y penser elle mangeoit avec ses gands, ne les pouvant tirer de ses mains sans les escorcher, tant ils estoient mouillés) gangna enfin Landreci, où il se mist à couvert, et se mocqua de Balagni, nouveau prevost des mareschaux, qui y vouloit entrer pour se saisir de la personne de M. le prince, et le ramener au Roy. D'autre costé, l'archiduc fist response à Pralin qu'il n'avoit jamais violé le droit des gens à l'endroit de qui que ce fust, et qu'il se garderoit bien de commencer à commettre ceste faute par la personne du premier prince du sang de France. Et peu après lui envoya escorte d'hommes et d'argent pour venir à Bruxelles.

Maistre Anthoine Fuzil, curé de l'eglise Saint Berthelemi à Paris, que je connois dés long temps, se trouva en peine en ce mois, et fust mesme poursuivi en justice au chastelet (dont il apela à la cour), sur trois chefs d'accusation qu'on proposa contre lui, à la suscitation, ainsi qu'il disoit, des jesuistes, qui lui en vouloient pour ne leur avoir jamais voulu accorder sa chaire pour prescher : ayant dit tout haut qu'il perdroit plus tost sa cure que d'endurer un jesuiste prescher dans son eglise. Et aussi qu'il avoit composé et fait imprimer un livre contre ung nommé Vivien leur faciendaire, son principal denonciateur et poursuivant, intitulé Μαςιγαφόρος (precurseur du zodiaque), duquel les copies furent saisies, et le livre desavoué par le dit Fuzil, lequel j'ai tousjours tenu et recongneu pour honneste homme et meilleur beaucoup que les jesuistes : mais qui n'a la cervelle timbrée comme eux, ni n'est fourré de malice comme sont la plus part de ces innocens là.

[DECEMBRE.] Le lundi 14, furent pendus au quarrefour des Mathurins à Paris, vis à vis de la boutique de Sonnius, un imprimeur et son compagnon, qui avoient outragé et excedé la belle mere d'un apotiquaire demeurant devant Saint Benoist, estans bons coustumiers de perpetrer tels affronts, et tirer la laine. Ils estoient appelans de la sentence du chastelet, par laquelle ils avoient esté condamnés simplement au fouet, pour ce qu'il n'i avoit ne mort ne blessures. Mais la cour aiiant esgard au mauvais nom qu'ils avoient par tout, et aux desordres et scandales de ce beau mestier, qui estoit trop commun, mesmes à Paris, où il s'exerçoit comme publiquement et avec impunité, voulut que ceux ci servissent d'exemple aux autres. Mon cousin de Lassi fust leur rapporteur, qui dit à mon fils que de tous les costés de l'Université on lui avoit apporté des plaintes d'eux, et qu'on lui en avoit bien baillé jusques à sa requeste : ce qui avoit esté la cause principale de les envoier au gibet.

Le mardi 15, y eust à Paris, prés Sainte Opportune, un gentilhomme miserablement assassiné par un autre gentilhomme contre lequel on disoit qu'il avoit procés. Lequel aiiant tiré à part comme voulant parler à lui, lui auroit à l'instant jetté son manteau sur le visage ; et d'un poingnard qu'il avoit, donné trois ou quatre coups dans le corps, et estendu roide mort sur la place. Cela faict, se seroit sauvé sans beaucoup se haster, comme on peult faire, en une forest : Paris, non sans cause, estant tenue pour la plus belle de la France.

Le mardi 22, ung mien ami m'a communiqué le billet suivant, extraict de l'original d'un avis envoié ces jours passés de Romme au Roy (comme à beaucoup d'autres aussi de semblables), sur le fait de l'estat de la religion qui s'observe aujourd'hui à Venize.

« Le pape Paul v se plaingnant à l'ambassadeur de Venize, à present residant à Romme, des predications heretiques, ce disoit-il, d'un certain **** et autres, par toute la ville et seingneurie: l'ambassadeur lui respondant que la seingneurie avoit tousjours esté et estoit tresorthodoxe et catholique, et jamais ne souffriroit que rien fust presché en ses terres, si non l'Evangile de Christ; le Pape promtement lui repliqua ces propres mots en italien : *Non sapete che predicar l'Evangelio di Christo e rovinar la fede catholica?* Qui est à dire : Ne sçavés vous pas que prescher l'Evangile de Christ est ruiner la foy catholique? Ce que le dit ambassadeur a escrit au conseil de Venize et à plusieurs de ses amis, comme les lettres en ont esté veues de plusieurs personnages d'honneur et de qualité, dignes de foy. Entre les autres, le B. D., mien ami, m'en a monstré ce mesme jour une qui portoit ces mots : *Papa Paulo Quinto, di propria bocca, disse, à l'oratore venetiano ora in Roma, queste parole : Non sapete che, etc.* »

Le jeudi 24, on m'a fait voir la lettre qui couroit ici, escripte par M. de Sully à M. le prince, de laquelle le stile est aussi altier que son humeur, et est tout ce qu'on y peult remarquer.

Le lundi 28, un mien ami me monstra une lettre

qu'on lui avoit escrite de Romme, par laquelle on lui donnoit avis de l'Histoire entiere de M. le president de Thou, censurée et mise à l'inquisition, avec plusieurs autres livres et libelles dont il promet lui envoier la liste, derogeans à la supresme dignité et auctorité du Pape.

Ce jour, fust mis en terre à Paris ung procureur nommé Le Royer, demeurant sur le quay de la Tournelle; auquel on disoit qu'ung petit bossu empirique, par cinq medecines aussi mal composées que son corps, qui lui avoit fait prendre en trois jours, avoit abregé la vie, et envoié en poste en paradis.

Le mecredi 30, ma fille Loyse m'a vendu une bouette d'argent avec quelques autres pieces, pour fournir à l'entretien de la bonne ou sote coustume des estrenes, qui n'est qu'une viellesse d'erreur prejudiciable à la bourse, dont je voudrois bien me depestrer; mais je ne puis. Elle en a reçu vingt livres cinq sols, qu'elle m'a baillé.

Le jeudi, dernier de ce mois et an 1609, j'ay acheté un contrepoison et preservatif d'un jesuiste nommé Baile contre les erreurs des pretendus reformés, qu'on crioit par ces rues; et m'a cousté trois sols.

La lumiere de verité est presque toute esteinte aujourd'hui par les brouées de sophisterie et de mensonge. C'est pourquoi en matiere d'opinions je suivray tousjours non les plus attraiiantes et plus pausibles, mais les plus vraies.

Sur la fin de ceste année, l'estat de Fleuri, doyen de la cour, vendu cinquante mil francs. Vingt trois mil escus lui furent trouvés, avec quelques sacqs qu'on avoit rempli de sable et gravier : dont sa gouvernante fust en peine, et mise en justice. Neantmoins ce bon homme, avec toutes ses grandes commodités, se plaingnoit tousjours, plus actif à la besongne, et à en pourchasser et amasser, en l'aage de quatre vingts ans, que n'eust fait un jeune homme qui n'eust rien eu en l'aage de trente. De fait, le jour de devant qu'il se mist au lit, duquel il ne releva point, il alla trouver M. le premier president, se plaignant à lui du peu de besongne qu'il avoit, et qu'il ne gangnoit plus rien; et le supplia bien humblement, quand il se presenteroit quelque procés ou autre affaire qui fust bonne, d'avoir souvenance de lui, et l'en vouloir honorer et charger. Ce que le dit premier president lui refusa tout net; et avec une gravité et serieuse remonstrance le renvoia assés rudement, aprés lui avoir fait honte et reproche de son avarice sur la fin de son aage et disposition caduque, qui l'avertissoit assez de ne plus penser à la terre, mais au ciel. Lesquelles paroles on disoit avoir tellement touché le cœur de ce bon homme (bien qu'il n'eust ni femme ni enfans), que ce dernier mourant en lui lui avoit avancé ses jours, qui estoient ja sur le bord. Imperfection et vice tresgrand, qui porte son supplice en soimesmes, et duquel toutefois nous voiions beaucoup de gens tachés en ce miserable siecle, que nous devons desirer estre couvert, comme tant d'autres pecchés, de la grace et misericorde de Dieu.

Pendant ces advents, le pere Gontier, jesuiste, à Saint Gervais; et le pere Basile, capussin, à Saint Jaques de la Boucherie, font journellement des declamations catilinaires contre ceux de Charanton; et la plus part de leurs sermons ne sont qu'invectives et philippiques sanglantes contre ceux de la religion pretendue, contre leurs edits, contre l'estat et la personne du Roy mesme. Le pere Basile taxant le voiiage de Sa Majesté en Picardie, dit qu'on avoit veu anciennement des empereurs et de nos rois mesmes (dont il en nomma quelques uns) qui s'estoient masqués et desguisés, mais non comme ceux d'aujourd'hui pour aller voir leurs maistresses, desbaucher les femmes de leurs subjects, et commettre des paillardises et adulteres; ains à toute autre intention, sçavoir pour apprendre du petit peuple et du commun ce qu'on disoit d'eux et de leurs Estats, pour y donner ordre, s'amander, et les reformer.

Le pere Gontier en la presence du Roy, qui assista en personne à ses sermons le vendredi jour de Noel, le samedi et le dimanche, qui furent de continuelles declamations contre les huguenos, lesquels il appela plusieurs fois vermine et canailles : jusques à dire que les catholiques ne les devoient souffrir parmi eux. Estant tumbé sur le propos du dernier et nouvel article de leur confession, par lequel ils declarent et protestent de tenir le Pape pour l'antechrist, s'estant retourné vers Sa Majesté, avec une apostrophe vraiement pathetique et jesuitique prononça ces paroles : « S'il est ainsi, sire, comme ils veulent faire croire, « que le Pape soit l'antechrist, que sera ce de vostre « mariage, sire? Où en est la dispense? Que deviendra « M. le Dauphin? » Ausquelles paroles bien que le Roy, au dire d'un chacun, n'eust point pris de plaisir, et que justement il s'eust peu tenir offensé de la trop grande liberté et hardiesse à parler de cest homme mesmes en presence de Sa Majesté, si le dissimula il; et passant comme par dessus, en parla moins qu'homme de sa cour. Ce qui rendist tout le monde estonné, et donna subject à beaucoup de legers et vains discours, principalement à ceux qui n'ont pas le jugement de connoistre que les desseins et intentions des rois et des princes sont cachés aux plus grands et accorts : tant s'en fault que la cervelle d'un commun et d'un peuple y puisse penetrer.

A M. de Sully, qui dit au Roy que le dit Gontier preschoit seditieusement : « Je ne trouve point es-
« trange, lui repliqua Sa Majesté, que vous en jugiés
« et parliés de ceste façon; seulement je m'estonne
« comme vous n'en remarqués point autant en ceux de
« Charanton, que vous allés ouir tous les jours, qui
« font pis que lui, et preschent encores plus seditieu-
« sement qu'il ne fait. »

Les lettres que M. de Sully escrivist en ce temps à M. le prince de Condé (desquelles les copies ont couru tout Paris) furent rejettées et refusées par Son Excellence; laquelle fist response à ceux qui les lui presenterent, qu'il ne vouloit rien voir ni recevoir venant de sa part; dit que la qualité de M. de Sully n'estoit pas pour beaucoup le fascher ni contenter; escrivist au Roy qu'à grand regret il estoit sorti de la cour, pour sauver sa vie et son honneur, et non en intention de lui estre jamais autre que son treshumble parant, fidele subject et serviteur. Supplioit Sa Majesté prendre ceste asseurance de lui qu'en quelque part qu'il fust il ne feroit jamais rien contre son service, si on ne l'y forçoit; mais aussi le prioit ne trouver mauvais si refusoit à voir et recevoir de qui que ce fust les lettres qu'on lui escriroit de sa cour, hors mis celles de Sa Majesté, desquelles quand il lui plairoit l'honorer, il les recevroit tousjours avec telle soubmission et reverence, qu'il feroit congnoistre à Sa Majesté qu'il n'avoit rien tant à cœur que d'en executer à son possible les commandemens et ordonnances.

La teneur de ceste lettre a esté extraite de l'original, qu'une dame avoit entre ses mains.

Ung petit carme qui preschoit les advents à Saint Berthelemi, et qu'on disoit estre un peu bouffon, ayant comparé les tetins de la roine Marguerite aux mamelles de la vierge Marie : encores que ceste comparaison fust un peu bien bouffonne et extravagante, si lui valut elle cinquante bonnes pistoles, que ce petit bezacier par ceste bouffonnerie tira de la bourse de Sa Majesté.

Ceste année 1609, critique de mon aage soixante trois, a esté en beaucoup de sortes malencontreuse pour moy et pour les miens, affligé en icelle de diverses maladies de corps et d'esprit, fortuné en mes biens de pertes nouvelles et extraordinaires, travaillé d'affaires et de procés, rejetté de mes proches, mesprisé et inquieté de tous, jusques à des faquins, valets et chambrieres. Et qu'y a il, je vous prie, au monde de plus miserable qu'une vieillesse infirme et necessiteuse ? J'en suis toutefois à la veille de l'espreuve, si toi, mon Dieu, qui ne m'as jamais delaissé, et qui d'une main m'ayant souvent abbattu m'as soustenu puissamment de l'autre, n'en destournes le coup par ta bonté. Que si me fiant de mon bien, qui est en esperance de recepte, je n'eusse donné ordre d'avoir, au defaut de la venue d'icelui, tousjours quelque somme d'argent en mon coffre, ou autres bonnes besongnes pour en faire à la necessité, je croy que je fusse mort, et eusse laissé une famille miserable, veu la peine où je me suis veu et me voi encore tous les jours, par le mauvais succés de mes affaires et malaise tresgrand de mon mesnage, à raison des charges qu'il m'y faut soustenir. Mais j'en ai eu tousjours reserve assés notable selon ma condition, et plus qu'on n'a pensé, n'ayant parlé de mon argent qu'en mensonge, je le confesse; voire que j'ai de tout temps dispensé ma conscience, et croy qu'en cestuici je la pourrois bien encores dispenser, de ne tesmoingner jamais sincerement de ce que j'auray. Ce que le sieur de Montagne en ses Essais apelle une ridicule et honteuse prudence : laquelle toutefois pour mon regard m'a bien servi en ceste grande siccité de devotion et charité que j'ay rencontrée par tout, non par ma pourvoyance, dont j'ay tousjours esté assés mal garny, mais de celle de Dieu et de sa bonté, qui d'un mal tire souvent un bien, comme il a fait de ma sotte et vaine curiosité, en l'excés toutefois de laquelle je recongnois l'avoir bien offensé. Je m'en confesse, et lui en demande pardon ; et me retournant vers lui de tout mon cœur pour en amander à l'avenir le defaut, je dis avec ce bon pere saint Augustin (liv. de ses Confess. IV, chap. XI): Mettés en Dieu vostre demeure, ô mon ame! baille lui en garde tout ce que tu as au monde de plus cher, et ne te fie plus en la vanité du monde, au moins aprés avoir esté tant de fois travaillé et tourmenté de ses tromperies. Recommande, ô mon ame, à la verité tout ce que tu as, et recongnois que tout vient d'elle; et tu ne perdras rien de tout ce que tu lui bailleras en garde! Ce faisant, tu seras guairie de tous tes maux, et garantie de toutes tes ulceres: pareillement de toutes les infirmités et langueurs. Les parties de ton corps, debilitées d'une longue maladie, seront reconfortées; ce qui est d'infirmité et langueur en ton corps sera renouvelé et affermi; rien ne te mettra en danger, ne les maladies n'auront puissance sur toi, mais toutes choses demeureront fermes avec toy, pourveu que tu te tiennes tousjours avec Dieu, lequel est stable, ferme et permanent à jamais.

Dieu m'en face la grace! et selon ses anciennes compassions et misericordes, me regardant de son œil de pitié, adoucisse en moy les rigueurs de ce dur fleol de crainte et d'apprehension partant de sa main pour mes pecchés, duquel je suis plus travaillé que jamais, et qui empesche toutes bonnes actions en moy : me rendant si miserable que je redoute de mourir à la mort, et crains de vivre à la vie. Toutesfois, ô mon Dieu, ta volonté soit faite, et non pas la mienne! Ainsi soit il.

Je fus contraint en ce temps, pour prolonger ma misere, m'aider à vivre, et aussi me sauver de la main de mes poursuivans, de prendre encores de mon fond trois cents escus que Gastines me devoit, de reste de huit cents qu'il m'estoit obligé, que j'ay mangé depuis dix huict mois en ça; et ne me doit plus rien.

Ce qui m'a fort fasché. Mais puis que ma condition ne se peult accommoder à mon courage, il faut par necessité acommoder mon courage à ma condition. A quoy je me suis resolu et consolé, sur ce qu'il n'importe pas beaucoup quels haillons ni quelles couleurs on porte en ce monde, pourveu qu'on puisse vestir le blanc là haut, et y vivre avec Dieu en sa gloire.

Sur la fin de cest an 1609, les jesuistes ayans obtenu un don du Roy de cent mil francs pour parachever le bastiment de leur chapelle à La Flesche en Anjou, en laquelle le cœur de Sa Majesté doit estre enterré, se retirerent vers M. de Sully pour en estre dressés et payés. Le pere Cotton porta la parole; et avec sa douceur ordinaire (vraiement jesuitique, *id est* papelarde) lui dit que le Roy leur avoit fait un petit don de cent mil francs pour achever leur chapelle de La Flesche. Sur quoi le dit sieur de Sully le relevant assés rudement : « Appelés vous, dit-il, cent mil francs pour « vous ung petit don? Le Roy vous en donne trop. » Et l'esconduisant tout à plat, lui fit response qu'il ne leur en bailleroit point. Et comme le dit Cotton entrant en quelque contestation, lui demanda la raison de ce refus : « Ce n'est à vous, lui respondit M. de Sully, à « qui je la veux ni dois rendre; c'est au Roy auquel je « la rendrai, lui faisant entendre pourquoi je ne puis « ni ne le dois faire. » Et les renvoya de ceste façon, avec autres paroles encores plus aigres; lesquels en ayans fait leurs plaintes à Sa Majesté, le Roy pour les contenter en tansa en publiq M. de Sully; dit qu'il vouloit que son mandement eust lieu, et qu'il n'en ouist plus parler. Toutesfois ne passa sa colere si avant qu'encores que M. de Sully n'en eust rien fait, il ne lui donnast pour ses estrennes trente mil escus, au lieu de vingt mil qu'il avoit accoustumé de lui donner. Dequoi les jesuistes avertis ne furent gueres contens.

En ce temps, on receust la nouvelle de la mort de M. Marmet, ministre que le Roy aimoit, et lequel il regretta fort : aussi estoit il et avoit tousjours esté bon et fidel serviteur de Sa Majesté. Il mourust à Nerac : homme vehement, et zelé à la manutention et augmentation de la religion, qu'il preschoit; mediocrement docte, mais bien disant, et duquel on disoit qu'à son arrivée du commencement à Nerac pour y prescher (il y a fort longtemps), il n'y avoit trouvé que trois huguenots; et quand il en estoit sorti, n'i avoit laissé que trois catholiques.

Supplément tiré de l'édition de 1736.

Le mercredi 9 decembre, mes affaires m'ayant conduit au Palais, j'apperçus dans la grande salle gens de ma connoissance qui devisoient avec ardeur. M'étant approché, j'appris que le sujet de leur discours étoit une censure d'aucuns livres, faite à Rome le mois dernier, entre lesquels étoient : *Jacobi Thuani Historiæ; Oratio M. Antonii Arnaldi in parlamento Parisiensi, habita 4 et 3 idus julias; Arrestum contra Joannem Castellum, scholasticum,* etc. Comme la plûpart de ces messieurs étoient legistes, ils dirent que cette censure faisoit le panegyrique des assassins des rois, et qu'elle méritoit d'être lacerée. Ce qui pourroit bien advenir si elle tombe entre les mains du parlement, qui sans doute prendra parti pour la justice de son arrêt.

Le mercredi 23 de décembre, quatre commissaires nommez par Sa Majesté, sçavoir le cardinal Du Perron, le duc de Sully, le président de Thou, et un conseiller de la cour du parlement, sont allez visiter les colleges de Triguer et de Cambray (1); et dit-on qu'à

(1) *Les colleges de Triguer et de Cambray :* Le collége de Triguier ou Treguier fut fondé en 1400 par Guillaume Coëtmean, chantre de l'église cathédrale de Treguier : ses statuts furent faits au collége de Navarre en 1411. Il fut reformé en 1535 par Jacques Spifame, conseiller au parlement, et chancelier en l'Université de Paris. Quelques années après, un autre petit collége nommé des Bretons, ou de Léon, fut annexé à celui de Treguier.

Le collége de Cambray, ou des Trois Evêques, devoit son établissement à Hugues de Pommarco, évêque de Langres; à Hugues d'Ar-

là place d'iceux colleges Sa Majesté en veut faire édifier un autre plus magnifique, qui sera appellé college Royal, dans lequel sera mise la bibliotheque du Roy.

[JANVIER 1610.] Les estrennes de la presente année 1610 m'ont cousté (et si j'en ai donné le moins que j'ai peu) soixante neuf livres quinze sols.

Le lundi 11, un mien ami, de la paroisse de Charanton, m'a conté comme le jour de devant, qui estoit le dimanche 10 de ce mois, il avoit veu faire au dit Charanton, au curé de Lorgerie prés Gisors, nommé Enguerrant, paravant ministre de Chefboutonne en Poictou, nouvelle abjuration et iterative profession de foy. Et comme les ministres aiians voulu persuader à sa femme de retourner avec son mari, lequel l'avoit quittée lorsqu'il se desministra pour se faire curé, elle n'y avoit voulu entendre, disant qu'elle n'avoit jamais esté mariée avec lui : bien avoit elle esté sa garse, mais non pas sa femme.

Le vendredi 15, moururent à Paris deux medecins, l'ung nommé Le Moyne et l'autre Paumier, tous deux estimés treshabiles et tresexperts en leur art, lequel j'honore : en telle sorte toutesfois que je croi que de la façon qui se prattique aujourd'hui il accourcit plus tost la vie des hommes qu'il ne l'allonge, et que celui qui use le moins de leurs medecines trompe son compagnon, ressemblant en cela au Lacedemonien lequel in-

---

chiarco, évêque de Laon, et depuis archevêque de Reims ; et à Guillaume d'Axona, évêque de Cambray. Les deux premiers prélats donnèrent chacun cent livres parisis de rente ; et le dernier son hôtel, où l'on établit ce collége, qui retint le nom de Cambray.

terrogé qui l'avoit fait vivre sain si long temps, respondit que c'estoit l'ignorance de la medecine.

Le samedi 16, l'imprimeur Janon, que je congnois il y a long temps, m'a donné, de son impression, la Response faite par Pelletier à l'Apologie du roy d'Angleterre, avec la Conversion du dit sieur, qui est un chef d'œuvre de sa nouvelle maistrise catholique à lui enjointe par messieurs nos maistres. Et pour ce que Janon l'imprimeur a tousjours esté et est encores de la religion, messieurs ses maistres de Charanton aiians trouvé fort mauvais de ce qu'il s'estoit ingeré d'imprimer ses livres, directement contraires à sa profession et doctrine de leurs eglises : aprés l'avoir mandé au consistoire, et admonnesté de sa faute, lui ont interdit à temps l'usage de la cene, avec deffense de plus vendre de livres à Charanton, comme il avoit accoustumé. Ce qui l'a beaucoup fasché : tellement qu'en le coûtant il me dit que si leurs ministres eussent eu ici l'auctorité et le credit qu'avoient les jesuistes, ils eussent esté plus mauvais qu'eux.

Le mardi 19, j'ay acheté ung sol un nouvel edit du Roy qu'on crioit par ceste ville, en faveur des referendaires des chanceleries de France, contenant leur salaire et attribution pour leur droict de veu et rapport de toutes lettres roiaux.

Ce jour, est mort en ceste ville M. le mareschal d'Ornano, aprés avoir esté taillé d'une pierre grosse comme un petit pain mouton, couverte de piquans; laquelle en la lui tirant on rompist. C'estoit un grand, sage et vaillant capitaine, bon et fidele serviteur du Roy et de son Estat, pauvre de biens et riche d'honneur.

Le jeudi 21, on m'a fait voir une lettre escrite soubs le nom d'un president de Nantes, nommé Enguerrande, à monseingneur le prince de Condé, parée d'un beau langage, ornée des louanges et vertus du Roy, enrichie de celles de M. de Sully; brief, une vraie lettre du temps, courtizanne et flatteuse, qui peult avoir son passeport par tout, hors mis à Bruxelles, et à l'endroit de M. le prince, qu'elle ne flatte gueres. Contient de quatre à cinq feuillets d'escriture à la main, et commence :

« Monseingneur, si un berger a premier descouvert
« l'oracle de Delphes, vous ne trouverez estrange
« qu'ung simple subject du Roy, eslongné de la court,
« et peu versé aux affaires d'Estat, etc. ».

Le samedi 23, M. de Bossé m'a presté un sien registre à la main, relié en parchemin, long et estroit, comme sont ces papiers d'apotiquaires ou ceux des femmes pour la despense de leur maison ; dans lequel il y a plusieurs graves discours, mesmes de theologiques (dont j'en ay la plus part et les meilleurs); force receptes esprouvées ou improuvées, dònt j'en ay aussi beaucoup; et tout plain de drolleries et rencontres plaisantes.

J'ai trouvé au coing d'un feuillet de ce registre les tiltres de M. de Sully, inscriptes, qualités, 1609, juillet.

Maximilian de Bethune, chevalier, duc de Sully, pair de France, prince souverain de Henrichemont et de Boisbelle, marquis de Rosni, comte de Dourdan, sire d'Orval, Montrond et Saint Amand; baron d'Espineuil, Bruières, le Chastelet, Villebon, La Chapelle, Novion, Baugy et Bontin; conseiller du Roy en tous ses conseils; capitaine, lieutenant de deux cents hommes d'armes d'ordonnances du Roy sous le tiltre de la Reine; grand maistre et capitaine general de l'artillerie, grand voier de France, surintendant des finances, fortifications et bastimens du Roy; gouverneur et lieutenant general pour Sa Majesté en Poictou, Chasteleraudois et Lodunois; gouverneur de Mante et Jargeau, et capitaine du chasteau de la Bastille à Paris.

Voila les augustes et magnifiques tiltres de grandeur du grand duc de nostre siecle. Pour mon regard, j'honorerai tousjours la grandeur en lui et en aultrui, mais je feray plus de cas d'un grain de bonté que d'un monde entier de grandeur.

Badouere, à la solicitation et instante priere du pere Cotton son grand ami, avoit esté nommé par le Roy et deputé de Sa Majesté pour aler en Cleves : mais le voiage rompu et destourné par les seingneurs de Villeroy et de Sully, qui remonstrerent au Roy le peu de creance qu'auroit cest homme vers ces princes estrangers, desquels il seroit mal receu, pour la mauvaise opinion et reputation qu'il avoit de de là et par tout : ce qui rendroit ceste ambassade infructueuse. Sa Majesté y ayant pensé, la revoqua; et pour ce que le dit Badouere avoit ja touché six cens escus pour son voyage, M. de Sully, qui ne l'aimoit point, les lui fit demander par un sergent que Phelippeaus lui envoya. Voila comme fut bafoüé Badouere, selon le merite de ses vertus et qualités, qui ne le peuvent estre assés. Dont toutefois toute la Societé des jesuistes fut scandalisée et mal contente, principalement le pere Cotton, qui pensoit bien avoir tant de credit (tout meschant, athée et b..... qu'il estoit) de l'y faire demeurer, puis qu'ayant renoncé à l'heresie il avoit embrassé fermement le jesuitisme.

Son pere estoit un bon et riche marchant, de la religion, qui perdist la plus part de son bien à la Saint Berthelemi, ayant esté outrageusement pillé et volé.

Le mardi 26, M. de Lesdiguieres presta le serment à la cour de mareschal de France, où il vinst, fort accompagné et suivi d'une grande trouppe de noblesse brave et bien en conche. Il estoit tout habillé de noir, conduit par M. de Vendosme; avoit en son col une chesne de pierreries fort riche, et une grande enseingne de diamans à son chapeau, qui avec celle de M. de Sully donnoient un esclat et bril à ceste grande chambre dorée depuis un bout jusques à l'autre. Six pairs de France qui l'avoient accompagné y furent assis : M. de Vendosme, M. de Guise, M. de Montbazon, M. de Rohan, M. de Sully, et M. le grand.

Gallant fust son advocat, qu'on disoit ne s'y estre gueres porté galamment, pour le beau champ et subject qu'il avoit ; et en effet n'avoir rien fait qui vaille, non plus que Servin, duquel le discours, assés court, n'avoit esté qu'extravagance.

Aprés les susdites harangues, M. le premier president ayant receu son serment et fait lever la main, lui dit : « Seés vous là comme conseiller, et non comme « mareschal : car en ceste qualité vous n'avez point ici « de seance. »

Il y eust une telle foulle ce jour et une si grande presse de peuple dans le Palais, que chacun estoit bien empesché de s'en defendre et sauver. Si qu'il y eust un jeune gentilhomme fort brave, portant un habit d'escarlate tout chamaré d'or, qui ayant eu peine de s'en eschapper, dit tout haut ces mots : « La male peste « creve tous ces b...... qui sont là dedans! » Usant en cela d'une legereté françoise, et d'une escapade qui n'est que trop commune à nostre jeune noblesse d'aujourd'hui, aussi mal embouchée qu'elle est sotte et mal apprise. On disoit que Gallant en avoit touché du sieur de Lesdiguiere deux cents bons doublons; et qu'à meilleur pris on en eust trouvé prou au Palais qui en eussent bien autrement conté et babillé mieux que lui.

A la verité ce bon seingneur, qui a joint les armes avec les lettres, et qui par ses genereux et braves exploits s'est rendu admirable et formidable à l'Europe, la terreur de l'Espagnol et le fleol du Savoiard, bon et fidele serviteur de son Roy, qui de sa bouche l'a honoré du tiltre du premier et plus grand capitaine de son roiaume, ne pourroit jamais assés dignement estre loué, ni sa vertu et fidelité meritoirement honorée et recompensée : car ce mareschal est des necessaires, et non pas de la necessité, comme on apeloit ceux qu'on fist à Paris aprés la reduction (Brissac et les trois autres).

Le jeudi 28, un mien ami m'a conté comme estant allé voir, le jour de devant, nostre maistre Cayet, il y avoit rencontré Pelletier, bien empesché pour son livre [1], que messieurs de la Sorbonne estoient aprés à censurer, non obstant l'attestation et approbation qu'ils lui en avoient donnée et signée : disans qu'il y avoit en son dit livre, au discours de l'Eucharistie, tout plain de choses qui ressentoient encores l'heresie et le huguenotisme dont il avoit fait profession. Ce qui me fist

---

[1] *Son livre :* C'étoit une réponse à un ouvrage que le roi d'Angleterre avoit publié, sous le titre de son Apologie.

souvenir lors de ce que dit un jour M. de Grillon au Roy :
Qu'en sa vie il n'avoit esté huguenot que vingt quatre
heures; mais qu'encores s'en sentoit il tousjours un petit.

Le samedi 30, j'ay acheté ung sol un discours consolatoire à la France, qu'on crioit sur la mort du mareschal d'Ornano, à laquelle à la verité elle perdoit beaucoup. On raconte de lui, entre autres particularités de ses vertus et hardiesse à parler pour le bien publiq, que le jour de devant qu'il se mist à la taille, estant allé trouver Sa Majesté, et lui ayant dit qu'il s'estoit disposé à mourir, et fait son testament; après avoir recommandé ses enfans au Roy, et supplié treshumblement Sa Majesté de prendre pitié d'eux et leur vouloir estre pere, comme il n'ignoroit point le grand besoin qu'ils avoient de son ayde et support, lui dit finalement que, pour la descharge de sa conscience, il estoit tenu de lui ramentevoir avant que mourir ce qu'il lui avoit ja dit de son conseil, encores qu'il ne l'eust trouvé bon : sçavoir, qu'il estoit besoin de le changer, pour mieux pourvoir à la seureté de son Estat, en eviter la ruine et celle de son peuple par un mesme moyen. Car il lui diroit franchement, comme un bon serviteur à son maistre, qu'il ne valoit rien, au moins pour la plus part; et que c'estoit une des affaires de son royaume à laquelle Sa Majesté avoit interest de donner ordre plus tost que plus tard. Sur quoi Sa Majesté l'ayant embrassé, lui dit qu'il n'avoit laissé de penser à ce qui lui en avoit dit : qu'il y penseroit encores, et qu'il y pourvoirroit; voire qu'il esperoit, estant guairi (comme il croyoit que Dieu lui en feroit la grace, la taille n'estant ung mal dont de plus aagés que lui n'eschappassent tous les jours), qu'il lui serviroit d'aide et conseil en ceste affaire, et autres importantes au bien de son Estat. Et aprés lui avoir donné contentement sur la requeste de ses enfans, que Sa Majesté sçavoit bien qu'il laissoit pauvres, prist congé du Roy la larme à l'œil, lequel il ne vit oncques puis, ni le Roy lui. On lui trouva dix escus d'argent aprés sa mort, qui estoit une somme notable pour un gouverneur de la Guienne, mareschal de France.

Le dimanche 31 et dernier de ce mois, mon cousin de Berule m'est venu voir : qui est la premiere fois qu'il a mis le pied ceans, prenant l'occasion sur mes livres et librairie, dont il disoit qu'on lui avoit fait beaucoup d'estat : mais en effet pour avoir oui parler de moi à quelques superstitieus et ignorans, qui tiennent pour suspects et mal sentans de la foy tous ceux qui n'adherent aux abus de l'Eglise romaine, et en demandent et affectent la reformation, rejettans toutes erreurs et traditions, quelque beau lustre et apparance de saincteté qu'elles aient contraires à la parole de Dieu, du nombre desquels à la verité je suis et serois bien marri d'estre jamais autre, ne m'estimant moins chrestien et catholique pour cela. Ce que j'ay librement confessé au dit Berule, homme docte, doux, vif et subtil en dispute, et fort persuasif, si en la subtilité se retrouvoit la verité.

Pour m'induire à son opinion et me retirer de la mienne, qui tenoit pour erronée (comme je fais infailliblement la sienne), il s'est servi d'une maxime assés vulgaire et commune à ceux de sa profession, qui est que l'Eglise ne peult errer; et ce, sans aucune distinction ni exception là où est l'abus. Ce que lui ayant cotté, m'a mis en avant deux ou trois argumens si subtils, qu'un grand theologien (et je ne le suis pas) se fust trouvé bien empesché d'y respondre sur le champ. Mais aprés y avoir pensé, on trouvera tousjours (comme aussi j'ai fait) que ce n'est que pure sophisterie et cavillation, et que la verité est tout au contraire, à laquelle je m'arreste. Je n'avois deliberé d'en entrer si avant avec lui; mais la promptitude de mon naturel, et le zele que j'ai à la reformation des grands abus de l'Eglise, plus palpable que les tenebres d'Ægypte, m'y a porté maulgré que j'en eusse, comme elle fait assés souvent. Nous n'avons laissé pour cela d'en sortir bons amis, m'ayant proumis de me venir voir souvent, et moy lui, et en communiquer plus amplement ensemble, encores que je ne sois homme pour lui respondre, si non en tant que je me trouve armé de la verité, qui est plus forte que toute sa theologie, laquelle proprement est de nos jesuistes ou judaiques d'aujourd'hui, *qui Dei cultum ceremoniarum larvis tegunt, et pompâ magis ostentant quàm rebus exprimunt.*

Sur la fin de ce mois, le Roy, qui avoit arresté que le pere Gontier, à cause de ses trop hardies et insolentes predications, ne prescheroit plus aux paroisses de Paris, mais seulement en sa cour et devant lui, et qui mesmes avoit mandé à Saint Eustace, où il avoit esté retenu pour prescher le karesme, qu'ils eussent à s'en pourvoir d'un autre; s'estant ravisé, à l'instigation possible du pere Cotton et autres bons peres de la Société, ou de son propre mouvement (les conseils et advis des rois estans lettres closes au commung), redonna la chaire et la liberté à Gontier; dont chacun demeura fort estonné.

« Par Nostre Dame, la bonne mere de Dieu, sire,

« dist le mareschal d'Ornano au Roy lorsqu'il lui parla
« des predications du pere Gontier, si ung jesuiste à
« Bordeaus eust presché devant moi ce que le pere
« Gontier a presché à Paris en presence de Vostre
« Majesté, je l'eusse fait jetter dans l'eau au sortir de
« sa chaire. »

Plusieurs maladies estranges et incongneues aux medecins regnoient à Paris en ceste saison, mal saine et desreiglée du tout par grandes pluies, desbordemens et inondations d'eaux; et toutesfois tant de travaus et miseres que nous voiions aux autres hommes n'estoient suffisantes pour nous faire entendre que tous ces maux d'autrui estoient autant de bienfaits de Dieu envers nous, puis qu'il lui plaisoit nous en delivrer, comme si Dieu eust esté seul envers lequel il nous eust esté permis d'user d'ingratitude. Beaucoup de personnes affligées miserablement du calcul et de la pierre, aiians recours au remede ordinaire, qui est la taille, au lieu d'en recevoir allegement y rencontrent nouvelles douleurs et plus grand tourment; entre autres M. de Ranssi (qu'on peult appeler un miroir de patience), qui s'y est mis pour la cinquieme fois. Plusieurs personnes en meurent. Brief, je voy que chascun en ce monde a sa tasche d'ennuis, peu ou prou; et que tout homme est miserable à son tour. Je n'en rencontre gueres qui ne se plaingne de quelque chose. Voila pourquoi je me veux resoudre (moiennant la grace de Dieu : car sans elle, voire bien grande et singuliere, je me desfie fort de ma resolution) de me preparer doresnavant à l'afliction avant qu'elle m'arrive, et quand elle sera venue la recevoir gaiement; quand elle s'en ira, n'en prendre qu'un demi congé, m'attendant bien qu'elle ne sera pas long temps sans retourner. Ce que j'ay experimenté assés souvent pour le croire : mais je ne puis me descombattre de ceste malheureuse desfiance.

Je me souviens des maux passés pour m'affliger, au lieu que je m'en devrois souvenir pour m'humilier. Dieu m'en fasse la grace! *Amen.*

Supplément tiré de l'édition de 1736.

Le lundi 4 du mois de janvier, est arrivé à Paris Christian, prince d'Anhalt, député vers le Roy par l'électeur palatin et le duc de Virtemberg. Le Roy l'a reçu avec toute bienveillance, avec promesse qu'il donneroit secours aux princes protestans unis, et qu'il envoyeroit un ambassadeur à l'assemblée qui devoit se faire à Halé pour trouver les moyens de concilier les prétendans à la succession de Guillaume, duc de Julliers, Cleves, Berghe, etc.; à condition que la religion catholique ne sera point molestée dans ces duchez en la personne de ceux qui l'ont professée du vivant du duc Guillaume.

Le lundi 11 de janvier, le prince d'Anhalt, sur les nouvelles qu'il avoit reçuës que les prétendans aux duchez de Julliers, Cleves, etc., avoient commencé la guerre de part et d'autre, il fut prendre congé du Roy, et partit pour se rendre à Cleves.

Les principaux prétendans sont 1° l'Empereur; 2° l'électeur de Brandebourg, qui a épousé la fille aînée de Marie-Eleonor, fille aînée du duc Guillaume; 3° Volftgan Guillaume, comte palatin de Neubourg; fils d'Anne de Julliers, seconde fille dudit Guillaume; 4° Madeleine, troisiéme fille du duc Guillaume, veuve du duc des Deux Ponts; 5° le marquis de Burgau, mari de Sibille, quatriéme fille dudit Guillaume; 6° l'électeur de Saxe par un don que l'Empereur et l'Empire ont fait à ses prédécesseurs, au cas qu'un duc de Julliers et de Cleves mourût sans enfans mâles : et ce pour les services qu'ils ont rendu dans tous les siécles à l'Empire, et à l'Empereur. De moy, je crois que tous ces princes ont droit, mais que le plus fort l'emportera.

Le mardi 26 janvier, on apprit que les princes allemands prétendans aux Etats de Julliers faisoient de reciproques incursions, invasions et prises dans ces Etats; l'armée des princes a forcé le château de Glesse, où l'archiduc Leopold avoit une forte garnison; que le comte Mansfeld, du parti de l'archiduc, avoit été fait prisonnier de Seildan par Frideric, comte de Solme; qu'un herault de l'Empereur avoit été surpris par les gens des princes, lorsqu'il alloit à Cologne porter un mandement de l'Empereur. Le comte de Lippe s'est emparé des terres qui sont à sa bienséance, contre lequel les princes de Brandebourg et de Neubourg ont protesté le 8 de ce mois.

Il paroît un manifeste des princes alemans, adressé aux Etats de Julliers, Cleves et Berghe, dans lequel ils disent que les mandemens réiterez de l'Empereur sont contraires au droit commun, et à toutes les constitutions de l'Empire; et ainsi ils entreprenoient la défense de tous leurs sujets et habitans de leur pays, esperant les mettre en repos avec l'aide et secours promis par les très-puissans rois leurs alliez, et les électeurs, princes et republiques leurs amis. Ils les exhortent aussi de ne pas s'ébahir des attentats de leurs ennemis, ains se maintenir entre eux en la même fidelité qu'ils avoient gardée à leurs prédecesseurs ducs. Enfin ils promettent, en foi et parole de princes, d'employer leur sang pour la défense de tous et chacun, comme aussi de punir severement tous ceux qui seroient rebelles à ce présent écrit.

[FEBVRIER.] Le jeudi 4, dans la foire, où estoient le Roi et la Roine, une bande d'escoliers aiians commis quelques insolences et larrecins, comme ils eussent esté mis entre les mains des sergens, furent recous par leurs compagnons, qui battirent les sergens, et les mirent en fuite : tours ordinaires d'escoliers et de foires.

Le vendredi 5, fust baptisé, dans l'eglise de Saint Germain de l'Auxerrois à Paris, le fils de M. le comte de Treme, fils de M. de Gievre, secretaire d'Estat. M. le Dauphin et madame de Vendosme le tindrent; ausquels fust donnée au sortir la collation magnifique qu'on disoit revenir à prés de quinze cens escus : en laquelle entre autres singularités y avoit un hermitage representé, qui tenoit une table d'un bout à l'autre, dans lequel se voiioient force fleurs, et se ceüilloient confitures seches, et dragées exquises de toutes sortes.

Pendant ceste cerimonie, M. de Vendosme estoit sur le pont Neuf, qui se battoit à coups de plottes de neige; et y eust un gentilhomme blessé au visage d'une où il y avoit une pierre dedans.

Le samedi 6, estant en la boutique d'Adrian Perier, je vis passer ung petit regiment de dix sept capussins espagnols, pauvres halefretiers; mais au milieu desquels, qui estoient tous à pied avec leurs bourdons, et haletoient à le suivre, y en avoit ung, qui faisoit le dix huictieme, brave, gaillard, jeune, monté sur un beau cheval de pas avec son habit de capussin, mais mieux sentant son brave colonnel que son frippon de moine; ayant en sa main la picque capussine, *id est* le bourdon, et à son costé le halleferge d'Espagne, qui est la grande gibessiere dans laquelle ils mettent ordinairement les provisions de leur boire et manger pour le chemin. Je pris plaisir à voir passer ceste compagnie de capitous en si bonne conche.

J'appris ce jour, d'un moine blanc que je ne congnois que de veue, une sornette et rencontre assés à propos sur la reprobation du karesme par les huguenots; laquelle je croy avoir esté tirée par lui du *Puritanus*, où toutefois je ne l'ay point remarquée. *Quæritur ab eis cur jejunia quadragesimæ dicant esse contra libertatem Christiani spiritus ? Respondent : Quia scriptum est : Permanere autem in carne necessarium est.*

Le lundi 8, un mien ami me communiqua une lettre qu'il avoit receu de Rouen d'un de ses amis de la religion, en dacte du 3 de ce mois; de laquelle j'ai extraict les suivantes particularités notables :

« Nous n'avons rien ici; si non que ce matin s'est plaidée en nostre chambre de l'edit une grande cause entre deux huguenots, sur un faict fort estrange et deplorable.

« Un jeune homme de ceste ville, envoié en Barbarie par des marchans pour y resider leur facteur, est chermé par une juiufve : en sorte qu'une passion si violente le porte à l'amour de ceste juiufve, qu'oubliant toute crainte de Dieu, il se veut rendre juif : puis elle s'estant rendue maure, il en veult faire de mesme. Un sien cousin germain, negotiant en ce mesme païs, pour essaier d'empescher ce scandale fait en sorte, par argent pris des gouverneurs des places, qu'il fait enlever ce jeune homme de force, et l'embarque dans un navire pour le tirer de là. Le malheur fust tel que ce navire est pris par un pyrate. Ce jeune homme, qui parloit fort bien la langue arabique et la barbaresque, est retenu par eux pour s'en servir en leur descente dans le pays, où estant retourné il s'est actuellement rendu Maure, et est à present gouverneur d'une place.

« Aprés tout ce malheur, ce cousin germain vient ici mettre en action le pauvre pere de ce miserable, pour se voir condamner à lui paier sept mil livres qu'il dit avoir emploiés pour enlever ce jeune homme. La question est si le pere y est tenu? La cause, aprés avoir esté celebrement plaidée, a esté appointée au conseil. Au reste, vous sçavés qu'en ceste saison on ne parle en ce lieu que de bonne chere, et de jouer beau jeu jusques au carneval.

« Nos fibulaires (jésuistes) s'establissent fort en ceste province; ils entreprennent merveilleusement sur les autres ordres, et par leurs artifices crochettent plusieurs bons benefices: pour quoy le plomb de Romme ne leur manque non plus que la cire de France. Ils ont tant de partizans dans ce parlement, qu'ils sont juges et soliciteurs, et passe on par dessus les apellations comme d'abus les plus justes. Il faut que je vous die la repartie d'un de nos conseillers, sur ce qu'un autre l'alloit soliciter ces jours ci en faveur des dits peres, lui remonstrant combien ils sont utiles, etc.; et au contraire deprimant certains moines, qu'il disoit n'estre que des veutres et ignorans : « Je voy bien ce

« que c'est, dit il ; vous voulés desferrer ces pauvres
« asnes, pour ferrer ces genets d'Espagne. »

« Quant au bruict touchant madame Herbelle, j'ai
sceu de nos Anglois ce qui en est. Ils m'ont asseuré
que cela n'est rien, que les ports n'ont point esté fermés, et que ce qui a donné subject à ce qui en a esté
dit est qu'à Westmonter on fist des courses et joustes
la nuict, et que là y avoit quantité de canons, dont le
tintamarre, oui et à Londres et aux environs du lieu
en heure extraordinaire, esmeut ceux qui ne savoient
ces tournois nocturnes, et crioit on desja trahison ;
et forgea on quant et quant ce bruict, que la dame
Herbelle avoit cuidé estre enlevée pour la mener en
Espagne.

« Voila ce que les Anglois mesmes m'en ont dit, etc. »

Le mardi 9, j'ay pris ceans, pour l'instruccion et
conduitte principalement de Claude et Hierosme, un
jeune homme nommé Michel Fovet ; avec lequel, outre
la nourriture, je n'ay convenu d'aucuns gages, ains seulement de quelque honnesteté à ma discretion, selon
ce qu'il fera, et le temps qu'il y demeurera, que je ne
pense pas devoir estre beaucoup long.

Je n'avois envie de croistre en ce temps ma table
de nouveaux pensionnaires, en aiiant assés pour moi,
et trop ; mais meu de la modestie du personnage, qui
sçait bien escrire et chanter, avec quelque autre consideration, je me suis laissé aller au conseil qu'on m'en
a donné, et à l'envie que je voiiois qu'il en avoit.

Le vendredi 12, j'ay extrait par plaisir les avis
suivans de trois lettres escrites à un mien ami : l'une
de Romme, dactée du 6 de janvier dernier ; et les deux
autres de Venize, par Fra Paolo, qu'on apelle le petit

Luther d'Italie. L'une du 5 du mois passé ; l'autre du 20.

De celle de Romme.

1. « La nuict de Noel dernier, le sieur Jean Baptiste Bourguesé, chevalier, le plus jeune frere du Pape et le plus aimé de lui, est decedé de la pierre. Il fust enterré le lendemain à *Sancta Maria Majore*, plus privement que pompeusement. On peult croire que nostre saint pere le Pape en a esté extremement fasché, pour ce qu'il l'aimoit cherement et se gouvernoit du tout par lui. La cour attend pour voir si l'autre frere, qui portoit grande envie au deffunct, lui succedera.

2. « Le vendredi premier de ce mois, à trois heures de nuict, a rendu l'ame à Dieu le cardinal Saint George, nepveu du pape Clement VIII. On lui a trouvé dans la vessie une pierre pesante huict onces. Il avoit le membre et les reins tout pourris, et les boiaux tout plains de vent : si que par apparance humaine il n'en pouvoit eschapper. Il a laissé heritier en confidence Aldobrandin, à la charge de payer ses deptes, et diviser le reste entre ceux de sa famille.

3. « Il y a trois ambassadeurs ici, de Bavieres, de Colongne et de Maiance, qui sont venus pour donner avis à Sa Sainteté de la ligue qu'ils ont faite ensemble pour la defense de la religion catholique. Prient Sa Sainteté de s'en vouloir faire le chef, non sans lui demander quelque peu d'argent.

4. « Le cardinal Delphini est allé à Florence avec grand apparat, ayant amené avec soi cinq prelats et quatre chambriers du Pape, et plusieurs autres caval-

liers d'espée et de cappe. Il y a esté receu magnifiquement; Son Altesze lui a fait present, comme au cardinal Soulier, d'un crucifix d'or massif, d'un diamant de deux mil escus, de deux roquets tresbeaux, et de toile d'or pour tapisser une chambre. »

De celles de Fra Paolo, de Venize.

1. « C'est merveille comme on fait peu de cas ici du livre du cardinal Bellarmin contre le roi d'Angleterre. Peu l'ont veu du commencement, et aujourd'hui il est aussi oublié que si jamais il n'eust esté escrit.

2. « On fait courir le bruict ici que le pere Cotton fait un livre pour la reunion en matiere de religion, qui me semble n'estre pas proprement ouvrage de jesuiste : je craindrois plustost que ce fust pour la ruiner, et reunir tout à eux.

3. « Les Espagnols desguisent fort la verité touchant les Maures, que nous sçavons toutefois, par avis certain, troubler fort l'Espagne.

4. « On fait ici d'autant plus de cas de la sortie du prince de Condé, que là où vous estes on n'en fait pas beaucoup.

5. « Il faudroit estre bon astrologue pour deviner l'yssue de la guerre de Cleves.

6. « Les ambassadeurs font grande instance au Pape pour leur ligue, qu'on croid qu'ils obtiendront facilement; mais non pas de l'argent. Ils demandent aussi qu'il fulmine, qu'il tonne contre les trois electeurs protestans : à quoi il incline fort, pour estre de son humeur fort prompt et adextre au maniement de ces armes là ; et toutesfois je ne croi point qu'il le face.

7. « Tout dort ici ; il se pourra bien faire quelque

cardinal venitien, non comme venitien, mais comme *plura offerans in hastatione*.

8. « Du retour des peres jesuistes, on n'en a parlé encores ici un seul petit mot. Peult estre qu'ils y pensent, et comme gens de grande esperance ils la tiennent pour effect ; mais je croy que c'est tout ce qu'ils en auront. »

Le jeudi 18, pour me sauver des instantes poursuites, chiquaneries et importunités de mes creanciers, et aussi que le sieur de Maudetour m'avoit failli de promesse des six vingts dix escus qu'il me devoit bailler (à quoi, à la verité, je ne m'estois jamais beaucoup attendu, pour l'avoir recongneu homme sans parole et sans foy), je fus contraint de m'aider d'une constitution de rente de cinquante livres que me devoit le procureur Maurice, que j'ay transporté ce jour à M. Duranti mon gendre, qui m'en a baillé l'argent, deduitte prealablement la somme de cent cinquante neuf livres douze sols que je lui devois il y a long temps, par promesse signée de ma main, qu'il m'a rendue ; lequel argent je n'avois encores envie de lui rendre, pour la peine où je m'en trouve. Mais voyant que ce qu'il en faisoit estoit en partie pour cela, bien qu'il dist que ce fust pour m'acommoder, ou plus tost lui mesmes, je passé outre ; et suis demeuré, moiennant bon paiement, quitte envers lui de tout.

Ainsi chacun pourvoit à ses affaires, hors mis moy, qui fais mal les miennes.

Ce jour, est mort à Paris un advocat en la cour, nommé Chauvet, homme docte, et des plus habiles du Palais de sa profession ; au reste fort riche, mais extremement avare, pour n'avoir femme ni enfans. Lequel vice lui a bien cher cousté, puisqu'il lui a cousté la vie, qu'il a perdue, au dire d'un chacun, par sa vile mesquinerie et infame avarice : s'estant, pendant ces froidures, laissé tellement gangner au froid faute de bois et de feu, qu'une pleuresie l'aiiant saisi, l'a envoié en cinq jours en l'autre monde.

Il a fait M. Le Voix, conseiller en la grand chambre, executeur de son testament, par lequel entre autres choses il a donné dix mil escus pour la fondation d'un college à Loudun d'où il est, et pour cinq mil escus de legs qu'il a fait, tant pitoiables qu'autres : laissant outre cela encores plus de cinquante mil escus à deux de ses freres, ses heritiers. La supputation faite de son bien monte à trois cents dix mil livres. On lui a trouvé cent bouettes de cotignac, vingt caisses de raisins de toutes sortes, douze douzaines de chemises toutes neuves et fort belles, qui n'avoit jamais mises; grande quantité de sarge de Florance, et autres bons meubles de toutes sortes; quatre mil escus d'argent content, qu'il faisoit proufiter à la juifve : dont beaucoup de gens peuvent parler, et dont le fruict qu'il en a remporté a esté, par un juste jugement de Dieu, un vif et poingnant regret à la mort, qui lui ostoit ce qu'il ne pouvoit emporter; aiiant esté verifié en lui le dire du Sage : *O Mors, quam amara! etc.*

On crioit, ce jour, une fadeze nouvelle toute propre pour les jours gras, bastie et rythmée de mesmes, intitulée *la Bourgeoise desbauchée*. Qui y voudra ajouster la damoyselle le pourra faire seurement, et, comme je croy, sans recherche. J'ay donné de ceste baguenaude ung sol.

Le vendredi 19, j'ay acheté un livre nouveau fait

par le ministre Du Moulin contre celui de Coiffeteau, sur le subject de leurs disputes touchant le saint sacrement de l'eucharistie. Il est intitulé *Anatomie du livre de Coiffeteau, par Du Moulin.* Là dedans il lui donne des pinssades assés aigres et plaisantes; reproche au dit Coiffeteau ses calomnies et injures, encores que de ce costé-là ils n'ayent rien à se reprocher l'un à l'autre. Le reste ne sont que redittes, et cris de ville gangnée.

Le samedi 20, la blanque, restablie à Paris, est plantée et remise solennellement au bout du pont Neuf, vis à vis du lieu où elle estoit l'an passé; qui n'est qu'un nouvel accroist de ruine et de desbauche au peuple, assés ruiné et desbauché sans cela. Laquelle Sa Majesté toutesfois, passant par dessus toutes les remonstrances qu'on lui en a sceu faire, a voulu avoir lieu, meue possible de quelques bonnes considerations particulieres, non communicables au commung.

Le jour de quaresme prenant de ceste année fust fort froid : car il geloit bien serré, et fist geler quant et soi toutes les resjouissances, folies, mommons et masques de quaresme prenant : si qu'on disoit qu'on n'avoit jamais veu à Paris, en un tel jour, le peuple si sage et retiré qu'il estoit.

Ce jour, M. le B. D. m'a donné ung petit livret nouveau d'Angleterre, duquel le tiltre suivant qu'il porte est aussi sot que tout le reste :

Les Trophées du roy Jacques 1 de la Grande Bretagne et Irlande, défenseur de la foy; dressés sur l'inscription seulement de son Advertissement à tous les roys, princes et potentats de la chrestienté; confirmés par les merveilleuses actions de Dieu en sa vie; voués, dediés et consacrés au tresillustre prince de

Galles. A Eleutheres, année embolismale pour la papauté 1609. Qui n'a toutesfois esté veu à Paris que jusques à cest an 1610, en febvrier.

Il apelle ce livre Jacob triumphant; lequel ressemble proprement aux cigalles : car il est maigre, et crie fort hault. Il egalle la pieté, bonté et simplicité de ce bon roy Jacques à celle du bon patriarche Jacob, duquel par allegories (mais tirées un peu de biais et de loing) il veult rendre les propheties aussi certaines et authentiques que celles de l'autre. Le mect aussi haut avec lui en la gloire de Dieu, comme le Pape avec Lucifer au plus bas des enfers. Trouve en *Paulo Quinto, vice Deo*, le nombre de la beste, qui est *six cens soixante six*; dit que c'est un nombre d'homme, et celui de ΙΑΚΩΒΟΣ d'un roy, qui contient *unze cens trois* (feuill. 25).

Et au feuillet 23, il dit que *Papa* (le nom de son adversaire) est un hieroglyphe de souilleure, de malheur, et de vengeance divine; et qu'en *Papa* il n'y a que P. A. doublés en deux syllabes, à la maniere que les pythagoriciens signifioient le diable. Aussi est il dit que la beste parlera comme le dragon, et que l'antechrist viendra en l'efficace de Satan. Au contraire, dit il, selon la nature des nombres, le septenaire de quoi est JACÔBUS est le premier nombre sacré par le Createur, et est pris pour signe de son divin repos. Et mille autres fariboles et observations curieuses et ineptes, ressentantes la corruption et passion du siecle.

Le mecredi 24, jour des Cendres, mourust à Paris madamoyselle Du Rollet, qu'on apeloit madamoyselle Chevalier, du nom du president Chevalier qui l'entretenoit. Ceste jeune fille, assés belle, avoit esté debauchée dés long temps par lui, et estoit damoiselle de la Videville sa femme, qu'il avoit logée en une maison de la paroisse Saint André, où il l'entretenoit publiquement et pompeusement avec les enfans qu'il en avoit, au veu et sceu de tout le monde, mais non sans grand scandale : estant morte en la fleur de son aage, et assés mal ainsi qu'on disoit, sans avoir peu recevoir les sacremens. Le curé de Saint André ne voulust permettre qu'elle fust enterrée dans l'eglise, disant que c'estoit une peccheresse publique; mais bien dans le cimetiere, comme estant catholique. Finalement elle fust enterrée dans le cimetiere Saint Innocent.

La nuict du jeudi 25 de ce mois, mourust à Paris en la rue Pavée, au logis de M. de Mesmes, M. Canaye, sieur de Fresne, conseiller d'Estat de Sa Majesté, nagueres son ambassadeur à Venize; grand personnage, ung des plus beaux et deliés esprits de ce siecle, et des plus doctes. On disoit que l'avancement qu'il s'estoit promis par le changement de sa religion l'avoit trompé; et que le Roy lui aiiant failli de promesse et garant de ce costé là, avoit ruiné toutes ses affaires, ses desseins et sa maison. Ce qu'il avoit pris si fort à cœur, qu'il en estoit mort d'ennui. C'est ung bon maistre que Dieu, grand et puissant, censeur et visiteur de nos faits, de nos dits et de nos cœurs, et auquel il vault mieux avoir fiance qu'aux princes et grands terriens. Nostre ambition doit estre d'estre bien avec lui tant que nous sommes sur ceste terre, asseurés que nous y serons encores mieux quand nous serons là haut au ciel. Faute de ceste foy et consideration, la pluspart de nos courtizans et mondains ambitieux d'aujourd'hui delaissent Dieu, et Dieu les delaisse.

Il avoit une si grande apprehension de mourir, que son apotiquaire, au defaut des autres, s'estant chargé de lui dire, telle peur et tremblement lui en prist, qu'on fust long temps sans le pouvoir remettre.

Le vendredi 26, Toussaints Du Bray m'à donné, de son impression, ung discours nouveau des marques de l'Eglise, fait par M. l'archevesque de Bourges; duquel je ne dirai autre chose, si non qu'une bonne archevesché comme la sienne est aujourd'hui une des meilleures marques et plus essencielles de l'Eglise.

Le dimanche dernier de ce mois, M. le Dauphin joua son balet à l'Arcenal. Quelques jours au paravant, comme on l'y recordoit, M. de Sully monstrant M. Duret, va dire : « C'a esté M. le president que voila qui a fait « le balet. » A quoi ung plaisant nommé Guerin, qu'on apelle communement le fol de la roine Marguerite, va repliquer tout promptement : « Pardonnés moy, mon- « sieur, s'il vous plaist; M. le president n'a pas fait « le balet : au contraire, c'est le balet qui a fait M. le « president. »

Tout ce mois de febvrier, depuis son commencement jusques à la fin, fust fort froid à Paris, où se passerent peu de jours qu'il ne gelast. Les desgels y furent fort froids, avec abondance de neige, gresil, verglas, pluie froide, entremeslée de gresle, et autre inconstance de temps si grande, que peu de personnes se trouvoient qui ne fussent attaints de cathairres, les uns plus, les autres moins, et beaucoup tresdangereusement: regnant comme une espece de coqueluche universelle sur grands et petits. Et ne laissoit on toutesfois, pour tout cela, d'estre eschauffé aprés les folies, brelands et jeus : mesmes à la foire, où on l'estoit le plus ; et toute sorte de rafle en usage : le debit des autres marchandises s'y estant trouvé pietre, megre et froid, comme le temps; que si le Roy qui y alloit souvent, et la cour, n'eussent esté en ceste ville, la foire eust esté presque deserte, tant elle estoit peu hantée. Ce qu'on attribuoit en partie, et non sans raison, à la maladie commune du siecle, où chacun fait plus de mine qu'il n'a d'argent.

Le president Chevalier acheta en ce mois l'estat du president Le Seure, premier president en la cour des aydes, soixante mil escus, sans autres dix mil escus qu'on disoit qui lui avoit cousté pour les espingles, presens, et autres petites corruptions qui se prattiquent aujourd'hui d'ordinaire pour y entrer. Si que cest estat lui revenoit à plus de deux cens mil francs : qui estoit bien payer une premiere presidenterie des rats et vermines du Palais.

On fist courir le bruit que le Roy, qui d'ailleurs n'aimoit pas beaucoup le dit Chevalier, y avoit consenti, sous une promesse qu'il lui avoit faite de faire M. le Dauphin son heritier; et que Sa Majesté, depuis avisée par le president Le Seure de la loi *Si unquam*; qui est au code *de Revoc.* (*Donat.*); et que la femme du dit Chevalier estant vieille, venant un de ces jours à mourir, lui se remariant et ayant des enfans rendroit la donation nulle : auroit plaisamment respondu qu'il vouloit, en marché faisant, qu'ils rayassent ceste loy de leur code. Ce qu'ayant dit au president Chevalier, et ayant fait response à Sa Majesté que Le Seure, qui lui avoit allegué ceste loy, ne l'entendoit pas : « Je « pense bien, dit le Roy, qu'il ne l'entend gueres, voi- « rement ni celle là ni autre. » Voila comme Sa Majesté se moqua plaisamment de tous les deux, de l'ambition de l'un et de l'ignorance de l'autre.

En ce mesme mois, la cour se voulant assembler pour censurer et mettre à neant la censure faite à Romme de leur arrest donné contre Chastel, en fust empeschée par le Roy, qui leur fist dire qu'il ne le vouloit pas, et qu'il y sçauroit bien pourvoir par autre voie. Et à son avocat Servin, qui lui en voulut faire quelque remonstrance : « Il y a, lui dit il, des fous « à Romme, M. Servin; il y a là des fous aussi bien « comme à Paris. » Et le renvoia de ceste façon.

Au carneval dernier qui se fist à Rouen, se rencontrerent d'autres fols (car il y en a autant au monde qu'en lieu où vous sçauriés aller) qui courans les rues masqués, estans à cheval bien en conche, et se nommans les avantcoureurs de liberté, donnoient aux uns et aux autres qu'ils rencontroient des vers sanglans contre les partizans, imprimés en une feuille à trois colomnes : desquels on disoit que l'invention estoit belle et bien rencontrée ; mais lesquels ayans esté saisis et defendus, ne se sont peu voir que malaisement, ne pouvans venir jusques à nous sans l'entremise des amis de de là. C'a esté pourquoi j'en ay prié M. Justel, qui m'a promis de me les recouvrir.

Grands bruicts de guerre en ceste saison (qui est une autre folie pire que toutes les autres), que chacun tient à Paris pour resolue, parce que le Roy veult qu'on la croye. Comme aussi le sacre, couronnement et entrée de la Roine sa femme au mois de may prochain, pour laquelle on fait de grands preparatifs ; ainsi qu'on en fait aussi de la guerre par tout, de l'exprés commandement de Sa Majesté. Qui sont toutesfois deux actions bien differentes, et desquelles pour se rencontrer mal en un mesme temps plusieurs font doute, et sont induits à croire aussi peu l'un que l'autre.

Mais pour ce que les desseins des rois sont lettres closes au peuple, jusques à ce que l'evenement les ouvre, c'est folie d'y penser rien voir ny connoistre : car les plus habiles discoureurs s'y trouvent trompés.

Pour le regard du prince de Condé, qui est aujourd'hui un autre subject des discours de ce temps, et que les vents de Paris, comme les girouettes des clochers, tournent en un instant, et emportent aux quatre coings de l'Europe, le rendans en une mesme heure à Bruxelles, à Milan, à Coulongne et à Prague; puis le faisant en un moment traverser par mer en Espagne, et enlever madame la princesse de Condé sa femme dans son lit à Bruxelles, et par mesme moyen la chambre de l'Infante où elle couche; aprés vouloir sçavoir ce qu'ils feront, qu'ils deviendront, s'ils reviendront (ce que le Roy ny eux mesmes ne sçavent pas, mais Dieu seul, en la main duquel sont possible des verges pour nous chastier si nous ne nous amandons), ce sont discours si vains, si sots et si mal bastis, et aprés lesquels toutesfois on se rompt journellement la teste, qu'on void bien par iceux que la plus part des cervelles des hommes de nostre siecle sont mal timbrées, de vouloir donner pied à un fondement de sable sur lequel il ne peult rien arrester.

Ce mesme jour dernier du mois, le sire T. m'a monstré des lettres qu'on lui escrivoit d'Amsterdam, par lesquelles on l'avertissoit des grandes ruines et pertes qu'avoit souffert le peuple et tout le pays d'alentour, par les extremes inondations et ravines d'eaux, qui avoient tout emporté et ravagé en forme de torrent. Et y a dans les dites lettres une particularité remarquable d'un marchant portugais qui ayant fait emploitte d'une grande quantité de pains de succre, lesquels il avoit arrangés et serrés en la cave d'ung sien ami d'Amsterdam, l'eau y estant subitement et inopinement entrée, et perdu tout le succre du marchant avant qu'on eust le moien d'y venir et le sauver : le pauvre Portugais, outré de desespoir, s'estoit desfait lui mesmes, pendu et estranglé miserablement de ses propres mains.

Une bonne dame de ceste ville, qu'on avoit mise depuis peu aux Filles repenties, dit et confessa ces jours passés, à un mien ami qui l'y alla voir, que dés la deuxiesme nuict qu'elle y estoit entrée, elle avoit eu la compagnie d'un prestre qui avoit couché entre une autre repentie et elle; et qu'ils ne chaumoient point là dedans de ceste besongne, pourveu que ce fussent prestres et gens d'Eglise : qui estoit la raison pourquoi on les apeloit les consacrés.

Le mesme me conta qu'ung homme de qualité de ceste ville l'avoit voulu souvent desbaucher, pour le mener en telle religion de femmes d'ici autour qu'il voudroit; et qu'il le mettroit à mesme pour jouir tout à son aise et coucher avec celle qui lui viendroit plus à gré, mesmes depuis huict jours à Longchamp et à Gif, où on besongnoit plus librement qu'au plus celebre bordeau de la ville de Paris. A quoi il ne s'estoit jamais voulu accorder. Ce que je croy, pour ce que je le connois et l'ay tousjours conneu pour homme (encores qu'il soit garson) qui craind fort Dieu : qui est une rare vertu de ce temps. Ce qui me fait aussi plus tost ajouster foy à ses paroles qu'à celles d'un autre.

Supplément tiré de l'édition de 1736.

Le jeudi 18 de février, monseigneur le Dauphin alla entendre la messe aux Augustins, dans la chapelle des chevaliers du Saint Esprit. Il donna au père Abraham Langlois, chantre ordinaire de la musique du Roy et son chapelain, qui l'accompagna jusqu'à son carosse, deux pistoles d'Espagne pour les petits novices, afin qu'ils priassent Dieu pour lui.

Le même jour, par des lettres venuës d'Allemagne, on apprit que le huitiéme de ce mois l'archiduc Leopold s'étoit emparé de la ville et du château de Calcof, place au voisinage d'Aix-la-Chapelle, où il mit une bonne garnison; mais que le lendemain il en avoit été chassé honteusement par Fréderic, comte de Solme, lieutenant des princes.

[MARS.] Le mecredi 3, a esté enterré, dans l'eglise Saint Sevrin à Paris, le president Rancher, avec grande pompe et solennité funebre : ce qui ne se fait point sans grands frais et despense extraordinaire. Par ainsi il couste beaucoup, en ce temps, à vivre et à mourir.

Le vendredi 5, j'ay receu du sieur de Maudestour, aprés dix ans de poursuitte, la somme de six vingts quinze escus, à laquelle la necessité de mes affaires m'a contraint de composer, bien que loialement il m'en deust presque une fois autant.

Mon neveu Du Puì, conseiller en la cour, me disoit ces jours passés qu'un gentilhomme d'honneur et de qualité lui avoit conté depuis peu que tout le temps de sa vie il avoit esté contraint de plaider; que de tous les procés qu'il avoit eu, il ne s'en trouveroit un seul qu'il n'eust gangné; et toutesfois en estoit demeuré pauvre et miserable. Comment ne le serois-je donc (pensay-je lors), moy pauvre homme, et inutile du tout à ce mestier, qui n'en gangne pas un, et suis contraint tous les jours de composer à moictié de mon bien, pour en tirer l'autre affin de pouvoir vivre?

Le mardi 9, un mien ami, homme d'honneur et veritable, m'a asseuré d'avoir veu en un certain lieu de ceste ville, le jour de devant, un plaisant tableau d'Adam et d'Eve representant au naturel M. et madame de Sully. L'arbre de vie y estoit naïfvement peint, autour duquel on voyoit le serpent entortillé qui presentoit une bourse à madame de Sully; et au dessus, entre son mari et elle, paroissoit le president Duret, qui, alongeant son col et ses membres, baisoit la dite dame de Sully sur la bouche.

« Nous sommes en un roiaume de f......., disoit der-
« nierement au Louvre maistre G. »

Ce jour, le predicateur de Nostre Dame, qu'on apeloit Sufrin, jesuiste, estant tumbé en son sermon sur les dissolutions et lascivetés des femmes, dit qu'il n'y avoit aujourd'hui si petite coquette à Paris qui ne monstrast ses tetons, prenant exemple sur la roine Marguerite. Puis, comme s'il en eust voulu retenir le mot (lequel on trouvoit, pour un homme d'esprit tel qu'il estoit, lui estre eschappé trop indiscrettement), s'estant un peu arresté, pour se recouvrir va dire qu'il n'entendoit taxer la roine Marguerite; que beaucoup de choses estoient permises aux roines, qui estoient defendues aux autres. Mais ceste recouverte ne valoit rien.

Le jeudi 11, à la requeste de messieurs les gens du Roy, fust donné arrest au parlement contre l'imprimeur de Fontenay le Comte en Poictou : par lequel defenses lui furent faites, sous grandes et grosses peines, d'imprimer, publier ni exposer en vente, ung libelle diffamatoire fait contre le Pape, intitulé *la Chasse de la beste antichristianisme*. Ordonné que le dit arrest lui seroit signifié par huissier exprés envoié sur les lieus.

Ce jour, fust enterré, dans l'eglise Saint Victor lés Paris, nostre maistre Victor Cayet, bon docteur et docte, mais un peu douteus, confus et brouillé en sa theologie; grand alquemiste et souffleur, comme il paroissoit à ses habits et à sa mule, qui en mangeoit souvent des oublies. On disoit aussi qu'il estudioit à la necromance; et que s'il eust peu atteindre à la perfection de ce bel art, aprés lequel il suoit et travailloit beaucoup, c'estoit la couronne de sa vie : car le diable l'eust emporté. De moy, ayant esté curieus, avec beaucoup d'autres, pour l'amour de ce qui s'estoit passé, d'apprendre au vray comme estoit mort ce personnage, auquel j'ay tousjours desiré une vraie conversion au salut de son ame; ma curiosité me transporta tant que d'aller chercher un homme bien loin que je connoissois, ami dudit Cayet, et qu'on m'asseura l'avoir assisté jusques à la fin, pour en sçavoir de luy la verité, qui m'en a dit et asseuré ce qui s'ensuit, sçavoir : que ce bon docteur estant fort malade et prés de sa fin, comme ceux qui l'assistoient virent qu'il n'y songeoit point, et ne parloit de Dieu ne de sa mere, prierent son medecin de lui vouloir dire le danger où il estoit, à fin qu'il se preparast pour penser à sa conscience. De quoy son medecin s'estant excusé, y en vinst un autre qui lui parla, et demanda s'il ne vouloit pas, comme un bon chrestien, se mettre en bon estat pour recevoir Nostre Seingneur? A quoy ayant respondu fort rudement et en colere, et demandé dequoi il se mesloit, lui dit qu'il sçavoit bien ce qu'il avoit à faire : qu'il n'en estoit pas là ; et qu'on le laissast en repos, sans lui en rompre davantage la teste. Et renvoya mon homme de ceste façon.

Lors messieurs nos maistres et docteurs de Navarre, qui sont là en assés bon nombre, aians entendu sa responce, et aucuns d'entre eux estans entrés en quelque desfiance de lui à cause de sa premiere profession, en deputerent ung d'entre eux qui lui estoit ami, pour l'amonnester et exhorter de penser à sa conscience, et vouloir recevoir ses sacremens : avec charge, s'il voyoit qu'il en fist difficulté, de lui dire s'il ne les recevoit, qu'asseurement aprés qu'il seroit mort on traineroit son corps à la voirie. Ce que l'autre ayant executé, se voyant rebuté de lui, et qu'il n'avoit pas grande envie d'y entendre, aprés ceste menace lui parlant tousjours de recevoir Nostre Seingneur, nostre maistre Cayet lui va demander : « Et où est il Nostre Seingneur? — Il « n'est pas ici, lui respondit l'autre; mais on vous l'a-« portera, et vous le fera l'on venir. — Allés le donc « querir, dit Cayet, et me le faites venir. » Et aprés avoir demandé son pourpoint et ses chausses, se leva du lit; et comme il le vid entrer, se mist à genoux, disant : *Domine, in te speravi; non confundar in æternum. Miserere mei, Deus; miserere mei!* Puis s'estant fait recoucher, le receust dans son lit, sans vouloir escouter ne permettre que l'autre qui le communioit lui fist aucune exhortation, comme on a accoustumé de faire; disant que c'estoit assés, et qu'il se contentast qu'il sçavoit mieux que lui ce qu'il faloit faire.

Finalement lui ayant esté apportée l'extreme unction, qu'il n'avoit point envie d'avoir; aprés qu'on lui en eust oint l'estomach, comme on voulust venir aux pieds : « Et quoy, dit il, n'est ce point tantost assés « gressé? Depeschés vous, je vous prie, et me laissés « reposer. » Et aussi tost qu'ils eurent achevé, prenant sa couverture et s'enveloppant et cachant tout dedans, ne voulust plus ouir ni parler à personne, ni à prestre ni à clerc, jusques à ce qu'à quelque temps de là on le trouva là dessous mort et expiré.

Telle fust la fin de nostre maistre Cayet, à l'enterrement duquel assisterent l'abbé de Chamvalon et l'abbé de Bourgueuil, qui furent les deux plus aparans qui s'y trouverent.

Le samedi 13, M. Justel m'a donné la copie du procés verbal de la sommation faite de la part du Roy à M. le prince de Condé, avec la response et protestation du dit sieur prince. Elle contenoit un feuillet d'escriture, et couroit fort à Paris.

Le lundi 15, le Roy revinst de Fontainebleau à Paris, d'où Sa Majesté estoit sortie il y avoit environ huict jours, mal content, ainsi qu'on disoit, et en colere contre la Roine à cause d'une de ses filles fort belle, nommée Foulebon, de laquelle il ne s'estoit peu acommoder.

Le samedi 20, fust enterrée, dans l'eglise Saint Germain de l'Auxerrois à Paris, madame de Believre, veufve de messire Pomponne de Believre, chancelier de France; dame sage, vertueuse, humble et charitable. La pompe de l'enterrement fust grand, le convoy numereus èt magnifique. La cour, la chambre des comptes, et le college de messieurs les secretaires, y marcherent en corps; plusieurs maistres des requestes, des evesques et archevesques, jusques à huict; l'evesque de Rieux, plus propre à une ceremonie de parade et muette comme la messe, qu'à autre function episcopale, fist l'office; le pere Coton, l'oraison funebre. Il y avoit trente-cinq pauvres habillés, qui estoit le meilleur de tout : tout le reste n'estant que fatras et monstre pour le monde.

Le lundi 22 de ce mois, je me suis amusé d'extraire du registre d'un mien ami fort curieus (lequel il m'a presté dés le dernier du mois passé) les suivantes fadezes, mais bien rencontrées, et plaines d'observations remarquables sur l'estat de la Ligue de nostre temps, et dont pour ceste raison je me delibere d'en accroistre mes Memoires Journaus de la Ligue; avec plusieurs autres que je n'escris ici que j'y ay trouvées, cestes ci aiians esté pour la plus part tirées de lui de *la Suitte du Manant;* lequel libelle, pour avoir esté aussi tost supprimé qu'imprimé, a passé par les mains de fort peu de personnes, et ne l'ay jamais peu voir ne recouvrir.

1. « Le livre du Maheustre fut recherché dans Paris, et desavoué comme estant de la lignée de Melchisedech, sans pere ni mere. Le duc de Maienne, fasché, voulut sçavoir qui en estoit l'aucteur; et de colere il en souffloit et bouffoit assés pour faire moudre ung moulin à vent. Sa femme pleuroit de despit, et en jetta des larmes glereuses assés pour empeser trois douzaines de peccadilles. La dame de Montpensier nacquetoit des dents comme une guenon; le sieur de Belin faisoit peur

aux crocodilles de Libie, par ses morgues sublimes; le president Janin tempestoit comme un taureau bannier; le president Le Maistre en mordoit ses levres; le president Dorçay faisoit le chien couchant; Ribaut escumoit comme un pourceau sanglier; le secretaire Baudouin en estoit furieus; Buvillier en faisoit le bouffon; Marteau La Chapelle s'en pensa pendre à Montfaucon; Rolland l'eschevin en railloit comme un sot; l'advocat Oudineau faisoit le froid, piquant comme ung aspic; Sermoise faisoit le regnard; son frere Du Fay faisoit le singe; le president Dassi en bavoit comme une caillette; Damour, conseiller, deschiroit comme un tigre; Lhuillier, prevost des marchans, rugissoit comme un lion; Langlois, eschevin, mordoit comme une vipere; le secretaire Poussepin siffloit comme un crapaud; Daubray rouilloit les yeux en teste comme un bouc; l'avocat Du Rousseau mordoit ses levres comme un insensé; le basque Rabusseau, l'yvrongne La Rue, Baudoin le verolé, l'audiancier Le Surveillant, l'outrecuidé Lassus, en couroient les rues comme fols; l'advocat des Prés faisoit le dissimulé; l'advocat Noyiau grinçoit les dents comme un marmot; l'advocat Baussan et Le Muet maudissoient en trippieres; les deux Chauvelins rioient en hipocrites; le commissaire Normant en perdoit le sens, et le commissaire Le Sage l'entendement; le commissaire Olart grongnoit comme un pourceau; le medecin Monanteuil en suoit d'ahan; le colonel Passart bransloit la teste en esvanté; le grand Guillaume Poulailler alloit de taverne en taverne pour en sçavoir des nouvelles; les deux freres Marchans en faisoient de laides grimaces; le colonel Vilbichot en faisoit l'estourdi, et La Hayic le mestif.

2. « Les deux chefs des deux partis ont ressemblé deux vieux regnards qui, pour faire lever le gibier du bois, contrefont l'abboy du chien, et vont l'un après l'autre chassans pour attrapper leur proie. Ainsi le roy de Navarre a contrefait le catholique, et M. de Mayenne le ligueur; et n'estoient toutesfois et ne sont ni l'un ni l'autre.

3. « Le duc de Mayenne a servi de chien couchant pour faire lever la Ligue; et le Roy a servi de levrier pour la prendre au collet.

4. « La Chapelle Marteau, prevost des marchans de Paris, a eu, pour sa part des rançons et du receveur de la ville de Vigni, six vingts mille escus pour le moins, oultre six mil escus qu'il a receu des Espagnols; et a trompé le mareschal de Biron, lui aiiant promis de prattiquer la reddition de Paris au Roy.

5. « Toute la cour de parlement de Paris, dés le mois de juillet de l'an 1593, tramoient la paix, et y donnoient consentement, hors mis cinq, encores compris les deux advocats du Roy d'Orleans et Holman.

6. « La Chapelle Marteau, secretaire d'Estat de la Ligue, et Roland, grand audiancier, firent tant que Louschard, esleu eschevin, ne le fust. Le dit Roland fust continué. Tous deux ont adheré aux volontés et conseils du duc de Mayenne pour ruiner les Seize; tous deux se sont declarés ennemis des predicateurs et des Espagnols; tous deux ont tendu à leurs affaires aux despens du parti de la Ligue, aians plus de conseil et de cervelle que tout le reste des ligueurs ensemble.

7. « Le legat de Plaisance n'a pas creu les Seize ne les

Espagnols; a tousjours escouté M. de Maienne, faisant office de pere commun, voulant conserver le chef, pour ne perdre mais entretenir les membres.

8. « La conference de Suresne a esté le comble du malheur des Seize, laquelle le legat, disoient-ils, devoit empescher; où au contraire il detesta les placcards qu'on afficha à Paris contre la ditte conference.

« L'archevesque de Lión d'autre costé, aiiant envie de se faire paroistre par son beau parler et subtilité d'esprit, aiiant esté cause de la continuation d'icelle, en fust le premier moqué et attrappé au piege : car il trouva qu'il avoit à faire à des gens encores plus fins que lui.

9. « Les ecclesiastiques et les justiciers qui ont suivi le Roy lui ont plus servi à son establissement que toutes ses forces.

10. « La hayne du duc de Mayenne contre les Seize a esté l'establissement du Roy.

11. « Si M. le legat eust contredit la conference que la qualité de M. de Mayenne permettoit, il y eust eu un remuement apparent en tout le royaume. Ce que le legat fuioit tant qu'il pouvoit, de peur qu'il ne lui fust reproché d'avoir brouillé les affaires.

12. « M. de Mayenne a fondé les excuses de toutes ses malefaçons sur le peu de respect de ceux de sa maison, et le peu d'obeissance que lui rendoient les gouverneurs.

13. « Le seingneur de Villeroi entretenoit le duc de Maienne en deux maximes generales : la premiere, qu'il faloit qu'il s'emparast de la couronne, et se fist eslire roy s'il pouvoit, contre toutes les prattiques de l'Espagnol et de tous les autres princes de Lorraine, specia-

lement du duc de Guise; la seconde estoit que s'il ne pouvoit parvenir à ce but, qu'il falloit qu'il traictast avec le Roy, lui alleguant deux principales raisons pour cest effect : la premiere, qu'il auroit cest honneur d'avoir contraint un grand roy de se faire catholique et se renger à la raison, et bailler de belles asseurances et promesses aux catholiques telles que l'on le pourroit souhaiter, pourveu que l'on le recongneust; et la seconde, que le Roy lui bailleroit tels gouvernemens et Estats qu'il voudroit, tant pour lui, ses enfans et ceux de sa maison. Et qu'il ne falloit qu'il doutast aucunement que le Roy lui en eust peu faire tort, tant pour ce que toute la noblesse catholique ne l'endureroit jamais, pour avoir le serment de conserver la religion et le traicté des princes; qu'aussi les princes aiians les gouvernemens et les principales fortes places, ils ne pourroient estre forcés, et auroient moien de resister. Quant à l'Espagnol, qu'il ne lui pouvoit apporter que nuisance et toute incommodité, estant de sa nature inhumain, cruel et ambitieus, qui petit à petit le debuteroit de ses grades et honneurs pour y mettre des personnes de sa creance, et le rendroit miserable. Lequel conseil le duc de Maienne a creu.

14. « Le sieur de Villeroy a esté le vrai agent de la ruine et division de la Ligue : car il a destourné le duc de Maienne de donner aucun grade au roy d'Espagne en France.

15. « Au logis de La Chapelle Marteau fust tenu un conseil en decembre 1589, où estoient le duc de Maienne et le sieur de Villeroy, avec Bernardin Mandosse, le commandeur Morée, et Jean Baptiste Taxis, ministres du roy d'Espagne; où fut proposé de pren-

dre la protection du roy d'Espagne, et le faire protecteur de la France : à quoi le duc de Maienne inclinoit lors, comme aiiant volonté de se maintenir sous un grand. Mais le sieur de Villeroy, qui tendoit à l'establissement du Roy et à la ruine de l'Espagnol, l'en desbaucha du tout, lui remonstrant que ce seroit diminuer sa qualité et sa grandeur, qu'il pouvoit maintenir par les moiens du peuple, et des forces de la noblesse et de sa suitte; que de se mettre soubs un prince estranger, c'estoit courir hazard, en danger d'estre delaissé de ses amis, voire abandonné de toute la noblesse, qui n'obeiroit jamais à l'Espagnol. De sorte que le sieur de Villeroy rompist ce coup, qui fust un grand avantage pour le Roy; d'autant que si le roy d'Espagne eust commandé à la France, sans doute toute intelligence et connivence eust esté perdue, et par consequent le Roy, qui eust esté mal suivi, servi, voire hors d'esperance d'estre establi.

16. « Bernardin de Mandosse, avec les ministres d'Espagne, voyant que M. de Maienne ne se roidissoit point autrement contre le sieur de Villeroy, fort faschés de quitter prise, et ce pendant ne pouvant faire autre chose; le dit de Mandosse dit au duc de Maienne ces mots : « Monsieur, Dieu vous veuille bien conseiller!
« Je sçai que mon maistre a bonne volonté pour le ser-
« vice de la cause de Dieu et de la religion : pensés à
« ce qu'il peult, et à ce que vous estes. » Et sur ce, les autres dirent qu'il faloit donc que le Roy leur maistre fist une guerre auxiliaire, puisque les François ne vouloient point de sa protection.

17. « O. de Pigenat, provincial des jesuistes, dit au duc de Maienne qu'il ne se devoit fier au conseil du

sieur de Villeroy, qui estoit un courtizan sans religion; et qu'il le tromperoit. « Mon pere, lui dit le duc « de Maienne, je me fie en lui : car il m'a promis « courre ma fortune. » De quoi ce jesuiste fut bien estonné. La Ligue depuis a voulu interpreter ce mot : *Il m'a promis de courre ma fortune*, comme s'il eust esté d'une double entente, et que le sieur de Villeroy n'entendoit courir mesme fortune que M. de Maienne, mais courir contre la fortune du dit duc et le ruiner; et que l'entente en estoit au diseur.

18. « Les derniers Memoires que firent presenter les Seize au duc de Maienne, ce fut à Soissons, en may 1593; et lui furent baillés par un cordelier. Aprés les avoir leus, il dit : « Ces gens là me persecuteront « ils tousjours? Si me contredient plus, je les per-« dray. »

19. « Le duc de Maienne dit à Taxis, ambassadeur d'Espagne, auquel il communiquoit le plus, que s'il plaisoit au roy d'Espagne bailler sa fille au fils du duc de Lorraine ou au duc de Savoye, qu'il s'emploieroit par tout pour maintenir l'un ou l'autre en la couronne de France. Taxis manda cela au roy d'Espagne; mais depuis Taxis lui rememorant ceste proposition, le duc lui dit que cela ne se pouvoit executer, les affaires estant changées; et qu'il ne pouvoit favoriser ni l'un ni l'autre pour la couronne. Ainsi le duc de Maienne abusoit le roy d'Espagne en tirant son argent, et se moquoit de ses parens par promesses.

20. « Les politiques vouloient porter le roy de Navarre au throsne roial; M. de Maienne le vouloit estre. Les autres princes ne le vouloient souffrir, et les catholiques affectionnés ne vouloient ni de l'un ni de

l'autre; ains que les États en nommassent un qui fust catholique, sous le bon plaisir de Sa Sainteté et du roy d'Espagne.

21. « M. de Maienne envoiia le comte de Brissac à Paris, avec lettres de creance adressées au sieur de Belin, gouverneur. Ceste creance portoit que le president Brisson traictoit avec le roy de Navarre pour lui donner entrée dans Paris; et qu'il se faloit desfaire du dit president en quelque sorte que ce fust, comme estant chef des autres traistres, et le plus dangereus de tous; et ne le laisser eschapper, pour le mal qu'il pourroit faire estant avec l'ennemi. Le comte aiiant declaré sa croiiance, Belin assembla les premiers et principaux du conseil des Seize, où le comte leur dit encore sa charge de les exhorter d'assister en ceste execution le sieur de Belin; et qu'au cas que le dit Belin ne le voulust executer, qu'ils y tinssent la main pour le bien et seureté de l'Estat. « Et toutesfois messieurs les Seize, dit-il, « n'en ont emporté de ceste execution que de la deso- « lation; et ceux qui en ont proufité ont esté leurs « ennemis, qui en ont eu la despouille. L'estat de M. le « president Brisson, M. de Maienne l'a parti en quatre, « et en a fait quatre presidens : l'un heretique, deux « politiques, et ung frenetique. Et quant aux Seize, il « en a fait mourir aucuns, banni les autres, et le reste « desauthoré de leurs qualités. » Il disoit, pour couverture, qu'encores que le president Brisson fust contraire à la Ligue, que neantmoins la forme dont avoient usé les Seize estoit tellement de consequence, que si elle n'eust esté reprimée elle perdoit tout, et en eussent abusé.

22. « Aprés l'execution des Seize, le duc de Guise,

qui peu au paravant leur avoit envoiié le sieur de Lange leur porter de sa part toute creance de faveur, assistance et ayde, se moqua d'eux, et se rangea sous les aisles du duc de Maienne son oncle, dont on disoit que le milan avoit attrapé la perdrix, pour ce qu'on s'asseuroit que le duc de Guise se ruineroit pour son oncle, qui n'avoit autre apprehension d'obstacle que son neveu, par la reputation de son nom.

23. « Les ligueurs affectionnés estoient les oisons du duc de Maienne, qui les menoit paistre au champ de misere, et les repaissoit d'herbes ameres.

24. « Si la mort du president Brisson eust esté avouée ou passée sous silence par le duc de Maienne, sans doute le Roy n'eust plus eu d'agens dans Paris pour lui : ils eussent tous perdu courage. Mais quand on vid que ceste mort lui servist de pretexte pour se venger des Seize, l'on jugea que, de la ruine des Seize, la cour de parlement se restabliroit en son auctorité premiere.

25. « M. le procureur general excita un murmure contre son curé qui preschoit; et n'eust esté qu'il fust retenu par monsieur son beau pere et autres, il eust fait un scandale publiq, comme fit le conseiller Damours, qui dementist le curé Boucher en plaine eglise, estant vestu de son surpelis.

26. « Daubray en l'assemblée de ville, sur la proposition du prevost des marchans de donner ordre aux bruits de paix qui se semoient à Paris des intelligences avec le roy de Navarre, se leva, et dit que c'estoient faux bruits, et que c'estoient les ames damnées de ces quatre pendus des Seize qui semoient tels bruits par la ville ; et se mist en colere contre le chanoine Sanguin,

jusques à en venir aux dementis. Sur quoi Rose, evesque de Senlis, aiiant remonstré à Daubray qu'il ne faloit user de mesdisances, ains au contraire se reconcilier avec ses citoiens; le sieur Daubray lui dit : « Més « que j'aye veu les curés, les predicateurs et les Seize « faire amande honorable en chemise, la torche au « poing, des revoltes et mutineries qu'ils ont commises « contre les rois, j'aviserai ce que j'aurai à faire. »

27. « La Rue, agent du dit Daubray, a voulu tuer Senault en plain corps de garde, aiiant dit que Sanguin avoit abregé ses jours d'avoir desmenti son colonnel ; que la poire estoit meure, qu'elle seroit bientost ceuillie, et que les Seize ne faisoient que trainer leur lien.

28. « Au parti du Roy, l'on a tenu une maxime tresbonne, d'aimer et favoriser ses amis et confederés, et hayir les ennemis et fauteurs du parti contraire. Tout au rebours, le duc de Maienne a persecuté ses amis et confederés, et plus affectionnés à la Ligue ; favorisé les contraires : pensant par ce moyen s'entretenir en son parti particulier, et gangner ses contraires par douceur et bienveuillance, et les ligueurs par rigueur et travail, n'en faisant non plus d'estat que de valets.

Extrait d'un plaisant discours d'un seize catechisé par les politiques (1593).

29. « La premiere maison où je fus mené, ce fut celle du colonnel Daubray, où il y avoit grande compagnie, et de toutes sortes de personnes, que l'on catechisoit contre les predicateurs, les Espagnols et les Seize. A mon entrée je fus receu avec accolades par le sieur Daubray, qui, après beaucoup de belles offres de son credit,

me mist de la classe de l'avocat Du Rousseau, et me bailla entre ses mains pour m'instruire et catechiser, pendant que le sieur Daubray alloit et venoit pour recevoir les survenans. C'est avocat Du Rousseau me receut gracieusement; et me prenant par la main, me fist seoir prés de lui. A voir sa contenance paternelle, son visage riant et son beau parler, je pensois que ce fust quelque nouveau Caton; mais enfin je congneu que c'estoit un Catilina du pays du Maine. D'arrivée, il va entrer en protestation qu'il estoit catholique, qu'il avoit veillé pour le parti jour et nuict: excepté la nuict de Toussaints 1589, qu'il fust contraint de garder le lit, pour un frisson qui le prist; qu'il avoit enduré la faim, la soif et toutes sortes de miseres, lui qui avoit vescu au paravant la Ligue fort honnorablement; qu'il avoit employé une grande partie de ses biens au parti, et deliberoit d'y employer le reste, voire sa propre vie; et qu'il faloit que les gens d'honneur comme moy (en me flattant) se recogneussent et joingnissent ensemblement, pour estre les plus forts, et resister à une je ne sçai quelle maniere de gens qui se disoient les zelés, et que l'on appeloit les Seize: gens de neant, personnes abjectes et de basse condition, qui neantmoins vouloient tout entreprendre et manier les affaires, qui avoient commencé une revolte qui seingneroit à jamais, qui continuoient tousjours leurs revoltes et entreprises, faisoient des violences et injustices, renversoient tout ordre, ne faisoient que brouiller les affaires, et estoient cause de toutes les miseres que souffroit la France des guerres civiles. Tellement que pour avoir un repos et remettre la France en son ancienne liberté, il falloit exterminer telle maniere de gens, comme cause de nos malheurs. Que M. de Maienne y avoit bien commencé, en ayant fait pendre quatre, banni plusieurs, et desauctoré aucuns; et qu'il faloit lui aider pour exterminer le reste. Qu'en les exterminant, nous chasserions les Espagnols ennemis de la France, qui n'estoient soustenus que des Seize; et que cela faict, le Pape recevroit librement le roy de Navarre à la couronne; qu'il se disposoit à estre catholique, et le seroit bien tost (à ce que cest advocat me disoit); et que le Pape absoudroit volontiers le roy de Navarre de son excommunication. Mais qu'il estoit empesché et destourné de ce faire par les agens du roy d'Espagne, soustenus des predicateurs et des Seize : lesquels estans exterminés, sans doute les Espagnols sortiroient de la France, et par ce moyen serions tous en paix, jouirions de nos rentes et héritages, et les marchans traffiqueroient; nous irions proumener aux champs, etc. Voila la premiere instruccion qui me fust donnée, de laquelle je fus quelque peu esmeu, n'ayant connoissance de la caballe de ces maheustres et politiques, mesmement de cest avocat Du Rousseau, homme subtil, dissimulé, grand menteur, rempli de vanité et de vengeance, grand faciendaire des politiques, et fidele serviteur du roy de Navarre.

30. « La deuxieme instruccion me fust baillée en la mesme maison du sieur Daubray, mais en college de plusieurs, où l'on me fist entrer par la certification du dit sieur Du Rousseau, qui m'avoit catechisé; et là estans, je vis Langlois, eschevin; un nommé Le Jay, qui a esté aussi eschevin; Monanteuil, medecin; des Prés et Bossan, avocats; de Lassus, et autres dont il ne me souvient. Là fut parlé assés confusement des

affaires, et en parlerent peû en ma presence. Ce ne furent que mesdisances contre les Seize, y meslant les predicateurs et curés, qu'ils apeloient personnes transportées de passion, qui ne preschoient que le sang, et ne meritoient d'estre ouis. Qu'il les falloit laisser là pour un temps, afin que par tel mespris ils se rebutassent de parler de la guerre; et s'ils persistoient, qu'il y faloit employer la force, principalement contre Ceuilli, Boucher et Aubry, desquels ils mesdisoient à toute outrance, jusques à dire qu'ils n'iroient plus à leurs messes ni à leurs predications, encores qu'ils fussent leurs paroissiens; et m'exhorterent moimesmes de n'aller plus à leurs predications.

31. « La troisiesme instruccion me fust donnée au logis de l'abbé Sainte Genevieve, où y avoit grande compagnie, entre autres le sieur de Roissi et le poëte Passerat, Daubray, Langlois, eschevin; Le Jay, Du Rousseau, des Prés, eschevin; Baussan, les deux Chauvelins, Poussepin, secretaire; et le sieur de La Mothe, gentilhomme de M. de Nevers. En ceste assemblée fust parlé tout à l'ouvert de la paix avec le roy de Navarre, disans que les guerres seroient perpetuelles, à faire comme on faisoit; que tout estoit ruiné; qu'il valoit mieux, pour avoir la paix et soulager le pauvre peuple, se jetter entre les bras du Roy, prince rempli de clemence et bonté, et lequel sans doute les recevroit humainement, les conservant en l'exercice de leur religion catholique, apostolique et romaine; qu'il estoit le vray heritier de ceste couronne; avec ce que jamais la race des princes de Bourbon ne laisseroit Paris en paix, si la maison de Lorraine ou autre estranger venoit à ceste couronne. Qu'il n'y avoit

autre moien de repos et salut pour eux qu'en le reconnoissant ; et que si on ne le faisoit de gré à gré, qu'il emporteroit Paris de force : tellement qu'il valoit mieux traicter avec lui en temps opportun, que d'attendre sa misericorde la corde au col ; qu'il ne falloit plus s'attendre au secours du Pape, ni aux armes des Lorrains, ni aux doublons d'Espagne, pour ce que tout cela n'estoit que chimeres ; et que pour parvenir à la reconnoissance du Roy il faloit faire tout ce qu'on pourroit, et se resoudre de s'opposer fermement, et ruiner tous ceux qui la voudroient contredire.

« Aprés ceste proposition, on mist en avant les moiens et ordre pour y parvenir ; et fust leu un memoire de l'ordre qu'il faloit tenir pour s'assembler, et prendre le signal du mot du guet, avec les endroits où on se devoit adresser. Quatre maisons de colonnels furent arrestées, où à certains jours et certaines heures on s'assembleroit pour conferer : sçavoir, la maison Daubray pour le quartier de la Cité ; celle de Passart pour celui du Louvre ; de Marchant, pour le quartier de Greve ; et de Vilbichot, pour celui des Halles. Là devoient estre données les instruccions contre les predicateurs et les Seize ; quel langage il faloit tenir contre eux et les Espagnols ; le moyen de leur resister, et empescher leurs desseins. Entre autres choses il me souvient que comme les predicateurs et les Seize crioient contre les treufves et conferences qui se faisoient avec le roy de Navarre et ses agens, et les intelligences et prattiques que les politiques faisoient dans la ville : Daubray (qui estoit la maison de celui où je m'adressois) me donna advis que pour rompre ces cris et plaintes des predicateurs, et les menées, violances et resistances des Seize, il faloit semer des bruits qu'il me diroit par la ville; et de sa part iroit aux Halles avec La Rue son enseingne, me priant d'accompagner un nommé Rabusseau, mercier du Palais, demeurant prés le parvis de Nostre Dame; et qu'ensemblement nous nous trouvassions au Marché Neuf sur les dix heures du matin; et là, faisans semblant de marchander quelque viande ou quelque fruict, semer des bruits contre les predicateurs, les Espagnols et les Seize : disans et crians que les predicateurs empeschoient la paix, et qu'ils estoient cause que le pauvre peuple mouroit de faim; et que si on ne faisoit la paix, qu'on alloit estre assiegé de rechef pour manger des rats et des souris comme au paravant, par l'opiniastreté des predicateurs, qui mangeoient les bons morceaux, estoient à leur aise, et recevoient force doublons d'Espagne; que les Seize estoient des voleurs et larrons qui avoient leurs maisons plaines de vin et de bled, faisans bonne chere aux despens du peuple. Quant aux Espagnols, qu'ils ne tendoient qu'à piller la ville de Paris comme ils avoient fait celle d'Anvers. Brief, qu'il faloit employer toutes sortes de mensonges et mesdisances pour eluder les artifices des desseins des predicateurs, des Espagnols et des Seize.

« Sur lesquels advis du sieur Daubray estant allé trouver Rabusseau en son logis, et lui ayant exposé la charge que j'avois : aprés m'avoir ouï prist avec soi trois compagnons qui mena du Marché Neuf, où il fist beau bruit, et remplit de ces bruits tout le marché, et autres places de la ville. Si que par ces artifices tout le peuple maudissoit les prédicateurs, les Espagnols et les Seize, comme meschantes gens, et causes de la guerre, de la famine et cherté des vivres.

32. « Aprés ces braves exploits, le colonnel Daubray me mena disner au logis de l'abbé Sainte Genevieve, où assistoient le sieur de Vigenere, son camarade associé; le poëte Passerat, Baudouin le musnier, le grand Guillaume, cuisinier; tous gens dispots à bien boire et manger, comme à la verité nous fusmes bien traictés. Car M. l'abbé avoit deux tables, l'une pour les politiques et l'autre pour les ligueurs, que quelques fois il prioit pour sçavoir des nouvelles, et veoir leur contenance; et quand il les traictoit, leur donnoit de la vache au lieu de bœuf, et de la brebis au lieu de mouton, avec du vin esvanté et du pain bis; et se moquoit d'eux en leur faisant des plaintes de sa pauvreté, entre autres à nostre maistre Boucher le docteur, qu'il traictoit de ceste façon. Mais quand les compagnons politiques y alloient, l'on faisoit grande chere, force cocqs d'Inde, chappons, perdrix, becasses, mortes et vives; avec toutes sortes de patisseries, et surtout de bon vin delicat et friand; et se traictoient en princes. Et y avoit tel excés, que les boutons du nés de Passerat s'enfloient comme grenades; celui de Baudouin suoit de chaleur, et en tumboient des mites. Le ventre du grand Guillaume s'enfloit à la Suisse, la langue de Rabusseau cuida sortir hors de son clavier, tant son langage redoubloit : tellement que ces venerables personnages me cuiderent noier de boire, et tout du long du disner ne firent que parler des Seize. Passerat les tranchoit à coups de bec; Baudouin les escachoit sous sa meule de moulin; le grand Guillaume les fendoit comme il fait ung cocq d'Inde; M. l'abbé les assommoit à coups de crosse. C'estoit pitié de ces pauvres Seize, comme

ils estoient charpantés à la table de M. l'abbé. A chaque verre de vin, un seize mort; et y eust pour le moins cent cinquante verres de vin avalés, et tout d'une main cent cinquante Seize abbatus en peinture; mais le vin avallé par effect. Brief, nous beusmes tant et avec tel excés, que je m'en retournai sans aucune instruccion: si non que M. l'abbé me dit qu'une autre fois nous beurions d'autant, et que je serois le bien venu. Sur cest adieu je m'en revins avec Rabusseau, que je laissay sous le petit chastelet, parce qu'il vouloit passer outre, disant qu'on avoit muré le passage, tant il avoit la veue trouble; et ne fust en ma puissance le pouvoir faire passer outre, s'opiniastrant contre moi, disant que depuis six heures qu'il avoit passé sous l'arche du petit chastelet, l'on avoit muré ceste arche, et que l'on n'y pouvoit plus passer: tellement que je fus contraint le laisser philosopher sous ceste arche, tastant des mains contre la muraille costiere, estimant tousjours que le passage fust estouppé.

33. « Messieurs de la cour de parlement condamnerent à mourir, bien qu'ils n'eussent preuves suffisantes, Michelet, Du Guay, Du Jardin et autres, qu'ils firent pendre et estrangler injustement, pour faire despit aux predicateurs et Espagnols qu'ils soustenoient; et ce à la suscitation principalement du conseiller Damours et du secretaire Poussepin, ne visans à autre chose qu'à executer tousjours quelque vengeance contre les predicateurs et les Seize à quelque pris que ce fust, supposans pour les exterminer faux tesmoings de tous costés et fausses accusations, afin de mieux donner pied et entrée à l'introduction du roy de Navarre à la couronne. »

Au moyen de quoi, connoissant les meschans desseins

et actions desbordées de ces gens là, je m'en retirai (dont je loue et louerai Dieu toute ma vie) : d'autant que quiconque est des leurs, il est troublé incessamment, et tousjours en action de mal faire, envieus, vindicatif, furieus, qui ne veut entendre raison, et y contredit sciemment; brief, qui pecche contre le Saint Esprit : tesmoing l'instruccion que les vieux politiques donnent aux jeunes qui entrent en leur compagnie, laquelle consiste en trois maximes generales : la premiere, preferer l'Estat à la religion; la deuxieme, chercher ses commodités aux despens d'autrui; et la troisieme, se joindre avec les heretiques pour persecuter les catholiques.

J'ay pris plaisir d'extraire ces fadezes et boufonnes mesdisances des Seize (dans lesquelles on peult recueillir quelques verités cachées de ce temps) du registre de M. J. R., auquel je l'ay rendu le jeudi 25 de ce mois. J'en ay tiré tout plain d'autres de mesme farine, pour m'en servir à mes Memoires, que je n'ay voulu escrire ici.

Le vendredi 26, est mort à Paris le receveur Brigueran, mien ami, cinq jours aprés avoir esté taillé par Collo, qui m'a monstré ce jourd'hui les deux pierres qu'il avoit à la vessie, et qui lui avoit tirées : vraiement esmerveillables pour la prodigieuse forme et grosseur dont elles sont, principalement une qui pese vingt onces, et l'autre huit; et ne pense point qu'il y ait homme qui vive qui en ait jamais veu une pareille, ni si grosse. De moy, si je ne l'eusse veue et maniée, je ne l'eusse jamais creu; et ne pense point que dans aucteur aucun se lise rien approchant de cela. M. Collo nous a bien dit que dans maistre Ambroise Paré, au livre de ses observations, il en fait mention d'une que feu Collo son oncle avoit tiré du corps d'un gentilhomme qu'il avoit taillé, laquelle pesoit neuf onces, qu'il avoit mesme fait pourtraire en son livre : ce qui l'a reputé rare, et toutesfois n'estoit rien auprés de celle cy. Aussi le Roy la voulut voir et avoir, Sa Majesté l'ayant admirée. Et nous a dit le dit Collo que son medecin, duquel il la venoit de retirer, lui avoit rendue, à la charge de la rapporter, pour ce que le Roy la vouloit mettre en son cabinet.

Le samedi 27, j'ay envoyé à M. de Helin mon medecin, pour la peine qu'il avoit eu de me penser malade l'an passé, avec quelques uns des miens, cinq aulnes de taffetas pour une soustane : lesquelles il n'a jamais voulu prendre. Dont j'ay esté marri, pour ce que son honnesteté me mect en peine de lui avoir autre chose, si d'avanture il ne les veult reprendre, estant deliberé de lui renvoyer.

Je l'avois acheté ce matin sur Frizon, qui me l'a vendu cent dix sols l'aune; et y en a pour vingt sept livres dix sols, que j'ay desboursés non sans incommodité.

Le dimanche 28, nous avons eu ici les nouvelles du deceds à Moulins de madame Claude de Benevent, niaipce de ma femme, à laquelle on croid que les sottes devotions du siecle, avec les jeusnes et austerités de la religion des seurs carmelines, où elle s'estoit allé rendre, et avec lesquelles (vraies oyes pattées) elle a demeuré dix mois enfermée, ont bien aidé à avancer les jours.

Elle est morte en l'aage de vingt trois ans, fille bonne, sage et cordiale, regrettée de tous les siens, et de tous ceux et celles qui l'ont congneue; mais principalement d'une des miennes sa grande cousine, laquelle, frappée d'une mesme humeur de devotion, ou plus tost superstition (de quoi j'ay porté et porte encores en l'ame plus d'ennui beaucoup que je n'en monstre, ayant esté instruicte tout au contraire : ce que n'avoit pas esté sa cousine), se lairroit volontiers mourir aprés, tant elle est sote.

De moy, je tiens la superstition pour une religion impie et une impieté religieuse. C'est pourquoi la haiiant aux autres, je ne la puis aimer en mes enfans, et en crains fort la tache en ce temps, plus hipocrite que religieus.

Bruits de la guerre à Paris qu'on va faire en Alemagne, en Italie et par tout. Les preparatifs qu'en fait faire Sa Majesté, voire tresgrands, et la croiance qu'il veult qu'on y ayie, fait passer ceste nouvelle pour article de foy entre messieurs les courtizans, et donne un grand pois et auctorité aux autres.

Le prince d'Anhalt, protestant, arrive à Paris le lundi 29 de ce mois; lequel le Roy acceuille fort humainement et honorablement, et dés le lendemain le meine à la chasse, où le dit prince, magnifiquement revestu et habillé d'un accoustrement de veloux vert, fort enrichi de clinquans d'or, accompagne Sa Majesté, qu'on disoit aimer le dit prince, pour avoir esté secouru de lui en ses guerres et affaires, lui avoir amené des reistres, et fait de bons services au siege de Rouen. Au reste, prince magnanime, brave, courtois et accort.

Le jeu, l'amour et la piaffe (disoit on en ce temps) deshonorent et ruinent les meilleures familles de Paris.

Ce qui provient du default de la crainte de Dieu, qui achevera de ruiner tout.

En ce temps, un advocat du parlement de Paris presenta à la Roine un panegyrique qu'il avoit fait de la vierge Marie, pensant de la bourse de Sa Majesté tirer quelque argent dont il avoit bien affaire; mais la dite dame, aprés avoir loué ce bel œuvre, lui fist donner pour recompense de fort beau papier de Florence qu'elle avoit. Cest advocat se voyant payé en papier, se retira par devers le Roy, auquel en ayant presenté ung, aprés que Sa Majesté lui eust demandé qui il estoit, et ayant entendu qu'il estoit advocat : « Combien de causes, lui va dire le Roy, avés vous « plaidées? — Cinq, sire, respondit-il. — Et combien « en avés vous gaingné ? — Deux, sire, et trois que « j'ay perdues. » Lors Sa Majesté regardant madame de Guise qui estoit prés de lui : « Ma cousine, dit-il, « je vous veux donner cet homme pour vous en servir « en vos affaires, et estre vostre advocat. — Je vous « en remercie bien fort, sire, respondit madame de « Guise; j'aurois trop peur d'estre mal pourveue de « l'un et de l'autre : car puis que de cinq causes il en « perd les trois, ce ne seroit pas pour bien faire mes « affaires. — Ventre saint gris, dit le Roy, vous ne « dites pas aussi qu'estant advocat aujourd'hui de la « vierge Marie, il gangnera doresnavant toutes ses « causes, et n'en perdra plus pas une. »

Ainsi se retira mon advocat, paié de son panegyrique en papier et en moqueries.

Supplément tiré de l'édition de 1736.

Pendant les trois premiers jours de ce mois de mars,

on a conduit sur les bords de la Marne cinquante canons sortis de l'Arsenal, avec quantité de poudres, boulets, chariots, et autres engins de guerre, pour être conduits sur des bateaux à Châlons.

Le lundi 8 de mars, sur les neuf heures du matin, madame Louise de Lorraine, femme de monseigneur François de Bourbon, prince de Conty, accoucha au Louvre d'une fille, laquelle fut apportée le même jour à la maison Abbatiale, où ledit prince réside.

Le vendredi 19 de mars, la fille du prince de Conty, venuë au monde, le huitiéme dudit mois, fut baptisée dans la maison dudit prince par M. Henry Le Maire, docteur en théologie, et curé de Saint Sulpice. Et pour ce qu'on voyoit qu'elle alloit bien-tôt mourir, par ordre de mondit prince ont été choisis et élûs deux pauvres de ladite paroisse, sçavoir Jacques de Essart pour parain, et Martine Demarés pour maraine, lesquels lui ont donné le nom de Marie.

Le samedi 20 mars, elle mourut entre onze et douze heures de la nuit; et le lendemain fut ensevelie, et mise dans le caveau de sa cousine germaine Catherine de Bourbon, dans l'eglise Saint Germain des Prez.

Le même jour, furent rendus publics les reglemens que le Roy vouloit être observez dans son royaume pendant le tems qu'il seroit à la tête de ses armées : sçavoir, que la Reine seroit regente pendant son absence, et qu'elle seroit assistée dans le gouvernement par un conseil composé de quinze personnes, qui sont les cardinaux de Joyeuse et Du Perron; les ducs de Mayenne, de Montmorency, de Montbason; les maréchaux de Brissac et de Fervaques; Châteauneuf, en qualité de garde des sceaux de la regence;

Achille de Harlay, premier président du parlement; Nicolaï, premier président de la chambre des comptes; le comte de Château-Vieux, le seigneur de Liencourt; Pontcarré, conseiller en parlement; Gesvres, secretaire d'Etat; et Maupeau, contrôleur des finances. Dans ce conseil tout devoit être déterminé par la pluralité des voix, où la Reine n'avoit que la sienne.

Le jeudi 25 du mois de mars, fête de l'Annonciation, fut célébrée la premiere messe en la chapelle des Bons-Hommes près la place Royale, par le reverend pere frere François Humbland, correcteur et provincial des minimes en France; et par le même fut fait exhortation à la fin de la messe, dans laquelle il rendit mille benedictions à la divine Providence de ce qu'il avoit inspiré au Roy de leur donner un lieu autrefois destiné par Henri III aux exercices de la pénitence, qu'ils esperoient continuer, Dieu aidant.

[AVRIL.] Le mardi 6, furent prononcés les arrests par le president Jambeville; et le Palais commença à desloger pour l'entrée de la Roine, qui se devoit faire au mois de may prochain; et aller aux Augustins, où on voyoit desja attachés et escrits contre les murailles du cloistre les noms de ces diables et larrons de procureurs, que beaucoup de gens de bien desireroient ne pouvoir jamais voir (pour le moins la plus part d'eux), si non en peinture.

Le mecredi saint, 7 de ce mois, M. de Lespine m'a donné ung petit livret qui ne se trouve point ici, imprimé à Chaumont en Bassigni par Quentin Mareschal l'an 1601, contenant quatre discours devots, de la penitence, des indulgences, de la dignité du jour et feste de saint Jean Baptiste, et des abus et superstitions qui se commettent sous pretexte de devotion, principalement à ce jour de Saint Jean et autres semblables festes; composé par maistre Regnaut Cordier, principal au college de Chaumont en Bassigni. Ce petit livret est bon, et qui fait plus contre la superstition que pour. Je l'ay ajousté au pacquet de mes traictés des bulles, indulgences, pardons et confrairies.

Le jeudi 8, j'ay acheté sept sols un nouvel advis imprimé en ceste ville in-8° par J. Richer, pour l'institution charitable des advocats et procureurs en faveur des veufves, orphelins, pauvres gentilshommes, marchans, laboureurs, et autres personnes miserables qui, faute de conseil, etc.; avec l'arrest du conseil d'Estat portant l'institution des dits advocats et procureurs des pauvres, en date du 6 de mars dernier 1610 : qui est une sainte institution et chrestienne, et dont on s'estonne en ce temps, auquel on ne fait gueres bien si on ne pense faire mal. Le principal est qu'elle soit executée et fidelement mesnagée.

La nuict de ce jour, laquelle je passai sans dormir, je fus extremement vexé et travaillé de mon mal, que je puis apeler un grand fleol de Dieu : si que le lendemain, qui estoit le vendredi saint, je fis la penitence entiere.

Le samedi, qui estoit la veille de Pasques, ayant assés bien reposé la nuict, je fis mes pasques à Saint André, où je communié, non si bien que j'eusse voulu, mais comme je peus, selon la forme observée et establie dés long temps en ceste eglise.

La nuict du dimanche, je fus si fort et si extraordinairement travaillé de mon mal, et tout le long du jour de Pasques jusques au lendemain quatre heures du matin, que si je ne les eusse fait le samedi, il m'eust esté impossible d'y songer seulement : car je ne sçavois où j'estois, ni que je faisois, ni que je disois, tant j'avois l'esprit malade et troublé.

En ces deux jours, l'un bon et l'autre mauvais, je revere et reconnois une grande providence de Dieu sur moy, et pour mon salut. Au bon, de m'avoir donné du repos et l'esprit libre, pour songer à ma conscience et gouster combien le Seingneur est doux, me donnant son fils, et avec lui toutes choses. Le mauvais, comme ung coup de fouet de sa main pour n'abuser pas de ce grand benefice receu, me faire souvenir des protestations que j'ay fait à sa table, ne delayer davantage ma repentance et conversion vers un si bon pere : conjoingnant en moy par ces deux l'amour et la crainte, necessaires pour le salut de toute ame fidele et chrestienne. À quoy je me haste tant que je puis, et de mettre fin à toutes vaines curiosités et folies, pour penser de Dieu et de ma maison, menassée de ruine si la Providence n'en rompt le coup; mesmes à ce registre, qui en est tout plain, et que je finirois ici volontiers, n'estoit quelque autre bonne consideration qui m'en empesche.

M. Justel m'a fait voir, ce mardi 13 de ce mois, des vers latins imprimés en une feuille, composés par M. le P. D. Th. (1) contre la censure faite à Romme de son Histoire et autres livres, dans lesquels le nom de Trimalcion, qu'on lit dans Petronius Arbiter, semble estre adapté au pape de Romme. Ils sont intitulés Ἀλήθεια,

---

(1) *Le P. D. Th.* : le président de Thou.

et sont estimés bien faits par ceux qui s'y connoissent.

Le jeudi 22, on m'a prié de l'enterrement à samedi prochain de M. Forget, secretaire d'Estat, sieur de Fresne, decedé en ceste ville depuis quelques jours, auquel je me trouverai comme à tous les autres. On disoit que madame de Fresne sa femme estoit fort malade; et que madamoiselle Sagonne, seur de ceste belle fille de la Roine avec laquelle on avoit trouvé le baron de Terme, et qui se tenoit avec la dite dame de Fresne, estoit morte du jour d'hier. Il est mort riche de trois cents mil escus, contre l'opinion de la plus part, qui ne pensoient pas, veu la grande despense qu'il faisoit (estant excessif en tout, et si sumptueus en meubles qu'il avoit des lits tout d'ebene), qu'on lui en deust trouver la moictié. Mais quoy! des gens de son mestier, on n'en void gueres mourir de pauvres.

Ce jour, Sa Majesté donna audience à messieurs les deputés de Hollande et Zelande, laquelle dura prés de trois heures; et les ouist le Roy en sa gallerie du Louvre. Ils estoient arrivés à Paris le mardi au paravant 20 de ce mois: au devant desquels alla force noblesse, et entre autres M. de Vendosme. Les trois chefs principaux, qui estoient Darsens, Bernavel et le comte de Brederode (tous les trois habiles hommes), furent logés au logis de Gondi, aux faux bourgs Saint Germain; et le reste par fourriers aux environs.

Le vendredi 23, fust donné un arrest en la chambre de l'edit (M. Molé y seant et president) contre M. de Vicquemare, qu'on apeloit Le Seingneur, conseiller en la cour de parlement de Rouen; par lequel il fust dit que le dit Le Seingneur espouseroit la fille qu'il avoit fiancée par parole de present, les annonces ayans esté faites et le contract passé; ou qu'il auroit, à faute de ce faire, incontinent la teste trenchée; enjoint à lui d'y penser pour tout delay dans le lendemain, et se resoudre ou de mourir ou de l'espouser. Ce que M. le president Molé lui prononcea, avec regret toutesfois, et sans avoir esté de ceste dure opinion; non plus que La Nauve son rapporteur, qui dit tout haut qu'il eust aimé mieux qu'on lui eust rompu les deux bras et les deux jambes, que d'avoir esté de l'avis de ce cruel arrest. A quoy le dit Seingneur respondit que combien que ce fust un inique et dur arrest, toutesfois puis que la cour l'avoit jugé de ceste façon, qu'il vouloit lui obeir, et estoit tout resolu à la mort et non au mariage, aimant mieux mourir que l'espouser. Sur laquelle resolution il fust incontinent conduit et mené prisonnier à la Conciergerie, où beaucoup de ses amis se transporterent aussi tost pour le consoler et l'induire à changer d'avis, et prendre pitié de soi mesmes. Le ministre Du Moulin entre autres lui remonstra le danger qu'encouroit son ame au cas qu'il persistast en sa resolution, qui estoit d'estre homicide de soi mesmes; que ce n'estoit pas mourir en estat de grace, mais tout au contraire. Si que se laissant enfin aller à ses exhortations, et autres inductions et persuasions de ses amis, qui durerent depuis midi jusques à passer trois heures; et trouvant l'un à la verité plus faisable que l'autre, fust marié par le dit Du Moulin à quatre heures, au logis de M. Du Coudray, conseiller en la cour : sans toutesfois qu'on lui peust faire dire oui, si non avec ceste clause : *Puis que la cour le vouloit, et qu'il y estoit contraint;* tenant mesme son chapeau sur le visage du costé où estoit son espouse, afin de ne la point voir. Laquelle s'estant aprés jettée à genoux devant lui, le priant de lui pardonner et vouloir oublier tout ce qui s'estoit passé : qu'elle lui obeiroit et serviroit, non comme sa femme, mais comme une de ses plus petites et humbles servantes : le suppliant au moins lui faire cest honneur de la recevoir en ceste derniere qualité (ce qu'elle disoit pour lui amolir le cœur); cest homme demeurant comme immobile, sans s'en esmouvoir davantage lui dit seulement : « Mada-« moiselle, levés vous. Ce n'est à moy à qui vous devés « demander pardon de vos fautes : c'est à Dieu à vous « les pardonner, et non pas à moy. »

Puis le soir estant venu, et la nuict pour coucher la mariée, il lui donna pour toute compagnie son hostesse, avec laquelle elle coucha et passa ainsi sa premiere nuict, acommodée de lit et de chambre comme de tout le reste : s'excusant sur le peu de commodité qu'il avoit ici de logis et de meubles.

Le lendemain, il la fist conduire par un sien frere en une de ses maisons des champs, où devant que s'acheminer ceste pauvre mariée le voulust encores voir, et parler à lui. A quoi ne voulant du commencement entendre, finalement vaincu d'importunité, aprés qu'elle se fust jettée par plusieurs fois à ses pieds et prié de lui vouloir pardonner, reiterant par plusieurs fois ses protestations et soubmissions de sa fidelité à l'avenir, subjection, reverence, devoir et obeissance qu'elle lui promist et voua, n'en remporta autre response de lui, et fust contrainte se retirer, et s'en aller comme elle estoit venue.

Voila l'idée d'un vraiement piteus, triste et infortuné mariage, auquel on ne peult dire quasi quel est le plus malheureux du marié ou de la mariée, aians l'un et l'autre leur conscience pour juge, où les hommes ne voient goutte; et le seingneur des seingneurs qui est là haut, qui sçaura bien rendre à chacun selon ses œuvres, mesmes à ce petit seingneur, s'il a abusé ou abuse à mal des biens et seingneuries qu'il lui a données.

Le samedi 24, fust criée avec six trompettes, par la ville, l'entrée de la Roine au sixiesme du mois prochain; et ce, de l'expresse jussion et commandement du Roy, non obstant toutes les prieres et remonstrances qu'on lui en peust faire : disant qu'il avoit affaire ailleurs, pour affaires de plus grande importance que celle là, qui l'y apeloient et le pressoient.

Le dimanche 25, les ouvriers employés pour l'entrée de la Roine travailloient à Paris en ce saint jour comme en un jour ouvrier : qui est toutesfois contre l'expresse parole et commandement de Dieu, lequel sembloit estre courroucé contre le Roy et le peuple, aussi peu resjoui de l'entrée que de la guerre.

Le mardi 27, la cour, deslogée du Palais, vinst tenir son parlement aux Augustins, où il y avoit de la presse insupportable et de la peine beaucoup, à cause de l'incommodité du lieu.

Le vendredi 30, l'entrée de la Roine, qui avoit esté criée au jeudi 6 du mois prochain, fut descriée, differée, et remise à la volonté et commodité du Roy, lequel on disoit avoir conceu quelque esperance du retour de madame la princesse de Condé, et qu'elle s'y pourroit bien trouver : s'estant resolu l'archiduc de la renvoier, ne voulant pour une femme, disoit il, que son Estat fust brouillé. On parloit fort aussi de desfaire ce mariage : dequoi nos rois et princes se jouent aujourd'hui, et s'en dispensent fort librement, sous l'adveu et auctorité du chef de l'Eglise, qui se dit lieutenant de Dieu en terre. Mais la difficulté est de sçavoir si M. le lieutenant, faisant en cela tout le contraire de ce qui lui est commandé, sera bien avoué de son maistre; et si toutes ces belles dispenses là leur seront allouées et passées en leurs comtes, qu'il faudra qu'ils rendent à Dieu en ceste grande chambre de là hault.

De moy, je ne le pense pas, ni les meilleurs theologiens de Paris avec moy.

Ce jour mesme, le nonce du Pape estant allé trouver Sa Majesté, le Roy lui demanda quelles nouvelles il avoit de Romme; que c'est qu'on disoit de ceste guerre, et quels bons avis il en recevoit d'Italie? Auquel le dit nonce fist response qu'il n'y en avoit point d'autres, si non que chacun estoit estonné des grands appareils de guerre que Sa Majesté faisoit faire; et que par ses armes il s'estoit rendu l'effroy et la terreur de toute l'Europe, sans que pour cela toutefois on sceut que c'est qu'il vouloit faire, ni où toutes ses armes et armées tendoient. « Mais encores, dit le Roy, où « pense t'on que je veuille donner? Je vous prie me « dire librement quelle opinion on a de delà. — Sire, « respondit le nonce, on n'en sçait rien du tout; et les « opinions s'y trouvent tant diverses et confuses, que « qui en voudroit apprendre quelque chose, il faudroit « que ce fust de Vostre Majesté. — Je sçay bien cestuy « là, dit le Roy; mais encore me dirés vous bien, « si vous voulés, les avis de ceux qui sont recongneus « les plus capables pour en discourir. » A quoy le nonce n'ayant point envie de respondre, craignant possible de faillir comme il fist, se trouva à la fin si pressé de Sa Majesté, qu'il lui dit que les plus entendus avoient opinion que le principal subject de ses armes estoit madame la princesse sa cousine, qu'il vouloit ravoir. Auquel le Roy, tout esmeu et en colere, respondit en jurant non son ventre saint gris, mais une mordieu, qu'il la vouloit ravoir voirement, et qu'il la rauroit; que personne ne l'en pouvoit empescher, non pas le lieutenant de Dieu mesme. Que son pere, qui estoit un de ses bons et anciens serviteurs, la lui auroit demandée le genouil en terre et les larmes aux yeux, et supplié Sa Majesté de la lui vouloir rendre : ce qu'il lui avoit promis, et le feroit, n'y ayant que celui qui est là haut qui l'en peust empescher. Le nonce, qui sentist bien qu'il avoit trop parlé, se retira incontinent aprés; et le plus honnestement et doucement qu'il lui fust possible s'en alla en sa maison, où il conta ceste histoire à ung homme d'honneur et de qualité qui me l'a redit : et sans cela n'en eusse chargé ce registre.

Ce qu'on a veu avenir depuis a esté cause de faire rechercher ceste histoire; et que les parolles de Sa Majesté ont esté fort receuillies et ne sont tumbées en terre, donnans subject à beaucoup de discourir du jugement de Dieu sur ce prince, lequel pour mon regard je me contente d'adorer en toute humilité, sans y entrer plus avant.

M. le president Vergne m'a donné ce mesme jour, dernier de ce mois, une copie d'un manifeste qui couroit ici, fait par M. le prince de Condé. Contient de trois à quatre feuillets d'escriture, et est principalement contre M. de Sully.

Supplément tiré de l'édition de 1736.

Le 3 du mois d'avril, qui fut un samedi, une bonne demoiselle appellée de Sainte Reine donna, par permission du Roy, sa maison appellée l'hôtel de Mesieres, size au fauxbourg Saint Germain, aux peres jesuistes, pour y commencer la maison de probation ou le noviciat, afin d'instruire ceux qui veulent être reçûs dans leur Société à leur guise : qui est qu'après avoir demeuré en probation par le terme de deux ans, et en icelui appris et consideré les charges qu'il leur conviendra porter, s'ils en sont contens et sont jugez propres à leurs instituts, ils font les trois vœux de religion non solemnellement, et ils ne font profession solemnelle que quelques années après, si toutefois ils sont trouvez propres pour parvenir à la perfection que demande cette politique compagnie. Ils n'ont rien en propre, encore qu'ils ayent droit à leur bien pour une juste cause.

Le dimanche 4 d'avril, jour de Pâques fleuries, la Reine, instiguée par Conchiny et sa femme de presser le Roy de la faire sacrer et couronner auparavant qu'il partît pour l'armée, a supplié très-instamment Sa Majesté de lui faire cet honneur, disant que ce sacre étoit nécessaire pour lui acquerir plus de dignité et plus d'éclat aux yeux du peuple, et même pour autoriser la regence qu'elle lui confioit pendant son absence. Le Roy lui remontra, même avec feu, que cette cérémonie couteroit de grandes sommes, et qu'elle ne se pouvoit faire sans y perdre beaucoup de tems dont il avoit besoin, parce que ses alliez l'attendoient incessamment. La Reine ne discontinua pas de le prier, jusques à ce qu'il lui dît qu'il donneroit les ordres pour cela.

Le mardi 6 d'avril, le Roy donna des lettres patentes pour le sacre, couronnement et entrée de la Reine; et tout devoit être fini au 5 de may. Ce qui fut publié par les herault et trompettes de Sa Majesté en tous les carrefours de la ville de Paris, sçavoir, le sacre et couronnement en la ville de Saint Denis en France, et son entrée en la ville de Paris.

Le samedi 10 d'avril et samedi saint, les sieurs Sanguin, prévôt des marchands, Jean Lambert Bourgeois et maître Jean Thevenot, echevins, qui avoient déja fait travailler aux décorations nécessaires pour l'entrée de la ville, sont allez au Louvre, et ont supplié Sa Majesté que, vû les grands préparatifs qu'il convenoit faire, il lui plût que le jour arrêté fût remis à la fin de may, à cause de la briéveté du tems pour achever les préparatifs jà commencez. « Prêt ou non « prêt, leur a dit le Roy, le couronnement se fera le « treiziéme de may, et l'entrée le dimanche en suivant. » Ce qui a été pareillement publié.

Le jeudi 15 d'avril, messieurs de la cour du parlement ont fait sçavoir aux Augustins qu'attendu que la magnificence et festin du jour de l'entrée de la Reine se devoient faire à la salle du Palais, pour donner lieu aux préparations et apprêts qu'il étoit expedient de faire pour une si grande solemnité et réjouissance publique, ils quitteroient ledit lieu, et feroient leurs séances dans leur couvent, comme il avoit été pratiqué autrefois.

Le lendemain 16 du mois d'avril, l'econome et procureur dudit couvent, appellé le pere Beuf, fit transporter les tables de leur refectoire au dortoir, pour y servir pendant tout le tems que la salle du Palais seroit occupée.

Le samedi 17 d'avril, les charpentiers et massons commencerent à disposer pour recevoir toutes les chambres du parlement; le grand refectoire fut divisé en quatre, par autant de cloisons pour les quatre chambres des enquêtes; le petit refectoire, où il falloit monter huit dégrez, fut destiné pour la grande chambre; le chapitre pour leurs consultations; le cloître pour les greffiers, ecrivains, huissiers et autres.

Le dimanche de quasimodo 18 d'avril, la très-chrétienne reine de France et de Navarre, Marie de Medicis, fit rendre le pain benit de la confrerie du Saint Sepulchre dans l'eglise des Cordeliers. Ce pain fut porté dans un carosse où étoient deux ecuyers de la Reine, suivi d'un autre où étoient quatre dames de ladite Reine, qui le présenterent à son nom pendant la grande messe.

Le mardi 27 d'avril, à dix heures du matin, messieurs du parlement, précédez des archers de la sénéchaussée, et suivis de tous leurs suppôts et d'une grande foule de peuple, se rendirent aux Augustins, et y tinrent la premiere séance.

Le lendemain on eut nouvelle que les six mille Suisses que Galatis avoit levez en Suisse pour le service du Roy étoient arrivez en France, et qu'une armée du Roy, de trente mille hommes de pied et de six mille chevaux, marchoit vers la Champagne.

[MAY.] Le lundi 3 de ce mois, deux des gardes du Roy, tous deux gentilshommes et de bonne maison, pour s'estre battus en duel, contre l'ordonnance de Sa Majesté, passerent par les armes, et furent harquebuzés hors la porte Saint Jacques : il y en avoit ung jeune, et l'autre vieil. Le jeune, contre la coustume ordinaire des jeunes, et outre la portée de son aage, se monstra fort resolu et constant à la mort. Le vieil, au contraire, fort irresolu et effrayé, passa ce pas. Le Roy fust fort importuné de leur donner leur grace, mesmement de la Roine et de M. d'Espárnon, qu'on disoit avoir offert vingt mil escus pour le rachapt de la vie de l'ung ; mais tout en fin n'i servist de rien : car le Roy resolument voulut qu'ils mourussent.

Le mardi 4, maistre Marc me fist voir des propositions intitulées orthodoxes (c'est à dire calviniennes) et analytiques sur le fait de la cene, imprimées à La Rochelle 1607; lesquelles ay leues avant que lui rendre, et n'i ay rien trouvé de pregnant (comme il me disoit) pour induire un homme catholique à l'opinion de Calvin.

Le dimanche 9, comme les enfans de Paris passoient par dessus le pont Neuf pour faire leurs monstres, un pauvre tailleur chargé de cinq petits enfants, et sa femme grosse, fust tué d'un mosquet qu'un autre prés de lui, en le voulant tirer, fist crever, pour estre trop chargé.

Le Roy les voyant passer à la porte Saint Antoine, en ayant advisé un brave et en couche par dessus les autres, et monté sur un fort beau cheval, voulut sçavoir qui il estoit; et ayant entendu qu'il estoit fils d'un mercier du Palais : « Ventre saint gris, dit le Roy, il « a là un beau cheval; mais je craindrois, veu sa qua- « lité, qu'au lieu de manier le cheval, que le cheval

« le maniast, et lui donnast enfin quelque mauvaise
« secouade. » Et l'ayant fait approcher, Sa Majesté,
aprés avoir loué son bel equippage et sa monture, lui
commanda de manier un peu son cheval. Ce que l'autre
fist si adextrement, qu'en estant sorti à son honneur :
« Ventre saint gris, dit le Roy, encore ne pensois-je
« pas que mes Parisiens fussent si bien à cheval qu'ils
« sont ! »

Le lundi 10, mourust à Paris soudainement, et sans
avoir eu loisir d'y penser, l'homme du monde que j'aimois le moins, et que j'avois plus d'occasion de hayr,
comme ayant esté en partie cause de la ruine de ma
maison et de mes affaires. C'estoit le receveur Martin,
payeur des rentes du clergé, auquel je vendis mon estat
d'audiancier l'an 1601 ; et n'en eus plus tost fait le
marché, que je congneus que ce qu'on m'avoit dit de
lui estoit tresvrai, sçavoir : que c'estoit une vraie ame
cauterizée, le plus meschant et le plus grand larron de
Paris : car par son perjure il me derobba et fist perdre
huict cents francs, outre ma santé, qui m'importoit
plus que tout. Quand il mourust, il gossoit avec sa
chambriere et parloit à son medecin. Le soubçon qu'on
auroit de ma passion fera que je n'en mettrai icy davantage de ce qu'on m'en a dit.

Je puis bien avoir un meschant homme de ma connoissance, mais non jamais pour ami : si non chrestiennement, en priant Dieu pour sa conversion et pour
son ame, laquelle je desire estre aussi heureuse et au
mesme lieu où je souhaitte la mienne.

Le mecredi 12, fust publié et arresté au lendemain
le sacre et couronnement de la Roine à Saint Denis,
qui fust en bransle d'estre differé, pour la retraicte de

M. le comte de Soissons hors la cour, que chacun croyoit et desiroit s'y devoir trouver avec madame la princesse sa femme. Ce que Leurs Majestés desiroient fort aussi, et la Roine surtout.

On parloit diversement du subject du mescontentement de ce prince, où la pluspart de ces grands discoureurs se perdoient; et ceux qui y faisoient plus les entendus y entendoient aussy peu que moy. Une chose est bien certaine : que Sa Majesté, après avoir passé et accordé tout plain de choses au dit sieur comte qui ne lui plaisoient point et dont il n'avoit pas envie, le Roy ayant esté comme forcé en ceste action, manda au dit prince que ce qu'il lui avoit promis il le tiendroit, mais qu'il s'asseurast aussi de ne plus avoir de part en ses bonnes graces; et que l'ayant contraint à ce qu'il ne vouloit point, il ne le verroit jamais de bon cœur. Laquelle parole portée de la part de Sa Majesté au dit sieur comte, aussi tost qu'il l'eust entendue monta à cheval, et avec madame la princesse sa femme se retira en une de ses maisons.

Il y eust ce jour un mandement publié à Paris pour l'entrée de la Roine au dimanche suivant 16 de ce mois; et estoit de M. l'evesque de Paris, pour l'ordre des processions.

Le jeudi 13, la Roine fust couronnée et sacrée solennellement dans la grande eglise de Saint Denis en France par M. le cardinal de Joyeuse, où toutes les solennités, pompes, magnificences et cerimonies qu'on a de coustume de garder et observer aux sacres des roines furent exactement prattiquées et observées, avec grand applaudissement, cris et resjouissances de tout le peuple, plus content et resjoui de la veue du doux et grave port de la majesté de leur Roine, laquelle ce jour portoit ung visage merveilleusement joyeus, gay et content, que de celle des riches pierreries, enseingnes, brillans, grosses perles blanches et orientales, robbes de drap d'or et d'argent, sumptueuses et magnifiques, desquelles Sa Majesté, avec la suite de ses dames et princesses, estoient superbement couvertes, parées et revestues, avec tel bril et esclat qu'elles offusquoient les rayons du soleil de ce jour.

Deux incidens notables toutesfois, dignes de l'observation d'un curieus comme moy, s'y rencontrerent. Le premier fust qu'on trouva bon, à cause du subject, de changer l'evangile de la messe de ce jour, qui se lit en sainct Marc, x : *Tunc accedentes Pharisæi interrogarunt eum an liceret viro uxorem dimittere, tentantes eum, etc.*

L'autre fust qu'en la largesse des pieces d'or et d'argent qu'on jetta au peuple, comme il est accoustumé de se faire aux sacres des rois et roines, on ne cria jamais ne *vive le Roy!* ne *vive la Roine!* Ce qu'on remarque n'estre avenu qu'en ce sacre.

Ce qui y fust le plus beau fust le bel ordre, sans aucune confusion : contre l'opinion de tout le monde, veu la grande affluence et concours du peuple de tous costés, avec l'angustie et incommodité du lieu, qui ne sembloit pouvoir estre capable de l'empescher.

Jour de la mort du Roy, et les remarques particulieres de ceste triste journée.

Le vendredi 14, sur les quatre heures du soir, le Roy estant dans son carrosse, sans nulles gardes à l'entour, ayant seulement avec lui messieurs d'Esparnon,

Montbazon, et quatre ou cinq autres, passant devant
Saint Innocent pour aller à l'Arsenal : comme son carrosse, par l'embarassement d'un coche et d'une charette, eust esté contraint de s'arrester au coing de la
rue de la Ferronnerie, vis à vis d'un notaire nommé
Poutrain, fust miserablement tué et assassiné par un
meschant et desesperé garnement nommé François de
Ravaillac, natif d'Angoulesme : lequel se servant de
ceste occasion pour faire ce malheureux coup, lequel
il espioit dés long temps, n'estant à Paris que pour
cela, et dont mesmes on avoit averti Sa Majesté s'en
donner garde, qui n'en avoit autrement tenu compte.
Comme le Roy estoit ententif à ouir une lettre que
M. d'Esparnon lisoit, ce pendant s'eslançant sur lui
de furie avec un cousteau qu'il tenoit en sa main, en
donna deux coups l'un sur l'autre dans le sein de Sa
Majesté, dont le dernier porta droit au cœur, duquel
il coupa l'artere, et par mesme moien osta à ce bon
Roy la respiration et la vie, qui oncques puis n'en
parla. Ce que voiant M. d'Esparnon, et que le sang
lui regorgeoit de tous costés, le couvrist d'un manteau;
et aprés avoir avec ceux de sa compagnie recongneu
qu'il estoit mort, regarderent à asseurer le peuple du
mieux qu'ils peurent, fort esmeu et effraié de cest accident; lui criant que le Roy n'estoit que legerement
blessé, et qu'ils prissent courage. Firent tourner bride
droit au Louvre au carrossier et au carrosse, duquel ce
pauvre prince tout nageant en son sang ne fust jamais
descendu ni tiré que mort, encores qu'un brouillon de
ce temps ait fait impudemment imprimer ung discours
(que j'ay) par lequel l'archevesque d'Ambrun confesse
et exhorte au Louvre le Roy, qui, tout mort qu'il

estoit, esleva les yeux et les mains en haut, tesmoignant, dit-il, par là qu'il mouroit vrai chrestien et bon catholique. Ce qui a causé (et avec bonne raison) la defense qu'on a fait à son de trompettes, par la ville, de plus rien publier et imprimer sur la mort du Roy.

Ce pendant ce miserable assassin et execrable parricide ayant esté, incontinent aprés le coup, pris et apprehendé, fust fouillé par un archer des gardes du corps que je congnois, nommé Baugé, qui seulement lui trouva d'argent trois demi quarts d'escu ou demi testons, avec deux ou trois sols de monnoie; quelques characteres et instrumens de sorcelerie, entre autres un cœur navré de trois coups : comme aussi on tient que l'intention de ce gros maraud estoit d'en donner autant dans le cœur du Roy.

Il fust conduit et mené prisonnier à l'hostel de Rets, plus proche de là, à cause du peuple, qu'on craingnoit, estant mutiné, qu'il ne se ruast sur lui, le dechirast et le mist en pieces : comme indubitablement il eust fait s'il eust sceu que son Roy estoit mort.

Interrogé qui l'avoit induit à faire ce miserable coup, dit que c'estoit Dieu ou le diable. Et ayant à l'instant demandé si le Roy n'estoit pas mort, lui ayant esté respondu que non, et qu'il l'avoit voirement blessé, mais qu'il se portoit bien : « Je ne sçay quel bien por-
« ter (va dire ce paillard), si lui ay je donné un mau-
« vais coup. » Parlant ainsi resoluement à un chacun sans s'estonner; gossoit mesmes les plus curieux, qui lui demandans qui lui avoit fait faire : « Gardés, leur
« disoit il, qu'en fin je ne die que c'est vous. »

A cinq heures du soir, messieurs de la cour ayans

eu advis certain de la mort du Roy, se rassemblerent aux Augustins, où le parlement se tenoit, et d'où ils venoient de sortir. Et là, sur ce que M. le procureur general du Roy remonstra à la cour, toutes les chambres d'icelle assemblées, que le Roy estant presentement decedé par un trescruel, tresinhumain et tresdetestable parricide commis en sa personne sacrée, il estoit necessaire pourvoir aux affaires du Roy regnant et de son Estat : requerant qu'il fust promptement donné ordre à ce qui concernoit son service et le bien de son Estat, qui ne pouvoit estre regi et gouverné que par la Roine pendant le bas aage du dit sieur son fils; et qu'il pleust à la dite cour la declarer regente, pour estre pourveu par elle aux affaires du roiaume : la matiere mise en deliberation, la dite cour declara la dite Roine mere du Roy regente en France, pour avoir l'administration pendant le bas aage du dit sieur son fils, avec toute puissance et auctorité.

Cest arrest, precipité par la necessité (dont Dieu veuille qu'on ne se repente point tout à loisir), ayant esté aussi tost divulgué entre le peuple, vacillant et incertain jusques à ceste heure là de la mort de son Roy, causa un tel effroy et estonnement au cœur de ce pauvre peuple, enyvré de l'amour de son prince, qu'on vid en un instant la face de Paris toute changée, et comme dit le poete :

Luctus, ubique pavor, et plurima mortis imago.

Les boutiques se ferment; chacun crie, pleure et se lamente, grands et petits, jeunes et vieux ; les femmes et filles s'en prennent aux cheveux. Et cependant tout le monde se tient quoy : au lieu de courir aux armes, on court aux prieres et aux vœux pour la santé et prosperité du nouveau Roy; et toute la fureur du peuple, contre l'attente et intention des meschans, n'est tournée que contre ce parricide scelerat et ses complices, pour en avoir et poursuivre la vengeance.

OEuvre merveilleus de Dieu, exploit admirable de sa providence, et qui ne pouvoit partir d'autre lieu que de sa main, de dire qu'en un si grand trouble d'Estat, et un tant inesperé, soudain et prodigieux accident qui sembloit devoir tout bouleverser sen dessus dessoubs, ouvrir la porte à une sedition sur laquelle avoit esté basti en partie ce miserable desseing; et qui plus est dans une ville de Paris, remplie d'infinis vagabonds, voleurs, traistres, ligueurs, et autres mal affectionnés à cest Estat, qui n'avoient au cœur autre religion que celle de la societé judaique, ennemie conjurée de tous les bons François et serviteurs du Roy, de laquelle le long manteau de devotion n'est qu'une couverture de sedition, ne se soit trouvé homme qui ait bougé, pour se remuer, de toute ceste lie populaire; et peu qui en aient parlé, sinon à leur ruine et confusion.

N'est moins merveilleus et admirable le zele de toute ceste genereuse noblesse de France, princes, ducs, comtes, et autres principaus officiers de la couronne, lesquels ayans veu ce jour le couchant du Roy leur maistre, vinrent aussi tost saluer l'orient de son fils comme de leur souverain, lui faisant offre de leurs espées; et donnant leurs querelles au bien publiq de la France, mirent un tel ordre au desordre qui sembloit aparent et menassoit Paris, qu'ils firent resoudre le peuple de pleurer leur prince defunct, et d'obeir à leur Roy vivant. De fait, beaucoup de seingneurs, divisés et desunis dés long temps, s'accorderent et reunirent (au moins en apparence), s'entrembrasserent, et jurerent ce jour unanimement fidelité au Roy et à la Roine, avec la vengeance de la mort du deffunct envers tous et contre tous qui s'en trouveroient coulpables et complices, sans respect de dignité et qualité aucune, quelque grande qu'elle fust. De laquelle union la gloire en est deue au dieu de paix et concorde, et non à l'homme, où il y va fort peu du sien, voire presque rien du tout : car attendu la corruption tresgrande qui regne aujourd'hui en tous les Estats, et par dessus tous en celui de la noblesse; le peu de crainte de Dieu qu'il y a au monde, mesmement entre les grands : je ne doute point, ains croi fermement, que cest œuvre est procédée purement de Dieu, lequel s'est servi d'eux en ceste affaire (voire malgré qu'ils en eussent) pour le bien de son pauvre peuple, qui a grand interest que ce bon accord et union dure. Ce que toutesfois je ne pense pas, pour ce qu'avec le peu d'envie qu'ils en ont, nos pechés si grands en empescheront le progrés et le fruit.

La nuict de ceste triste journée et funeste à la France, en laquelle Dieu, courroucé contre son peuple, nous osta en son ire nostre prince, et estaingnist la lumiere du plus grand roy de la terre et le meilleur; Sa Majesté ne peust jamais prendre repos, et fust en inquietude toute la nuict : si que le matin s'estant levé, dit qu'il n'avoit point dormi, et qu'il estoit tout mal fait. Sur quoi M. de Vendosme prist occasion de supplier Sa Majesté de se vouloir bien garder; mesmes ce jour, auquel on disoit qu'il ne devoit point sortir, pour ce qu'il lui estoit fatal. « Je voi bien, lui respon-

« dit le Roy, que vous avez consulté l'almanach, et
« oui parler de ce fol de La Brosse de mon cousin le
« comte de Soissons. C'est un vieil fol, et vous estes
« encores bien jeune et gueres sage. »

De fait, Sa Majesté ala ouir la messe aux Fœillans, où ce miserable le suivist, en intention de le tuer; et a confessé depuis que sans la survenue de M. de Vendosme, qui l'en empescha, il eust fait son coup là dedans.

Fust remarqué que le Roy, avec plus grande devotion beaucoup que de coustume, et plus longuement, se recommanda ce jour à Dieu. Mesme la nuict, qu'on pensoit qu'il dormit, on le vid sur son lict à deux genous, qui prioit Dieu; et dés qu'il fust levé, s'estant retiré pour cest effet en son cabinet, pour ce qu'on voyoit qu'il y demeuroit plus long temps qu'il n'avoit accoustumé, fust interrompu. De quoi il se fascha, et dit ces mots : « Ces gens ci empescheront ils tousjours
« mon bien? » Grace singuliere et peculiere de Dieu, qui sembloit comme advertir son oint de sa fin fort proche : chose qui n'avient gueres qu'à ceux que Nostre Seingneur aime.

Aprés que Sa Majesté eust disné (mais non si bien ni si gaiement que de coustume), il dit qu'il estoit tout estourdi de n'avoir point dormi, et qu'il vouloit essaier de reposer. Et de fait s'estant mis au lit, aprés qu'en vain il eust tasché de dormir, se remist de rechef à prier Dieu; et incontinent aprés se leva fort guaiement, et commanda qu'on lui apprestast son carrosse; où estant prest de monter, arriva M. de Victri, qui lui demanda s'il plaisoit pas à Sa Majesté qu'il l'accompagnast. « Non, lui respondit le Roy; allés seulement

« là où je vous ai commandé, et m'en rapportés res-
« ponse. — Pour le moins, sire, lui respondit Victri ;
« que je vous laisse mes gardes. — Non, dit le Roy;
« je ne veux ni de vous ni de vos gardes; je ne veux
« personne autour de moy. » Entrant dans le carrosse,
et pensant ce pendant (comme il est à presupposer) aux
mauvaises propheties de ce jour qu'on lui avoit voulu
mettre en la teste (et pleust à Dieu qu'elles y fussent
bien entrées, pour se mieux garder qu'il ne fist!), se
retournant vers un des siens, lui demanda le quan-
tiesme il estoit du mois. « C'est le 15 aujourd'hui, sire.
« — Non, dist un autre, sire, c'est le 14. — Il est
« vray, dist le Roy; tu sçais mieux ton almanach que
« ne fait pas l'autre. » Et se prenant à rire : « Entre
« le 13 et le 14, dit il. » Et sur ces mots fait aller son
carrosse.

Sa Majesté tenoit une maxime, laquelle il a dite
souvent et repetée tout haut, mesmes ce jour à ceux
qui lui en voulurent faire peur : Que jamais en une
ame genereuse la peur n'estoit entrée; et que pour son
regard il pouvoit asseurer qu'oncques elle n'avoit eu
entrée ni place en son cœur. Ce qu'il a aussi monstré
par effect, mais à nostre malheur. C'est une petite
maxime d'Estat qui est bien veritable et à l'espreuve,
qu'en telle matiere le prince ne doit rien croire, mais
se garder de tout. Nostre Roy a bien prattiqué le premier, mais non le second; et sa trop grande hardiesse
l'a perdu, selon que dit Seneque en son *OEdipus* : La
confiance donne entrée au perfide et à son espée.

Je laisse ici les songes qu'on dit que Sa Majesté eust
ceste nuict, et la Roine aussi, tristes presages de ce
qui advinst incontinent apres : car on asseure que Sa

Majesté songea qu'il y avoit une maison, en la rue de la Ferronnerie, qui tumboit sur lui; et que s'en voulant depestrer et sauver, il ne pouvoit, et qu'en fin il demeura accablé sous icelle. Et la Roine songea qu'on l'assassinoit sur les degrés du Louvre. Qui sont particularités fort remarquables, mais que je n'asseure point, pour ne les sçavoir au vrai, comme les autres que j'ay cy-dessus escrites.

Il est bien certain qu'il y a environ six mois que le Roy estant chés Zamet et y ayant disné, s'estant retiré dans une chambre seul, disant qu'il vouloit reposer, y manda un nommé Thomassin, qu'on tient un des plus grands et celebres astrologues de ce temps, et qu'on dit mesme avoir un diable; et là Sa Majesté l'ayant interrogé de plusieurs choses à venir selon le secret de son art, concernantes sa personne et son Estat, le dit Thomassin lui dit qu'il avoit à se garder du mois de may de l'an 1610, jusques à lui designer (tout ainsi qu'il est avenu) le jour et l'heure qu'il devoit estre tué. Mais le Roy se moquant de lui et de son astrologie, le prenant tantost aux cheveux, tantost à la barbe, lui fist faire deux ou trois tours de chambre, et le renvoya de ceste façon, monstrant le peu de foy qu'il ajoustoit aux predictions de tous ces beaux devins. En quoy il estoit fort louable : mais l'eust esté encores plus, si, selon la parole de Dieu, Sa Majesté eust eslongné de soy et de sa cour, banni et nettoyé son royaume, de telles pestes et ordures, et de beaucoup d'autres aussi mauvaises et infectes que celle là.

Mais quoy! les roys sont roys, et Dieu est Dieu, par lequel ils regnent, subjects aux mesmes vices, passions, infirmités et accidens que les autres hommes, et bien souvent davantage ; pauvres pots de terre en la main du grand maistre et sous sa verge, de laquelle il les rompt et brise comme le potier ses vaisseaux, toutes et quantesfois que bon lui semble. Dequoi nous avons en ceste journée un bel exemple en la personne sacrée de nostre bon Roy, prince grand, magnanime et vertueus, affable, doux et humain plus que roy qui ait esté il y a cinq cens ans en France; craind, reveré et aimé de ses peuples et subjets outre mesure, s'il faut ainsi parler. Ce que peu de personnes eussent creu, s'ils ne l'eussent veu.

Dieu nous l'a osté en son ire, et d'une façon incomprehensible à l'homme, pouvans bien faire registre (comme je fais) de ce jugement adorable de Dieu, le plus grand qui soit avenu en nos jours, auquel se void sa justice d'un costé et sa misericorde de l'autre, encores plus grande en la miraculeuse conservation de ce pauvre peuple, contre toute la sagesse et discours humain, qui pensoit qu'en la mort de ce Roy nous devions tous mourir. Ceste œuvre de Dieu est grande, magnifique, digne d'estre celebrée, publiée et enregistrée solennellement partout.

Pour retourner aux particularités de ce jour, aussi tost que le corps de ce pauvre Roy, privé de vie et de sang, eust esté apporté au Louvre, de toutes parts s'y fist une concurrence de toutes sortes de personnes, et de diverse vie, mœurs et religion : les uns pleurans vraiement du cœur et des yeux ce prodigieus et funeste accident; autres, faisants semblant de le pleurer, en rioient dans le cœur, et ne se pouvoient tenir d'en descouvrir quelque chose par leurs paroles · comme un certain ligueur, reconneu pour tel, qui dit tout haut (encores qu'il sceust qu'il estoit mort) que le Roy estoit fort legerement blessé, et qu'on parloit desja d'un voiage qu'il vouloit faire le lendemain à Nostre Dame de Bolongne avec le pere Cotton.

Les jesuistes y accoururent des premiers (on les mettra de telle classe qu'on voudra : chacun sçait la maxime qu'ils tiennent, qu'on peult tuer un roy qui souffre en son roiaume deux religions). Ce pendant, *vultibus compositis ad luctum*, font les faschés par dessus les autres. Le pere Cotton, avec une exclamation véritablement courtizannesque et jesuitique : « Et qui est « le meschant, dit il, qui a tué ce bon prince, ce saint « Roy, ce grand Roy? A-ce pas esté un huguenot? — « Non, lui respondit on, c'est ung catholique romain. « —Ah! quelle pitié, dit il, s'il est ainsi! » et à l'instant se signa à la jesuiste de trois grands signes de la croix. Une voix de quelcun qui estoit là, et qui avoit entendu la demande du pere Cotton, si c'estoit pas un huguenot qui l'avoit fait, fust entendue disant : « Les huguenos « ne font point de ces coups là. » La Roine, extremement affligée, et si fort qu'on ne la pouvoit remettre, faisoit retentir tout le Louvre de plaintes, cris, pleurs et gemissemens extraordinaires.

M. de Sully, plus mort que vif, estant venu trouver Sa Majesté pour recevoir ses commandemens; aprés que la Roine lui eust fait tout le bon visage et acceuil qu'il eust sceu desirer, fust renvoié par elle à son Arsenal pour y exercer sa charge comme de coustume, continué en toutes ses dignités, estats, offices et pensions. Mais rien ne pouvoit plus contenter ce seingneur mourant en la mort de son maistre et faisant perte de tout : car aussi ne lui laissoit ce triste accident autres armes, pour s'en venger, que les larmes pour pleurer le reste de ses jours son infortune et malheur. Assault penible et dure rencontre pour un cœur dur et ambitieus comme le sien.

M. de Maienne et M. de Guise emporterent ce jour l'honneur par dessus les autres princes et seingneurs (bien qu'un chacun d'eux et en general et en particulier aie part en ceste gloire) d'avoir en ce grand trouble fidelement assisté et servi le Roy, la Roine et l'Estat, et avoir fort librement et vertueusement parlé à Sa Majesté, conseillé et remonstré ce qui estoit du repos publiq et manutention de l'Estat, sous l'auctorité de ses commandemens, pour la conservation de la couronne de son fils. Entre autres points, qu'il estoit necessaire d'observer et faire observer exactement toutes les ordonnances et edits du feu Roy, principalement ceux de pacification, sans permettre qu'aucune violance fust faite à ceux de la religion, lesquels il faloit egalement traicter et maintenir avec les autres, selon le vouloir et intention de feu Sa Majesté, qui estoit un grand et excellent pilote et conducteur d'Estat; duquel suivans l'exemple, on ne pourroit jamais faillir. Ce que la Roine receust de bonne part, promist et jura de le faire; et, avec toutes sortes de caresses et embrassemens à ces seingneurs, tesmoingna le contentement qu'elle avoit de leurs bons advis et conseils, lesquels on ne pensoit pas, venans de ceste part, devoir estre tels, principalement pour le regard des huguenos. Mais Dieu tient en sa main les cœurs des grands, et les encline où il lui plaist; joint que la pluspart d'eux, bien que catholiques de religion, se font souvent huguenos d'Estat, où il y va de leur grandeur et interest particulier.

Conformement à ce conseil, furent establies ce jour à Paris gardes aux portes, qui furent meslées de l'ung et de l'autre. Comme à nostre porte de Bussi les deux advocats qui y commanderent, Bossan et Gallant, l'un estoit catholique et l'autre huguenot.

Entre beaucoup d'actions vertueuses que la Roine fist paroistre ce jour, tesmoignantes d'un costé le deuil et regret qu'elle avoit à la mort du feu Roy son mari, et de l'autre une grande magnanimité et constance à supporter ceste penible affection, accompagnée d'une grande douceur et affabilité (et contre son naturel) à l'endroit de tous ceux qui la venants recongnoistre lui venoient parler, y en eust une qui eschappa à Sa Majesté, laquelle despleust, et fust trouvée fort mauvaise de plusieurs personnes d'honneur et de qualité, et donna subject de parler à beaucoup de monde qui ne parloit que trop sans cela. C'est que Sa Majesté n'eust plustost la bouche fermée, qu'elle envoia querir le medecin Duret, qui estoit l'homme du monde que le feu Roy aimoit le moins, qu'il ne vouloit point voir, et duquel il avoit mesme defendu à la Roine de se servir; et estant là le retinst pour son medecin, et le fist de son conseil, avec bon appointement : le tout en faveur du seingneur de Conchine, qu'on disoit porter fort constamment et avec beaucoup de resolution la mort du Roy.

Ce jour, le nouveau Roy fust servi en roy à son souper : M. de Souvray, son gouverneur, le servist à genoux. De quoy ce petit prince estonné le regardant, rioit, puis se prenoit à pleurer, se souvenant de la mort du Roy son pere. « Je voudrois (aprés, disoit-il) n'estre « point roy, et que mon frere le fust plus tost : car j'ai

« peur qu'on me tue comme on a fait le Roy mon pere. »

La Roine envoia querir toutes les gardes, et leur dit qu'elle consignoit la personne du Roy son fils entre leurs mains : qu'ils avisassent à le bien garder, et à ne laisser approcher de Sa Majesté aucun, quel qu'il fust, qu'ils ne conneussent bien, et duquel ils ne voulussent respondre. Car comme en en faisant leur devoir, elle ne seroit point ingrate de la peine qu'ils y prendroient : aussi au contraire s'il en avenoit faute, ils se pouvoient asseurer qu'elle les feroit tous pendre.

Ainsi se passa ceste malheureuse journée ; et la nuict mesme fust fort tranquille, sans aucun bruict, remuement ni esmotion, non plus que s'il ne fust rien avenu. Dont la gloire doit estre rendue à ce grand pasteur et guette d'Israel, qui jamais ne sommeille : car sans lui le peuple et nos princes eussent veillé en vain, bien que l'ordre qu'on y avoit mis fust tresbon de tous les deux costés. Par ainsi l'union des gens de bien que Dieu a benit s'est trouvée plus forte que la ligue des meschans, qui ne font pas toutesfois petit nombre à Paris : c'est pourquoi il estoit bon besoing que Dieu y mist sa main, comme il a fait.

Et ici je finis avec la vie de mon Roy le deuxiesme registre de mes passetemps melancoliques, et de mes vaines et curieuses recherches, tant publiques que particulieres, interrompues souvent depuis un mois par les veilles des tristes et fascheuses nuits que j'ay souffert, mesmement ceste derniere, pour la mort de mon Roy; lequel, encores qu'il ne m'ait jamais fait du bien ni du mal, si puis je dire avec verité que je l'ay aimé passionnement, et n'eusse jamais creu en porter la moictié du regret que j'ay eu à la mort de ce bon prince, en la fin duquel nous voyons un jugement de Dieu tresgrand et apparant, qui en la mort de ce Roy a frappé durement le peuple. Lequel si de tout son cœur il ne se retourne et convertist à lui en delaissant ses pecchés et mauvaises voies, il est bien à craindre que ce grand Dieu, s'il n'a point espargné le chef, espargne encores moins les membres, nous faisant sentir sa main dure et appesantie justement sur nous, à cause de nos prevarications, injustices, rebellions et impietés.

De moi, quand il lui plaira de m'appeler, comme il nous faut tous aller aprés le feu Roy, je ne dois regretter ma vie, si non pour l'y avoir tant offensé comme j'ay fait : car il me l'a donnée plus longue que je n'avois jamais pensé, bien que maladive, penible et laborieuse sur la fin, me l'ayant prolongée jusques au regne de Loys XIII à present regnant, qui est le septiesme roy que je voy : et y en a peu de vivans qui en aient veu davantage, s'ils n'ont prés de cent ans sur la teste. Ce sera donc un grand bien qu'il me fera, malgré que j'en aye, quand il lui plaira m'en envoier la signification ; et principalement en ce temps, auquel *publicæ res malè se habent, privatæ meæ pejori loco esse non possunt.*

Je m'estois proposé de clorre mes ephemerides par ce registre; mais tant d'occurrences nouvelles et curieuses se sont presentées par ceste insigne mutation, et publiques et particulieres, dignes d'estre receuillies, et dont j'ay les memoires, que je passe à un autre, qui ira aussi avant qu'il plaira à Dieu : et me doute que ce ne sera pas bien loing.

Supplément tiré de l'édition de 1736.

Le mardi 4 du mois de may, le maréchal d'Ancre (1) étant allé au parlement, qui se tenoit aux Augustins, et étant entré, sans y prendre garde, dans une des chambres des enquêtes avec des éperons dorés à ses bottes, et le chapeau en tête, les clercs du Palais se sont jettez sur lui, les lui ont ôtez avec son chapeau, et lui ont donné quelques coups. Un page de la Reine ayant voulu le secourir, ayant couru sur lesdits clercs avec dix domestiques dudit sieur d'Ancre, furent battus et ensanglantez. Tout ce qu'on a pû faire a été de le tirer de la mêlée, et le mener dans la chambre d'un religieux augustin, appellé le pere Abraham Langlois, musicien de Leurs Majestez, qui sur le soir le fit sauver, et conduire en son hôtel.

Le lendemain, le marquis d'Ancre (2) fit sa plainte au Roy : ce que la cour du parlement ayant sçû, députa vers Sa Majesté dix conseillers pour lui représenter l'immunité de leur demeure. Cela se passa doucement, le regret demeurant audit sieur d'Ancre, auquel Sa Majesté dit que l'épée qu'il portoit n'étoit pas aussi affilée que la plume de ces messieurs.

Ce jourd'hui samedi et 8 de may, j'ay été promener par la ville, pour voir comme les autres les préparatifs pour l'entrée de notre Reine. Dans toutes les ruës où elle doit passer pour aller au Palais, on ne voit que des arcs triomphaux, des rochers artificiels,

---

(1) *Le maréchal d'Ancre* : Concini. Il n'a été fait maréchal de France qu'en 1615, quatre ans après la mort de L'Estoile. — (2) *Le marquis d'Ancre* : Concini n'a acheté le marquisat d'Ancre qu'après la mort de Henri IV.

des portaux, des théâtres, des devises, et des inscriptions d'honneur; des figures et fictions tirées ici de la sainte Bible, et là des Fables. Brief, un million d'inventions et de richesses dignes de la capacité des habitans de Paris seulement.

Le mercredi 12 de may, la Reine alla à Saint Denis en France, accompagnée de monseigneur le Dauphin, de Madame, de la reine Marguerite, duchesse de Valois, et de plusieurs princesses et dames. Deux heures après, le Roy s'y rendit aussi, avec tous les princes et seigneurs de la cour.

Le jeudi 13 de may, la Reine fut sacrée et couronnée reine de France en l'eglise de l'abbaye de Saint Denis; après lequel sacre Sa Majesté, revêtuë de son habit royal, et ayant la couronne sur la tête, communia vers les trois heures après midi, étant encore à jeun. Voici la relation qui a été donnée à l'imprimeur de cette auguste et royale cérémonie :

Il y avoit un grand échaffaut au milieu du chœur de l'eglise de Saint Denis, assis devant le grand autel d'icelle, de la hauteur de neuf pieds ou environ, ayant de longueur vingt-huit pieds sur vingt-deux de large; au milieu de cet échaffaut et sur le derriere il y avoit un haut dais de la hauteur d'un peu plus d'un pied, où l'on montoit deux marches, lequel haut dais et marches de neuf à dix pieds de long étoient couverts d'un grand drap de pied; et sur icelui étoit le trône pour asseoir la Reine, et ce trône étoit couvert de velours parsemé de fleurs de lys d'or en broderie, et au-dessus un dais de semblable parure. Le fond et escalier dudit échaffaut étoit couvert de velours cramoisy semé de broderie d'or.

Il y avoit d'autres échaffauts à main droite et à main senestre, tant pour les princes, chevaliers des ordres du Roy, gentilshommes de la chambre, et autres grands seigneurs, capitaines, etc., que pour les ambassadeurs, dames et damoiselles de la Reine et autres.

Dedans l'enclos du maître autel à gauche, il y avoit un banc couvert de drap d'or pour messieurs les cardinaux de Gondy, de Sourdis et Du Perron ; et derriere iceux un autre pour les archevêques, evêques et autres prélats, tant pour servir au sacre et couronnement, et à la messe, que pour y assister. Près de l'autel du même côté y avoit une table magnifiquement préparée pour y poser les grande et petite couronnes, le sceptre, la main de justice, et l'anneau pour ledit sacre : de l'autre côté une chaire de velours violet brodée d'or, avec deux oreillers de même, pour M. le cardinal de Joyeuse faisant l'office ; et derriere une autre table pour y mettre le pain, vin et cierge. Le parterre du chœur, depuis le grand échaffaut jusqu'à l'autel, étoit couvert de velours cramoisy, brodé d'or.

Le matin du 13 de may, la Reine étoit en sa chambre, habillée en corset, surcot d'hermines, manteau, ornement de tête, et autres habits royaux ; son manteau étoit de velours semé de fleurs de lys d'or, fourré d'hermines, ayant la queuë longue de sept aunes ; son ornement de tête tout garni de pierreries, comme aussi son surcot enrichi de gros diamans, rubis et émeraudes, de valeur et prix inestimables.

Monseigneur le Dauphin, Madame, la reine Marguerite [1], les princes et seigneurs, les cardinaux de

---

[1] *La reine Marguerite :* La reine Marguerite auroit désiré de ne

Gondy et de Sourdis, et autres invitez à cette solennité, étant allez au logis de la Reine, on commença à partir pour aller à l'eglise. Premierement les suisses, vêtus de velours tanné, blanc, bleu et incarnat; 2º les deux compagnies des cent gentilshommes, les uns vêtus de satin tanné avec passemens d'or, et les autres ayant le pourpoint de satin blanc, et les chausses de satin tanné; 3º les gentilshommes de la chambre, chambellans et autres, superbement vêtus; 4º les chevaliers du Saint Esprit, ayant tous leur grand ordre au col; 5º les trompettes, habillez de velours bleu; 6º les heraults, revêtus de leurs cottes d'armes; 7º les huissiers de la chambre, portans leurs masses.

Puis suivoient les princes, tous vêtus de diverses couleurs de toile d'or, la cappe de même couleur, le capuchon couvert de pierreries, avec la tocque, dont les cordons n'étoient que perles et diamans. Les plus proches de la Reine étoient M. le prince de Conty et M. le comte d'Anguien. Monseigneur le Dauphin, vêtu de toile d'argent, la cappe de même, couverte de diamans et pierreries, marchoit de bonne grace devant la Reine sa mere, laquelle étoit soutenuë de deux seigneurs pour messieurs les ducs d'Orleans et d'Anjou; la queüe de son manteau étoit portée par mesdames la princesse doüairiere de Condé, la princesse de Conty, la doüairiere de Monpensier, et la duchesse de Mercœur. Les queües des manteaux de ces quatre princesses étoient aussi portées par quatre comtes ou barons

---

point assister à cette cérémonie : elle ne pouvoit oublier ce qu'elle étoit par sa naissance, ce qu'elle avoit été par son mariage; et cependant elle se voyoit obligée de marcher après Madame, encore enfant. Mais elle n'osa refuser, craignant de mécontenter le Roi.

vêtus de toile d'or et d'argent, avec la cappe et la tocque semées de pierreries.

Aprés marchoient Madame et la reine Marguerite, avec leurs manteaux couverts de fleurs de lys d'or en broderie, dont les queües étoient portées par des barons; ensuite venoient les autres princesses et duchesses, dont les queües de leurs manteaux étoient pareillement portées par des seigneurs de qualité : toutes lesdites princesses et duchesses portoient sur leurs têtes leurs chapeaux et cercles de duchesses, enrichis de perles et de diamans. Les seules veuves n'étoient vêtuës si richement.

Avec cette compagnie la Reine arriva à l'eglise, se mit à genoux sur un oreiller devant le grand autel, où étoient jà M. le cardinal de Joyeuse en ornemens pontificaux, avec le cardinal Du Perron, et grand nombre d'evêques, prélats et abbez, aux deux côtez dudit autel. La Reine ayant fait sa priere, et baisé un reliquaire qui lui fut présenté par le cardinal de Joyeuse, elle fut conduite en son trône, en même ordre qu'elle étoit venuë. Monseigneur le Dauphin s'assit dans la chaire qui lui étoit preparée; Madame et la reine Marguerite ayant fait chacune une grande reverence, ainsi que les autres princesses et duchesses, s'assirent. Les cardinaux de Gondy et de Sourdis descendirent pour prendre leurs places, et les princes se mirent à l'échaffaut destiné pour eux. Pendant tout ce tems-là les hautbois et autres joueurs d'instrumens, vêtus des livrées de la Reine, ayant le pourpoint de satin blanc et les chausses de velours bleu, jouerent divers airs.

Peu de tems après, lesdits cardinaux monterent sur l'échaffaut pour reconduire Sa Majesté à l'autel; laquelle avec monseigneur le Dauphin et les princes y descendit en le même ordre que dessus, les mêmes princesses portant la queüe de son manteau. S'étant prosternée et fait encore quelques prieres, elle fut levée par monseigneur le Dauphin et Madame; et inclinant sa tête, le sieur cardinal de Joyeuse commença les oraisons requises, et prit de la main de deux evêques l'ampoule et la platine; puis ayant versé de la sainte onction sur la platine, il en oignit la Reine sur le chef, et après en la poitrine, disant : « Au nom du Pere, et « du Fils, et du Saint Esprit, cette onction d'huile te « profite en honneur et confirmation éternelle! » Ensuite il prit l'anneau de la main d'un autre evêque, et le mit au doigt de la Reine, disant l'oraison competente.

Un autre evêque lui ayant présenté le sceptre et la main de justice, il les mit ès mains de la Reine, en continuant les oraisons sur ce requises. Puis un autre evêque lui ayant baillé la grande couronne, il la présenta sur le chef de la Reine sans l'attacher, mais soutenuë de monseigneur le Dauphin et de Madame. L'ayant entierement levée de dessus son chef, il la mit entre les mains de M. le prince de Conty; et au lieu d'icelle en fut posée sur sa tête par monseigneur le Dauphin et Madame une autre moins pesante et plus petite, mais toute couverte et enrichie de diamans, de rubis et de perles d'un très-grand prix; et en la mettant sur la tête, ledit cardinal lui dit : « Prens la couronne « de gloire, honneur et liesse, afin que tu reluises « splendide, et sois couronnée de joye perdurable! » Et continua les oraisons.

Le sacre et couronnement fini, la Reine se déchargea du sceptre et de la main de justice entre les mains de deux princes, puis fut ramenée en son trône au même ordre que dessus : et étant assise, M. le prince de Conty posa devant Sa Majesté la grande couronne qu'il portoit sur un escabeau couvert de drap d'or, et se tint à genoux près ledit escabeau. Le prince qui portoit le sceptre se mit à genoux du côté droit de la Reine, et celui qui portoit la main de justice du côté gauche.

Chacun ayant pris sa place, le cardinal de Joyeuse commença la messe; après l'evangile, trois grandes dames porterent le pain, le vin et le cierge, auquel il y avoit treize pieces d'or attachées. Après l'élevation du *Corpus Domini*, quand ce vint à l'*Agnus Dei* on porta la paix à la Reine, pour la baiser avec les cérémonies accoutumées : après quoi elle fut menée au grand autel au même ordre que dessus, et reçut en grande révérence et dévotion la sainte eucharistie; et peu de tems après retourna en son trône, où elle acheva d'ouïr la messe.

Sur la fin de la messe, un des herauts d'armes fit largesse, de par la Reine, d'une grande quantité de pieces d'or et d'argent fabriquées exprès, en les jettant au peuple qui étoit dans l'eglise. Cependant la Reine descendit de son trône, et fut ramenée en sa chambre, en pareil ordre et cérémonie qu'elle avoit été conduite à l'eglise.

A la sortie de l'eglise, le Roy, content de cette cérémonie, devança la Reine, et s'en alla dans sa chambre, où il se mit à la fenêtre, et lui jetta même, comme elle passoit au dessous, quelques goûtes d'eau. Puis incontinent il descendit, et la reçut au bas des dégrez, où Leurs Majestez, avec mille conjoüissances, monterent en haut, où un grand festin étoit préparé; après lequel

Leurs Majestez remonterent en carosse, et rentrerent dans Paris par la porte Saint Martin, et allerent coucher au Louvre.

Le vendredi 14 du mois de may, jour triste et fatal pour la France, le Roy, sur les dix heures du matin, fut entendre la messe aux Feuillans : au retour il se retira dans son cabinet, où le duc de Vendôme son fils naturel, qu'il aimoit fort, vint lui dire qu'un nommé La Brosse (1), qui faisoit profession d'astrologie, lui avoit dit que la constellation sous laquelle Sa Majesté

---

(1) *La Brosse* : Ce que l'auteur rapporte de La Brosse, et des avis que le duc de Vendôme donna au Roy le jour de sa mort, est confirmé par Pierre Matthieu Dupleix, par le Mercure français, et par d'autres historiens du temps. Ces contes ont été démentis par plusieurs écrivains contemporains. On lit dans la Dissertation sur les comètes, de Pierre Petit : « Un de nos historiens (Pierre Matthieu), parlant de
« la mort de notre grand roi Henry IV, n'a-t-il pas dit qu'en ayant été
« averti par un prince encore vivant (le duc de Vendôme), la veille
« que ce malheureux coup arriva, Sa Majesté méprisant cet avis, lui
« avoit répondu : La Brosse est un vieux matois; et vous un jeune
« fol de le croire? Ce qu'ayant moi-même voulu apprendre par la
« bouche de ce prince il y a plus de trois ans, en présence d'une prin-
« cesse d'un grand mérite (madame de Chevreuse), il me fit l'hon-
« neur de me dire que cela étoit faux. Et depuis deux jours ça, seule-
« ment pour m'en éclaircir davantage et ne rien publier par écrit de
« cette conséquence sans en être bien assuré, j'ai eu l'honneur de lui
« en reparler en présence de plusieurs personnes de sa maison: Il m'a
« confirmé la même chose, ajoutant de plus que l'historien avoit con-
« fondu le tems et les choses; et que La Brosse lui avoit bien dit,
« après ce malheureux accident, qu'il l'avoit prévû par l'horoscope
« de Sa Majesté (comme font toujours les astrologues quand les choses
« sont arrivées); mais non pas qu'il l'en eût averti la veille pour le
« dire à Sa Majesté. Cela est pourtant écrit par un auteur françois,
« et du même temps. Qui ne le croira donc pas à l'avenir?..... Il est
« pourtant comme je le dis, et si on en doute on s'en peut éclaircir;
« et je ne suis pas marri que l'occasion se présente ici de le rapporter,
« tant afin de désabuser la postérité, que pour faire voir qu'il y a

étoit née le menaçoit d'un grand danger ce jour-là : ainsi, qu'il l'avertit de se bien garder. A quoi le Roy répondit en riant à M. de Vendôme : « La Brosse est « un vieil matois qui a envie d'avoir de votre argent; « et vous un jeune fol de le croire. Nos jours sont « comptez devant Dieu. » Et sur ce, le duc de Vendôme fut avertir la Reine, qui pria le Roy de ne pas sortir du Louvre le reste du jour. A quoi il fit la même réponse.

Après le dîné, le Roi s'est mis sur son lit pour dormir; mais ne pouvant recevoir de sommeil, il s'est levé triste, inquiet et rêveur, et a promené dans sa chambre quelque tems, et s'est jetté derechef sur le lit. Mais ne pouvant dormir encore, il s'est levé, et a demandé à l'exempt des gardes quelle heure il étoit. L'exempt lui a répondu qu'il étoit quatre heures, et a dit : « Sire, je « voy Votre Majesté triste et toute pensive; il vaudroit « mieux prendre un peu l'air : cela la réjouiroit. — « C'est bien dit. Et bien, faites apprêter mon carosse : « j'irai à l'Arsenal voir le duc de Sully, qui est indisposé, « et qui se baigne aujourd'hui. »

« beaucoup de choses écrites de cette nature, ausquelles on ne doit « ajouter aucunement créance. » Pierre Petit étoit intendant des fortifications.

L'auteur de l'Abrégé de la vie d'Henri-le-Grand, qui est à la fin des discours d'Etat du duc de Nevers, est du même avis sur ce fait. « Je « sçai, dit-il, que quelques historiens ont écrit que le vieux La Brosse, « qui faisoit profession de l'astrologie, avoit été trouver M. le duc de « Vendôme le jour du couronnement de la reine Marie de Médicis, et « lui avoit donné avis que le Roy étoit menacé le jour suivant de « quelque accident bien funeste; et que sur cet avertissement M. de « Vendôme étoit allé le vendredy au lever du Roy, et l'avoit conjuré « de ne point sortir de la journée. Mais je sçai que M. de Vendôme « a dit à plusieurs personnes que cela étoit faux, et que La Brosse ne « lui en avoit jamais parlé. »

Le carosse étant prêt, il est sorti du Louvre, accompagné du duc de Montbazon, du duc d'Espernon, du maréchal de Lavardin, Roquelaure, La Force, Mirebeau, et Liancourt, premier ecuyer. En même tems il chargea le sieur de Vitry, capitaine de ses gardes, d'aller au Palais faire diligenter les apprêts qui s'y faisoient pour l'entrée de la Reine, et fit demeurer ses gardes au Louvre. De façon que le Roy ne fut suivi que d'un petit nombre de gentils-hommes à cheval, et quelques valets de pied. Le carosse étoit malheureusement ouvert de chaque portiere, parce qu'il faisoit beau tems, et que le Roy vouloit voir en passant les préparatifs qu'on faisoit dans la ville. Son carosse entrant de la ruë Saint Honoré dans celle de la Ferronnerie, trouva d'un côté un chariot chargé de vin, et de l'autre côté un autre chargé de foin : lesquels faisant embarras, il fut contraint de s'arrêter, à cause que la ruë est fort étroite, par les boutiques qui sont bâties contre la muraille du cimetiere de Saint Innocent.

Dans cet embarras, une grande partie des valets de pied passa dans le cimetiere pour courir plus à l'aise, et devancer le carosse du Roy au bout de ladite ruë. Des deux seuls valets de pied qui avoient suivi le carosse, l'un s'avança pour détourner cet embarras, et l'autre s'abaissa pour renouer sa jarretiere, lorsqu'un scelerat sorti des enfers, appellé François Ravaillac, natif d'Angoulême, qui avoit eu le tems pendant cet embarras de remarquer le côté où étoit le Roy, monte sur la roue dudit carosse, et d'un couteau tranchant de deux côtez lui porte un coup entre la seconde et la troisiéme côte, un peu au dessus du cœur, qui a fait que le Roy s'est écrié : « Je suis blessé! » Mais le scelerat sans s'effrayer a redoublé, et l'a frappé d'un second coup dans le cœur : dont le Roy est mort, sans avoir pû jetter qu'un grand soupir. Ce second a été suivi d'un troisiéme, tant le parricide étoit animé contre son Roy; mais qui n'a porté que dans la manche du duc de Montbazon.

Chose surprenante! nul des seigneurs qui étoient dans le carosse n'a vû frapper le Roy; et si ce monstre d'enfer eut jetté son couteau, on n'eût sçu à qui s'en prendre. Mais il s'est tenu-là comme pour se faire voir, et pour se glorifier du plus grand des assassinats. Les seigneurs ont été bien empêchez, les uns pour assister le Roy, et les autres pour se saisir du parricide. Icelui pris et mis en sûreté (1), ils ont tâché d'apaiser le grand tumulte causé parmi le peuple par la croyance que le Roy étoit mort. Mais il a été aucunement fini par un des seigneurs, qui dit hautement que le Roy n'étoit que blessé, et qu'on portât du vin. Cependant ils ont abbatu les portieres du carosse, et sont retournez vîtement au Louvre, afin, ont-ils dit, de faire panser le Roy.

A cinq heures du soir, il n'y avoit qu'au Louvre qu'on sçût certainement la mort du Roy : dans le quartier même de la Feronnerie, où il avoit été tué, on croyoit qu'il avoit été blessé seulement. Ce bruit parvint aux Augustins avant la fin de l'audience. Le bruit, le murmure qui augmentoit chaque instant, par les gens qui se rendoient dans la cour qui est devant la

---

(1) *Pris et mis en sûreté* : Après cet exécrable attentat, ceux qui étoient à la suite du Roi, et entre autres Saint-Michel, l'un de ses gentilshommes ordinaires, avoient déjà mis la main à l'épée pour tuer Ravaillac; mais le duc d'Epernon cria à Saint-Michel et au valet de pied, qui avoit la même pensée, qu'il y alloit de leur vie s'ils touchoient à ce malheureux. (*Histoire de la vie du duc d'Epernon.*)

salle de la grande chambre, parvint bien-tôt jusqu'aux oreilles de M. de Blanc-Mesnil, deuxiéme président de la grand'chambre, et actuellement tenant l'audience en icelle. A ce bruit il se leva, comme pour recueillir les avis sur la cause qui se plaidoit; mais au lieu de parler de la cause il remontre à la chambre l'importance de ce bruit, qui ne pouvoit être sans qu'il fût arrivé quelque funeste accident, les disposa à lever le siege et à rompre l'audience. Ce qui fut exécuté.

Sur ces entrefaites arriva M. l'évêque de Beauvais, fils dudit président Blanc-Mesnil, qui lui amenoit son carosse pour l'emmener en sa maison, et lui fit part du bruit épandu dans le quartier. A quoi il répondit, en ancien sénateur romain, que l'Etat et la patrie exigeoient de lui de ne pas quitter, voire de mourir, pour assurer l'obéissance dûe au Roy successeur; et continua d'exhorter les messieurs de sa chambre et ceux des enquêtes de ne pas bouger. On envoya quérir sur le champ messieurs les gens du Roy, et autant de conseillers qui n'étoient point entrez ce jour-là, et qui étoient proche des Augustins; dequoi il donna aussi avis à messire Achille de Harlai, premier président, lors fort attaqué des goutes. Dès que les gens du Roy furent arrivez, ils furent députez pour aller au Louvre, pour apprendre l'état des affaires et la volonté du Roy. Cependant le président Seguier, auquel le duc d'Espernon avoit dit ce qui se passoit, se rendit aux Augustins.

D'un autre côté les princes, ducs et grands seigneurs qui étoient à Paris s'étoient rendus en hâte au Louvre pour servir le Roy, et assister la Reine de leur pouvoir et autorité; entre lesquels étoient le prince de Conty, les ducs de Fronsac, de Mayenne, de Montmorency; plusieurs maréchaux de France, et chevaliers des ordres du Roy; et ce, pour prévenir les désordres qui étoient à craindre. Pour cela, le sieur de Vitry eut ordre d'assembler tous les enfans du Roy en une chambre, et sur-tout le Roi à présent regnant; et que personne n'eût à approcher d'eux. Les ducs de Guise et d'Espernon furent chargez de faire monter à cheval le plus de noblesse qu'il se pourroit, et aller par toute la ville dire que le Roy n'étoit point mort, mais seulement blessé. Le Jay, lieutenant civil, et Sanguin, prévôt des marchands, eurent ordre de faire fermer les portes de la ville, de s'emparer des clefs, de prendre tous leurs officiers, d'empêcher toutes émotions et attroupemens, et d'assurer à haute voix le peuple que le Roy n'étoit que blessé. Les gardes qui étoient dans les fauxbourgs eurent ordre de se venir placer sur le Pont-Neuf, dans la ruë Dauphine et aux environs des Augustins, afin d'investir le parlement, le contraindre s'il falloit, et de déclarer la Reine regente. Tout ce que dessus a été fidellement exécuté.

Les gens du Roy revenus du Louvre trouverent aux Augustins M. le premier président, qui s'y étoit fait porter en une chaise; auquel et aux chambres assemblées ayant confirmé la mort de Sa Majesté, ils commencerent à déliberer sur la requisition faite par les gens du Roy. Lors sont entrez dans la grande chambre M. de Guise et M. d'Espernon [1], envoyez par la

---

[1] *M. de Guise et M. d'Espernon*: Après avoir mis ordre dans la ville, ils allèrent aux Augustins, où le parlement tenoit ses audiences, le Palais étant alors préparé pour la cérémonie du couronnement de la Reine. Et étant entrés dans la grand'chambre, d'Epernon tenant l'épée à la main, mais dans son fourreau, commença son discours par des excuses de ce qu'il paroissoit dans une si auguste assemblée avec la

Reine pour voir ce qui se passeroit. M. de Guise n'a point pris place, mais a demeuré appuyé sur le dos des basses selles, entre le premier et second président. M. d'Espernon en a pris, et a fait rapport des ordres

confusion où il étoit. Il dit que son épée étoit encore dans le fourreau; mais que si avant de se séparer on ne donnoit ordre à la sûreté de la ville et de l'Etat, en déclarant la Reine régente, il voyoit à son grand regret qu'il la faudroit tirer contre les ennemis de la couronne, et remplir la ville de sang et de confusion; qu'il savoit que dans la compagnie il y en avoit qui demandoient du temps pour délibérer longuement sur l'affaire qu'il leur proposoit : mais qu'il étoit obligé de leur représenter qu'elle n'avoit rien de préjudiciable que le retardement; que c'étoit prudence, en beaucoup de grandes occurrences, de ne rien hâter, et de conduire lentement les affaires par degrés à leur conclusion. Qu'en celle-ci, tout au contraire, il falloit trancher tout d'un coup toutes les difficultés, et passer de la proposition aux résolutions; que ce qui se pouvoit faire ce jour-là sans péril ne se feroit pas le lendemain sans meurtre et sans carnage. « Et de fait quel « prétexte, disoit-il, pouvoient avoir de demander du délai ceux qui « étoient dans ce sentiment? Qu'est-ce qu'on désiroit d'eux qui ne fût « dans l'ordre de la justice et de la nature? A qui pouvoit-on mieux « confier la fortune du Roi qu'à la princesse qui l'avoit mis au monde; « et celle de l'Etat qu'à elle-même, qui depuis dix ans avoit travaillé « conjointement avec le feu Roi, pour l'élever au point de grandeur « où elle étoit montée? » Que le Roi avoit déjà mis entre ses mains la régence du royaume, pour disposer de sa conduite durant son absence; qu'après un préjugé si favorable, il ne pouvoit croire qu'il y eût personne qui osât contredire les sentimens d'un si grand prince, et si intéressé au bien de l'Etat; que de suivre les sentimens et l'exemple du Roi, c'étoit en effet le moyen de maintenir la paix et le repos dont la France avoit joui depuis plusieurs années; que chacun savoit les mécontentemens qui étoient dans l'esprit des personnes de grande condition; qu'ils ne manquoient pas, comme on pouvoit croire, de partisans; que l'humeur impatiente des François leur en attacheroit tous les jours de nouveaux pour se prévaloir des désordres, si à bonne heure on n'en retranchoit la matière. Qu'ils se hâtassent donc, pendant que les choses étoient en leur entier susceptibles des meilleures impressions, de leur donner les meilleures formes; que la chose dépendoit personnellement de leurs suffrages; qu'il avoit fait prendre donnez dans la ville pour la sureté d'icelle à l'obéissance de Louis XIII.

Ensuite, sur la requisition des gens du Roy, le parlement, les chambres assemblées, a donné l'arrêt suivant : « Sur ce que le procureur général a remontré à
« la cour que le Roy étant présentement décedé par
« un très-cruel, très-inhumain et très-execrable parri-
« cide commis en sa personne sacrée, il étoit neces-
« saire pourvoir aux affaires du Roy regnant et de son
« Etat, requeroit qu'il fût promptement donné ordre à
« ce qui concernoit son service et le bien de son Etat,
« qui ne pouvoit être reglé et gouverné que par la
« Reine pendant le bas âge dudit seigneur son fils; et
« qu'il plût à ladite cour la déclarer regente, pour être
« pourvu par elle aux affaires du royaume : la matiere
« mise en déliberation, ladite cour a déclaré et déclare
« ladite Reine mere du Roy regente en France, pour

les armes au régiment des Gardes, à tous les serviteurs du Roy et à ses amis particuliers, afin qu'ils eussent la liberté et la sûreté convenable pour délibérer. Qu'il savoit bien que ce qu'il les exhortoit de faire maintenant étoit sans exemple; mais qu'il espéroit qu'une action si utile et si importante au bien de l'Etat serviroit un jour d'exemple, et ajouteroit à la dignité de cette illustre compagnie un avantage qui lui étoit justement dû; qu'elle ne l'avoit jusques ici possédé; qu'ils n'appréhendassent point de mettre en compromis leur autorité; que leurs résolutions, pour hautes et pour généreuses qu'elles pussent être, seroient sans doute exécutées; et qu'il étoit prêt de mourir avec ses amis, pour les faire inviolablement observer.

Après ce discours, le duc d'Epernon apercevant un grand silence, sortit de la salle; mais afin de faire mieux connoître que ce qu'il venoit de conseiller étoit commandé par la nécessité, il dit tout haut que ce qu'il avoit proposé étoit le mieux qu'on pouvoit faire, et qu'il falloit absolument et promptement s'y résoudre. La chambre délibéra, et tous conclurent qu'il valoit mieux faire trop que trop peu. (*Hist. du duc d'Epernon; Hist. de Marie de Médicis par Mézeray.*)

« avoir l'administration des affaires du royaume pen-
« dant le bas âge dudit seigneur son fils, avec toute
« puissance et autorité.

« Fait en parlement le 14 de may 1610. »

Environ les sept heures, furent députez pour aller au Louvre le président de Blanc-Mesnil et dix conseillers, pour reconnoître de la part de la cour Louis XIII comme son roy, prince légitime et naturel seigneur, et présenter à la Reine l'arrêt cy-dessus. Lorsque ces députez ont été au Pont-Neuf, les soldats qu'on y avoit posez leur refuserent le passage, bien qu'ils fussent conduits par les mêmes exempts qui avoient deux heures auparavant conduit les gens du Roy. Après quelques résistances, il proteste contre les chefs et les capitaines des désordres qui pourroient s'ensuivre; et alors ils eurent le passage livré pour faire leur légation. En moins de demi-heure, Blanc-Mesnil retourna au parlement; et après avoir assuré les chambres de ce qu'il avoit fait, l'audience fut finie.

M. le procureur général, qui ne se porte pas bien, a pris le chemin du Louvre pour rendre ses premiers devoirs au Roy et à la Reine regente. Mais pensant entrer dans la chambre de la Reine, il est entré dans celle où le corps mort du Roy étoit sur un lit, la face couverte d'un linceul, vêtu d'un satin noir; et autour des flambeaux, et des religieux qui commençoient les vigiles. Lui ayant jetté de l'eau benîte, le visage plein de larmes il alla voir la Reine, puis le nouveau Roy.

Vers les neuf heures du soir du même jour, un grand nombre des seigneurs alloient par la ville, et disoient en passant : « Voici le Roy qui vient : il se porte bien,
« Dieu merci ! » Comme il étoit nuit, le peuple croyant

que le Roy étoit en cette compagnie, se mit à crier à force *vive le Roy!* Ce cri s'étant communiqué d'un quartier à l'autre, toute la ville retentit de *vive le Roy!* Il n'y avoit que les quartiers du Louvre et des Augustins où l'on sçût la vérité.

Le même soir, on donna des gardes aux ambassadeurs des princes étrangers, afin de conserver leurs personnes ; et principalement celui d'Espagne, qui n'étoit bien agréable au peuple. On fit partir en poste la plûpart des gouverneurs des provinces et des places, pour maintenir le bon ordre en toutes choses. Bien des choses se sont passées en ce jour que le trouble, l'embarras et la douleur ont fait passer de ma mémoire : mais ce que je n'oublierai jamais, ce sont les plaintes, les clameurs, les larmes, non seulement du peuple de tout sexe, mais des gens de qualité, qui ont pleuré ce bon Roy comme leur bon pere, et qui donnent mille malédictions aux instigateurs de ce parricide.

Le reste de la nuit fut fort tranquille ; le procureur general envoya aux Augustins les gens necessaires pour accommoder la grande salle, et y préparer le siege pour le Roy, sur lequel on mit le daix du roy Louis XII, parce que Sa Majesté porte le nom de Louis, et est le treizieme du nom.

Le morceau sur la naissance du Dauphin, dont il est fait mention au bas de la page 214 de ce volume, est placé à la fin du Journal de Louis XIII.

FIN DU QUARANTE-HUITIÈME VOLUME.

www.ingramcontent.com/pod-product-compliance
Lightning Source LLC
Chambersburg PA
CBHW070220240426
43671CB00007B/710